21世纪经济管理新形态教材·会计学系列

会计学

（第四版）

王志红　周晓苏 ◎ 编著

清华大学出版社
北京

内 容 简 介

本书从会计信息使用者的角度,向读者呈现会计学的基本原理。全书共分十二章,第一章为总论,第二章说明会计信息的生成原理,第三章至第七章对资产负债表中主要资产的会计处理进行介绍,第八章、第九章阐述负债和所有者权益的会计处理,第十章涉及利润确定与利润分配的会计处理,第十一章、第十二章说明财务报告以及财务报告的分析。希望读者能够从解读会计信息的角度理解会计信息包含的具体内容、会计信息的生成过程、各种会计要素的确认和计量方法,以及会计信息的质量要求。在具体内容方面,本书在原有《会计学》(第三版)的基础上,结合近几年企业会计准则变化的情况进行了修订,同时还以扩展阅读的形式加入了思政元素的考量,希望能够对读者有所启发。

本书可作为管理类专业、金融类专业和其他经济类专业会计学课程的教材,也可供投资者以及企业管理者参考。

图书在版编目(CIP)数据

会计学/王志红,周晓苏编著. —4 版. 北京: 清华大学出版社, 2023.9(2024.1重印)
21 世纪经济管理新形态教材. 会计学系列
ISBN 978-7-302-64582-5

Ⅰ. ①会… Ⅱ. ①王…   ②周…   Ⅲ. ①会计学 – 教材   Ⅳ. ①F230

中国国家版本馆 CIP 数据核字(2023)第 168576

责任编辑: 付潭娇
封面设计: 汉风唐韵
责任校对: 宋玉莲
责任印制: 刘海龙
出版发行: 清华大学出版社
    网　　址: https://www.tup.com.cn, https://www.wqxuetang.com
    地　　址: 北京清华大学学研大厦 A 座　　　　**邮　　编:** 100084
    社 总 机: 010-83470000　　　　　　　　　**邮　　购:** 010-62786544
    投稿与读者服务: 010-62776969,c-service@tup.tsinghua.edu.cn
    质 量 反 馈: 010-62772015,zhiliang@tup.tsinghua.edu.cn
    课 件 下 载: http://www.tup.com.cn,010-83470332
印 装 者: 三河市少明印务有限公司
经　　销: 全国新华书店
开　　本: 185mm×260mm　　　**印　张:** 20.75　　　**字　数:** 476 千字
版　　次: 2007 年 7 月第 1 版　2023 年 9 月第 4 版　　**印　次:** 2024 年 1 月第 2 次印刷
定　　价: 59.80 元

产品编号:101326-01

第四版前言

本书是 2019 年《会计学》（第三版）的修订版。

与前一版一样，本书面向的是非会计专业的学习者。为了适应市场经济和现代企业制度不断发展和完善的需要，也为了满足 21 世纪对人才素质不断提高的要求，非会计专业的学生尽管毕业以后一般不会从事会计职业，但是只要所从事的工作与企业有关，包括投资公司、金融机构、证券公司、国家税务管理部门、资本市场监管机构等，就有必要了解一些基础的会计知识。编写本书就是为了让非会计专业学生通过这门课程的学习，概括了解掌握会计信息生成的基本过程，认识会计在企业经营发展中所产生的作用，并逐渐对会计形成清晰而完整的认识，以帮助他们在今后的各项工作中成为主动的会计信息使用者。

考虑本书的使用者是非会计专业的学生，因此，本书在编写过程中强调会计信息与管理的关系和会计基本原理的应用，而不追求各种具体会计核算技术、技巧细节的介绍，也没有涉及当前有争议的会计理论问题，而是特别重视会计与企业实务的紧密联系，在各章节中由浅入深地介绍会计基本概念和基本方法的应用。为了有助于学生了解会计信息在管理和决策中的重要作用，本书增加了财务报告分析内容的分量。

在内容上，本书力求反映第三版出版以来我国会计准则及相关政策的变化，如企业会计准则第 7 号非货币交换、第 12 号债务重组、第 21 号租赁等。

为了适应新时期课程思政的要求，本书结合会计学知识的特点，在相应章节增加了"思政元素"模块，以扩展阅读（通过二维码获取）的形式附于每章最后，期待学生能够在学习会计学专业知识的同时，关注和思考新时代经济发展中遇到的实践问题和思政方向，真正做到学以致用。

在章节体例方面，为了帮助学生实现预定的教学目的，本书继续保留了第三版的如下安排：

- 每章正文开始之前是"本章导读""问题导引"和"开篇故事"。"本章导读"用于说明各章学习中应该注意的主要内容和应该掌握的重点；"问题导引"的目的在于引导学生关注与章节内容相关的某些理解的误区，希望能够带着这些问题去学习章节内容；"开篇故事"试图以情景案例的方式向学生展示章节内容的重要性，激发学生对章节内容的学习兴趣。

- 每章正文结束之后给出了"本章小结"和"关键名词"，对各章中的重要概念、基本理论和主要方法进行概括总结，以帮助读者掌握各章内容的精髓。

- 为了启发与调动学生的理解和分析问题的能力，在各章之后设置了"思考题"，对各章内容进行讨论。其中有些讨论题在正文中并没有提供明确答案。这样做的目的是希望学生能够充分利用所学的知识，理论联系实际，得出自己的结论。

- 为了增强学生对章节内容的理解能力，培养学生的动手能力和操作能力，为每章配备了"自测题"和"练习题"，希望通过这些自测题和练习题的解答，能够促使学生对各章介绍的会计方法及其理论基础有更加深入和全面的理解。

本书适合对非会计专业的本科生和 MBA 学生教学之用，也可供会计信息利用者和企业管理人员阅读和参考。

本书的编写和出版得到了清华大学出版社编辑老师的大力支持，在此谨表谢意。

由于编者水平有限和时间仓促，在编写过程中难免存在疏漏和错误，恳请各位读者给予批评指正。

编 者

2023 年 5 月

第一章

会计学概述

本章导读

会计是一个经济信息系统，会计信息的确认、计量、记录和报告是会计的主要内容。会计信息的使用者既包括企业外部的投资者、债权人、政府部门、社会公众，也包括企业内部的公司治理层、各级管理者及员工。会计报表是会计信息的载体，而会计方程式和会计要素是构造会计报表的基础；确认和计量是生成会计报表的关键因素；会计报表所反映的会计信息应当满足一定的质量要求；会计假设是理解会计报表的前提。

问题导引

会计就是记账吗？

我将来不做会计工作为什么还要学会计课？

企业的会计业务应该谁说了算？

会计方程式有什么用？

会计信息的质量标准是什么？

会计要讲究真实性，为什么还有会计假设呢？

开篇故事

老薛是服装行业的专家，最近自筹资金收购了一家小型服装企业。由于他对服装行业的各个环节都非常熟悉，再加之企业也比较小，他决定由自己担任经理，亲自管理企业，生产梅花鹿牌童装，企业的名字就叫"梅花鹿童装公司"。在工商部门注册时，他感觉企业的资本很重要；在银行办理开户时，他想到将来要在银行贷款，因此负债的问题不能忽视；在办理税务登记时，他又觉得纳税业务必须关注；而在纷繁复杂的经营业务中，许多业务都要他拍板。例如，某客户订购服装的报价比以前降低，是否可以接受？采购原材料的价格上升，对利润有多大的影响？某个同行打算与老薛合伙经营，应该要求其投入多少资金？所有这些涉及企业经营发展的重要问题，都让老薛举棋不定，左右为难。其原因在于他不掌握拍板所需要的数据和信息，他感觉需要一个能够为他提供各种信息和数据的参谋，以便有效地开展经营。但是，到哪里去物色这样一个参谋呢？一个朋友提醒他，他所需要的信息绝大部分是会计信息，并介绍了一家会计师事务所的董会计师为其提供咨询服务。

第一节　会计的概念

一、会计的雏形：生产过程的附带职能

会计起源于生产实践。众所周知，在社会发展过程中，生产活动是人类最基本的实践活动，它不仅保证了人类生活的物质需求，同时也为社会发展奠定了基础。社会再生产过程包括生产、交换、分配和消费 4 个环节，这一过程既是人力、物力和财力的耗费过程，同时又是产品的提供过程。如果社会的生产效率低下，生产的产品在人们消费之后没有剩余，社会再生产就只能维持原有规模而难以扩大和发展；如果社会的生产效率不断提高，生产的产品除满足人们的生产、生活消费之外还有剩余，社会再生产就能够以扩大规模的方式进行；生产效率越高，剩余产品越多，社会的发展也就越快。早在原始社会人们就认识到，有必要在生产的同时把生产活动过程的内容记录下来，以帮助人们了解劳动成果和剩余产品的数量。

这种记录主要是从数量上表达人们经济生活中的财产变化，并提供与此相关的经济信息。例如，在原始社会，人类出于掌握生产成果的需要，逐渐产生了"结绳记事"等简单的计量行为，由此产生了会计的雏形。文字出现以后，人类开始对物质资料的生产与耗费进行专门的记载。例如，我国产生的"书契"①就是用文字来刻记有关经济事项的记录，这可以说是最初形态的会计。但是，由于当时的生产力低下，生产规模不大，与之相适应用来计算生产和耗费的会计也极为简单，它只能作为生产职能的附带部分，由生产者在生产时间之外附带地把收入、支出等记载下来。

二、会计的产生：财产的保管和记录

人类进入奴隶社会以后，随着财产私有制的确立，阶级的产生和国家的建立，有关财物保管、运输和储备等各个环节的经济关系日趋复杂。这种复杂的经济关系促进了会计核算技术的发展和会计工作职责的变革，原先作为附带工作就可以完成的核算任务，发展到必须建立一个独立的会计专职部门才能完成的程度。在资本主义产生以前的奴隶社会和封建社会，占主导地位的经济是自给自足的自然经济，民间的生产规模相对狭小，其对会计的要求不高，所以，"官厅会计"成为古代会计的主要形式。据史料记载，我国早在西周时代就有了为朝廷服务的官厅会计。"会计……在当时的含义是：既有日常的零星核算，又有岁终的总和核算，通过日积、月累到岁会的核算以达到正确考核王朝财政经济收支的目的。"②

官厅会计在国外的历史也很长久。例如，马克思在《资本论》中指出："原始的印度公社里，就有一个记账员，登记农业账目，登记和记录与此有关的一切事项。"③

古代会计的另一种重要形式是庄园会计。庄园会计出现在进入封建社会后的欧洲。当

---

① 郭道扬. 会计史教程[M]. 北京：中国财政经济出版社，1999.

② 郭道扬. 中国会计史稿（上册）[M]. 北京：中国财政经济出版社，1982：12.

③ 马克思恩格斯全集. 第 23 卷，北京：人民出版社，1972.395-396.

时，各个封建主逐渐把各自的封地变为世袭领地，从而不同程度地出现了马克思所说的"硬化了的私有财产"。私有财产的硬化，使得国家主权被削弱，各封建庄园相对独立。西欧各国的封建庄园有两个基本特征：一是经济自给自足。每个庄园都包括一个农场和几个小手工作坊，可以满足庄园内全部人员几乎一切生活需要。二是出现委托代理关系。多数作为庄园主的封建贵族，不可能自己管理庄园的一切事务，对拥有多个庄园的庄园主来说更是如此。于是庄园主将庄园委托给他所信任的人进行管理。这样，在庄园主和受托人之间，就形成了典型的委托代理关系，受托人因此承担了相应的责任。受托人为了能够及时地解除自己所承担的这一责任，需要定期向庄园主报告庄园的管理情况，这就引发了庄园会计的产生。尽管庄园会计阶段的会计方法十分简单，但是这一时期出现的会计思想，如受托责任思想、定期报告制度，均对以后的会计实务和会计理论发展产生了深刻的影响。

无论是官厅会计还是庄园会计，其主要任务都是对财产的保管和记录。簿记是该阶段会计的重要特征。我国这一阶段的单式簿记方法曾处于世界领先水平。例如，秦汉时期，经济生活中钱物的进出使用固定的一对行为动词"入""出"或"收""付"作为记账符号，这是会记记录规范化的一个重大进步。又如，宋朝时期创造的"四柱清册"结算法，成为官吏报销钱粮或办理财产移交时必不可少的一道手续。四柱即"旧管""新收""开除""实在"4 个要素，相当于现时会计术语的期初结存、本期收入、本期付出和期末结存。每到期末，人们按"旧管＋新收－开除＝实在"的公式进行试算平衡，以表达财产物资的增减和结存情况。

13 世纪以后，世界商业中心由东方转移到以意大利为中心的欧洲。意大利的威尼斯、热那亚等城市成为商业贸易的集散地，经济十分发达。在这些地方，资本借贷业务悄然兴起，标志着资本主义生产关系的萌发。相应地，传统的簿记方法已不能满足核算资本借贷这类经济业务的需要，于是，借贷复式记账法经过民间 200 多年的流传，在 1494 年被意大利的传教士巴其阿勒总结问世，成为其著作《算术、几何与比例概要》①的重要组成部分。这是近代会计产生的标志，也是会计发展史上公认的第一个里程碑。

三、会计的演进：一门艺术

从 15—19 世纪，会计理论与方法的发展一直比较缓慢。直到 19 世纪，英美等国家相继完成工业革命，这一局面才得以改变。机器大生产及新的企业组织形式——股份公司的广泛出现对会计提出了新的要求，从而引起了会计内容的如下深刻变化：

（1）会计服务对象范围的扩大。过去会计只服务于单个企业，通过职业会计师的活动逐渐发展到为所有企业服务，使会计成为一种社会活动。

（2）会计工作内容的扩大。过去会计主要是记账和算账，逐渐增加了编制和审查报表等工作任务；与此同时，为了满足编制财务报表的需要，对资产计价理论和方法的研究逐渐受到重视。

（3）企业会计报告的信息必须接受外界的监督，企业的账目只有通过外界，特别是独

---

① [美]R.G.布朗. K.S.约翰斯顿. 巴其阿勒会计论[M]. 林志军，等. 译. 上海：立信会计出版社，1988 年.

立执业会计师的监督，才能取信于人。1854 年世界上第一个会计师协会——英国爱丁堡会计师公会的成立，被认为是近代会计发展史上第二个里程碑。①

但是，20 世纪之初，法律制度的建设进程相对落后于生产力和生产关系的发展速度。在许多资本主义国家，特别是在美国，尚未建立与股份有限公司这一企业组织相适应的法律规范体系，也没有发布与股份有限公司相匹配的会计准则和制度。因此，各企业按照各自利益需求编制财务报表的行为司空见惯。这种情况下盛行的观点是：会计是一门艺术，而不是一门科学。所谓"艺术"，一般是指通过经验、学习或观察而获得的完成一定行为的能力。如果把会计理解为艺术：则强调的不是规范化的行为准则，或会计必须遵循的客观规律；相反强调的是经验、技巧和独立判断与解决具体问题的本领。

"艺术论"的形成有一定的社会实践背景，这就是会计交易或会计事项包含很大的"不确定性"。为了将会计业务数据按照人们的要求加工成有用信息，需要进行判断，这种判断在一定程度上只有靠会计人员的经验和技巧才能完成。但是，过分强调会计的"艺术性"则容易使会计成为企业操纵利润的工具。特别是 20 世纪二三十年代，多种资产计价方法并存，实务中对收益的性质认识和界定存在很大差异。有些企业管理者为了吸引更多的外部投资，利用会计工作中的判断和分析操控会计数据，提供虚假的财务报告，欺骗投资者。这些混乱的会计处理对 20 世纪二三十年代的世界经济大危机产生了推波助澜的作用。

四、会计的现状：经济信息系统

从 20 世纪 60 年代起，科学技术的进步和经济形势的变化，促使人们开始重新探索和认识会计的本质和作用，并力图使其成为一门科学。于是，会计是"一个经济信息系统"的观点逐渐在西方会计界出现。到了 20 世纪 70 年代之后，这种观点成为西方会计界的主流观点。

会计信息系统的观点认为：会计是一个以提供财务信息为主的经济信息系统。这个系统主要用来处理企业资金运动产生的信息，通过信息加工，可以连续、系统、全面、综合地反映资金运动；并利用加工后的信息和信息反馈，帮助信息使用者做出满意的经济决策，以控制资金运动沿着预定的目标或有利的方向发展。

需要说明的是，随着信息处理技术的发展，会计领域又出现了财务会计与管理会计两大分支。其中，传统的作为对外提供信息的系统称为财务会计，其服务对象是企业外部的各个利益相关者，受国家会计规范的约束；而管理会计则以财务会计提供的信息为基础，结合经济学、统计学及运筹学等学科的数据处理方法，将财务会计信息进一步加工为专门服务于企业管理部门的信息。管理会计没有硬性的外部法律约束，而是针对企业内部进行决策和实施控制的需要，采用特有的数据处理方法，生成一些分析性的报告。本书将专门针对财务会计及其信息展开说明，而不再涉及管理会计。

财务会计作为非常重要的经济信息系统，被视为企业与外界进行交流的商业语言。会计信息的使用者应当知晓会计信息，同时政策制定部门和监管部门应对会计信息进行规范与监

---

① 葛家澍主编. 会计学导论[M]. 上海：立信会计出版社，1988.

管。我国财政部颁布企业会计准则（包括基本会计准则和具体会计准则①），对企业会计信息的提供加以规范和指导。进一步，为保证会计信息使用者的利益，审计部门要依据财政部颁布的会计准则，对会计信息的质量进行鉴证并发表审计意见。同时，为规范资本市场，相关监管部门也非常重视会计信息的披露。例如，我国证券监督管理委员会颁布修订的《上市公司信息披露管理办法》规定②，上市公司应当公开披露有助于投资者进行决策的信息，其中第十二条为定期报告方面的内容："上市公司应当披露的定期报告包括年度报告、中期报告。"随后的第十四条进一步明确年度报告中应包括财务会计报告和审计报告全文。显然，会计方面的信息是作为对投资者作出价值判断和投资决策有重大影响的信息而定位的。从具体构成上讲，财务报告包括财务报表和财务报表附注两大部分，本书第十一章将对其进行具体说明。

本章开头提到的梅花鹿童装公司，就需要建立这样一个会计信息系统，提供对各项经营管理决策有用的信息。

第二节　会计信息使用者

《企业会计准则——基本准则》③第一章第四条规定："财务会计报告的目标是向财务报告会计使用者提供与企业财务状况、经营成果和现金流量等有关的会计信息，反映企业管理层受托责任履行情况，有助于财务会计报告使用者作出经济决策。"

从类别上来说，会计信息的使用者可以划分为企业外部的会计信息使用者和企业内部的会计信息使用者两大类。

一、企业外部的会计信息使用者

在对会计信息使用者进行明确界定的基础上，《企业会计准则——基本准则》第一章第四条进一步规定了外部会计信息使用者："财务会计报告使用者包括投资者、债权人、政府及其有关部门和社会公众等。"

（一）投资者

伴随着我国企业改革的不断深入和资本市场的快速发展，企业产权日益多元化，机构投资者及其他投资者队伍日益壮大，他们对会计信息的要求日益提高。因此，满足投资者的信息需要，成为企业提供财务报告最核心的目的。比如，投资者需要通过分析会计信息，判断其投资的风险和报酬，从而决定是否应当买进、持有或者卖出企业的股票或股权。再比如，投资者需要借助会计信息，评估企业支付股利的能力。

---

① 2006 年 2 月 15 日，财政部发布了新会计准则体系，包括 1 项基本准则与 38 项具体准则，自 2007 年 1 月 1 日起在上市公司范围内施行，鼓励其他企业执行。从 2014 年开始，对部分会计准则进行了修订，同时也颁布了一些新的会计准则。截至 2022 年，具体准则已增加为 42 项。

②《上市公司信息披露管理办法》经 2006 年 12 月 13 日中国证券监督管理委员会第 196 次主席办公会议审议通过，2021 年 3 月 18 日修订。

③ 中华人民共和国财政部制定，企业会计准则——基本准则（2006 年颁布，2014 年修订）。本书后面提到的该准则，资料来源都相同，不再一一标注说明。

将投资者作为企业会计信息的首要使用者，体现了保护投资者利益的宗旨，是市场经济发展的必然要求。

根据投资者决策有用目标，财务会计报告所提供的信息，应当如实反映企业所拥有或控制的各种经济资源，明确不同利益相关者对经济资源的要求权，以及这些要求权的变化情况；应当如实反映企业利用经济资源带来的价值增值情况；应当如实反映企业各项经营活动、投资活动和筹资活动等形成的现金流入和现金流出情况等，从而有助于当前和潜在的投资者正确、合理地评价企业的资产质量、盈利能力和营运效率，并评估与投资有关的未来现金流量的时间、金额和风险等，在此基础上作出理性的投资决策。

（二）债权人

市场经济条件下，企业的资金来源渠道呈多元化趋势。企业在获得所有者的投资之外，还可以向银行等金融机构借款，或通过发行债券筹集资金。这些为企业提供借贷资金的银行或债券投资人，即为债权人；企业在日常经营过程中还可能赊购商品，这种情况下其供应商就是债权人；此外，企业可能拖欠员工的薪酬，或者延迟缴纳税款，所以债权人还可能包括员工和税务征管部门。

通常情况下，债权人向企业提供的投资不仅有还款期限的约束，而且往往希望获得稳定的投资报酬。因此在投资前后，他们通常会关注被投资企业是否有足够的资金偿还到期的债务，企业的资金周转是否顺畅，企业通过销售收到的货款是否能够满足采购原料需要支付的货款，以及满足日常经营活动中发放工资、缴付税款、办公支出和设备维修保养等方面的资金需求。

为此，企业对外公布的财务会计信息：一方面应反映各类债权人的权益情况；另一方面也要反映企业拥有的资金数额、获取现金的能力，以及资金周转的效率。

（三）政府部门

财政部门、中央银行、计划部门、统计部门、国有资产管理部门、证券发行和监管部门等国家宏观经济管理部门往往需要借助会计信息，以满足其加强宏观调控的需要。

为了加强国家宏观管理，必须以企业经济信息为依据制定适合我国情况的经济发展政策，而会计信息是经济信息的重要组成部分。通过对会计信息的汇总和分析，国家宏观经济管理部门可以了解社会总资产在一定时期内提供利润的情况，销售产品所获得利润与销售收入的比例，企业对社会的贡献情况，企业对社会的贡献中用于国家积累的比重，销售货款的回收速度和存货的周转速度，企业总负债对总资产的比重，国有资产的保值与增值情况等。通过这些信息的分析，国家可以了解国民经济的发展现状及效益情况，作为制定政策和调整资源配置的依据。

税收部门也是会计信息的重要使用者。我国的相关法律规定，企业需要承担一定的纳税义务。税收征管部门会利用企业提供的财务会计信息，确定企业的课税、减免税、递延纳税。例如，企业的税收金额是根据相关会计信息计算调整后得到的。企业根据其采购商品和劳务的会计记录确定其应该交纳的增值税和其他流转税，根据利润记录调整计算应交纳的所得税。如果企业符合国家税务总局或地方税务局的减免税规定，其减免金额的计算也需要以相应的会计记录为依据。例如，高新技术企业享有所得税方面的优惠，而高新技术企业的认定中就包括了与收入相关的会计信息，即来自于高新技术领域的收入应不低于全部收入的30%。

（四）社会公众

社会公众是指对实现企业目标的能力具有实际或潜在利害关系和影响力的团体或个人。社会公众对特定企业的关心是多方面的。一般而言，他们关心企业的就业政策、环境政策、产品政策等方面。例如，企业的环境行为将直接使社会公众受害或受益，所以他们有了解企业环境信息的强烈意愿。而这些内容往往可以通过分析会计信息了解企业获利能力而获得。

从更广泛的意义上讲，社会公众的态度对于企业也具有深远的影响。比如，一个企业的环境形象，将会影响到企业的劳动力供应，影响到企业的正常运营、销售等一系列环节。甚至可以说，社会公众的态度将决定着他们是否接受一个企业的存在。具体来说，社会公众可以对企业经营行为起到监督的作用。他们往往通过电视、网络等媒体，发表对某个企业所披露信息的看法，从而督促企业实行公平竞争和诚信经营。

社会公众还往往被视为企业的潜在投资者，也就是说，社会公众随时都可能成为上市公司的股东。上市公司一旦向社会披露会计信息后，其盈利状况和财务状况的变化就会引起社会公众的关注，如果他们认为该企业具有投资价值，那么就可能选择向该企业投资，从而成为真正的投资者。

二、企业内部的会计信息使用者

企业内部的会计信息使用者包括公司治理层、企业管理者、企业的职工代表大会。

（一）公司治理层

公司治理层是公司的最高决策层。在公司企业中，公司治理层通常包括股东大会、董事会、监事会，在董事会或监事会下还可以设置各种专业委员会，如战略委员会、薪酬委员会、审计委员会等。公司治理层左右着公司的发展战略和长远方向，其决策具有战略性、全局性、方向性和制度性。具体来说：公司治理层负责制定公司的经营方针，对公司合并、分立、解散和清算等重大问题进行决定；负责制定公司年度财务预决算方案、利润分配方案、弥补亏损方案、资金筹集方案、报酬方案等关系企业整体运行的决策；负责对投资计划、公司内部管理机构设置，以及公司总经理、副总经理、财务部门负责人的聘任或解聘等方向性问题进行决议；负责制定公司的基本管理制度、审议通过生产经营计划、听取总经理的工作报告并做出决议。

要想做好这些工作，离不开会计信息的支持。例如，在制定公司的利润分配方案时，公司治理层会要求财务部门测算不同利润分配方案对现金流动性、预期资本成本、投资者回报水平等方面的影响，然后综合考虑其他各种非财务因素，最终做出合理决策。

（二）企业管理者

企业管理者从执行层面影响和制约企业的运营与发展。为企业管理者提供会计信息是会计最原始和最基本的目标。例如：为了对企业的资源进行有效合理的配置和利用，管理者需要了解某个时点的资源总额及其分布情况（如流动资产、长期投资、固定资产的数额，以及它们占资产总额的比重）；了解一段时期内企业生产经营过程对资源的耗费情况与取得的成果（盈利或亏损情况）；了解资本的保值与增值情况，以及对投资者的回报情况等。在了解历史数据的基础上，企业管理者还需要了解预测经济前景等方面的信息。因此，企业管理者需要会计部门提供有关信息，以便分析企业的财务状况和经营成果，采取相应措施，加强和改善经营管理，提高经济效益。

当然，核心管理层和基层管理者对会计信息的需求存在差别。

1. 核心管理层

核心管理层是对企业主要生产经营活动进行最终决策的管理层，包括总经理、常务总经理、财务总经理、总工程师、人事总监、技术总监、质控总监、市场总监、法律总监、公关总监等。他们的主要职责是界定公司目标、制定战略决策的实施方案并确保这些方案的最终落实。

通常情况下，核心管理层需要建立具体化财务指标与企业生产经营活动之间的联系，将财务指标转化为具体的经营活动。例如，通过提高顾客忠诚度增加销售收入；通过改进作业流程减少存货占用量，从而节约存货资金，降低财务费用。如果企业存在多种经营方案可供选择，核心管理层要考虑成本结构问题。例如，为了赢得顾客，企业既可以增加研发投入，改进产品功能，也可以增加促销费用，提高顾客对本企业产品的认知度。这时，核心管理层需要权衡增加研发投入和增加促销费用对企业成本结构的影响。

2. 基层管理者

基层管理者从事一线管理，如工厂里的班组长、小组长、领班、队长、业务经理等。他们的主要职责是执行上级管理部门下达的计划和指示，直接分配每一个成员的生产任务或工作任务，随时协调下属的活动，控制工作进度，解答下属提出的问题，反映下属的要求。

基层管理者通常要从会计的数字信息中发现问题。例如，针对原材料利用问题，应在确保产品质量的前提下，最大限度地增加产品价值，同时通过提高原料利用率、提高产品合格率和优级品率、扩大单位时间产品产量、压缩各项费用支出等手段，来控制产品成本。

（三）企业的职工代表大会

职工代表大会是企业实行民主管理的基本形式，是职工行使民主管理权力的机构。《企业财务会计报告条例》[①]第三十五条规定："国有企业、国有控股的或者占主导地位的企业，应当至少每年一次向本企业的职工代表大会公布财务会计报告。"这一规定体现了国有企业中员工的权利和地位。作为员工，他们自然会特别关注与职工利益密切相关的信息，如管理费用的构成情况，管理人员薪酬和职工薪酬的支付情况，利润分配的情况。

---

① 2000 年 6 月 21 日国务院令第 287 号发布，自 2001 年 1 月 1 日起施行。

第三节 会计要素与会计方程式

本节所涉及的会计要素与会计方程式，是企业对外提供财务报告的基础。会计要素是组成会计报表的基本单位，是对会计业务进行的基本分类；会计方程式是揭示会计要素之间内在联系的数学表达式，又称会计等式或会计恒等式。

一、会计要素

会计对企业中发生的经济业务，是采用分门别类的方式进行记录和随后的会计处理的。会计要素是指组成会计报表的基本单位，是对会计业务进行分类的基础。我国的《企业会计准则——基本准则》规定了6个会计要素：资产、负债、所有者权益、收入、费用和利润，并给出了这些要素的基本定义。掌握这些会计要素的基本定义，有利于会计报表阅读者系统而深入地了解和认识会计信息的内涵。

（一）资产

《企业会计准则——基本准则》第三章第二十条规定："资产是指企业过去的交易或者事项形成的、由企业拥有或者控制的、预期会给企业带来经济利益的资源。"

所谓过去的交易或者事项形成，是强调资产通过财富积累过程形成的性质，资产数额越大，表明企业积累的财富越多。所谓企业拥有或者控制，是强调企业对其资产具有调度与支配能力，而不应将其等同为所有权。比如，即使是租赁方式取得的资产，如果企业可以对其施加控制的话，也应视同资产对待。所谓预期会给企业带来经济利益，是强调资产可以在未来的经营活动中被利用。从某种意义上讲，企业从事的经营活动就是通过消耗其资产，创造出高于其原有资产数额的价值增值的过程。

资产是企业从事经营活动的经济基础。在会计报表上，资产应当按照其流动性分类分项列示，包括流动资产和非流动资产两大类。其中流动资产的流动性较强，其变现时间通常不超过一年，典型的流动资产有货币资金（库存现金、银行存款、其他货币资金等）、应收款项（应收票据、应收账款、其他应收款等）、存货（原材料、库存商品）等项目；非流动资产也称为长期资产，其流动性相对较弱，变现时间通常在一年以上，典型的非流动资产有长期股权投资、固定资产（房屋、建筑物、机器设备等）、无形资产（土地使用权、特许经营权、专利权、商标权等）等项目。本书第三章到第七章将分别就各种资产的会计处理进行具体说明。

（二）负债

《企业会计准则——基本准则》第四章第二十三条规定："负债是指企业过去的交易或者事项形成的、预期会导致经济利益流出企业的现时义务。"

所谓过去的交易或者事项形成，是强调负债与过去的交易或者事项之间存在因果关系，即应将负债视为过去交易或者事项产生的未偿付义务，往往是企业在过去已经受益，只是由于受益而需要付出的代价尚未实际偿付；所谓现时义务，是指企业在现行条件下已承担的义务，强调该义务需要履行的性质；所谓预期会导致经济利益流出企业，是强调企业需要在未来牺牲经济利益去偿还这些负债。

负债是企业所承担的能以货币计量、需以资产或劳务偿付的经济责任，一般包括短期借款、长期借款、应付账款、应付票据、应付职工薪酬、应交税费、应付股利、预收账款、应付债券等项目。在会计报表中，根据偿还的期限长短，可将负债分为需要在一年内偿还的流动负债，以及偿还期限在一年以上的非流动负债。本书第八章将就负债的会计处理进行具体说明。

（三）所有者权益

《企业会计准则——基本准则》第五章第二十六条规定："所有者权益是指企业资产扣除负债后由所有者享有的剩余权益。"

所有者权益是所有者对企业资产的剩余索取权，是企业资产中扣除债权人权益后应由所有者享有的部分。一方面体现了保护债权人权益的理念；另一方面也能反映所有者投入资本的保值增值程度。

从数量关系来看，所有者权益等于企业资产总额扣除负债总额的余额，因此也称净资产。在以股份公司形式建立起来的现代企业中，所有者权益又称为股东权益。

从来源构成上讲，所有者权益包括所有者投入企业的资本、直接计入所有者权益的利得和损失、留存收益。①所有者投入企业的资本既包括构成企业注册资本或者股本部分的金额，也包括投入资本超过注册资本或者股本部分的金额，即资本溢价或股本溢价。在我国会计准则中，前者称为实收资本（股本），后者称为资本公积。②直接计入所有者权益的利得和损失是指不应计入当期损益、会导致所有者权益发生增减变动的、与所有者投入资本或向所有者分配利润无关的利得或损失，在我国会计报表中将其列示为其他综合收益。③留存收益是企业历年实现的净利润中留存于企业的部分，按照我国公司法的相关规定，留存收益包括累计计提的盈余公积和未分配利润。

本书第九章将就所有者权益的会计处理进行具体说明。

（四）收入

《企业会计准则——基本准则》第六章第三十条规定："收入是指企业在日常活动中形成的、会导致所有者权益增加的、与所有者投入资本无关的经济利益的总流入。"

日常活动是指企业为完成其经营目标所从事的经常性活动及与之相关的活动。不同经营类型的企业取得收入的途径和方式不同，如制造业企业制造并销售产品、商业企业销售商品、保险公司签发保单、咨询公司提供咨询服务、软件公司为客户开发软件、商业银行对外贷款、租赁公司出租资产等。收入不包括为第三方或者客户代收的款项。

收入应当与利得相区分，非日常活动所形成的经济利益的流入（如接受捐赠）不能确认为收入，而应当视为利得。

从经济利益流入的角度来看，收入会导致经济利益的流入，但并非所有能带来经济利益流入的事项都可以确认为收入。例如，企业向银行借入款项，尽管也会导致企业经济利益的流入，但该流入使企业承担了一项现时义务，因而应当视为负债的增加，而不能视同收入。此外，所有者投入的资本尽管也会导致经济利益的流入，并且也增加了所有者权益，但不属于收入。

根据《企业会计准则——基本准则》第六章第三十一条的规定："收入只有在经济利益很可能流入从而导致企业资产增加或者负债减少且经济利益的流入额能够可靠计量时才能予以确认。"该规定明确了收入所产生的经济利益流入必须具有很大可能性，并且其数额必须能够可靠计量。同时，与收入相关的经济利益流入的后果包括资产增加或负债减少。

（五）费用

《企业会计准则——基本准则》第七章第三十三条规定："费用是指企业在日常活动中发生的、会导致所有者权益减少的、与向所有者分配利润无关的经济利益的总流出。"

与收入一样，费用也发生于日常活动中，是企业在日常经营过程中发生的各项耗费。企业为了取得收入，必然发生人力、物力、财力的消耗。这些消耗就是费用，应该从取得的收入中得到补偿。例如，在销售商品的过程中，企业会进行广告宣传，会为客户提供运输、包装等服务，销售以后还会提供安装、维修保养、技术咨询等服务，这些都可作为为获取收入而发生的费用。

根据《企业会计准则——基本准则》第七章第三十五条的规定："企业为生产产品、提供劳务等发生的可归属于产品成本、劳务成本等的费用，应当在确认产品销售收入、劳务收入等时，将已销售产品、已提供劳务的成本等计入当期损益。"也就是说，生产环节发生的费用，需要根据已确认的产品销售收入或劳务收入，相应地将已销售产品或已提供劳务的成本作为费用。

费用应当与损失相区分，因为非日常活动所形成的经济利益的流出（如罚款支出）不能确认为费用，而应当视为损失。

费用会导致经济利益的流出，但并非所有能产生经济利益流出的事项都可以确认为费用。例如，企业归还供应商的欠款，尽管也会导致企业经济利益的流出，但该流出属于现时义务的减少，所以应当视为负债的减少，而不能确认为费用。此外，向所有者分配利润（支付股利、利润分红等）尽管也会导致经济利益的流出，并且也会减少所有者权益，但不属于费用。

费用的发生会导致企业资产减少或者负债增加，其表现形式包括现金或现金等价物的流出，或者其他资产的消耗，或者某项现时义务的增加。当然，费用所产生的经济利益流出必须具有很大可能性，并且其数额必须能够可靠计量。

（六）利润

《企业会计准则——基本准则》第八章第三十七条规定："利润是指企业在一定会计期间的经营成果，利润包括收入减去费用后的净额、直接计入当期利润的利得和损失等。"

利润是企业在一定时期内实现的经营成果。通常情况下，如果企业实现了盈利，表明业绩得到了提升，企业的所有者权益将增加；反之，如果企业发生了亏损，表明业绩下滑了，企业的所有者权益将减少。

从构成上讲，利润包括两类：一类是日常经营活动中收入减去费用后的净额，反映日常活动的经营业绩；另一类是直接计入当期利润的利得和损失，反映企业非日常活动的业绩。

企业的经营活动会带来一定的收入，也必然要发生相应的费用。有收入实现就必然有费用发生，发生费用是为了实现收入，收入减费用以后的余额是利润。因此，各个会计期间损益的正确计算，取决于各期间内实现收入与相关费用的正确配比。

关于利得和损失，会计上区分为直接计入所有者权益的利得和损失和直接计入当期利润的利得和损失两种情况。前者不影响利润，只影响所有者权益；但后者属于利润的组成部分，所以会影响利润的高低。

关于收入、费用和利润的会计处理，本书第三章在说明货币资金和应收款项的同时，还将涉及营业收入的记录方法；第四章存货的核算同时涉及营业成本的记录；第五章和第六章将涉及投资收益和公允价值变动损益的记录；第七章固定资产的折旧和无形资产的摊销是费用核算的重要内容；第八章负债的核算往往也同时涉及许多费用项目（如人工费用、税金及附加等）的会计记录。此外，本书第十章将专门针对收入、费用和利润的会计处理进行说明。

二、会计方程式

会计方程式是各要素之间数量关系的表达式。

（一）资产、负债、所有者权益之间的数量关系

一个企业所有的资产与权益（负债权益和所有者权益）是同一笔资金的两个不同方面，是从两个不同角度去观察和分析资金的结果。资产来源于权益，权益的主张依赖于资产的存在。从数量上看，一个企业所有资产与全部权益的总额必然是相等的。从任何一个时点来讲，一个企业有多少资产，就必定有多少权益。资产与权益的这种平衡关系，可以用数学上的方程式表示如下：

$$资产 = 权益$$
$$或：资产 = 债权人权益 + 所有者权益$$
$$或：资产 = 负债 + 所有者权益$$

该公式体现了资产、负债、所有者权益之间在金额上的恒等关系，因此也被称为会计恒等式。

（二）收入、费用和利润之间的数量关系

企业在其生产活动过程中：一方面，根据社会需要提供商品和劳务，同时获得相应的资金回报，形成了企业的收入；另一方面，提供商品和劳务必然要消耗企业的各种经济资源，即发生所谓的"费用"。企业的收入与费用经过配比，当前者大于后者，企业就获得了利润，反之则为亏损。这 3 个要素在一定期间的变化过程和结果，就形成了下列公式所表示的数量关系：

$$收入 - 费用 = 利润$$

（三）6 个会计要素之间的数量关系

以上两个会计方程式中，资产＝债权人权益＋所有者权益反映的是某个静态的时点上资产与权益之间的关系，收入－费用＝利润则反映动态的某一段时期内经营活动所产生的成果。由于收入导致所有者权益的增加，费用导致所有者权益的减少，换句话讲，盈利会导致所有者权益的增加，所以如果将一段时期的期初和期末作为两个静态的时点的话，那么可以看出，收入减去费用计算出来的盈利利润便是导致所有者权益增加的原因。

例如，在 2023 年 1 月 1 日观察资产和权益时，它们处于相对静止状态。由于 2022 年度内企业开展了生产经营活动，资产和权益都发生了变动：既有原有资产的耗费又有新资产的获得；既有收入的发生，又有费用的支出。所以如果在 2023 年 1 月 31 日观察企业的资产和权益的话，它又处于相对静止状态。只不过 1 月 31 日的相对静止状态已经不同于 1 月 1 日的情况。旧的平衡关系被打破，新的平衡关系随之建立。

因此，资产、负债、所有者权益、收入、费用和利润数量关系存在着一种内在的有机联系。在一定时期内，如果仅考虑收入和费用对所有者权益的影响，即假定企业所有者没有追加或抽回投资、不考虑利得和损失、不考虑向所有者分配利润的情况下，6 个会计要素之间的数量关系可以用以下公式表达：

期末资产＝期末负债＋期末所有者权益

或：期末资产＝期末负债＋期初所有者权益＋（当期收入－当期费用）

三、经济业务对会计方程式的影响

企业经营过程中发生的各类经济业务会导致有关会计要素的增减变化，从而改变会计方程式的数额。但无论会计要素引起何种变化，都不会破坏会计方程式的平衡关系。

（一）经济业务

经济业务，或称经济交易事项，是指对企业产生一定后果的经济活动。企业为了实现其经营目标，需要开展各种经济业务，包括取得资本，购置固定资产、商品或原材料，制造产品或提供服务，取得收入，分配利润等。

企业要生存、经营下去，必然需要取得一定的资本，即人们常说的本钱。现代企业取得资本的渠道主要有两种：所有者投资和取得借款。从企业的角度来说，所有者投资会增加所有者权益，而取得借款意味着负债的增加。

企业利用获得的资本开展经营活动。企业可以购置固定资产、商品或原材料。固定资产、商品或原材料是企业经营的物质基础，如制造企业要购置生产设备，物流公司要购买运输车辆，商店要采购商品，等等，这些业务可以称为采购业务。

然后是制造产品或提供服务的业务。制造业通过制造产品、服务业通过提供服务来实现企业获得利润的目标。制造产品就是利用固定资产，将原材料加工为成品。提供服务则是向客户提供所需要的劳务。

通过出售产品或提供劳务，企业可以实现收入。与此相关的还有收取货款的业务，主要包括付款时间和付款方式。付款时间涉及赊销还是现销，是一次性付款还是分期付款。付款方式涉及货款结算的方法，如采用支票结算、通过银行转账等。

从实现的收入中扣除各项费用，就可以计算出利润。

实现的利润还需要考虑向所有者进行分配。在股份有限公司，利润的分配主要指股利的发放。一个企业的股利政策由多种因素决定，包括利润留存需要、资产构成情况（流动性状况）、未来的财务状况、政策限制等。

（二）经济业务影响会计方程式的特点

对于发生的经济业务事项，会计通常要同时从两个方面进行分析和记录。比如，贷款购置设备，一方面由于设备增加而导致资产总额的增加；另一方面会由于贷款的增加而导致负债的增加。再比如，资产消耗的过程，一方面导致资产总额的减少；另一方面会导致费用的发生，并进一步导致所有者权益的减少。

这种对经济业务从两个方面进行记录的做法，导致会计方程式可以从动态上始终维持平衡关系。也就是说，经济业务发生后，会计方程式中的某个或某几个要素会发生变化，相应地资产总额可能会发生增加或减少，但最终的结果都不会破坏会计方程式的平衡关系。

为了帮助读者充分理解这一原理，举例说明如下。

【例 1-1】　所有者对企业投资。

2022 年 1 月初，退休职工老刘投入资本 100 000 元，在某学校的校园内开办了助学便利店，企业性质为有限责任公司。老刘通过有关的政府管理机构办理了企业注册手续，从私人银行账户中提出存款 100 000 元作为对企业的初始投资，并以助学便利店的名义在银行开户，将钱存入该户头。对此，便利店需要记录以下两类事项：

（1）便利店拥有了资产（银行存款）100 000 元。

（2）老刘因为投资而享有该便利店 100 000 元的产权权益。站在便利店的角度来说，其所有者投入了资本 100 000 元，会计上记录为"实收资本"项目。

发生上述业务之后，助学便利店的会计方程式为

资　产	=	所有者权益
银行存款		实收资本

	资产 银行存款	=	所有者权益 实收资本
增加银行存款：	100 000		
增加所有者投资：			100 000
余额	100 000	=	100 000

这笔业务的发生导致便利店的资产和所有者权益同时增加相等金额，体现了会计方程式的平衡关系。

【例 1-2】　为便利店租房子。

老刘找到一处月租金为 3 000 元的房子，便利店签发 18 000 元的支票①预付了半年的房租。对这项交易活动，应记录以下两个事项：

（3）该企业预付了半年的租金 18 000 元，相应取得了半年的房屋使用权，在会计上将这种通过预付租金而获得的房屋使用权视为一项资产。如果租金改为每月支付，则租金应

---

① 支票是出票人签发的，委托银行或者其他金融机构在见票时，无条件支付确定金额给收款人或者持票人的票据。开出支票的企业通常会减少银行存款。有关支票的具体内容，将在第三章第二节详细介绍。

算作费用，而不是资产。

由于预付租金可以使便利店在以后 6 个月的期间内受益，应该在受益期内摊销。所以记入"预付账款"项目。

（4）该企业减少 18 000 元的银行存款。

交易后的会计方程式为

	资　产	=	权　益
	银行存款 + 预付账款	=	实收资本
上次余额：	100 000	=	100 000
增加房屋使用权：	＋　18 000		
减少银行存款：	－18 000		
余额：	82 000 ＋ 18 000	=	100 000

该业务并没有使资产总额发生改变，只是资产的分布结构有所变化。即一项资产增加，而另一项资产减少，会计方程式的平衡关系依然成立。

【例 1-3】 用银行存款购买设备。

老刘用便利店账户的 30 000 元存款购买柜台等设备。对这项业务应记录以下两项内容：

（5）企业购买价值 30 000 元的设备，导致企业资产的增加。由于其使用期间长，属于资产中的固定资产。

（6）企业支付了 30 000 元的银行存款，导致企业资产的减少。

交易后的会计方程式为

	资　产			=	权　益
	银行存款 ＋	预付账款 ＋	固定资产	=	实收资本
上次余额：	82 000 ＋	18 000		=	100 000
增加设备：			＋　30 000		
减少银行存款：	－30 000				
余额：	52 000 ＋	18 000 ＋	30 000	=	100 000

尽管企业的资产结构再次发生变化，一项资产（固定资产）增加，另一项资产（银行存款）减少，但资产总额不变，等式两边的平衡关系也不受影响。

【例 1-4】 赊购日用商品。

老刘从批发公司购进价值 40 000 元的日用商品。老刘与批发公司达成协议，承诺 10 天后付款。这样，便利店就产生了一项负债，批发公司就成为助学便利店的债权人。对这项交易活动，应记录以下两个事项：

（7）便利店获得价值 40 000 元的商品，导致企业资产的增加。

（8）便利店产生了对批发公司 40 000 元的负债。

交易之后的会计方程式为

	资　产				=	负债 ＋	所有者权益
	银行存款 ＋	库存商品 ＋	预付账款 ＋	固定资产	=	应付账款 ＋	实收资本
上次余额：	52 000		18 000	30 000	=		100 000

增加商品：	+40 000					
增加负债：	_____	_____	_____	+40 000		_____
余额：	52 000 +	40 000 +	18 000 +	30 000 =	40 000	+100 000

这笔业务的发生使得便利店的资产和负债同时增加一个相等的金额，因此导致会计方程式两侧金额同方向同数量变化，而平衡关系不受影响。

【例 1-5】 购买食品。

为了方便学生的生活需要，老刘在经营日用商品的同时还销售方便食品。他在批发市场购买了 16 000 元的方便食品，并随即支付货款。对这项业务，需要记录以下两个事项：

（9）便利店购买了价值 16 000 元的商品，导致企业资产的增加。

（10）便利店支付 16 000 元银行存款，导致企业资产的减少。

交易后的会计方程式为

	资　产				= 负　债 +	所有者权益
	银行存款 +	库存商品 +	预付账款 +	固定资产 =	应付账款 +	实收资本
上次余额：	52 000 +	40 000 +	18 000 +	30 000 =	40 000 +	100 000
增加商品：		+ 16 000				
减少存款：	− 16 000	_____	_____	_____	_____	_____
金额：	36 000 +	56 000 +	18 000 +	30 000 =	40 000 +	100 000

这笔业务与预付房租和购买固定资产一样，导致便利店资产结构发生变化，但不影响资产总额，同时等式两边的平衡关系也不受影响。

【例 1-6】 支付欠款。

助学便利店归还批发公司 10 000 元欠款。对此项业务应该确认以下两项内容：

（11）便利店支付 10 000 元银行存款。

（12）便利店对批发公司的负债减少 10 000 元。

交易之后的会计方程式为

	资　产				= 负　债	+所有者权益
	银行存款 +	库存商品 +	预付账款 +	固定资产 =	应付账款 +	实收资本
上次余额：	36 000 +	56 000 +	18 000 +	30 000 =	40 000 +	100 000
减少存款：	− 10 000					
减少负债：	_____	_____	_____	_____	− 10 000	_____
余额：	26 000 +	56 000 +	18 000 +	30 000 =	30 000 +	100 000

这笔业务的发生导致便利店的资产和负债等额减少，但会计方程式的平衡关系不受影响。

【例 1-7】 签发商业汇票抵偿应付账款。

应批发公司要求，助学便利店签发一张面额 30 000 元，30 天后付款的商业汇票①，交

---

① 商业汇票是具有一定格式并由债务人（发票人）签发的书面文件，上面载明一定的金额和付款日期，可由债权人（持票人）到时凭票据向债务人或指定的付款人收取款项。因此可以将商业汇票视为付款人延期付款的书面证明。有关商业汇票的具体内容，将在第三章第二节详细介绍。

给批发公司，偿还剩余所欠账款。对这项业务，应记录以下两个事项：

（13）便利店对批发公司以赊欠形式的负债减少，即应付账款减少 30 000 元。

（14）便利店对批发公司以书面商业票据形式的负债增加，即应付票据增加 30 000 元。

交易之后的会计方程式变化为

	资　　产				=	负　债		+所有者权益
	银行存款	+库存商品	+预付账款	+固定资产	=应付账款	+应付票据	+实收资本
上次余额：	26 000	+ 56 000	+ 18 000	+ 30 000	= 30 000		+ 100 000
减少负债：					− 30 000		
增加负债：						+ 30 000	
余额：	26 000	+ 56 000	+ 18 000	+ 30 000	= 0	+ 30 000	+ 100 000

这笔业务的发生使得便利店负债的内部结构发生变化，一项负债的增加导致另一项负债减少，而负债总额并没有改变，会计方程式的平衡关系没有受到影响。

【例 1-8】 销售日用品和食品，收回货币资金。

在企业开张后的第一个月里，助学便利店通过销售商品，共收到了 45 300 元的货币资金，已全部存入银行。对这项交易活动，应记录以下两个事项：

（15）便利店的银行存款增加了 45 300 元，导致企业资产的增加。

（16）便利店实现了营业收入 45 300 元，导致所有者权益增加。

尽管收入实现会导致所有者权益增加，但是在实际工作中，一般是将收入单独列示，以便于准确了解当期实现的收入总额并有利于分析该期间的业绩。这项交易对会计方程式的影响如下：

	资　　产				=	负　债		+	所有者权益	
	银行存款	+库存商品	+预付账款	+固定资产	=应付账款	+应付票据	+实收资本	+收入
上次余额：	26 000	+ 56 000	+ 18 000	+ 30 000	= 0	+ 30 000	+ 100 000	
增加存款	+ 45 300							
增加收入：								+ 45 300
余额：	71 300	+ 56 000	+ 18 000	+ 30 000	= 0	+ 30 000	+ 100 000	+ 45 300

这笔业务的发生导致便利店的资产增加和所有者权益（报告为收入）的增加。在会计方程式的两侧同时增加一个相同的数量，平衡关系不变。

【例 1-9】 赊销商品。

从开业到 1 月 31 日，助学便利店有 9 400 元的商品已经销售，但货款尚未收回。老刘允许这些顾客延期 30 天付款，这些顾客欠款在会计上称为"应收账款"，对便利店而言它代表一项资产——对顾客的债权。对这项交易活动，应记录以下两个事项：

（17）便利店增加了对客户的债权，应收账款增加 9 400 元，导致资产总额增加。

（18）便利店通过销售商品实现了收入 9 400 元，导致所有者权益增加。

该交易对会计方程式的影响如下：

	资　　产					= 负债	+	所有者权益	
	银行存款	+应收账款	+库存商品	+预付账款	+固定资产	=应付票据	+实收资本	+收入

上次余额：71 300 ＋ 56 000 ＋ 18 000 ＋ 30 000　　　　　＝ 30 000 ＋ 100 000 ＋ 45 300

增加债权：　　　　＋ 9 400

增加收入：＿＿＿＿＿＿＿＿＿＿＿＿＿＿＿＿＿＿＿＿＿＿＿＿＿＿＿＿＿＿＿＿＿ ＋9 400

余额：　　 71 300 ＋ 9 400 ＋ 56 000 ＋ 18 000 ＋ 30 000 ＝ 30 000 ＋ 100 000 ＋ 54 700

这笔业务的发生对便利店会计方程式的影响与例 1-8 的业务相似，都是资产与收入同时增加。不同之处在于这笔业务发生之后增加的资产不是银行存款，而是应收账款。

【例 1-10】 收回欠款。

1 月 31 日，欠款客户交来 6 000 元的支票，偿还前欠货款，便利店将支票送存银行入账。对这项交易活动，应记录以下两个事项：

（19）支票存入银行账户，银行存款增加 6 000 元，导致资产总额增加。

（20）便利店对客户的债权减少，应收账款减少 6 000 元，导致资产总额减少。

该交易对会计方程式的影响如下：

　　　　　　　　　　　　资　　产　　　　　　　　　＝ 负 债 ＋ 所有者权益

银行存款＋应收账款＋库存商品＋预付账款＋固定资产＝应付票据＋实收资本＋收入

上次余额：71 300 ＋9 400 ＋ 56 000 ＋18 000 ＋ 30 000 ＝ 30 000 ＋100 000 ＋54 700

增加存款：＋6 000

减少债权：＿＿＿＿ －6 000 ＿＿＿＿＿＿ ＿＿＿＿＿＿ ＿＿＿＿＿ ＿＿＿＿＿ ＿＿＿＿＿ ＿＿＿＿＿

余额：　　 77 300 ＋ 3 400 ＋56 000 ＋18 000 ＋ 30 000 ＝ 30 000 ＋ 100 000 ＋54 700

该业务的发生并没有改变便利店的资产总额，只是资产结构有所变化，即一项资产（银行存款）增加，而另一项资产（应收账款）减少，会计方程式依然保持平衡关系。特别需要指出，收入并不是在收到银行存款时确认，而是在商品售出时就已确认了（应计收入），这在会计上称为"权责发生制"。详细内容将在第二章进行说明。

【例 1-11】 结转销售商品的成本。

企业在销售商品时，必然导致库存商品的减少。这种减少可以视为企业在获取收入的同时，消耗了资产（库存商品）。因此，结转销售商品的成本意味着从收入中扣除已销售商品的成本，从而计算通过销售商品实现的利润。当然，利润的增加会导致所有者权益的增加。

1 月 31 日，便利店通过对库存商品的盘点，发现购入的商品 56 000 元中，尚有 15 400 元的部分没有销售出去，据此可以确定 1 月所销售商品的成本为 40 600 元。对这项业务，应记录以下两个事项：

（21）便利店出售库存商品，减少库存商品 40 600 元，导致资产总额的减少。

（22）实现收入的同时消耗了库存商品，费用增加 40 600 元，导致所有者权益减少。

与收入的列示方法类似，会计往往会单独列示成本和费用，以便于准确了解当期发生的费用总额，并进一步通过收入扣除费用而计算利润。该交易对会计方程式的影响如下：

　　　　　　　　　　　　资　　产　　　　　　　　　＝ 负 债 ＋ 所有者权益

银行存款＋应收账款＋库存商品＋预付账款＋固定资产＝应付票据＋实收资本＋收入－费用

上次余额：77 300 ＋3 400 ＋ 56 000 ＋ 18 000 ＋ 30 000 ＝ 30 000 ＋ 100 000 ＋ 54 700

减少商品：   − 40 600

增加费用： _____   − 40 600

余额：   77 300 + 3 400 + 15 400 + 18 000 + 30 000 = 30 000 + 100 000 + 54 700 − 40 600

这笔业务的发生导致便利店的资产减少和所有者权益减少（费用的增加）。会计方程式的两侧同时减少相同的数量，平衡关系不受影响。

【例 1-12】 支付其他费用。

企业经营中也需支付一些其他费用，如雇员工资和水电费等。1 月 31 日，便利店通过银行存款转账支付雇员的工资共计 3 600 元。对这项业务，应记录以下两个事项：

（23）便利店通过银行存款支付雇员工资，银行存款减少 3 600 元，导致资产总额减少。

（24）便利店发生了从事日常活动的费用 3 600 元，导致所有者权益减少。

　　　　　　　　　　　　　　资　　　产　　　　　　 ＝ 负债 ＋ 　所有者权益　

银行存款＋应收账款＋库存商品＋预付账款＋固定资产＝应付票据＋实收资本＋收入－费用

上次余额： 77 300 + 3 400 + 15 400 + 18 000 + 30 000 = 30 000 + 100 000 + 54 700 − 40 600

减少存款： − 3 600

增加费用： _____   − 3 600

余额：　 73 700 + 3 400 + 15 400 + 18 000 + 30 000 = 30 000 + 100 000 + 54 700 − 44 200

这项业务对方程式的影响与例 1-13 是相似的，都是业务发生导致便利店资产和所有者权益同时减少，会计方程式的平衡关系没有改变。不同之处在于，例 1-14 的业务导致库存商品减少，而这笔业务的发生则导致银行存款减少。

【例 1-13】 所有者减少投资。

便利店老刘决定从企业银行存款中提取 20 000 元，作为投资的收回。对此项业务，会计应确认以下两项变化：

（25）便利店的银行存款减少 20 000 元，导致资产总额的减少。

（26）老刘对便利店的投资减少 20 000 元，导致所有者权益的减少。

该交易对会计方程式的影响如下：

　　　　　　　　　　　　　　资　　　产　　　　　　 ＝ 负 债 ＋ 　所有者权益　

银行存款＋应收账款＋库存商品＋预付账款＋固定资产＝应付票据＋实收资本＋收入－费用

上次余额： 73 700 + 3 400 + 15 400 + 18 000 + 30 000 = 30 000 + 100 000 + 54 700 − 44 200

减少存款： − 20 000

减少投资： _____   − 20 000 _____

余额：　 53 700 + 3 400 + 15 400 + 18 000 + 30 000 = 30 000 + 80 000 + 54 700 − 44 200

这笔业务发生导致便利店的资产和所有者权益同时减少，但会计方程式的平衡关系不受影响。

【例 1-14】 业主代企业偿还债务。

老刘用私人存款代便利店偿付了因为赊购商品而开给批发公司的商业票据 30 000 元，并将该款项转为对便利店的追加投资。对于此项业务，会计应从如下两个方面进行记录：

（27）便利店开出的商业票据是一项负债，老刘用私人存款代为偿付，意味着便利店负债的减少，应付票据减少 30 000 元。

（28）该款项作为业主老刘对便利店的追加投资，意味着便利店的所有者增加了投资，实收资本增加 30 000 元。

该交易对会计方程式的影响如下：

资　产					=	负债	+	所有者权益		
银行存款	+应收账款	+库存商品	+预付账款	+固定资产	= 应付票据	+实收资本	+收入	-费用

上次余额：53 700 + 3 400 + 15 400 + 18 000 + 30 000 = 30 000 + 80 000 + 54 700 - 44 200

减少负债：　　　　　　　　　　　　　　　　　　　　-30 000

增加投资：　　　　　　　　　　　　　　　　　　　　　　　　　+ 30 000

余额：　　53 700 + 3 400 + 15 400 + 18 000 + 30 000 = 0 + 110 000 + 54 700 - 44 200

这笔业务的发生导致便利店的负债减少，所有者投资增加。二者变动的方向相反，但是金额相同，所以变动之后会计方程式右侧负债和所有者权益的总额不变，平衡关系不受影响。

【例 1-15】 便利店代业主偿债。

业主老刘将其私人债务 10 000 元转给便利店负担，并作为对便利店投资的减少。对此项业务，会计应从以下两个方面进行记录：

（29）便利店增加了一笔 10 000 元的负债。

（30）业主老刘在便利店的投资减少了 10 000 元，导致便利店所有者权益（实收资本）的减少。

该交易对会计方程式的影响如下所示：

资　产					=	负债	+	所有权益		
银行存款	+应收账款	+库存商品	+预付账款	+固定资产	= 应付账款	+实收资本	+收入	-费用

上次余额：53 700 + 3 400 + 15 400 + 18 000 + 30 000 = 0 + 110 000 + 54 700 - 44 200

增加负债：　　　　　　　　　　　　　　　　　　　　+ 10 000

减少投资：　　　　　　　　　　　　　　　　　　　　　　　　　- 10 000

余额：　　53 700 + 3 400 + 15 400 + 18 000 + 30 000 = 10 000 + 100 000 + 54 700 - 44 200

这笔业务的发生使便利店的负债增加，所有者权益减少。与例 1-14 的业务相似，对会计方程式的影响也是等式右侧负债和所有者权益各项目之间的金额有所变化，但是总额不变，所以不影响等式的平衡关系。

【例 1-16】 所有者投资发生部分转让。

老刘将其投资的一部分 30 000 元转让给赵泉先生，从而使原有的个人独资企业改变为两个投资者形成的合伙经营。对该项业务，会计应确认以下两个事项：

（31）老刘的投资减少 30 000 元。

（32）赵泉的投资增加 30 000 元。

该交易对会计方程式的影响如下：

资　产					=	负债	+	所有者权益			
银行存款	+应收账款	+库存商品	+预付账款	+固定资产	= 应付账款	+老刘	+赵泉	+收入	-费用

上次余额：53 700 + 3 400 + 15 400　　+　18 000　+　30 000　=　10 000 + 100 000 + 54 700 − 44 200

权益减少：　　　　　　　　　　　　　　　　　　　　　　　　　　　　　　− 30 000

权益增加：＿＿＿　　＿＿＿　　＿＿＿＿　　＿＿＿＿　　＿＿＿＿　　＿＿＿＿　　　＿＿＿ + 30 000　＿＿＿　＿＿

余额：53 700 + 3 400 + 15 400 + 18 000 + 30 000 = 10 000 + 70 000 + 30 000 + 54 700 − 44 200

这笔业务的发生导致所有者权益内部结构变动，但是所有者权益总额不变，会计方程式的平衡关系也没有被破坏。

（三）经济业务影响会计方程式的类型

以上关于经济业务的举例表明，有些经济业务的发生会导致会计方程式总额的变化，有些经济业务的发生会导致会计方程式各项目构成的变化，但不论经济业务类型对会计方程式如何产生影响，都不会破坏会计方程式的恒等关系。同时，任何一笔经济业务，对会计方程式的影响都是双向的，需要在受到影响的不同项目中同时记录。

根据对会计方程式的影响，可将经济业务分为以下 9 种类型：

（1）一项资产增加，一项所有者权益增加（例 1-1、例 1-8、例 1-9）；

（2）一项资产增加，一项负债增加（例 1-4）；

（3）一项资产增加，另一项资产减少（例 1-2、例 1-3、例 1-5、例 1-10）；

（4）一项负债减少，一项所有者权益增加（例 1-14）；

（5）一项负债减少，另一项负债增加（例 1-7）；

（6）一项负债减少，一项资产减少（例 1-6）；

（7）一项所有者权益减少，一项资产减少（例 1-11、例 1-12、例 1-13）；

（8）一项所有者权益减少，一项负债增加（例 1-15）；

（9）一项所有者权益减少，另一项所有者权益增加（例 1-16）。

第四节　会计的确认与计量

通过前面几节内容的说明可以知道，会计核算就是通过连续、系统、全面地记录、计算和反映企业会计业务，为会计信息使用者提供有价值的会计信息。具体来说，经济业务发生后，会计需要分析这些业务对哪些会计要素构成影响，以及构成影响的金额是多少。前者称为会计的确认，而后者称为会计的计量。

一、会计的确认

会计的确认是指经济业务数据进入会计系统时确定如何进行记录的过程，即将某一经济业务事项作为资产、负债、所有者权益、收入、费用或利润等会计要素正式加以记录和列入报表的过程。

（一）会计确认的要领

会计确认是要明确某一经济业务涉及哪个会计要素的问题。简言之，会计确认就是要确定发生的经济业务是否应当进入会计信息系统，应该在什么时候进入，应该作为哪项会计要素的组成部分进入。

以前述便利店例 1-4 的业务为例，采购部分商品，货款 40 000 元暂时没有支付。首先，对发生的经济业务，应辨认其是否为会计要素，应予在会计账簿中正式加以记录。由于此例中，商品的所有权已经转移给便利店，因此应该在便利店的会计信息系统中进行确认和记录。其次是确认的时间方面。采购商品涉及签订合同、取得商品、支付货款等时间节点，会计上通常选择以取得商品的所有权作为确认的依据，而不论其货款是否已经支付。最后要确定其属于哪一会计要素。采购商品会导致资产增加 40 000 元；与此同时，因为没有支付货款而形成了在以后向供应商偿还 40 000 元货款的义务，所以应该确认便利店负债的增加。

（二）会计确认的条件

会计上予以确认的经济事项，通常必须符合下列基本标准：

（1）可定义性，即应予确认的项目必须符合某个会计要素的定义。

（2）可计量性，即应予确认的交易或事项要能够以某种计量属性可靠地进行计量。可计量性是所有会计要素确认的重要前提。

（3）相关性，即应予确认项目的有关信息，在使用者的决策中导致差别。

（4）可靠性，即应予确认项目的有关信息应如实反映、可验证和不偏不倚。

此外，确认标准还要服从效益大于成本和重要性的约束条件。也就是说，确认一个项目的预期效益应不低于提供和使用该项信息的费用，且该项目被认为是重要的。

综合考虑以上条件，实务中往往是以实际发生的成本或者合同和法律的规定进行确认的。例如，在确认资产时，只有当有关资源的成本或者价值能够可靠计量时，资产才能予以确认。像企业购买或生产的存货，企业购置的厂房或设备等，往往就是根据可以可靠计量的实际发生的购买成本或者生产成本确认其价值的。但出于相关性的考虑，在没有实际成本或实际成本很小的情况下，如果存在其他能够可靠计量依据的话，也被认为符合确认的条件。例如，有些负债就是通过推定或估算进行确认的。

（三）会计确认的类型

从对会计信息的处理过程来看，会计确认可分为初始确认和再确认两个环节。

初始确认是对交易或事项进行正式会计记录的行为，关注的是企业发生的交易或事项是否应该被记录，应在何时、以多少金额、通过哪些会计要素在会计账簿中予以记录的问题。

确认的涵义不仅包括对某一项目的初始确认，也包括对其记入账簿后发生变动的确认。从会计账簿的会计信息到财务报告信息，是财务会计加工信息的第二阶段，也就是会计的再确认。

例如，企业于 2016 年 4 月购买了一幢大楼，取得这栋大楼时，考虑到该大楼主要为企业行政管理部门办公使用，所以将其初始确认为固定资产。从 2022 年 9 月开始，该企业决定改变该大楼的用途，不再将其作为办公大楼使用，而是通过出租给其他企业或个人获取租金收入。在这种情况下，原来确认为固定资产的记录就需要通过再确认，作为"投资性房地产"项目进行记录。

二、会计的计量

会计的计量是指是在会计确认的前提下，对会计要素的内在数量关系加以衡量、计算并予以确定，使其转化为可用货币表现的信息。简言之，会计计量就是对会计要素金额的确定。

会计计量与会计确认密切相关。会计确认解决定性问题，即解决"是不是"和"是什么"的问题，会计计量则解决定量问题，即解决"是多少"的问题。

以前述便利店例 1-11 的业务为例，经过一个月的经营，便利店销售商品并获取了收入，此时需要采用适当的会计方法计量售出商品的成本，才能计算确定销售利润。便利店通过实地盘点的方法，确定了售出商品的数量和相应成本 40 600 元。

会计计量的关键是计量属性的选择，根据《企业会计准则——基本准则》第九章第四十二条规定：会计计量属性主要包括历史成本、重置成本、可变现净值、现值和公允价值。

（一）历史成本

在历史成本计量下，资产按照购置时支付的现金或者现金等价物的金额，或者按照购置资产时所付出的对价的公允价值计量，即按照取得时支付的实际成本计量。负债按照因承担现时义务而实际收到的款项或者资产的金额，或者承担现时义务的合同金额，或者按照日常活动中为偿还负债预期需要支付的现金或者现金等价物的金额计量。

采用历史成本计量要求，基于经济业务的实际交易价格或实际成本计量企业资产、负债、所有者权益等项目，而不考虑随后市场价格变动的影响，尤其是不能随着市场价格的上升而调增资产的账面价值。

（二）重置成本

在重置成本计量下，资产按照现在购买相同或者相似资产所需支付的现金或者现金等价物的金额计量。负债按照现在偿付该项债务所需支付的现金或者现金等价物的金额计量。

（三）可变现净值

在可变现净值计量下，资产按照其正常对外销售所能收到现金或者现金等价物的金额扣减该资产至完工时估计将要发生的成本、估计的销售费用以及相关税费后的金额计量。

（四）现值

在现值计量下，资产按照预计从其持续使用和最终处置中所产生的未来净现金流入量的折现金额计量。负债按照预计期限内需要偿还的未来净现金流出量的折现金额计量。

（五）公允价值

在公允价值计量下，资产和负债按照市场参与者在计量日发生的有序交易中，出售一项资产所能收到或者转移一项负债所需支付的价格计量[①]。也就是说，公允价值是基于市场的计量，不是特定主体的计量，需要考虑相关资产或负债的特征。因此，在实际工作中计

---

① 参见中华人民共和国财政部制定（2014 年），《企业会计准则第 39 号——公允价值计量》第一章第二条。

量公允价值时，企业应当以主要市场（或最有利市场）中发生的有序交易中的价格计量公允价值。

对于以上各种计量属性，不同国家做出的选择不同，同一国家不同时期的选择也不同。我国《企业会计准则——基本准则》第九章第四十三条规定："企业在对会计要素进行计量时，一般应当采用历史成本，采用重置成本、可变现净值、现值、公允价值计量的，应当保证所确定的会计要素金额能够取得并可靠计量。"

现实工作中，由于历史成本容易取得和易于验证，企业在对会计要素进行计量时，一般应当采用历史成本。前述助学便利店的各项会计业务，均是采用历史成本计量的。除历史成本计量属性外，其他计量属性也不同程度地被采用。例如，本书第四章存货的期末计价会用到可变现净值，第五章金融资产的计量会用到公允价值，第七章固定资产的计价会用到重置成本，第八章租赁资产所产生负债的计量会用到现值。

第五节　会计信息质量要求

为便于会计信息使用者评价企业经营业绩和制定相关决策，会计信息应该符合一定的质量要求。我国《企业会计准则——基本准则》第二章中规定了 8 个方面的会计信息质量要求，分别是可靠性、相关性、可理解性、可比性、实质重于形式、重要性、谨慎性、及时性。本节将对这些质量要求进行说明。

一、可靠性

《企业会计准则——基本准则》第二章第十二条规定："企业应当以实际发生的交易或者事项为依据进行会计确认、计量和报告，如实反映符合确认和计量要求的各项会计要素及其他相关信息，保证会计信息真实可靠、内容完整。"

会计信息可靠性是指会计信息应能确保免于错误和偏差，确实传达了它所代表的企业财务状况、经营成果或其他财务信息，从而能够为会计信息使用者评价企业业绩、优化相关决策提供可靠的信息。会计信息如果不可靠，不仅无助于评价业绩和优化决策，而且还可能产生误导作用。尤其是在经营者与所有者之间存在信息不对称的情况下，后者为了对前者的工作进行科学评价，为了对未来的投资趋向做出正确的判断和决策都需要可靠的信息，任何虚假和误导的信息都比没有信息更有害，都会损害投资人和其他利益相关者的利益。因此，可靠性是保证会计信息有用性的一个重要质量特征。

二、相关性

《企业会计准则——基本准则》第二章第十三条规定："企业提供的会计信息应当与财务会计报告使用者的经济决策需要相关，有助于财务会计报告使用者对企业过去、现在或者未来的情况作出评价或者预测。"

投资者把资源投资于企业，目的在于未来获得更多的收益，包括股利、利息和投资转让收益等。出于这一目的，投资者需要做出持有还是出售的决策，债权人需要做出是否贷款的决策等。他们在进行类似的决策时都希望获得与决策相关的会计信息，即对其预测未来时会导致决策差别的信息。所以，相关性是保证会计信息对决策有用的重要的质量特征。

三、可理解性

《企业会计准则——基本准则》第二章第十四条规定："企业提供的会计信息应当清晰明了，便于财务会计报告使用者理解和使用。"

提供会计信息的目的在于信息的使用。要使用会计信息，首先必须了解会计信息的内涵，弄懂会计信息的内容。可理解性原则要求会计信息应做到简明、易懂，能够清晰地反映企业的财务状况和经营成果，并容易为人们所理解。会计信息的可靠性和相关性，都必须在可理解性的基础上才能实现。也就是说，只有能够为信息使用者所理解的信息，其可靠性和相关性才能真正地发挥作用。

四、可比性

《企业会计准则——基本准则》第二章第十五条规定："企业提供的会计信息应当具有可比性。同一企业不同时期发生的相同或者相似的交易或者事项，应当采用一致的会计政策，不得随意变更。确需变更的，应当在附注中说明。不同企业发生的相同或者相似的交易或者事项，应当采用规定的会计政策、确保会计信息口径一致、相互可比。"

可比性原则要求企业在选择会计处理方法时，应符合企业会计准则的规定；在提供会计信息时，应使用会计准则推荐或许可的格式和指标。

强调会计信息的可比性，并不是要求企业的各个经营时期，以及所有的企业都采用绝对一致的会计处理程序和方法。可比性是指同一项业务，应当采取相同或类似的处理方法，强调的是不同期间和不同企业的会计报表和会计信息具有共同或类似的特征，能够作为相互比较的基础。其实质在于，通过同一企业不同时期的比较和不同企业之间的比较，提高会计信息的相关性。

五、实质重于形式

《企业会计准则——基本准则》第二章第十六条规定："企业应当按照交易或者事项的经济实质进行会计确认、计量和报告，不应仅以交易或者事项的法律形式为依据。"

在实际工作中，交易或事项的外在法律形式或人为形式并不总能真实地反映其实质内容。所以会计信息要想反映其所拟反映的交易或事项，就必须根据交易或事项的经济实质，而不能仅仅根据它们的法律形式进行核算和反映。例如，企业以 1 200 元的价格发行可转换债券，如果不附加可转换条件债券的发行价格为 1 090 元，那么就可以将其差额 110 元理解为可转换权的价格。发行债券属于负债的增加，可转换权作为可转换债券的一部分，从形式上来看是负债。但从实质上讲，这部分可转换权反映可转换成股票的权利，是一种所有者权益，所以会计上要将可转换权作为所有者权益进行处理。

按照实质重于形式的要求，当交易或事项的经济实质与其外在表现不相一致时，会计人员应当具备良好的专业判断能力，根据经济实质进行会计核算，以保证会计信息的可靠性。

六、重要性

《企业会计准则——基本准则》第二章第十七条规定："企业提供的会计信息应当反映与企业财务状况、经营成果和现金流量等有关的所有重要交易或者事项。"

根据重要性原则：对资产、负债、损益等有较大影响，并进而影响财务会计报告使用者据以做出合理判断的重要会计事项，必须按照规定的会计方法和程序进行处理，并在财务会计报告中予以充分、准确的披露；对于次要的会计事项，在不影响会计信息真实性和不至于误导财务会计报告使用者作出正确判断的前提下，可适当简化处理。

在实际工作中，如何判断会计事项是否重要：一方面取决于该事项占企业规模、经营业务总量的比重；另一方面也取决于会计人员的职业判断。假定某商店发生了 2 000 元的存货损失，占其当期实现净利润 800 元的 2.5 倍，这对商店来说是一个非常重大的损失，应当及时记录和报告，并且应该单独说明损失的金额和原因；相反，对于一家资产总额数亿的大型公司来说，2 000 元的损失就是一个非常小的数字，可以和其他损失合并列报，也无须单独说明该项损失的原因。

七、谨慎性

《企业会计准则——基本准则》第二章第十八条规定："企业对交易或者事项进行会计确认、计量和报告应当保持应有的谨慎，不应高估资产或者收益、低估负债或者费用。"

谨慎性原则又被称为稳健原则，它是针对市场经济环境中企业可能面临一些不确定事项导致的风险而制定的防范性会计原则。该原则要求会计人员在工作中保持必要的谨慎态度，充分估计到可能发生的风险和损失。在记录经济业务和报告经营成果、财务状况时，应该充分考虑可能发生的费用和可能承担的负债，而不能高估资产价值和预计尚未实现的利润。例如，假设某公司 1 月末的库存商品余额为 2 400 元。即使有确切证据表明，由于供求原因，相同数量的同类商品进货价格已经上升到 2 800 元，也不许按照现行市价 2 800 元调整库存商品的成本；但是如果有确切证据表明，相同数量的同类商品进货价格已经下降到 2 200 元，那么就需要对库存商品按 2 200 元的价格进行计量，这种做法就体现了谨慎性原则的具体要求。

八、及时性

《企业会计准则——基本准则》第二章第十九条规定："企业对于已经发生的交易或者事项。应当及时进行会计确认、计量和报告，不得提前或者延后。"

及时性要求对交易、事项或情况的处理及时和会计信息的提供要及时，从而保证在信息失去影响决策的能力之前提供给信息使用者。及时的会计信息不一定是相关的信息，但如果会计信息不能在时效期内为使用者所掌握，即使原来相关的信息也会变得不相关。

第六节 会 计 假 设

会计的目的是通过连续、系统、全面地记录、计算和反映企业的会计业务，为各个方面提供有价值的会计信息。由于企业所处的环境存在不确定性，因此在生成会计信息时，需要对会计处理的对象及其环境做出必要的约束性规定，即建立会计假设，也称为会计核算的基本前提。

会计的基本假设取决于会计所处的客观环境和会计业务的特点。根据会计工作中总结的经验，一般认为会计有 4 项基本假设：会计主体假设，持续经营假设、会计分期假设和货币计量假设。

一、会计主体假设

记录会计业务和提供会计信息时，必须首先明确会计主体，即为谁记录和报告经济业务，记录和报告谁的经济业务。《企业会计准则——基本准则》第一章第五条规定："企业应当对其本身发生的交易或者事项进行会计确认、计量和报告。"这一规定明确了会计主体应该是企业本身。也就是说，会计反映某个特定企业的经营活动。该主体既不包括企业所有者本人，更排除其他企业。只有遵循会计主体假设，才能使会计业务的范围得以明确，才能够清晰地反映企业的财务状况和经营成果，企业的所有者及债权人，以及企业管理者和企业会计信息的其他使用者，才有可能从会计记录和会计报表中获取有价值的会计信息，从而做出有利于企业投资或改善经营管理的决策。

从会计发展的历史来看，会计主体假设的建立有其发生发展过程。在早期的独资企业中，对企业资产和所有者家庭财产不进行严格的划分，也没有会计主体的意识。随着经济的发展，产生了合伙企业的组织形式。这在客观上要求会计必须将企业作为独立于合伙人之外的经营实体来反映其财产、产权和经营成果。否则，如果企业经营活动中发生的收入和耗费与其合伙人的私人收支混淆在一起，就会成为公平处理各个合伙人权益的障碍。随着股份制企业的发展，实现了所有权与经营权的分离，为了正确地反映和考核股份制企业的财务状况和经营成果，就必须将股东个人的财产收支与企业经营活动严格区分开来。从某种意义上讲，股份制企业的发展，促进了会计主体假设的建立和完善。所以，从根本上讲，将企业作为会计主体，反映了企业经营者正确计算并严格考核企业盈亏的要求。另外，从进一步记录财产和收支的角度看，所有者的财产一旦投入某个企业，并按照该企业的经营要求加以运用，就应在账簿上独立地记录，严格排除那些与企业生产经营无关而属于所有者本人的财产收支或其他经济往来。只有这样才能使企业的经营成果得到准确和完整的反映。

需要注意的问题是，企业会计主体与企业法人不同。法人是指在政府部门登记注册、有独立法人财产、能够承担民事责任的法律实体，它强调企业与各方面的经济法律关系。而会计主体则是按照正确处理所有者与企业的关系设计的。因此，尽管所有的经营法人都是会计主体，而有些会计主体则不一定是法人。例如，独资企业不是法人，但可以作为会计主体。再例如，一些企业集团下属的子公司，这些子公司都是法人，也都是会计主体。

但是出于经营管理的需要，为全面考核和反映集团公司的经营活动和财务成果，就必须将所有的子公司连同母公司作为一个总括的会计主体，编制合并报表，以全面反映和评价集团公司的经营情况。合并报表反映了一个会计主体、而不是法人主体的情况。

综上所述，会计主体假设规定了会计活动的空间范围。会计主体假设要求：会计所提供的信息，只能反映建立该信息系统的某个特定会计主体的财务状况和经营成果。它既不应当同其他主体相混淆，也必须与其所有者个人的资产、负债及其他经济业务划清界限。

二、持续经营假设

一个正在经营的企业的未来前景，不外乎出现两种可能：按照预定目标持续经营，或者在近期终止经营并进行清算。不同的可能性决定了企业需要采用不同的方法进行会计处理。为了保证会计核算的正确性，就应该根据企业的情况做出正确的判断和选择。尽管任何企业都存在破产和清算的风险，但是不能预见企业会在什么时间破产清算，因而不应该在尚未确定破产时就按照破产的方法进行会计处理。因此，《企业会计准则——基本准则》第一章第六条规定："企业会计确认、计量和报告应当以持续经营为前提。"持续经营是指在可以预见的将来，企业不会面临破产、清算。企业将会按照既定的用途使用现有的资产，并按原先承诺的条件去清偿债务；同时也应该采用与持续经营相适合的会计方法进行核算。

持续经营假设是在确定了企业会计主体之后做出的约束性规定。设定了企业是会计主体之后，直接面临的问题就是，这个企业能够存在多长时间。只有设定了企业持续经营的前提，才能进一步选择和确定会计核算的具体方法。例如，当会计人员为一个持续正常经营的企业编制会计报表时，其厂房等建筑物都按照历史成本入账，而不是按照企业破产时的清算价值入账。因为购置各种固定资产的目的是为了在经营中使用，以追求使用资产而形成效益，而不是为了转让和销售。因此，持续、正常经营的企业在会计核算中，不需要考虑销售固定资产而获得的变现价值，而应该以非清算价值记录账簿和列示报表。当然，在激烈的市场竞争中，企业有可能因为管理不善等原因而宣告破产。在这种情况下，以持续经营为前提而选择和确定的会计方法和程序就不再适用，就需要以有关法规为依据，根据清算的要求如实反映企业清算时的财务状况和财产关系。

由于企业持续经营前提的存在，产生了企业资本保全的问题。如果一个企业不能保持其资本完整，就不可能实现真正意义上的持续经营。因此，企业在一个经营周期结束之后，首要任务就是以当期获得的收入弥补当期发生的耗费，弥补之后的余额是企业在该期间创造的价值，也就是可供分配的利润。这就产生了在会计核算中区分资本与收益的必要。例如，前述助学便利店在确定利润时，需要首先从销售收入中扣除销售商品的成本和有关的经营费用，如房租、水电、雇员工资等，余额才是便利店的盈利。如果将销售收入全部作为盈利而被老刘用于个人消费，便利店将没有资金补充已经出售的商品，当然也就不可能持续经营下去。

三、会计分期假设

企业的经营活动是连续不断进行的，在时间上具有不间断性。为了客观地计量、记录和报告连续不断的经营活动，会计人员需要合理地确定经营业务的开始和终止时间，以便向会计信息使用者及时地提供财务报告。如果会计人员能够等到企业经营活动全部结束以后，将各种资产变成银行存款，并将各项负债偿还完毕后再对企业进行结算，企业就能非常简便而清晰地计算经营期收益，也就不涉及会计分期的问题。但是实际情况是，在持续经营的企业中，会计人员无法知道企业在什么时间结束其经营活动，当然也就不能等到企业全部结束或终止其经营业务之后才结算账目和编制报表。唯一的选择是在企业持续正常经营中，设定企业的经营活动是可以间断的，并且可以划分为各个相等的期间。我国《企业会计准则——基本准则》第一章第七条规定："企业应当划分会计期间，分期结算账目和编制财务会计报告。会计期间分为年度和中期。中期是指短于一个完整的会计年度的报告期间。"这就是会计分期假设。

会计分期假设是持续经营假设的一个必要的补充，二者不可分离。只有设定一个会计主体能够持续经营下去而没有期限，才有必要和有可能进行会计分期。持续经营假设是会计分期假设的前提，会计分期核算与报告是持续经营假设的实现形式。有了持续经营和会计分期这两个假设，一方面可以把企业经营活动看作是一条川流不息的"长河"；另一方面又能经常地将这条长河截断以测量其流量和流速。以这两个假设为基础，才可能在立足持续经营的同时，尽可能分清各个会计期间的经营业绩，也才可能连续地提供会计主体在各个会计期间的经营成果和财务状况及其变动信息。

会计分期假设的主要作用表现在以下两个方面。

（1）会计分期假设的使用产生了分配收入和费用的需要。如果一个持续经营的会计主体所报告的经营活动涉及若干的会计期间，就应该将该项活动产生的收入和发生的费用在各个期间进行合理的分配，以便正确地反映各期的经营成果。

（2）会计分期假设的应用产生了对可比性原则的要求。由于会计分期假设是将一个连续的经营过程人为地划分开来，分别进行计量和报告，为了比较分析各个会计期间的经营活动和财务状况，必须要求每个会计期间使用的会计处理方法前后一致，否则无法比较各个期间的经营成果和财务状况。

根据《企业会计准则——基本准则》的规定，我国企业应将会计期间划分为年度、季度和月份。即会计主体应该按照年度、季度和月份结算账目和编制所需要的会计报表。其中，会计年度、季度和月份的划分与公历日期相同。

四、货币计量假设

企业在日常经营活动中，存在各种大量错综复杂的经济业务。整个生产经营活动过程中的业务涉及不同的实物形态，如厂房、设备、银行存款、库存商品等。由于它们的实物形态不同，可采用的计量单位也多种多样。例如，不同资产可以采用的计量单位包括质量单位、长度单位、面积单位、实物数量单位等多种。由于各种计量单位之间无法换算，也无法相加，因而不能通过分类的实物计量全面而综合地反映会计主体的经济业务。而货币是商品的一般等价物，尽管会计主体的各个生产要素在实物形态上各有差异，但是它们在价值上却具有同质性，都可以采用统一的货币计量单位。这就产生了货币计量假设，就是以货币作为综合计量单位计量和报告会计主体的各项经营活动和财务状况。

《企业会计准则——基本准则》第一章第八条规定："企业会计应当以货币计量。" 这种用以表示计量的货币称为记账本位币。在实际工作中，在我国境内从事经营活动的企业，人民币往往就是记账本位币。如果企业在日常经营活动中以外币收支为主，为便于企业对外开展业务，以适应企业的业务特点并简化核算，业务收支以外币为主的企业，也可以选定某种外币作为记账本位币。但在期末编制会计报表时，应当折合为人民币反映。

货币计量假设有其局限性。会计记录和会计报表所反映的内容仅限于那些能够以货币计量的经济活动，不能够用货币计量的经济资源和经济活动就无法在会计报表中进行反映。例如，企业核心管理团队的领导力、职工技术水平、企业产品质量水平，企业核心竞争能力、企业良好的信用状况等因素都无法用货币进行计量。为了弥补货币计量假设的不足，以全面反映企业的非货币信息，企业也可以在会计报告中，以附注说明的形式，用其他计量单位补充说明重要的非货币信息。

总而言之，会计假设为开展会计核算奠定了必要基础。其中，会计主体假设限定了核算的空间范围，持续经营假设限定了会计核算的计价基础，会计分期假设限定了会计核算的时间范围，而货币计量假设限定了会计核算的计量单位。会计人员在会计工作中，面对变化不定的经济环境，必须明确基本会计假设，才能运用科学的方法对企业的经营活动进行正确的记录和反映，以把握经营活动的真实情况，并对其进行必要的管理和控制。同时，会计信息的使用者则必须充分理解会计假设，意识到会计信息的获取过程是存在假设前提的，会计信息的有用性是相对的，是以会计假设为条件的。

【本章小结】

会计随着经济的发展而发展。经济越发展，会计越重要。在会计发展过程中，经历了不同的阶段，人们对会计的认识也在不断地进步。现在，最为普遍的观点认为，会计是一个提供财务信息的经济信息系统。会计信息的使用者可以划分为企业外部的会计信息使用者和企业内部的会计信息使用者两大类。

我国《企业会计准则——基本准则》规定了 6 个会计要素：资产、负债、所有者权益、收入、费用和利润。这 6 个要素可以表示为两个方程式：资产＝负债＋所有者权益，收入－费用＝利润。或者可以表达为一个综合会计方程式：资产＝负债＋所有者投入权益＋（收入－费用）。会计方程式奠定了复式记账的基础，建立了会计报表的基本框架。

确认和计量是会计业务处理的关键。确认可分为初始确认和再确认两个环节，通过确认，要明确某一经济业务涉及哪个会计要素。会计计量是确定会计要素的金额，会计计量属性主要包括历史成本、重置成本、可变现净值、现值和公允价值。

会计报表所提供的会计信息应当满足某些质量要求，包括可靠性、相关性、可理解性、可比性、实质重于形式、重要性、谨慎性、及时性。

会计核算需要以会计假设为前提，会计有 4 项基本假设：会计主体假设，持续经营假设，会计分期假设和货币计量假设。

【关键名词】

会计	会计信息	会计信息使用者	会计要素	资产
负债	所有者权益	收入	费用	利润
会计方程式	历史成本	重置成本	可变现净值	现值
公允价值	可靠性原则	相关性原则	可理解性原则	可比性原则
实质重于形式原则	重要性原则	谨慎性原则	及时性原则	会计假设
会计主体假设	持续经营假设	会计分期假设	货币计量假设	

【思考题】

1. 有人认为，"企业是所有者的，因此，企业的资产也都属于所有者。"你是否接受这个观点，说明你接受或不接受该观点的理由。

2. 会计的最基本作用是什么？它包括哪些内容？

3. 会计方程式平衡的原理是什么？

4. 列举 5 个会计主体，并说明这 5 个主体的各个会计要素的表现形式。

5. 如不遵循持续经营假设，有可能对会计核算产生什么影响？

【练习题】

练习一

以下是滨海牙科诊所 20×1 年 12 月 2 日的部分财务数据：银行存款 50 000 元；拥有医疗器械 250 000 元；拥有办公家具 80 000 元，尚欠克登柏器械公司 200 000 元；欠光明家具公司 50 000 元；库存各种医疗用品 10 000 元。

要求：根据会计方程式确定资产、负债所有者权益的数额。

练习二

红杉家电维修部 20×1 年 7 月 31 日的部分财务数据如下：银行存款 28 000 元，修理用备件 30 000 元，修理用设备 50 000 元，预付修理门市部房屋租金 20 000 元，应收修理费 10 000 元，借款 48 000 元，应付职工薪酬 2 000 元，当月实现收入 36 000 元，支付水电费用等 5 000 元，支付临时工工资 10 000 元。

要求：根据会计方程式确定资产、负债所有者权益的数额。

练习三

某独资企业年初的全部负债为 25 万元，年末为 20 万元。年末净资产为 35 万元。资产总额年末比年初多 5 万元。已知该企业投资人在年度内向企业追加投资 6 万元。

要求：根据上述数据，根据会计要素间关系计算企业当年实现的净利润。

练习四

某公司收到所有者投入资金 20 000 元，增加了资产和所有者权益。随后又发生了以下 8 笔业务：

（1）支付货币资金 300 元购买办公用品。

（2）为顾客提供服务并收到现金 680 元。

（3）开支票支付房屋半年的租金 1 000 元。

（4）为顾客提供服务，服务费 2 000 元对方尚未支付。

（5）赊购办公设备 1 200 元。

（6）收到顾客偿还前欠的部分服务费 1 000 元。

（7）用银行存款交纳增值税 100 元。

（8）某客户预交服务费定金 500 元。

要求：分别说明各项业务对会计方程式的影响，并列出第 8 笔业务结束后的方程式。

练习五

根据各个会计要素之间的关系，计算以下 4 个互不相关的例子中的未知数。

单位：元

年初	甲企业	乙企业	丙企业	丁企业
资产	1 000	7 000	?	10 000
负债	400	1 000	4 500	2 400
年末				
资产	900	9 000	22 000	11 500
负债	200	?	3 500	2 400
年度内				
投入资本	210	1 800	6 500	?
营业收入	?	3 500	12 200	4 700
提回资本	60	1 000	600	600
营业费用	330	2 700	9 100	3 100

即测即练

扩展阅读

自学自测   扫描此码

第二章

会计信息的生成

 本章导读

本章主要说明会计信息的生成过程，该过程反映如何将企业各项业务的分散数据加以汇总、整理、加工，并形成具有一定质量特征的会计信息。通过本章内容的学习，应该基本掌握会计信息的记录方法和记录媒介。尤其是应该能够熟悉和运用借贷记账法，处理简单的会计业务，为以后章节的学习做好准备。

 问题导引

会计人员是如何将纷繁复杂的业务变成会计信息的？

会计信息系统就是会计账簿吗？

借贷记账法是不是记录借钱和贷款的专用方法？

电算化账务处理与手工账务处理有什么不同？

会计报表有什么用处？

 开篇故事

李先生退休以后，用多年的积蓄租了一间临街的门脸房开了一家小食杂店。

他以自己的存款 100 000 元作为投资，在工商管理部门登记注册。取得营业执照之后，首先用 18 000 元购入商店用的设备，计划可以使用 5 年，报废后没有残值；预付了 6 个月的房租 7 200 元，用 60 000 元购入商品。

在开业初期，李先生将销售商品的毛利率定为 30%，即销售 10 元的商品中，采购成本和毛利分别为 7 元和 3 元。由于商店客户多是李先生的多年邻居，他的赊销条件很宽松，只要是熟人，都可以先用商品，等以后再付款。他的供货商许可他在购货以后的 30 天再支付货款。

开业半年以后的财务状况如下：所有到期的购货款均已付清，只有 27 000 元尚未到期，属于正常的赊购。原来的存货已经周转了 3 次，现有存货总成本 60 000 元，他的顾客还欠他 68 600 元。除了预付房租以外，他还用存款支付了所有其他费用 42 600 元（含各项税款）。

李先生自己计算的资金收付金额和结存余额如下：

单位：元

资金来源或用途	金额
投资现金	100 000
购买设备	−18 000
预付房租	−7 200

续表

资金来源或用途	金额
采购商品 240 000，其中 27 000 尚未付款，支付现金	− 213 000
销售收入 256 500，其中 68 600 尚未收款，收到现金	187 900
支付其他费用	− 42 600
存款余额	7 100

李先生的侄女是某大学会计专业的学生，李先生请她帮忙分析商店的财务状况。他侄女计算之后告诉他，商店半年来盈利额 24 900 元，计算过程如下：

单位：元

营业收入	256 500
营业成本	− 180 000
经营毛利	76 500
经营费用	− 42 600
折旧	− 1 800
房租	− 7 200
净利润	24 900

可是李先生对侄女计算的毛利和净利润感到不理解。

因为，他是用 100 000 元开业的，但是现在只剩下 7 100 元的余额，这些钱用于预付下半年的房租都不够，而且还欠供货商 27 000 元。

会计信息的生成主要包括会计凭证的取得和编制、会计账簿的登记和汇总、会计报表的生成。本章第一节和第二节将说明会计凭证的会计处理；第三节将说明会计账簿的会计处理；第四节将说明最终生成的会计报表。

第一节　会 计 凭 证

经济业务的发生应该有必要的单证或记录作为证明，称为会计凭证。这些凭证是记录业务发生或者完成情况的书面证明，同时也是登记账簿的依据。

会计凭证按其编制程序和用途的不同，分为原始凭证和记账凭证两类，如图 2-1 所示。

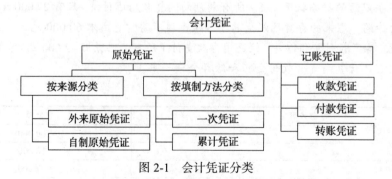

图 2-1　会计凭证分类

一、原始凭证

原始凭证是在会计业务发生或完成时取得或填制的，用来记载和证明业务发生和完成情况，并明确经济责任的书面证明。例如，采购商品的增值税发票，出差开会的车票，银行支票的存根、支付费用的收据等。

一项经济业务发生后，会计需要取得相关的原始凭证，并审核这些原始凭证的真实性和正确性。对于同类原始凭证，可以编制原始凭证汇总表，将多张原始凭证作为一项业务处理。

取得原始凭证是会计信息生成过程的第一步，也是决定会计信息质量至关重要的环节。如果原始凭证不真实，或者原始凭证的有关计算有误，那么在此基础上进行的后续会计处理就不可能正确。提供虚假会计信息的企业，往往就是从编造虚假的原始凭证开始的。注册会计师在对会计信息的质量进行鉴证时，往往也会从审查原始凭证入手。

二、记账凭证

尽管原始凭证是确认经济业务发生和完成的有效证明，但在会计工作中一般并不直接根据原始凭证记账。这是因为，原始凭证的种类繁多、格式各异、大小不同；更为重要的原因还在于，原始凭证不能说明该项业务的发生会影响资产、负债、所有者权益、收入、费用中的哪个种类、哪个项目，所以不便于直接作为记账依据。

记账凭证是会计人员以审核无误的原始凭证或原始凭证汇总表为依据，按照经济业务及其事项的内容加以归类，并据以确定会计分录后所编制的会计凭证。为了便于记账、防止差错，保证会计信息的正确，会计人员要在审核原始凭证的基础上，确定某项业务所产生的经济影响，即该业务发生导致的企业资产、负债和所有者权益、收入、费用的变化（包括变化方向和变化金额），并记录该业务所产生的影响。在实际会计工作中，分析确认经济业务和编制会计分录，都是通过编制记账凭证完成的。

记账凭证可以进一步分为收款凭证、付款凭证、转账凭证。其中收款凭证记录导致库存现金和银行存款增加的业务，付款凭证记录导致库存现金和银行存款减少的业务，转账凭证记录不影响库存现金和银行存款增减的业务。

第二节　会计科目和借贷记账法

在编制记账凭证时，会计人员要使用专门的会计手段分析原始凭证所证明的经济业务。要确定该项经济业务的发生将会对企业的哪个会计要素产生影响，并且要说明受到影响的要素会发生什么性质的变化，它的金额是增加还是减少，增加或减少的金额有多少。

为此，会计需要通过设置会计科目，将各种会计要素分成不同项目；然后要采用借贷记账法对会计业务进行记录，形成会计分录。

一、会计科目

会计科目是对会计要素对象的具体内容进行分类核算的类目。不同会计对象的具体内容各有不同，管理要求也有不同。为了全面、系统、分类地核算与监督各项经济业务的发生情况，以及由此而引起的各项资产、负债、所有者权益和各项损益的增减变动，就有必要对会计对象分别设置会计科目。例如，银行存款反映企业通过银行进行的款项结算情况，而固定资产则反映企业使用期限超过一年的实物资产，如房屋、机器设备、运输车辆等。会计上对这些资产就会设置不同的会计科目进行记录。

设置会计科目是对会计要素对象的具体内容加以科学归类，是进行分类核算的前提。本书附录 1 提供了我国一般工商企业使用的会计科目，可以作为进一步了解会计信息生成过程的参考。

二、借贷记账法

（一）复式记账法

设置会计科目仅仅是对会计要素作出进一步分类。为了记录和反映企业的经营活动和报告企业的财务状况和经营成果，取得经营管理所需的核算资料，还要运用科学的记账方法。

现代会计采用的记账方法是复式记账法。复式记账法是对发生的每项经济业务，以相等的金额同时在两个或两个以上相互联系的会计科目中进行记录。它有两个显著特点：一是对每项经济业务，至少在两个相互联系的会计科目中以相等的金额进行记录，从而系统地反映每一项经济业务所涉及的资金运动的来龙去脉，全面完整的反映经济活动全貌。二是所有会计科目之间存在数字平衡关系，从而可以进行试算平衡。

借贷记账法是复式记账法中的一种，《企业会计准则——基本准则》第一章第十一条规定，企业应当采用借贷记账法记账。

（二）借贷符号的含义

借贷记账法是以"借"和"贷"作为记账符号，反映各项会计要素增减变动情况的一种复式记账法。在借贷记账法下，会计科目区分为借方和贷方，特定会计科目的增加和减少以借方和贷方相区分。第一章中介绍的会计方程式为借贷记账法提供了理论支持。

首先是"资产＝负债＋所有者权益"。在这个方程式中，资产位于方程式的左侧，所以资产类会计科目的借方记录资产的增加额，贷方记录资产的减少额；余额一般在借方。

负债类和所有者权益类会计科目的规则与资产类会计科目相反。这两个要素在会计方程式的右方，所以其会计科目的贷方记录增加数，借方记录减少数，余额一般在贷方。

其次是"收入－费用＝利润"。根据第一章的说明，收入增加导致所有者权益增加，所以收入类会计科目的贷方记录增加数，借方记录减少数。相反，费用增加则导致所有者权益减少，所以费用类会计科目的借方记录增加数，贷方记录减少数。

为了反映企业某个会计期间的利润实现情况，会计上设置"本年利润"会计科目。在会计期末，当期实现的各类收入都要分别结转到"本年利润"的贷方，当期发生的各类费用则都要分别结转到"本年利润"的借方，所以收入类会计科目和费用类会计科目期末都没有余额。同时，收入类会计科目和费用类会计科目对所有者权益的影响，也最终反映为"本年利润"会计科目对所有者权益的影响。如果某个会计期间实现了盈利，则结转到"本年利润"会计科目贷方的收入将大于借方的费用，"本年利润"会计科目就为贷方余额，导致所有者权益增加；相反，如果出现了亏损，则结转到"本年利润"会计科目贷方的收入将小于借方的费用，"本年利润"会计科目就为借方余额，导致所有者权益减少。

（三）借贷记账法的记账规则

借贷记账法的记账规则是：有借必有贷，借贷必相等。企业在记录会计业务时，必须以相等的金额同时记录在一个（或几个）会计科目的借方和另外一个（或几个）会计科目的贷方。也就是说，一方面将某项会计要素的变化记入有关会计科目的借方；另一方面以相等的金额记入对应会计科目的贷方。

例如，企业收到所有者用支票投入资金 10 万元。这笔业务对企业产生了两个方面的影响：一方面是企业资产增加，具体表现为银行存款的增加。由于资产位于会计方程式的左侧，所以应该在"银行存款"科目的借方记录增加额。另一方面这笔业务导致企业的所有者权益增加，具体表现为实收资本的增加。由于所有者权益位于会计方程式的右侧，所以应该在 "实收资本"科目的贷方记录增加额。最终的结果是"银行存款"科目的借方对应"实收资本"科目的贷方，并且借方和贷方的金额是相等的，都是 10 万元。

尽管企业中发生的经济业务复杂多样，但它所引起的会计要素的变化却是有规律的，不外乎第一章中介绍的 9 种类型。无论发生 9 种业务类型中的任何一种，都必须遵循"有借必有贷，借贷必相等"的记账规则进行会计记录。

（四）会计分录

会计分录是指对每一项经济业务，分别列示出应借应贷会计科目的名称及金额的记录，简称分录。它能够明确规定一项经济业务应记入的会计科目的名称、记账方向及入账金额。前面提到的企业收到所有者用支票投入资金 10 万元的举例，可以编制如下会计分录：

借：银行存款　　　　　　　　　　　　　　　　　　　　　　　100 000

　　贷：实收资本　　　　　　　　　　　　　　　　　　　　　100 000

上例中的会计分录只涉及一借一贷两个会计科目，称为简单会计分录。在实际工作中，许多复杂的经济业务可能同时影响多个会计科目。为了客观全面的记录这些业务，就需要编制复合会计分录。复合会计分录可以是一借多贷、一贷多借的分录，也可以是多借多贷的分录。

【例 2-1】　企业购入商品 8 000 元，与供货商协商后，先以银行存款支付一半货款，另一半暂欠。企业需要编制复合分录来记录这笔业务，会计分录如下：

借：库存商品　　　　　　　　　　　　　　　　　　　　　　　8 000

　　贷：银行存款　　　　　　　　　　　　　　　　　　　　　4 000

　　　　应付账款　　　　　　　　　　　　　　　　　　　　　4 000

无论编制简单会计分录，还是复合会计分录，都必须严格遵循"有借必有贷，借贷必相等"的记账规则。简单分录和复合分录的区别仅在于，借方和贷方所涉及的账户是否超过一个。

（五）借贷记账法示例

【例2-2】 对第一章第三节所列举的经济业务，编制相应的会计分录。

（1）退休职工老刘投入资本100 000元，在校园内开办助学便利店。

借：银行存款	100 000
贷：实收资本	100 000

（2）助学便利店租赁营业房屋，预付半年的租金18 000元。

借：预付账款	18 000
贷：银行存款	18 000

（3）便利店支付30 000元，购买销售设备。

借：固定资产	30 000
贷：银行存款	30 000

（4）助学便利店从批发公司赊购价值40 000元的日用商品，约定10天后支付货款。

借：库存商品	40 000
贷：应付账款	40 000

（5）采购方便食品16 000元，当即支付货款。

借：库存商品	16 000
贷：银行存款	16 000

（6）归还前欠批发公司货款中的10 000元。

借：应付账款	10 000
贷：银行存款	10 000

（7）助学便利店签发一张面额30 000元、30天后付款的票据，交给批发公司，抵偿剩余所欠账款30 000元。

借：应付账款	30 000
贷：应付票据	30 000

（8）助学便利店销售商品收回货币资金45 300元，存入银行。

借：银行存款	45 300
贷：主营业务收入	45 300

（9）赊销9 400元的商品。

借：应收账款	9 400
贷：主营业务收入	9 400

（10）收到客户支付的6 000元支票。

借：银行存款	6 000
贷：应收账款	6 000

（11）结转销售商品的成本40 600元。

借：主营业务成本	40 600
贷：库存商品	40 600

（12）支付雇员工资 3 600 元。

借：销售费用　　　　　　　　　　　　　　　　　　　3 600

　　贷：银行存款　　　　　　　　　　　　　　　　　　　　　3 600

（13）便利店老刘从企业银行存款中提取 20 000 元，作为投资的收回。

借：实收资本　　　　　　　　　　　　　　　　　　　20 000

　　贷：银行存款　　　　　　　　　　　　　　　　　　　　　20 000

（14）老刘用私人存款代便利店偿付商业票据 30 000 元，并将该款项转为对便利店的追加投资。

借：应付票据　　　　　　　　　　　　　　　　　　　30 000

　　贷：实收资本　　　　　　　　　　　　　　　　　　　　　30 000

（15）业主老刘将其私人债务 10 000 元转给便利店负担，并作为对便利店投资的减少。

借：实收资本　　　　　　　　　　　　　　　　　　　10 000

　　贷：应付账款　　　　　　　　　　　　　　　　　　　　　10 000

（16）老刘将其投资的一部分 30 000 元转让给赵泉先生。

借：实收资本——老刘　　　　　　　　　　　　　　　30 000

　　贷：实收资本——赵泉　　　　　　　　　　　　　　　　　30 000

至此，会计针对企业的经济业务内容设置了会计科目；发生业务和事项后，会计取得原始凭证，然后采用借贷记账法，编制会计分录，形成了记账凭证。接下来就要根据记账凭证进行账簿的登记和汇总了，第三节将对账簿进行详细说明。

第三节　账簿的设置和账务处理

记账凭证可以对业务和事项进行记录，但这些记录是零散的，无法为整体反映企业财务状况和经营成果提供便利。企业可以通过设置账簿，将记账凭证所反映的内容登记到账簿中，并据以进行汇总和其他账务处理。

一、账户

要记账，首先需要设置必要的账户。会计账户是按照规定的会计科目，在账簿中对会计对象的具体内容进行分类、连续记录的户头。账户是分类、记录、整理、汇总和加工原始数据与其他会计资料的手段，可以起到对信息分类的作用。

账户划分为左右两方，左方为借方，右方为贷方，其基本格式如图 2-2 所示。为形象起见，会计上的账户也称为 T 形账户[①]或丁字账。

---

① 需要说明的问题是，T 型账户是为了在教学中直观地说明账务处理过程中，会计分录和账户之间的关系而采用的。实际工作中使用的账户格式与 T 型账户有很大差别。由于本书主要是为非会计专业的经济、管理类人员学习基本会计知识而编写，因此对具体工作中使用账户的格式不做介绍。

图 2-2　借贷记账法下的账户结构

账户中的"借""贷"二字仅仅作为记账符号，表示记账的方向。但是具体哪一方记录增加额，哪一方记录减少额，期末余额又在哪方，需要根据经济业务的具体内容及账户的基本性质来决定。

资产类账户的结构如图 2-3 所示。其中借方登记增加数，贷方登记减少数，余额在借方。

资产类账户结构

借方	账户名称	贷方
期初余额××× 本期增加额×××		本期减少额××× :
期末余额　×××		

图 2-3　资产类账户结构

负债和所有者权益账户则与资产类账户相反，账户结构如图 2-4 所示。这两类账户的贷方登记增加数，借方登记减少数，余额在贷方。

负债、所有者权益账户结构

借方	账户名称	贷方
		期初余额×××
本期减少额×××		本期增加额××× :
:		期末余额　×××

图 2-4　负债、所有者权益类账户结构

由于收入的实现和费用的发生必然影响企业当期实现的损益，所以在实际工作中将收入、费用类账户统称为损益类账户。其中收入类账户贷方登记增加额，借方登记减少额；在会计期末，当期实现各类收入都要分别结转到"本年利润"的贷方，期末无余额。

收入类账户的结构如图 2-5 所示。

收入类账户结构

借方	账户名称	贷方
本期发生额转出×××		本期实现的收入××× :
		期末无余额

图 2-5　收入类账户结构

费用类账户借方记录增加额，贷方登记减少额。在会计期末，当期各项费用都要结转到"本年利润"的借方，期末无余额。

费用类账户的结构如图 2-6 所示。

费用类账户结构

借方	账户名称	贷方
本期发生的费用×××		本期发生额转出×××
期末无余额		

图 2-6　费用类账户结构

"本年利润"账户反映企业会计期间实现的利润或发生的亏损。该账户的贷方转入各类收入，借方转入各类费用，贷方余额表示实现的利润，借方余额表示发生的亏损。

"本年利润"账户的结构如图 2-7 所示。

借方	本年利润	贷方
本期发生费用		本期实现收入
（来自费用类账户）		（来自收入类账户）
本期发生亏损额		本期实现利润额

图 2-7　本年利润账户结构

对以上各类账户借方、贷方所记录的内容加以整理归纳，如图 2-8 所示。

借方	账户名称	贷方
资产增加		资产减少
负债减少		负债增加
所有者权益减少		所有者权益增加
收入减少或转出		收入实现
费用发生		费用减少或转出

图 2-8　各类账户借贷方内容

二、账簿的分类和登记

（一）账簿的分类

账簿由各种账户组成，是用来序时地、分类地记录各项经济业务的簿籍。账簿可以分为分类账簿、序时账簿和备查账簿。

1. 分类账簿

分类账簿是指按照分类账户设置登记的账簿。分类账簿是会计账簿的主体，也是编制财务报表的主要依据。按所反映内容详细程度的不同，分类账簿可分为总分类账和明细分类账两类。

总分类账简称总账，是根据总分类科目设置账户，提供以货币为计量单位的总括会计信息。为便于对会计信息进行分类汇总，为编制会计报表提供依据，所有会计科目都需要开设总分类账。

明细分类账简称明细账，是根据明细分类科目设置账户，它不仅可以提供货币指标的详细核算资料，还可以提供实物指标的详细核算资料。明细账的设置需要考虑管理部门对会计信息的需求情况。例如，企业销售商品而没有同时收回货款，被称作"应收账款"。如果有许多客户，暂时欠款的客户也不止一家，那么为了加强对应收账款的管理，会计上除设置"应收账款"总账，记录各客户拖欠货款的合计数额外，还可通过设置"应收账款"明细账，记录某个客户的欠款金额、欠款时间和欠款归还情况。

企业的各项资产、负债、所有者权益、收入和费用类账户，都可以根据管理需要设置明细账。例如，"原材料"账户根据不同种类设置二级明细账"原材料——甲材料"，再根据不同规格和型号设置三级明细账"原材料——甲材料——A 型材料"；"管理费用"账户根据不同费用类别设置明细账"管理费用——办公费"，等等。

2. 序时账簿

序时账簿又称日记账，是按经济业务发生和完成时间的先后顺序进行登记的账簿。它逐日按照记账凭证逐笔进行登记。早期的日记账也称分录簿，即把每天发生的经济业务所编制的会计分录，全部按时间顺序逐笔登记，这种日记账也叫普通日记账。登记普通日记账要花费大量的时间和精力，而且查阅也不方便，以后逐渐被各种特种日记账代替，如设置现金日记账、银行存款日记账等。

3. 备查账簿

备查账簿是指对一些在序时账簿和分类账簿中不能记载或记载不全的经济业务进行补充登记的账簿，对序时账簿和分类账簿起补充作用。相对于序时账簿和分类账簿这两种主要账簿而言，备查账簿属于辅助性账簿，它可以为经营管理提供参考资料，如应收账款备查簿、出租出借包装物备查簿、委托加工材料登记簿、持有股票备查簿、租入设备登记簿等。企业可以根据实际需要来设置这类账簿。

（二）账户的登记

账户是根据记账凭证进行登记的。每张记账凭证都包括一个或多个借方会计科目和一个或多个贷方会计科目，会计要将这些会计科目所记录的内容全部登记到相应的账户中。在手工记账系统中，账户登记的工作量不仅大，而且还容易出现差错；而电算化会计系统中，登账的工作是由系统自动完成的，这不仅节约了手工登账的成本，而且时间快、准确率高。

明细分类账是对总分类账的补充和具体化，并受到总分类账的控制和统驭。某个会计科目下设置的总账和明细账尽管不是同时登记，但在整个会计期间内，总账的发生额合计与各明细账发生额的加总数是一致的，总账账户的余额也应等于各明细账余额的加总数。

【例 2-3】 利用例 2-2 的资料，将助学便利店的各项会计分录记入各有关 T 型账户，结果如图 2-9 所示。

实收资本

借方	贷方
（13）20 000	100 000（1）
（15）10 000	30 000（14）
（16）30 000	30 000（16）

固定资产

借方	贷方
（3）30 000	

应付账款

借方	贷方
（6）10 000	40 000（4）
（7）30 000	10 000（15）

库存商品

借方	贷方
（4）40 000	40 600（11）
（5）16 000	

银行存款

借方	贷方
（1）100 000	18 000（2）
（8）45 300	30 000（3）
（10）6 000	16 000（5）
	10 000（6）
	3 600（12）
	20 000（13）

应付票据

借方	贷方
（14）30 000	30 000（7）

销售费用

借方	贷方
（12）3 600	

应收账款

借方	贷方
（9）9 400	6 000（10）

主营业务收入

借方	贷方
	45 300（8）
	9 400（9）

预付账款

借方	贷方
（2）18 000	

主营业务成本

借方	贷方
（11）40 600	

图 2-9　助学便利店账户登记

三、账项调整

根据会计分期假设的要求，各个会计主体要在会计期末计算汇总各个账户的当期发生额和期末余额，通过结算账目确定会计主体当期的经营成果和期末财务状况。

为了合理的计算企业的经营成果，需要对一些已经记录的业务进行调整。例如，例 2-2 中的第 2 项业务"助学便利店租赁营业房屋，预付半年的租金 18 000 元"，记在了"预付账款"账户的借方。可以将该项预付租金视为购买了 6 个月的房屋使用权，因此其租金 18 000 元应分摊到 1—6 月各月的租赁费中。至 1 月末，商店已经耗用了 1 个月的房屋使用权，应该负担一个月的房租 3 000 元。但是日常的会计业务处理并没有记录分摊房租的业务，因此需要在会计期末时通过编制调整分录来记录这类业务，以便正确反映这些业务对企业财务状况和经营成果的影响。这种在会计期末通过编制调整分录进行的调整，称为账项调整。

（一）权责发生制

进行期末账项调整的理论依据是权责发生制。

权责发生制又称应计制，以权利和责任的发生与否作为收入和费用的确认标准。也就是说，如果企业当期已具备了获取某项收入的权利，或承担了支付某项费用的责任，那么不论其款项是否收到或支付，都要确认为当期的收入或费用；同样，如果获取收入的权利与支付费用的责任不是由当期经营业务所产生，即使其款项在当期收到或支付，也不能确认为当期的收入或费用。简言之，只要是由本期经济业务引起的收入或费用，无论它们是否引起货币资金的收付，权责发生制均予以确认。

与权责发生制相对立的是收付实现制。收付实现制又称现金制，是以货币资金收付行为是否发生作为收入和费用的确认标准。即在收到货币资金时确认收入，支出货币资金时确认费用。这样，收入和费用的归属期间就是货币资金收支行为的发生期间，而不考虑这些货币资金收支行为是否是由当期经济业务所产生。

例如，某企业于2021年12月将一间暂时闲置的仓库出租一个月，于2022年1月收到租金2 000元。如果按收付实现制的要求，出租方应在2022年1月实际收到这笔租金时确认为收入，而不考虑获取收入的经济活动是何时完成的。同时，承租方也在2022年1月实际支付租金时确认为当期费用，而不考虑它已于2021年12月实际使用了仓库这一事实。但是如果按照权责发生制，出租方应于2021年12月确认租金收入，因为企业已享有收取这笔租金的权利；承租方也应于2021年12月确认当期费用，因为此时支付这笔费用的责任已经形成。

【例2-4】 某企业在期间Ⅰ开始营业，购进一批经销的商品，其成本为50 000元，货款尚未支付；企业在当期将所购进的商品全部售出，实现销售收入70 000元。当期尚未收到款项。期间Ⅱ，该企业收到商品销售收入的现款70 000元，存入银行。期间Ⅲ，企业通过银行支付期间Ⅰ购入商品的成本50 000元。

以上经济业务按收付实现制和权责发生制分别计算损益的结果如表2-1所示。

表2-1　按收付实现制和权责发生制计算的损益比较　　　　单位：元

确认基础	损益	会计期间			合计
		Ⅰ	Ⅱ	Ⅲ	
收付实现制 减：	收入	0	70 000	0	70 000
	费用	0	0	(50 000)	(50 000)
	利润	0	70 000	(50 000)	20 000
权责发生制 减：	收入	70 000	0	0	70 000
	费用	(50 000)	0	0	(50 000)
	利润	20 000	0	0	20 000

由此例可以看出，无论是采用收付实现制，还是权责发生制，都不影响最后的损益总额，但却影响各期间的损益计算。收付实现制只根据引起本期货币资金变动的经济业务来计算本期损益。然而引起某个期间损益变动的经济业务不仅仅局限于那些引起货币资金流动的业务，还包括赊购赊销交易，以及其他一些使本期经营活动受益，对本期损益额产生影响而在以往期间或未来期间引起货币资金变动的经济业务。所以收付实现制提供的损益信息只反映一定时期货币资金流入减去流出后的净流量，无法全面、公正合理地衡量主体各期的经营成果。而权责发生制是按照经济业务是否真正发生为基础来确认收入、费用的，能够克服收付实现制的局限性，从而恰当地反映具体某一会计期间主体的经营成果，提供了更加公正合理的财务信息。

《企业会计准则——基本准则》第一章第九条规定："企业应当以权责发生制为基础进行会计确认、计量和报告。"

权责发生制依据持续经营和会计期间假设，将权利是否存在作为确认收入的依据。例如，助学便利店销售部分商品，没有在当时收回货款；但是因为商品的所有权已经转移给购买者，便利店因此获得了在将来收回资金的权利，虽然现在尚未收到货款，但是应该根据已经存在的权利确认收入。

同样，权责发生制以是否承担责任作为确认费用的依据。例如，助学便利店 1 月份没有支付税费，但由于便利店在 1 月份开始营业，因此就承担了交纳当月税费的责任，应该将税费确认为 1 月份的费用。

在权责发生制下，本章开篇故事中提到的食杂店购买的可以长期使用的设备，就应该列作资产，以后根据设备的可使用年限和使用情况再逐期转化为各个使用期间的费用。

（二）账项调整的内容

按照权责发生制原则，为了正确地划分各个会计期间的收入、费用，为正确计算并结转本期经营成果提供有用的资料，要求把那些影响两个或两个以上会计期间的经济业务在会计期末进行调整，这就是账项调整。

需要账项调整的内容通常可以分为 3 类：应计项目、预计项目和估计项目，如图 2-10 所示。

图 2-10　账项调整内容

1. 应计收入的调整

应计收入是指已经赚取、但因货币资金尚未收到而未入账的收入。按权责发生制要求，应计收入应当作为收入进行确认。应计收入的期末调整导致企业资产和实现收入的等额增加。主要包括应收账款、应收利息、应收租金等项目。

【例 2-5】　老刘的助学便利店在销售商品的同时与某广告公司合作，在校园内为该公司代发代收调查问卷和赠送纪念品。按照便利店与广告公司的协议，便利店每收回一份问卷并赠送一份纪念品，广告公司支付给便利店手续费 0.8 元。到 1 月底，便利店已经代广告公司收回问卷 650 份。广告公司尚未支付手续费。

根据上述内容可知，由于为广告公司提供收发问卷的服务工作，便利店在 1 月份实现了收入 520 元（0.8×650）。由于广告公司尚未支付手续费，因此没有进行会计记录。为了正确地记录和报告企业的经营成果，应该编制调整分录如下：

（17）借：应收账款　　　　　　　　　　　　　　　　　　　　　　　　　520

　　　　　贷：其他业务收入　　　　　　　　　　　　　　　　　　　　　　520

2. 应计费用的调整

应计费用是指企业生产经营中发生的应由本期承担但尚未支付货币资金的费用，如应付工资、应计利息、应付服务费等项目。这类费用是在一个会计期间内随着时间推移逐渐累计的，通常是费用发生在前，款项支付在后。按权责发生制要求，费用发生后，企业就承担了支付的义务，因此应该在期末对这类费用加以确认，同时增加负债。

【例 2-6】 助学便利店 1 月份应该交纳相关税费 150 元，应该支付水电费 320 元。税费、水电费均尚未支付。

相关税费和水电费均是企业费用的组成部分，应该在计算当月利润时从收入中予以扣除。但是由于尚未支付，因此没有进行会计记录。为了正确地记录和报告企业的费用，需要编制调整分录。会计分录如下：

（18）借：税金及附加　　　　　　　　　　　　　　　　　　150

　　　　　贷：应交税费　　　　　　　　　　　　　　　　　　　150

（19）借：销售费用　　　　　　　　　　　　　　　　　　　320

　　　　　贷：应付账款　　　　　　　　　　　　　　　　　　　320

【例 2-7】 老刘将本人经营该店的工资收入确定为 6 000 元。由于便利店的性质是有限责任公司，老刘的工资收入可以计入公司的销售费用。

（20）借：销售费用　　　　　　　　　　　　　　　　　　6 000

　　　　　贷：应付职工薪酬　　　　　　　　　　　　　　　　　6 000

3. 预收收入的分配

预收收入是指已经收到货币资金，但尚未支付产品或提供服务的收入，如预收货款、预收租金等。按照权责发生制，虽然企业已收取货币资金，但只要本期内没有履行相应的义务，这笔预收的收入就不应该作为当期收入处理。它代表着企业未来向预付方支付产品或提供劳务的一种义务。也就是说，预收收入是一种负债。如果本期部分履行了这种义务，意味着部分地偿还了预付方的负债，应该按照履行义务的比例将预收收入在本期确认为已经实现的收入，未实现部分递延到下期。因此，预收收入的期末调整将等额地导致承担负债的减少和实现收入的增加。

【例 2-8】 助学便利店在经营日用品和方便食品零售的同时还开展自助复印业务。为了扩大业务量，便利店为经常来复印的客户办理了会员卡，每张卡 40 元，可以复印 500 页。由于持卡复印的价格比一般的复印费便宜，这种方式有效地促进了复印业务量。到 1 月月底，已经办理了 70 张会员卡，这些持卡会员当月实际复印 28 000 页。

便利店在销售会员卡并收取现金时，并没有为持卡人提供服务。预先收取的资金就形成了预收收入，实质上是便利店对持卡人的负债。售卡并收取现金时应该编制如下会计分录：

（21）借：银行存款　　　　　　　　　　　　　　　　　　2 800

　　　　　贷：预收账款　　　　　　　　　　　　　　　　　　2 800

按照每张卡可以复印 500 页、共办理 70 张卡计算，意味着这些客户购买了 35 000 页（70×500）的复印服务。至 1 月月底，便利店已经为持卡客户提供了 28 000 页的复印服务，因此应该将预收收入中的相应比例的金额 2 240 元（即 2 800×28 000/35 000）调整为已实现的收入。调整分录如下：

（22）借：预收账款   2 240

        贷：其他业务收入   2 240

4. 预付费用的摊销

企业在经营过程中会因为各种原因出现许多先支付后受益的事项，如企业预付的保险费、租赁费、报纸杂志费等。在会计核算中将这类支付在先、受益在后的费用称为"预付账款"。企业支付这些款项的目的是购买以后分期使用的服务。在有关服务尚未使用时先确认为资产项目，以后使用服务时将已经发挥效益的预付费用转化为当期的费用。因此，预付费用的期末调整导致资产的减少和费用的增加，其实质是资产因使用转化为费用。

【例 2-9】 助学便利店每个月应负担 3 000 元的房租费，编制调整分录如下：

（23）借：销售费用   3 000

        贷：预付账款   3 000

5. 估计项目

许多企业在经营中都要使用大量的固定资产，如机器设备、房屋建筑、办公仪器等。随着时间的推移和固定资产的使用，资产的性能会不断地耗减。这些资产的取得成本应该在使用期间转化为各期间的费用。因此，会计人员要在各个会计期末将固定资产成本按照一定方法分配为资产各使用期的折旧费用。但是，在固定资产报废退出使用之前，企业不能准确掌握固定资产的最终使用年限，为了完成上述的成本分配过程，就需要对固定资产的有效使用年限进行估计。这种建立在估计基础上确定的折旧费用就属于估计项目。

在企业的实际工作中，估计项目涉及的范围非常大，如无形资产摊销、坏账准备、存货跌价准备等。本章仅以固定资产折旧为例说明估计项目的调整方法。其他估计项目将在后面的有关章节中介绍。

【例 2-10】 假设例 2-2 第 3 笔业务中，助学便利店支付 30 000 元购买的销售设备预计可以使用 3 年，报废时预计可收回残值 1 200 元。老刘决定按 3 年的使用期平均分配设备成本，每月负担设备折旧 800 元〔（30 000 - 1 200）/36〕。会计分录如下：

（24）借：销售费用   800

        贷：累计折旧   800

假定除了上述项目以外，助学便利店没有发生影响利润确定的其他业务，也没有发生投资收益、营业外收入和营业外支出。

将上述例 2-5 到例 2-10 的调整分录（17）～（24）记入助学便利店的 T 型账，结果如图 2-11 所示。

会计期末的账项调整，主要是为了在利润表中正确地反映本期的经营成果。但是根据前述会计方程式列示的各个会计要素之间的关系可以得知，收入和费用的调整必然影响有关资产、负债、所有者权益的增减变动。所以，期末账项调整也有利于正确反映企业的财务状况。

实收资本	
（13）20 000	100 000（1）
（15）10 000	30 000（14）
（16）30 000	30 000（16）

固定资产	
（3）30 000	

应付账款	
（6）10 000	40 000（4）
（7）30 000	10 000（15）
	320（19）

库存商品	
（4）20 000	20 600（11）
（5）12 000	

银行存款	
（1）100 000	18 000（2）
（8）45 300	30 000（3）
（10）6 000	16 000（5）
（21）2 800	10 000（6）
	3 600（12）
	20 000（13）

应付票据	
（14）30 000	30 000（7）

销售费用	
（12）3 600	
（19）320	
（20）6 000	
（23）3 000	
（24）800	

应收账款	
（9）9 400	6 000（10）
（17）520	

主营业务收入	
	22 200（8）
	4 100（9）

应付职工薪酬	
	6 000（20）

税金及附加	
（18）150	

预付账款	
（2）18 000	3 000（23）

其他业务收入	
	520（17）
	2 240（22）

主营业务成本	
（11）40 600	

应交税费	
	150（18）

预收账款	
（22）2 240	2 800（21）

累计折旧	
	800（24）

图 2-11　助学便利店账项调整后账户登记

四、结账

会计期末，为了汇总反映企业当期的经营成果，需要将收入和费用账户记录的数据汇总结转至"本年利润"账户，从而计算确定当期的盈亏，也便于下期重新开始记录新会计期间的收入和费用。同时，为了把握期末的财务状况，也需要结算资产、负债、所有者权益账户的本期发生额和期末余额，并结转到下期。这种在会计期末将各个账户的余额结清或结转下期的工作过程就是结账。

在结账前，应当将全部经济业务登记入账。同时进行必要的复核与检查，避免由于错误、疏漏或重复导致的会计信息差错。

为了保证会计报表提供会计信息的正确性，需要在编制会计报表之前进行试算平衡。

（一）试算平衡的原理和方法

试算平衡，就是根据"资产＝负债＋所有者权益"的平衡关系，按照"有借必有贷，借贷必相等"的记账规则，通过计算和比较来检查账户记录正确性与完整性的工作过程。

在借贷记账法下，要求每项经济业务均按照借贷方金额相等的会计分录登记入账。因此，在一定的会计期末（如月、季、年），将全部会计分录中的金额分别在相关账户中进行登记的工作均已完成后，综合所有账户的借、贷方本期发生额，应该存在"全部账户借方发生额合计=全部账户的贷方发生额合计"这样一种平衡关系。同样，所有账户借方余额合计也必然与所有账户贷方余额合计相等。在借贷记账法下，试算平衡包括发生额试算平衡和余额试算平衡两种方式。运用这两种方式进行试算平衡，可以从期初余额、本期发生额和期末余额3个方面进行"平衡"性验证，便于及时发现和纠正记账中发生的不平衡错误。在实际工作中，会计人员一般通过编制试算平衡表来完成试算平衡工作。

【例2-11】 根据图2-11列示的助学便利店1月份各账户记录的数据，计算各账户的当期发生额合计和结账前余额[①]，如图2-12所示。

实收资本			固定资产			应付账款	
（13）20 000	100 000（1）		（3）30 000			（6）10 000	40 000（4）
（15）10 000	30 000（14）		*30 000*			（7）30 000	10 000（15）
（16）30 000	30 000（16）		30 000				320（19）
60 000	*160 000*					*40 000*	*50 320*
	100 000						10 320

库存商品			银行存款			应付票据	
（4）40 000	40 600（11）		（1）100 000	18 000（2）		（14）30 000	30 000（7）
（5）16 000			（8）45 300	30 000（3）		*30 000*	*30 000*
56 000	*40 600*		（10）6 000	16 000（5）			0
15 400			（21）2 800	10 000（6）			
				3 600（12）			
销售费用				20 000（13）		应收账款	
（12）3 600			*154 100*	*97 600*		（9）9 400	6 000（10）
（19）320			56 500			（17）520	
（20）6 000						*9 920*	*6 000*
（23）3 000						3 920	
（24）800							
13 720			主营业务收入			应付职工薪酬	
13 720				45 300（8）			6 000（20）
税金及附加				9 400（9）			*6 000*
（18）150				*54 700*			6 000
150				54 700			
150							

预付账款			其他业务收入			主营业务成本	
（2）18 000	3 000（23）			520（17）		（11）40 600	
18 000	*3 000*			2 240（22）		*40 600*	
15 000				*2 760*		40 600	
				2 760			

应交税费			预收账款			累计折旧	
	150（18）		（22）2 240	2 800（21）			800（24）
	150		*2 240*	*2 800*			*800*
	150			560			800

图2-12 助学便利店各账户本期发生额和期末余额

---

① 各账户中日常记录下第一条横线下的数字为当期发生额的汇总额；第二条横线下的数字为该账户结账前的期末余额。

根据图 2-12 各账户当期发生额和结账前余额，可以编制试算平衡表①，如表 2-2 所示。

试算平衡表表明，本期所有账户的借方发生额合计与所有账户的贷方发生额合计相等，均为 454 730 元；期末所有账户的借方期末余额合计与所有账户的贷方期末余额合计相等，均为 175 290 元，说明试算平衡，本期账户记录正确。

表 2-2　助学便利店试算平衡表　　　　　　　　单位：元

账户	本期发生额		期末余额	
	借方	贷方	借方	贷方
银行存款	154 100	97 600	56 500	
应收账款	9 920	6 000	3 920	
库存商品	56 000	40 600	15 400	
预付账款	18 000	3 000	15 000	
固定资产	30 000		30 000	
累计折旧		800		800
应付票据	30 000	30 000		0
应付账款	40 000	50 320		10 320
应付职工薪酬		6 000		6 000
预收账款	2 240	2 800		560
应交税费		150		150
实收资本	60 000	160 000		100 000
主营业务收入		54 700		54 700
其他业务收入		2 760		2 760
主营业务成本	40 600		40 600	
销售费用	13 720		13 720	
税金及附加	150		150	
合计	454 730	454 730	175 290	175 290

（二）结账分录

在确定各账户记录无误的基础上，还要结清收入类和费用类账户。也就是将收入类账户和费用类账户的记录汇总结转至"本年利润"账户，从而计算确定当期损益。下面以助学便利店的业务为例，说明结账分录的编制和记录结果。

【例 2-12】 助学便利店将 1 月份实现的"主营业务收入"和"其他业务收入"转入"本年利润"账户的贷方。会计分录如下：

（25）借：主营业务收入　　　　　　　　　　　　　　　　　　54 700
　　　　　其他业务收入　　　　　　　　　　　　　　　　　　　2 760
　　　　贷：本年利润　　　　　　　　　　　　　　　　　　　　　　　57 460

【例 2-13】 助学便利店将 1 月份发生的"主营业务成本""税金及附加"和"销售费用"转入"本年利润"账户的借方。会计分录如下：

（26）借：本年利润　　　　　　　　　　　　　　　　　　　　54 470
　　　　贷：主营业务成本　　　　　　　　　　　　　　　　　　　　40 600

---

① 由于助学便利商店于本月开始经营，各账户期初余额均为零。为简化起见，试算平衡表省去期初余额一栏。

| 税金及附加 | 150 |
| 销售费用 | 13 720 |

【例 2-14】 根据《企业所得税法》的有关规定，助学便利店计算出当月应交所得税为300 元，在尚未交纳时属于企业对税务管理部门的负债。会计分录如下：

（27）借：所得税费用　　　　　　　　　　　　　　　　　　　　300

　　　　贷：应交税费　　　　　　　　　　　　　　　　　　　　　　300

"所得税费用"也属于费用类科目，应该在结账时转入"本年利润"账户的借方。会计分录如下：

（28）借：本年利润　　　　　　　　　　　　　　　　　　　　　300

　　　　贷：所得税费用　　　　　　　　　　　　　　　　　　　　　300

将结账分录（25）～（28）登记入账，并结算各账户期末余额。其结果如图 2-13

实收资本

（13）20 000	100 000（1）
（15）10 000	30 000（14）
（16）30 000	30 000（16）
	100 000

固定资产

| （3）30 000 | |
| 30 000 | |

应付账款

（6）10 000	40 000（4）
（7）30 000	10 000（15）
	320（19）
	10 320

库存商品

（4）40 000	40 600（11）
（5）16 000	
15 400	

银行存款

（1）100 000	18 000（2）
（8）45 300	30 000（3）
（10）6 000	16 000（5）
（21）2 800	10 000（6）
	3 600（12）
	20 000（13）
56 500	

应付票据

| （14）30 000 | 30 000（7） |
| | 0 |

应付职工薪酬

| | 6 000（20） |
| | 6 000 |

销售费用

（12）3 600	13 720（26）
（19）320	
（20）6 000	
（23）3 000	
（24）800	
0	

所得税费用

| （27）300 | 300（28） |
| 0 | |

应收账款

（9）9 400	6 000（10）
（17）520	
3 920	

累计折旧

| | 800（24） |
| | 800 |

主营业务收入

（25）54 700	45 300（8）
	9 400（9）
	0

主营业务成本

| （11）40 600 | 40 600（26） |
| 0 | |

税金及附加

| （18）150 | 150（26） |
| 0 | |

预付账款

| （2）18 000 | 3 000（23） |
| 15 000 | |

其他业务收入

（25）2 760	520（17）
	2 240（22）
	0

本年利润

（26）54 470	57 460（25）
300	
	2 690

应交税费

	150（18）
	300（27）
	450

预收账款

| （22）2 240 | 2 800（21） |
| | 560 |

图 2-13　助学便利店各账户结账后余额

所示[①]。

图 2-13 显示，将（21）、（22）、（23）、（24）四个分录记入有关账户之后，结账前记录在"主营业务收入""其他业务收入""主营业务成本""管理费用""税金及附加"这五个账户的所有数据全部汇总结转至"本年利润"账户。因而没有期末余额。而"本年利润"账户的贷方汇集了当年实现的全部收入 28 420 元，借方汇集了当期发生的各项费用 27 450元（27 150＋300），贷方金额与借方金额相之间的差额 970 元就是助学便利店当期实现的利润额。

至此，企业会计通过凭证和账簿处理两个环节，将发生的业务分类反映在各个账户中。其中资产类账户、负债类账户、所有者权益类账户得出了期末余额的数据，损益类科目的各项收入和费用都结转到"本年利润"账户。据此可以编制会计报表，本章第四节将说明与会计报表编制相关的内容。

第四节　财务报表的编制

财务报表是综合反映企业财务状况、经营成果和现金流量情况的书面文件。会计核算的最终环节，就是要以财务报表的形式提供各种会计信息，为利益相关方提供信息服务和决策支持。财务报表是财务报告的核心内容，企业对外提供的主要会计信息都应纳入财务报表。

根据《企业会计准则第 30 号——财务报表列报》[②]第一章第二条的规定，"财务报表是对企业财务状况、经营成果和现金流量的结构性表述。财务报表至少应当包括下列组成部分：资产负债表；利润表；现金流量表；所有者权益（或股东权益）变动表；附注。"其中，财务报表附注是对主要财务报表构成的说明或文字解释，以及对未能在这些报表中列示项目的说明等，其主要内容将在第十一章中涉及。本章仅结合会计信息的生成过程说明财务报表的编制原理。

一、资产负债表的编制

资产负债表是反映企业某一特定时点财务状况的财务报表，也称财务状况表。由于企业的经营、投资和筹资等活动的结果都反映在期末的资产、负债及所有者权益上，因此，资产负债表总括反映了企业全部经济业务事项的净影响。从时间特征上看，资产负债表是一张静态报表，反映企业在某一时点的资产、负债和所有者权益及其相互关系的信息。

（一）资产负债表的结构原理

资产负债表的结构遵循"资产＝负债＋所有者权益"这一会计方程式，全面地揭示了

---

① 为了便于说明结账前试算平衡的原理和数据来源，图 2-12 列示了各账户当期发生额和结账前余额。在实际工作中，这些正式结账之前用于测试正确性的数据是不入账的。只有包括结账分录在内的所有会计分录全部都登记之后，才正式结算当期发生额和期末余额。因此，图 2-13 登记结账分录是以图 2-11 的正式记录结果为基础进行记录，而不包括图 2-12 中的斜体字数据反映的非正式数据。图 2-13 显示的各账户余额是正式的结账后余额。

② 中华人民共和国财政部：《企业会计准则第 30 号——财务报表列报》，2006 年颁布；2014 年修订。

企业在特定时点所拥有和控制的经济资源、所承担的债务，以及偿债以后属于所有者的剩余权益。资产反映企业所拥有和控制的经济资源，一般按其变现能力或流动性（即转换成现金的速度）进行排列。负债和所有者权益反映债权人和所有者对企业拥有的权益，其中负债按其到期日的先后进行排列，而所有者权益则按资本和留存收益分类。

（二）资产负债表的编制方法

由于资产负债表是反映特定时点企业财务状况的静态报表，所以可以根据资产类账户、负债类账户、所有者权益类账户的余额进行编制。

【例 2-15】 依据第一章和本章前述的助学便利店资料，可以在 2022 年 1 月 31 日，根据图 2-13 所示的有关账户的余额，编制简略格式的资产负债表，如表 2-3 所示。

表 2-3 助学便利店资产负债表

2022 年 1 月 31 日 单位：元

资产	金额	负债及所有者权益	金额
银行存款	56 500	应付票据	0
应收账款	3 920	应付账款	10 320
库存商品	15 400	应付职工薪酬	6 000
预付账款	15 000	预收账款	560
固定资产	30 000	应交税费	450
减：累计折旧	800	实收资本	100 000
固定资产净值	29 200	未分配利润	2 690
资产合计	120 020	负债及所有权益合计	120 020

二、利润表的编制

利润表是反映企业在一定期间经营成果的会计报表，也称"损益表"或"收益表"。

利润表是基于"收入－费用＝利润"的会计方程式构建的，是一张动态报表。通过这张报表可以看出企业的各项收入、成本和费用情况，了解企业的投入产出比例关系。

利润表应当按照各项收入、费用及构成利润的各个项目分类分项列示。其中，收入应按照不同业务类别进行区分，费用应当按照功能分类，分为从事经营业务发生的营业成本、税金及附加、销售费用、管理费用、财务费用和研发费用等。

利润表提供的有关企业营业损益的明细情况，是进行财务分析的重要资料。用这些资料对企业前后期的损益情况和变动情况进行分析，可以测定企业的发展变化趋势，预测未来的获利能力，为企业管理人员制定经营决策提供依据。

【例 2-16】 助学便利店 2022 年 1 月开始营业，根据图 2-13 所示的收入类账户和费用类账户的发生额及"本年利润"账户的记录，便利店可以编制简略格式的利润表，如表 2-4 所示。

表 2-4　助学便利店利润表

2022 年 1 月　　　　　　　　　　　　　　　　　　单位：元

营业收入	57 460
减：营业成本	40 600
税金及附加	150
销售费用	13 720
营业利润①	2 990
减：所得税费用	300
净利润	2 690

三、现金流量表的编制

现金流量表是反映企业一定会计期间现金和现金等价物流入和流出信息的会计报表，这是一张动态报表。在市场经济条件下，企业的现金流转情况在很大程度上影响着企业的生存和发展。企业现金充裕，可以及时购入必要的材料和固定资产、及时支付各项费用、偿还债务、支付股利和利息；反之，轻则影响企业的正常生产经营，重则危及企业生存。因此，企业的各个利益相关方面都非常关心与现金流转相关的信息。

现金流量表是在资产负债表和利润表已经反映了企业财务状况和经营成果信息的基础上，进一步提供企业现金流量信息的报表。相比资产负债表和利润表，现金流量表有其独特的利用价值。企业的资产负债表可以说明该企业某一日期的财务状况，但没有说明财务状况好转或恶化的原因；企业利润表能够反映企业该期间的经营成果及其对财务状况的影响，但是由于经营成果是按照权责发生制原则确认和计量收入、费用，没有提供经营活动引起的现金流入和流出的信息。因此，为了全面反映企业经营活动和财务活动对财务状况变动的影响，以及财务状况变动的原因，编制现金流量表是非常必要的。

现金流量表将企业从事的活动区分为经营活动、投资活动和筹资活动三类，每类活动又分别反映其产生的现金流入和与之相伴的现金流出。

现金流量表的编制比较复杂，它不像资产负债表和利润表那样可以直接根据相应账户的记录结果进行编制，而需要将权责发生制还原为收付实现制。

【例 2-17】 利用本章例 2-2 到例 2-14 有关助学便利店的资料，编制简化格式的现金流量表②，如表 2-5 所示。

该例中，现金及现金等价物是银行存款，所以需要以图 2-13 中"银行存款"账户的记录为基础，将该账户记录的四项银行存款增加业务和五项银行存款减少业务分别归类到经营活动、投资活动和筹资活动中。

---

① 在实际工作中，营业利润还应该加上营业外收入，减去营业外支出，计算出利润总额；然后再减去所得税费用，最后计算出利润净额。由于本例假定，助学便利店没有发生投资损益和营业外收支，因此，表中计算的营业利润就等于利润总额，减去所得税费用之后的余额是净利润。

② 实务中，现金流量表往往不会每月都编制，本例仅为说明现金流量表的编制方法而设。

表 2-5　助学便利店现金流量表

2022 年 1 月　　　　　　　　　　　　　　　单位：元

项目	金额
一、经营活动产生的现金流量	
销售商品、提供劳务收到的现金	54 100
购买商品、接受劳务支付的现金	44 000
支付给职工以及为职工支付的现金	3 600
支付的各项税费	0
经营活动产生的现金流量净额	6 500
二、投资活动产生的现金流量	
购置固定资产支付的现金	30 000
投资活动产生现金流量净额	−30 000
三、筹资活动产生的现金流量	
吸收投资所收到的现金	100 000
返还投资所支付的现金	20 000
筹资活动产生的现金净流量	80 000
现金及现金等价物净增加额	56 500

具体来说，四项银行存款增加业务中，第（1）项业务是所有者向企业投资，属于企业筹资活动增加了现金流入 100 000 元；第（8）、（10）、（21）项业务均为收到客户的货款，属于企业经营活动中销售商品、提供劳务产生了现金流入共 54 100 元（45 300 + 6 000 + 2 800）。

六项银行存款减少业务中，第（3）项业务是购置销售设备，属于投资活动中因购置固定资产支付现金 30 000 元；第（13）项业务是业主投资的收回，属于筹资活动中因收回投资支付现金 20 000 元；其余四项业务均属于经营活动中发生的现金流出，其中第（2）、（5）、（6）项业务购买商品、接受劳务共支付现金 44 000 元（18 000 + 16 000 + 10 000），第（12）项业务支付给职工工资共 3 600 元。

表 2-5 中现金及现金等价物净增加额为 56 500 元，与"银行存款"账户"期末余额 − 期初余额"即 56 500 − 0 = 56 500（元）的结果一致。

四、所有者权益变动表的编制

所有者权益变动表是反映构成所有者权益的各组成部分当期增减变动情况的报表。通常情况下，导致所有者权益发生变动的业务可以分为当期损益、直接计入所有者权益的利得和损失，以及与所有者（或股东）的资本交易导致的所有者权益的变动。

根据会计准则的有关要求，所有者权益变动表至少应当单独列示反映下列信息的项目：净利润；直接计入所有者权益的利得和损失项目及其总额；会计政策变更和差错更正的累积影响金额；所有者投入资本和向所有者分配利润等；按照规定提取的盈余公积；实收资本（或股本）、资本公积、盈余公积、未分配利润的期初和期末余额及其调节情况。

【例 2-18】　根据助学便利店所有者权益的变化过程，2022 年 1 月，共有两个所有者权益的项目发生变动，其中实收资本增加 100 000 元，未分配利润增加 2 690 元。据此编制简化格式的所有者权益变动表，如表 2-6 所示。

表 2-6　助学便利店所有者权益变动表

2022 年 1 月　　　　　　　　　　　　　　　　　　　单位：元

项目	本年金额
本年年初余额	0
本年增减变动金额	
（一）净利润	2 690
（二）直接计入所有者权益的利得和损失	
（三）所有者投入和减少	100 000
（四）利润分配	
（五）所有者权益内部结转	
本年年末余额	102 690

【本章小结】

　　会计信息的生成过程从审核原始凭证开始，会计人员根据审核无误的原始凭证编制记账凭证，记账凭证的最主要内容是会计分录，根据记账凭证登记有关明细分类账、日记账和总分类账，在各个会计期末根据账簿中记录的数据和有关规则制度编制会计报表。企业对外提供的财务报表包括资产负债表、利润表和现金流量表。在会计信息的生成过程中，需要使用设置会计科目，借贷记账法、试算平衡和账项调整等会计方法。

【关键名词】

会计凭证	原始凭证	记账凭证	会计科目	借贷记账法
账户	会计分录	总分类账	明细分类账	日记账
账项调整	权责发生制	收付实现制	结账	本年利润
资产负债表	利润表	现金流量表	所有者权益（股东权益）变动表	
财务报表	试算平衡			

【思考题】

1. 说明会计信息的生成过程。
2. 收付实付制与权责发生制区别何在？
3. 为什么要进行期末账项调整？说明账项调整的主要内容。
4. 举例说明将资产转化为费用的调整业务和将负债转化为收入的调整业务。
5. 举例说明经营活动对资产负债表的影响。

【练习题】

练习一

大明公司 6 月份发生下列经济业务：

（1）2 日向银行借入流动资金 40 000 元，已存入银行。

（2）3 日向东方公司购进商品一批，价款 3 000 元，商品已验收入库，货款尚未支付。

（3）5 日从银行提取现金 6 000 元备用。

（4）7 日销售部门职工王勇出差，预借差旅费 800 元，以现金付讫。

（5）10 日以银行存款偿还前欠东方公司货款 3 000 元。

（6）15 日王勇报销差旅费用 750 元，余款退回。

（7）22 日接银行通知，公司投资人投入资本 100 000 元。

（8）26 日公司销售商品，收入 20 000 元已存入银行。

（9）用银行存款支付公司行政管理部门的水电费 6 000 元。

要求：根据上列资料编制会计分录。

练习二

对下列五种互不相关的情况，计算出其中的未知金额（单位：元）。情况（1）的答案已经作为例子给出。

账户	期初余额	期末余额	已知的本期发生额数据
（1）库存现金	1 800	2 050	现金支付额 4 800
（2）应收账款	2 000	1 800	赊销 3 400
（3）存货	350	190	耗用存货 160
（4）预付账款	4 000	4 400	摊销 500
（5）应付账款	8 000	7 900	偿还账款 1 500

需要计算的本期发生数据如下：

本期库存现金收入总额 ————

本期收回顾客账款总额 ————

本期购买的存货金额 ————

本期发生的需要分期摊销的支出 ————

本期发生的应付账款金额 ————

练习三

某企业 5 月 31 日有关总分类账户和明细分类账户的余额如下：

总分类账户：

"原材料" 150 000 元；

"应付账款" 40 000 元；

明细分类账户：

"原材料——甲材料"：500千克，单价200元/千克，总计100 000元；

"原材料——乙材料"：100千克，单价500元/千克，总计50 000元；

"应付账款——东方公司"：25 000元；

"应付账款——万达公司"：15 000元。

该企业6月份发生下列经济业务：

（1）3日，以银行存款购入甲材料200千克，单价200元，计40 000元；乙材料50千克，单价500元，计25 000元；共计65 000元。材料已经验收入库。

（2）5日，以银行存款偿还前欠东方公司货款10 000元，万达公司货款5 000元。

（3）8日，生产领用甲材料300千克，单价200元，计60 000元；乙材料80千克，单价500元，计40 000元；共计100 000元。

（4）15日从东方公司购入乙材料160千克，单价500元，计80 000元，货款尚未支付。

（5）25日，以银行存款偿还东方公司货款90 000元。

要求：

（1）开设"原材料""应付账款"总分类账和明细分类账户，根据资料登记期初余额。

（2）根据以上经济业务编制会计分录，并据以平行登记"原材料""应付账款"总分类账和明细分类账户。

（3）结出"原材料"和"应付账款"总分类账和明细分类账的本期发生额和期末余额，并进行核对。

练习四

某公司2022年6月份发生部分经济业务：

（1）收到A公司归还前欠货款20 000元，存入银行。

（2）销售甲产品1 000件，货款50 000元，收到购货方单位开出的支票并送交银行。

（3）向B工厂购入甲材料40 000元，货款以银行存款支付。

（4）用现金160元支付甲材料运杂费。

（5）上述甲材料已经验收入库。

（6）从银行提取现金52 000元。

（7）车间领用甲材料18 000元，用于生产甲产品。

（8）企业本月支付产品广告费4 000元，开出支票交给广告公司。

（9）将多余的库存现金1 000元送存银行。

（10）以银行存款支付行政管理部门应负担的电费1 240元，水费480元。

要求：根据上列经济业务，编制会计分录。

练习五

李红开设一个礼品玩偶商店。2022年8月商店的总分类账包括下列账户余额（单位：元）：

银行存款	4 000	应付职工薪酬	920
应收账款	1 000	应付账款	1 500
库存商品	5 000	短期借款	4 500

| 预付账款 | 400 | 实收资本——李红投资 | 6 300 |
| 固定资产 | 3 900 | 本年利润 | 1 080 |

8月份发生下列经济业务：

（1）支付8月份房租800元。

（2）收回顾客欠款600元。

（3）偿还应付账款500元。

（4）销售商品，货款2 000元尚未收到。

（5）批量销售礼品，收到支票2 500元。

（6）购进库存商品一批，价值1 450元，当即用银行存款支付。

（7）偿还债权人账款800元。

（8）向运输公司支付进货运费100元。

（9）支付雇员前欠工资920元。

（10）向银行借款2 000元。

（11）摊销本月负担的保险费80元。

（12）预收某中学订购奖品的定金600元。

（13）结转销售成本，销售成本占销售收入的50%。

（14）将损益类账户的余额转入"本年利润"账户。

要求：

（1）根据有关账户的期初余额，设置必要T型账户。

（2）根据上述业务，编制会计分录。

（3）根据会计分录登记有关的T型账户。

（4）根据各个账户期初余额、本期发生额和期末余额，编制试算平衡表。

（5）根据上述资料，为礼品玩偶店编制2022年8月份的资产负债表和利润表。

即测即练　　　　　　　扩展阅读

第三章

货币资金与应收款项

本章导读

本章主要介绍货币资金、应收票据、应收账款等流动资产的核算与管理。通过本章的学习，应该了解货币资金的构成、银行结算方式的种类和会计处理，掌握各种应收款项的确认、计量和记录方法。

问题导引

现金和银行存款各有哪些管理要求？

不同银行转账结算方式下的会计处理有何不同？

企业记录的银行存款余额与银行记录的数字不一致是什么原因？

企业是如何选择应收票据和应收账款的？

客户不还账，企业会计上怎么处理？

开篇故事

2016 年 3 月 16 日，云南鸿翔一心堂药业(集团)股份有限公司第三届董事会第四次临时会议审议通过了《关于完善会计估计变更的议案》(公告编号：2016-040 号)，决定对"应收账款——医保款""其他应收款——暂支款""其他应收款——备用金"一年以内的坏账计提比例进行变更。调整上述三个科目一年账龄部分的坏账准备金计提比例，由原来按 5%计提调整为按 0.05%计提。

关于变更的原因，随着公司经营管理的不断规范，公司内部管控制度的不断优化，现阶段"应收账款——医保款""其他应收款——暂支款""其他应收款——备用金"的坏账准备金计提比例与现阶段实际情况不相匹配。通过采取随机抽样的方式对相关数据进行分析整理，发现现阶段门店"应收账款——医保款""其他应收款——暂支款""其他应收款——备用金"的一年账龄内部分坏账发生比例不到 0.05%，远低于目前的计提比例 5%。"应收账款——医保款"为财政支付款项，发生坏账的比例较低，特别对于账龄在 1 年以内的"应收账款——医保款"来说，历史上尚无坏账发生。"其他应收款——暂支款"、"其他应收款——备用金"为公司内部人员暂时支付的款项，达到专人、专款的跟踪核算，并每月进行监督，发生坏账的概率极低。

变更坏账计提比例，导致一心堂 2016 年计提的坏账准备减少 21 674 918.30 元，2016 年的净利润增加 18 058 036.62 元，所有者权益增加 18 058 036.62 元。

货币资金与应收款项是流动资产中变现速度较快的项目，在财务分析中，货币资金与应收款项通常被视为速动资产。本章着重介绍货币资金与应收款项的核算与管理。

货币资金是指企业所拥有的库存现金、银行存款和其他货币资金。货币资金是企业资产中流动性最强的资产。持有适当数量的货币资金是进行生产经营活动的基本条件。做好货币资金的核算与管理，对合理使用货币资金，加速资金周转，加强对货币资金的内部控制和管理，保证货币资金的安全都具有重要作用。本章第一节和第二节将分别说明库存现金、银行存款和其他货币资金的会计处理。

应收款项是以信用方式开展业务条件下产生的债权，主要包括应收票据、应收账款、预付账款和其他应收款等。本章第三节将说明企业中取得各类应收款项的会计处理，第四节将说明应收款项期末计价的会计处理。

第一节　库存现金的核算与管理

现金是流动资产中流动性最强的一种货币性资产，可以直接用于支付或结算。拥有必要的现金，能够保证企业具有较强的偿债能力和承担风险的能力。现金可以分为狭义的现金和广义的现金。狭义的现金是指企业的库存现金；广义的现金不仅包括库存现金，还包括银行存款和其他能够用于立即支付并且能被接受的票证。本节中的现金是指狭义的现金，即库存现金。

一、库存现金管理的有关规定

（一）库存现金开支范围

由于现金的流动性很强，国家对于现金的使用管理有非常严格的规定[①]。企业与其他单位和内部职工的经济往来，在规定范围之内的可以使用现金结算；在规定范围以外的均应通过开户银行进行转账结算。

企业可以使用现金的范围包括：职工工资、津贴；个人劳务报酬；根据国家规定颁发给个人的科学技术、文化艺术、体育比赛等各种奖金；各种劳保、福利费用，以及国家规定的对个人的其他支出；向个人收购农副产品和其他物资的价款；出差人员必须随身携带的差旅费；结算起点（1 000 元）以下的零星支出；中国人民银行确定需要支付现金的其他支出。

企业在规定的范围内办理现金收支时，还应遵守以下规定：开户单位现金收入应当于当日送存开户银行。当日送存确有困难的，由开户银行确定送存时间；开户单位支付现金，可以从本单位库存现金限额[②]中支付或者从开户银行提取，不得从本单位的现金收入中直接支付（即坐支）。因特殊情况需坐支现金的，应事先报经开户银行审查批准，由开户银行核定坐支范围和限额。坐支单位应当定期向开户银行报送坐支金额和使用情况。开户单位从

---

① 详见国务院 1988 年颁布《现金管理暂行条例》和中国人民银行 1988 年颁布的《现金管理暂行条例实施细则》。该条例于 2011 年 1 月 8 日被中华人民共和国第 588 号发布的《国务院关于废止和修改部分行政法规的决定》修订。

② 库存现金限额由开户银行根据企业的实际需要核定，一般为开户单位日常零星开支 3 天至 5 天的需要数额。

开户银行提取现金时，应当写明用途，由本单位财会部门负责人签字盖章，经开户银行审核后，予以支付。因采购地点不确定，交通不便，生产或市场急需，抢险救灾及其他特殊情况必须使用现金的，开户单位应向开户银行提出申请，由本单位财会部门负责人签字盖章，经开户银行审核后，予以支付现金。

（二）库存现金的内部控制

为了保证货币资金的安全完整，应该在货币资金的核算与管理中实施内部牵制制度，即凡是涉及财物和货币资金收付、结算及登记的任何一项工作，规定由二人或二人以上分工掌管，以起到相互制约作用。

出纳人员不得兼任稽核、会计档案保管和收入、支出、费用、债权债务账目的登记和保管工作。转账支票、印鉴不能全部由出纳人员保管，非出纳人员不能兼职现金管理工作等。

企业应建立货币资金使用的授权批准制度，明确审批人对货币资金业务的授权批准方式、权限、程序、责任和相关控制措施，规定经办人办理货币资金业务的职责范围和工作要求。审批人应当根据货币资金授权批准制度的规定，在授权范围内进行审批，不得超越审批权限。不同级别的现金收支业务应该由不同的规定权限审批。例如，1 000 元、2 000 元、5 000 元以上的采购业务，应该分别由不同层次的负责人授权批准。经办人应当在职责范围内，按照审批人的批准意见办理货币资金业务。

任何未经授权人员不得经办现金收付业务，对现金资产实行严格的限制接近措施。经办人员须在反映经济业务的原始凭证上签章；经办部门负责人审核原始凭证，并签字盖章。通过审查原始凭证，可以保证现金收支业务按照授权进行，分清经办人员和负责人员的责任，保证现金收付业务的真实性与合法性。

二、现金的核算

（一）现金的分类核算

为了进行现金的分类核算，需要设置"库存现金"账户，对发生的每笔现金收入、支出业务，都必须根据审核无误的原始凭证编制记账凭证，然后据以记账。收到现金时，借记"库存现金"账户，支付现金时，贷记"库存现金"账户。

【例3-1】 库存现金业务的分类核算举例。

（1）企业从银行存款中提取现金 40 000 元，准备用于企业经营的零星支出。

借：库存现金	40 000
贷：银行存款	40 000

（2）企业以现金支付销售部门业务费 25 000 元。

借：销售费用	25 000
贷：库存现金	25 000

（3）企业收到一笔现金捐赠，金额为 100 000 元。

借：库存现金	100 000
贷：营业外收入	100 000

（4）将现金 100 000 元送存银行。

借：银行存款   100 000

 贷：库存现金   100 000

（二）现金的序时核算

为了加强对现金的管理，随时掌握现金收支的动态和库存现金余额，保证现金的安全，企业应设置"现金日记账"，按照现金业务发生的先后顺序逐日逐笔登记。

现金的序时核算就是由出纳人员根据现金收付凭证及所附原始凭证，按照业务发生的顺序逐笔登记现金日记账的工作。这项工作的基本要求是，全部的现金收付业务都应逐笔记入现金日记账；每天应将现金日记账结余数与实际库存数进行核对，保证账实相符；月末"现金日记账"的余额必须与"现金"总账账户的余额核对相符。

较常用的三栏式现金日记账格式如表 3-1 所示。

表 3-1 现金日记账   单位：元

2022 年		凭 证		摘 要	对方账户	借 方	贷 方	余 额
月	日	种类	号数					
6				期初余额				2 800
	1	银付	1	提取现金	银行存款	40 000		
	1	现付	1	支付销售业务费	销售费用		25 000	
	1	现收	1	收到捐赠款	营业外收入	100 000		
	1	现付	2	送存银行	银行存款		100 000	
	1			本日合计		140 000	125 000	17 800

三、现金清查

为了加强对出纳工作的监督，防止发生各种非法行为和记账错误，保证现金安全完整，单位应当定期和不定期地进行现金清查，确保现金账面余额与实际库存数相符。

现金清查主要方法是实地盘点，即将库存现金实有数额与现金账面余额进行核对，做到日清月结，保证账款相符。在进行现金清查时，为了明确经济责任，出纳人员必须在场。在清查过程中不许可白条抵库，即不许可使用不具法律效力的借条、收据等抵充库存现金。现金盘点后，应根据盘点结果及与现金日记账核对的情况填制"现金盘点报告表"。现金盘点报告表是重要的原始凭证，应认真填写，并由盘点人员和出纳员共同签章方能生效。

通过清查，若发现库存金额与账面余额不符，出现长款或短款现象，应通过"待处理财产损溢——待处理流动资产损溢"账户，调整"库存现金"账户，做到账实相符。同时应及时查明原因，并报经上级主管批准。对于已查明原因的长、短款，经批准后，按规定转销；无法查明原因的长、短款，经批准一般作为企业营业外收、支处理。

【例 3-2】 举例说明库存现金清查结果的处理。

（1）A 企业在现金清查时，发现现金短缺 150 元，原因待查。编制如下会计分录：

借：待处理财产损溢——待处理流动资产损溢   150

　　　　贷：库存现金　　　　　　　　　　　　　　　　　　　　　　　　　　150

　　（2）经查明，现金短缺款中 50 元是出纳人员责任，应由其赔偿；其余短缺款原因无法查明，经批准，作为非常损失处理。

　　　　借：其他应收款　　　　　　　　　　　　　　　　　　　　　　　　　　50

　　　　　　营业外支出　　　　　　　　　　　　　　　　　　　　　　　　　100

　　　　　　贷：待处理财产损溢——待处理流动资产损溢　　　　　　　　　　150

　　（3）B 企业现金清查时发现库存现金长余 80 元，原因待查。编制如下会计分录：

　　　　借：库存现金　　　　　　　　　　　　　　　　　　　　　　　　　　80

　　　　　　贷：待处理财产损溢——待处理流动资产损溢　　　　　　　　　　　80

　　（4）长款现金原因无法查明，经批准作为营业外收入处理。

　　　　借：待处理财产损溢——待处理流动资产损溢　　　　　　　　　　　　80

　　　　　　贷：营业外收入　　　　　　　　　　　　　　　　　　　　　　　80

第二节　银行存款的核算与管理

　　银行存款是指企业存放在开户银行和其他金融机构的货币资金。按照国家有关规定，企业全部经济业务中所发生的各种经济往来，除库存现金收支范围内的各种收付行为以外，所有的结算款项都必须通过银行办理转账结算。企业库存现金超过限额的部分，也必须送存银行。在银行开户时，还要根据不同用途分别设立基本存款账户、一般存款账户，专用存款账户和临时存款账户。企业应遵守银行结算的各项有关规定，加强企业银行存款的管理。

一、银行转账结算方式

　　根据中国人民银行颁发的《支付结算办法》[①]，支付结算包括票据、信用卡和结算方式三类。其中票据包括银行汇票、商业汇票、银行本票和支票，结算方式包括汇兑、托收承付和委托收款。此外，随着互联网的发展，网银转账方式和支付宝转账方式也被企业大量采用。

（一）支票

　　支票是出票人签发的，委托办理支票存款业务的银行在见票时无条件支付确定的金额给收款人或者持票人的票据。这种结算方式是单位和个人在同一票据交换区域结算普遍采用的一种结算方式。具有手续简便灵活、收付款及时、便于款项结算的特点。

　　支票分为现金支票、转账支票和普通支票三种。支票上印有"现金"字样的为现金支票，现金支票只能用于支取现金。支票上印有"转账"字样的为转账支票，转账支票只能用于转账。支票上未印有"现金"或"转账"字样的为普通支票，普通支票可以用于支取现金，也可以用于转账。在普通支票左上角划两条平行线的，为划线支票，划线支票只能用于转账，不得支取现金。单位和个人在同一票据交换区域的各种款项结算均可使用支票。

---

　　① 参考中国人民银行银发〔1997〕393 号《支付结算办法》第二章、第三章和第四章的有关内容。

采用支票结算应注意以下几个问题：第一，支票一律记名。即在支票上写明收款单位名称或个人姓名。无记名支票不得背书转让和提示付款。第二，签发支票的金额不得超过付款时付款人实有的存款金额，禁止签发空头支票。第三，支票的提示付款期限自出票日起 10 日。超过支票期限的银行不予受理。

企业对于收到的支票，应填制进账单连同支票送交银行，根据银行回单和有关原始凭证编制记账凭证。对于付出的支票，企业应根据支票存根和有关原始凭证及时编制记账凭证。

（二）汇兑

汇兑是汇款人委托银行将款项汇给外地收款人的结算方式。它适用于异地单位之间、个体经济户和个人的各种款项的结算。汇兑结算方式的特点是：收付双方不一定要事先订立经济合同，也不局限于商品交易款项汇划。汇款人汇出的款项不受金额起点的限制。汇兑结算按银行传递凭证方法的不同，分为信汇和电汇两种方式。信汇是通过银行邮寄凭证划转款项；电汇是通过银行拍发电报划转款项。企业办理信汇、电汇，可由汇款人根据对汇款快慢的要求选择使用。

（三）银行本票

银行本票是银行签发的，承诺自己在见票时无条件支付确定的金额给收款人或者持票人的票据。单位和个人在同一票据交换区域需要支付各种款项，均可以使用银行本票。银行本票的出票人，为经中国人民银行当地分支行批准办理银行本票业务的银行机构。银行本票分为不定额本票和定额本票两种。定额银行本票面额为 1000 元、5000 元、1 万元和 5 万元。银行本票的提示付款期限自出票日起最长不得超过 2 个月。持票人超过付款期限提示付款的，代理付款人不予受理。

（四）银行汇票

银行汇票是出票银行签发的，由其在见票时按照实际结算金额无条件支付给收款人或者持票人的票据。银行汇票的出票银行为银行汇票的付款人。单位和个人的各种款项结算，均可使用银行汇票。银行汇票可以用于转账，填明"现金"字样的银行汇票也可以用于支取现金。银行汇票的提示付款期限自出票日起 1 个月。

（五）商业汇票

商业汇票是出票人签发的，委托付款人在指定日期无条件支付确定的金额给收款人或者持票人的票据。商业承兑汇票的出票人，为在银行开立存款账户的法人及其他组织，与付款人具有真实的委托付款关系，具有支付汇票金额的可靠资金来源。商业汇票可以由付款人签发并承兑，也可以由收款人签发交由付款人承兑。商业汇票的付款人为承兑人。

按照承兑人的不同，商业汇票分为商业承兑汇票和银行承兑汇票。商业承兑汇票由银行以外的付款人承兑，银行承兑汇票由银行承兑。银行承兑汇票应由在承兑银行开立存款账户的存款人签发。银行承兑汇票的承兑银行按票面金额向出票人收取 5/10000 的手续费。商业汇票的付款期限，最长不得超过 6 个月。商业汇票的提示付款期限，自汇票到期日起 10 日。商业汇票具有信用性强、简单易行、方便灵活等特点，适用于同城和异地之间的结算。

（六）委托收款

委托收款是收款人委托银行向付款人收取款项的结算方式。单位和个人凭已承兑商业汇票、债券、存单等付款人债务证明办理款项的结算，均可以使用委托收款结算方式。委托收款结算款项的划回方式，分邮寄和电报两种，由收款人选用。按照有关办法规定，付款人未在接到通知日的次日起 3 日内通知银行付款的，视同付款人同意付款，银行应于付款人接到通知日的次日起第 4 日将款项划给收款人。委托收款在同城、异地均可以使用。在同城范围内，收款人收取公用事业费或根据国务院的规定，可以使用同城特约委托收款。收取公用事业费，必须具有收付双方事先签订的经济合同，由付款人向开户银行授权，并经开户银行同意，报经中国人民银行当地分支行批准。

委托收款使用范围广，能适应多种经济活动的需要。不受是否签订合同或协议和是否发货的限制；不规定金额起点；银行不承担审查拒付理由和代收款单位分次扣收款项的责任。只规定有一定的付款期和退证期，是一种比较灵活、简便但具有一定风险的结算方式。

（七）托收承付

托收承付是根据购销合同由收款人发货后委托银行向异地付款人收取款项，由付款人向银行承认付款的结算方式。办理托收承付结算的款项，必须是商品交易，以及因商品交易而产生的劳务供应的款项。代销、寄销、赊销商品的款项，不得办理托收承付结算。收付双方使用托收承付结算必须签有符合《经济合同法》的购销合同，并在合同上注明使用托收承付结算方式。收付双方办理托收承付结算，必须重合同、守信用。收款人对同一付款人发货托收累计 3 次收不回货款的，收款人开户银行应暂停收款人向该付款人办理托收；付款人累计 3 次提出无理拒付的，付款人开户银行应暂停其向外办理托收。收款人办理托收，必须具有商品确已发运的证件（包括铁路、航运、公路等运输部门签发运单、运单副本和邮局包裹回执）。托收承付结算每笔的金额起点为 1 万元。收款人按照签订的购销合同发货后，委托银行办理托收。付款人开户银行收到托收凭证及其附件后，应当及时通知付款人。

承付货款分为验单付款和验货付款两种，由收付双方商量选用，并在合同中明确规定。验单付款的承付期为 3 天，从付款人开户银行发出承付通知的次日算起（承付期内遇法定休假日顺延）。付款人在承付期内，未向银行表示拒绝付款，银行即视作承付，并在承付期满的次日（法定休假日顺延）将款项主动从付款人的账户内付出，按照收款人指定的划款方式，划给收款人。验货付款的承付期为 10 天，从运输部门向付款人发出提货通知的次日算起。对收付双方在合同中明确规定，并在托收凭证上注明验货付款期限的，银行从其规定。付款人不得在承付货款中，扣抵其他款项或以前托收的货款。

付款单位在承付期内通过验单或验货，发现收款凭证及单据内容或所收货物与合同规定不符，可填写拒付理由书，向其开户银行提出全部或部分拒付。开户银行严格审核证明文件后，如符合拒付条件，则通知收款单位开户银行转告收款单位另行处理。若付款单位在到期时无足够款项支付，银行将作逾期付款处理，并罚以一定比例的滞纳金，随同逾期所付款项一并划给收款单位。银行对使用托收承付结算方式的单位有一定的要求，对业务审核也较严格。在结算过程中银行对收、付双方进行监督，因此，托收承付结算方式能够维护购销双方的正当权益，促使收、付款单位严格按合同规定发货和付款。

（八）信用卡

信用卡是指商业银行向个人和单位发行的，凭以向特约单位购物、消费和向银行存取现金，且具有消费信用的特制载体卡片。信用卡按使用对象分为单位卡和个人卡；按信誉等级分为金卡和普通卡。单位卡一律不得用于 10 万元以上商品交易、劳务供应款项的结算，不得支取现金。信用卡在规定的限额和期限内允许善意透支,透支额金卡最高不得超过 10 000 元，普通卡最高不得超过 5 000 元。透支期限最长为 60 天。

二、银行存款的核算

总体上讲，为了反映企业存入银行和其他金融机构的各种存款，企业应设置"银行存款"账户，核算银行存款的收入、支出和结存情况。但由于各种结算方式的要求不同，结算所花的时间也存在差异，所以会计上具体的账务处理可以区分为以下四种情况。

（一）直接记入"银行存款"账户

企业采用支票、汇兑、信用卡等结算方式时，可以直接通过"银行存款"账户进行记录。

银行存款的核算与库存现金的核算一样，包括总分类核算和序时核算。银行存款的总分类核算通过"银行存款"账户进行。该账户的借方登记银行存款的增加额，贷方登记减少额，期末借方余额表示企业存款的结存数额。

银行存款序时核算是通过"银行存款日记账"进行的。由出纳人员根据收、付凭证，按照业务发生的先后顺序逐日逐笔进行登记（银行存款日记账格式与现金日记账相同）。每日结束工作之前，应计算出当日的发生额，以便企业及时掌握银行存款的收付动态和结存情况。银行存款的序时核算与库存现金类似，此处不再赘述。

【例 3-3】 银行存款总分类核算举例。

（1）企业开出转账支票 8 000 元，偿付赊购某供货单位商品的欠款。其会计分录为

借：应付账款　　　　　　　　　　　　　　　　　　　　　　8 000
　　贷：银行存款　　　　　　　　　　　　　　　　　　　　　　　8 000

（2）企业由于季节性储备材料需要，临时向银行借款 600 000 元。借款期限为二个月。会计分录为

借：银行存款　　　　　　　　　　　　　　　　　　　　　600 000
　　贷：短期借款　　　　　　　　　　　　　　　　　　　　　　600 000

（3）企业通过网上银行转账，交纳企业所得税 16 800 元。会计分录为

借：应交税费——应交所得税　　　　　　　　　　　　　　　16 800
　　贷：银行存款　　　　　　　　　　　　　　　　　　　　　　16 800

（二）通过"应收（付）账款"账户转入"银行存款"账户

采用委托收款结算方式或托收承付结算方式时，销售商品与收到货款之间往往存在一段时间间隔。或者站在付款方的角度来说，购入商品与支付货款之间会存在时间间隔。这时需要在发生购销业务时记录为"应收（付）账款"，待实际收到或支付货款时再转入"银

行存款"账户。

【例3-4】 托收承付结算方式举例。

（1）6月8日，甲企业销售给乙企业一批货物，价款40 000元，增值税税额[①]为5 200元。企业已经通过银行办妥托收承付。根据销售发票和银行出具的接受回执，甲企业应编制如下会计分录：

借：应收账款　　　　　　　　　　　　　　　　　　　45 200

　　贷：主营业务收入　　　　　　　　　　　　　　　　40 000

　　　　应交税费——应交增值税——销项税额　　　　　　5 200

（2）6月27日，企业收到银行收款通知，企业委托银行向乙公司收取的货款45 200元已收妥入账。会计分录为

借：银行存款　　　　　　　　　　　　　　　　　　　45 200

　　贷：应收账款　　　　　　　　　　　　　　　　　　45 200

（三）通过"应收票据"账户转入"银行存款"账户

采用商业汇票结算方式时，收款方会收到商业汇票，付款人会开出由银行或其他企业承兑的商业汇票。发生购销业务时记录为"应收（付）票据"，待实际收到或支付货款时再转入"银行存款"账户。

【例3-5】 商业汇票结算方式举例。

（1）4月11日，A公司从B公司购入一批商品，价款50 000元，增值税税额为6 500元。A公司开出一张面值56 500元、期限3个月的不带息银行承兑汇票一张。根据取得的购货发票和银行承兑汇票凭据，A公司应编制如下会计分录：

借：库存商品　　　　　　　　　　　　　　　　　　　50 000

　　应交税费——应交增值税（进项税额）　　　　　　　6 500

　　贷：应付票据　　　　　　　　　　　　　　　　　　56 500

（2）7月11日票据到期，A公司如期付款。会计分录为

借：应付票据　　　　　　　　　　　　　　　　　　　56 500

　　贷：银行存款　　　　　　　　　　　　　　　　　　56 500

（四）通过"其他货币资金"账户记录银行存款结算

其他货币资金是企业在经营过程中，存放地点和用途不同于库存现金、银行存款的其他属于货币资金范围的款项。其他货币资金主要包括企业汇往外地银行开立采购专户的外埠存款；企业为取得银行汇票，按规定存入银行的银行汇票存款；企业为取得银行本票，按规定存入银行的银行本票存款，以及信用卡存款、信用证保证金存款、存出投资款等各

---

① 关于增值税税率，中华人民共和国国务院于1993年12月13日颁布了《中华人民共和国增值税暂行条例》，后来分别于2008年、2018年、2019年先后进行过三次修订。其中2008年主要允许购置生产性设备的进项税额可以抵扣，2018年和2019年则分别下调了增值税税率。例如，一般货物和商品的增值税税率就由最初的17%降至2018年5月开始的16%及2019年4月开始的13%。本书在举例时，可能会针对不同情况而采用其中之一。例如：如果举例的业务发生在2017年，则税率可能选择17%。如果举例的业务发生在2018年，则税率可能选择16%。无论选择哪种增值税税率，其会计处理方法都是相同的。

种货币资金等。

在核算其他货币资金时，应设置"其他货币资金"账户进行核算。企业需要根据实际情况在总账下设"外埠存款""银行汇票""银行本票""信用卡""信用证保证金"等明细账户进行明细核算。

【例3-6】 其他货币资金有关业务的核算举例。

（1）5月9日，企业委托当地开户银行汇款100 000元给采购地银行开立专户。编制会计分录如下：

借：其他货币资金——外埠存款　　　　　　　　　　　　　　100 000
　　贷：银行存款　　　　　　　　　　　　　　　　　　　　　　　100 000

（2）5月26日，采购员交来购货发票，金额为80 000元，增值税额10 400元，合计90 400元。这笔付款从外埠存款中支付，会计分录为

借：库存商品　　　　　　　　　　　　　　　　　　　　　　80 000
　　应交税费——应交增值税（进项税额）　　　　　　　　　10 400
　　贷：其他货币资金——外埠存款　　　　　　　　　　　　　　90 400

（3）5月26日，采购任务完成，将多余的外埠存款转回当地银行。当企业收到银行的收账通知时，编制会计分录如下：

借：银行存款　　　　　　　　　　　　　　　　　　　　　　9 600
　　贷：其他货币资金——外埠存款　　　　　　　　　　　　　　9 600

（4）5月27日，企业到开户银行办理200 000元的银行本票，编制会计分录如下：

借：其他货币资金——银行本票存款　　　　　　　　　　　200 000
　　贷：银行存款　　　　　　　　　　　　　　　　　　　　　200 000

（5）5月29日，采购员交来购货发票，金额为176 991.15元，增值税额23 008.85元，合计200 000元。用5月27日开出的银行本票支付。

借：库存商品　　　　　　　　　　　　　　　　　　　　176 991.15
　　应交税费——应交增值税（进项税额）　　　　　　　　23 008.85
　　贷：其他货币资金——银行本票存款　　　　　　　　　　200 000

三、银行存款的清查

（一）银行存款账实不符的原因

为了保证银行存款核算的正确性，掌握银行存款的实际数额，及时发现差错，企业应定期对银行存款进行清查核对，其主要方法是将银行发来的存款对账单与企业银行存款日记账逐笔进行核对。通过核对，往往发现双方账目不会一致。其主要原因：一是双方账目可能发生不正常的错账、漏账；二是存在正常的"未达账项"，即企业与银行一方已经入账，而另一方由于凭证传递时间的影响尚未入账的款项。

企业同银行进行对账，首先应检查本单位银行存款日记账，力求正确与完整，然后再与银行送来的对账单逐笔核对。如果发现错账、漏账，应及时查明更正。对于未达账项，则应在查明后编制"银行存款余额调节表"检查双方的账目是否相符。

未达账项主要有下列四种情况：

（1）企业已经收款入账，而银行尚未入账的事项。例如，企业存入的款项，企业已作存款增加入账，但银行尚未记录企业存款的增加。

（2）企业已经付款入账，而银行尚未入账的事项。例如，企业开出支票或其他付款凭证，企业已作存款减少入账，但对方单位尚未将有关单据送交银行，故银行尚未记录企业存款的减少。

（3）银行已经收款入账，而企业尚未入账的事项。例如，企业委托银行代收的款项，银行已经收款入账，而企业尚未收到通知因此没有入账。

（4）银行已经付款入账，而企业尚未入账的事项。例如，由银行直接代付的款项，银行已从企业存款中拨付给收款方，但企业因尚未收到票据还没有入账。

以上任何一种情况的发生，都会使双方账面存款余额不相一致。

（二）银行存款余额调节表

为了消除未达账项的影响，企业应根据核对后发现的未达账项，编制"银行存款余额调节表"，据以调节双方账面余额。

银行存款余额调节表的编制方法是：将企业和银行双方的账面余额，各自加上对方已经收款入账，而本单位尚未收款入账的款项；减去对方已经付款入账，而本单位尚未入账的款项。如果双方调整后的余额核对相符，一般可证明企业和银行账目没有差错；否则，说明记账有错误，应进一步查明原因，予以更正。调节后的余额，既不等于本单位银行存款账面余额，也不等于银行账面余额，而是银行存款的真正实有数。

【例3-7】 企业收到其开户行转来银行存款对账单，其账面余额为97 640元；企业银行存款日记账账面余额为89 800元。经逐笔核对后，发现下列未达账项：

（1）企业委托银行代收某公司货款32 720元，银行已收到并入账，但收款通知未到达企业。

（2）企业开出用于购货的转账支票一张，金额11 000元，银行尚未兑付。

（3）企业送存某公司偿还货款的转账支票31 600元，银行尚未登记入账。

（4）银行划付本单位电话费2 250元，利息2 030元，结算单据尚未送到企业。

根据以上资料编制"银行存款余额调节表"如表3-2所示。

表3-2 银行存款余额调节表　　　　　　　　　　　单位：元

项　目	金　额	项　目	金　额
企业银行存款日记账余额	89 800	银行对账单余额	97 640
加：银行已收、企业未收款项		加：企业已收、银行未收款项	
已收托收款	32 720	送存转账支票一张	31 600
减：银行已付、企业未付款项		减：企业已付、银行未付款项	
划付电话费	2 250	未兑付转账支票一张	11 000
划付利息	2 030		
调节后存款余额	118 240	调节后存款余额	118 240

调节后的余额为企业银行存款的实有数额，但不能作为调整银行存款账簿记录的依据。

企业应等到收到银行有关结算单证时，再将未达账项调整入账。

 思政元素

存贷双高

存贷双高是指货币资金余额和贷款余额占总资产的比例都较高，是资金使用效率比较低的一种表现。存贷双高的不合理性在于企业保留大量货币资金的同时大量举债，这无疑会给企业带来不必要的利息费用，增加财务成本。

存贷双高的成因可以分为正常和异常两类。正常成因有行业特点，子公司资金余缺不均，短期内有重大投资支出及上市公司利用信用等级优势为集团融资等；异常成因主要有资金受限、资金占用、财务报表粉饰或造假等几类。

投资者应主要关注异常成因导致的存贷双高问题。

第一类异常成因是货币资金中受限资金比例较高。货币资金一般由库存现金、银行存款及其他货币资金构成，如果有资金处于受限状态，如银行承兑汇票保证金、抵押、质押等，则意味着公司流动性可能面临风险。

第二类异常成因是资金占用。企业大股东或实际控制人如果占用了公司大量货币资金，尽管上市公司账面上的货币资金存在，但实际上可能已经被挪用了，实际资金无法保障上市公司的正常经营，使其不得不继续进行负债融资，从而造成了存贷双高现象。

第三类异常成因是财务报表粉饰或造假。一些企业在经营困难甚至亏损从而出现资金缺口的情况下，为了稳定股价、继续获得银行借款，甚至不惜进行财务造假，通过伪造收入凭证、银行存款单等手段虚增货币资金，由此导致存贷双高问题。

存贷双高一直是监管层高度关注的重点。例如，杉杉股份多个报告期存贷双高就引起了证监会非公开发行股票发审委的关注。发审委在 2021 年 10 月份出具的问询函中指出，2018—2020 年末及 2021 年 6 月末，杉杉股份货币资金余额分别为 26.2 亿元、23.07 亿元、30.83 亿元、43.54 亿元，短期借款余额分别为 29.47 亿元、35.47 亿元、25.97 亿元、42.81 亿元，长期借款余额分别为 11.07 亿元、16.03 亿元、26.73 亿元和 45.23 亿元；2018—2020 年、2021 年 1—6 月份，公司财务费用分别为 2.74 亿元、2.72 亿元、2.79 亿元、3.43 亿元。

资料来源：根据新浪财经 2022 年 5 月 11 日的"家中有粮为何还要举债外借？监管层近 3 年 400 多条问询剑指存贷双高"报道整理。

第三节　短期应收款项的日常核算

在市场经济环境下，以信用方式开展经济业务是企业获得收入的重要来源，由此导致企业资产中包括了短期应收款项。这些应收款项具有较强的流动性，正常周转循环的应收款项有利于保障企业的短期偿债能力。但是，以信用方式开展业务也可能面临款项无法收回的风险，从而导致企业资产和利润的减少，最终影响企业的经营和发展。

短期应收款项主要包括应收票据、应收账款、预付账款和其他应收款等。

一、应收票据

本章第二节已经提及，应收票据是企业采用商业汇票结算方式而产生的。

商业汇票是出票人签发的，委托付款人在指定日期无条件支付确定的金额给收款人或者持票人的票据。商业汇票分为商业承兑汇票和银行承兑汇票。这种票据可以背书转让（除非票面上载明"不准转让"字样），因而持票人可以在票据有效期内随时用来购买物资，偿还债务；当企业需要资金时，还可以持未到期商业汇票到银行贴现。所以，应收票据的变现能力远大于其他应收款项。

（一）应收票据的性质

应收票据是指企业因向客户提供商品或劳务而收到的由客户签发在短期内某一确定日期支付一定金额的书面承诺，是持票企业拥有的债权。包括银行承兑汇票和商业承兑汇票。

企业一般在两种情况下收到商业汇票：一是在赊销时要求购货方出具商业汇票；二是在赊销后，当购货方希望延期付款时要求其出具商业汇票。

商业汇票按其票面是否载有利率，分为带息票据和不带息票据。带息票据指票面标有面值和利率的商业汇票，其到期值等于面值与应计利息之和。不带息票据指票面仅标有面值的商业汇票，其到期值即为面值。通常不带息票据的面值中已经包含了应计利息。目前我国使用的票据多为不带息票据，因此本书仅介绍不带息票据的核算。

采用商业汇票结算方式，应注意以下几个问题：第一，商业汇票一律记名，允许背书（即持票人在票据背面或者粘单上记载有关事项并签章的票据行为）转让和申请贴现。第二，商业汇票一经承兑，承兑人负有到期无条件支付票款的责任。如承兑人或承兑申请人账户不足支付票款，凡属商业承兑汇票的，银行将汇票退给收款人，由其自行处理，银行不负责付款，同时银行对付款人处以罚款；凡属银行承兑汇票的，银行负有支付票款的责任，同时将对承兑申请人执行扣款，并对尚未收回的金额计收罚息。第三，商业汇票承兑期限由双方商定，最长不能超过 6 个月。第四，商业汇票向银行贴现后，汇票到期时，如付款人账户无款支付，则收款人或背书人负有连带经济责任，付款人账户不足支付票款，其不足部分银行视同逾期贷款处理，并按规定收取罚息；银行承兑汇票申请贴现后，汇票到期，承兑银行负有向收款人或贴现银行无条件支付票款的责任。

（二）应收票据的核算

为了反映企业应收票据的增减变动情况，应设置"应收票据"账户进行核算。该账户属于资产类账户，其借方登记企业收到的商业汇票票面金额；贷方登记票据到期时收回的票面金额或到期注销无法收回的票面金额；这个账户的余额在借方，反映期末尚未到期的应收票据金额。

当企业收到承兑的商业汇票时，应按票面额借记"应收票据"账户，贷记"主营业务收入""应交税费"等账户。若所收票据是用来抵偿应收账款的，应按票据的面额借记"应收票据"账户，贷记"应收账款"账户。应收票据到期收回票面金额时，借记"银行存款"

账户，贷记"应收票据"账户；如果是承兑人违约拒付或无力偿还票款时，应按票据到期值转为应收账款进行核算，借记"应收账款"账户，贷记"应收票据"账户。

【例 3-8】 某企业销售产品一批，货款为 20 000 元，尚未收到，已办妥托收手续，适用增值税率为 13%。编制会计分录如下：

借：应收账款　　　　　　　　　　　　　　　　　　　　22 600
　　贷：主营业务收入　　　　　　　　　　　　　　　　　20 000
　　　　应交税费——应交增值税（销项税额）　　　　　　　2 600

数日后该企业收到购货单位签发的一张面值为 22 600 元、90 天到期的不带息商业承兑汇票，用于抵付产品货款和增值税款。应编制会计分录如下：

借：应收票据　　　　　　　　　　　　　　　　　　　　22 600
　　贷：应收账款　　　　　　　　　　　　　　　　　　　22 600

90 天后应收票据到期，销货企业收到出票企业的汇款，编制的会计分录为

借：银行存款　　　　　　　　　　　　　　　　　　　　22 600
　　贷：应收票据　　　　　　　　　　　　　　　　　　　22 600

如果该票据到期，对方企业无力兑付，应将该票据的票面金额转入"应收账款"账户。

借：应收账款　　　　　　　　　　　　　　　　　　　　22 600
　　贷：应收票据　　　　　　　　　　　　　　　　　　　22 600

（三）应收票据贴现

应收票据是一种正式的书面承诺文件。与应收账款相比，应收票据受到更多的法律保护。因此，应收票据优于应收账款的一个主要方面就是持有票据的企业可以在票据到期前办理贴现手续。应收票据贴现是指持有票据的企业在票据到期之前为获取所需的货币资金，通过背书向金融机构转让票据的行为。也就是说，应收票据贴现是企业融资的一种方式，企业将未来获取货币资金的权利"转让"给银行，以提前获取所需资金。

1. 贴现值

贴现行为完成之后，金融机构成为自贴现日至票据到期日这段期间内的票据持有人，并在票据到期日向出票人或承兑人（支付票据的债务人）收取票据的本息和。而企业将票据贴现后从金融机构取得的货币资金称为贴现值，它等于票据到期值减去贴现息的余额。所谓贴现息是金融机构接受贴现票据时索取的利息费用。它等于票据到期值乘以贴现率再乘以金融机构持有该票据的时间所得出的金额。有关计算公式如下：

不带息票据到期值 = 应收票据票面金额

贴现息 = 票据到期值 × 贴现利率 × 贴现期

贴现值 = 票据到期值 − 贴现息

其中，贴现率由金融机构规定，票据的贴现期是金融机构持有该票据的时间，它用票据的到期日减去票据的贴现日。

2. 应收票据贴现的会计处理

在会计上企业应根据贴现的商业汇票是否带有追索权采用不同的方法进行处理。

（1）不带追索权应收票据的贴现。对于不带追索权的应收票据（如银行承兑汇票），由于企业在转让票据所有权的同时，已经将票据到期不能收回票款的风险一并转给了贴现银行，企业对票据到期无法收回不承担连带责任。因此，应该按扣除贴现利息后所得贴现值，借记"银行存款"账户，按应收票据的票面额贷记"应收票据"账户，票据贴现金额与票面金额的差额，作为企业利息费用的增项或减项，借记或贷记"财务费用"账户。举例说明如下：

【例 3-9】 6 月 1 日，甲企业收到乙企业签发，3 个月期不带息银行承兑汇票一张，计 30 000 元。8 月 1 日，甲企业急需资金使用，将该银行承兑汇票背书后向银行按 10% 的贴现率办理贴现。

贴现利息 = 30 000 元 × 10% × 1/12 = 250 元

贴现净额 = 30 000 - 250 = 29 750 元

甲企业应编制如下会计分录：

借：银行存款　　　　　　　　　　　　　　　　　　　　　　　29 750

　　财务费用　　　　　　　　　　　　　　　　　　　　　　　　250

　　贷：应收票据　　　　　　　　　　　　　　　　　　　　　　　30 000

（2）带追索权应收票据的贴现。对于带追索权的应收票据（如商业承兑汇票）贴现，由于企业尚未转移票据到期不能收回票款的风险，企业对票据到期无法收回票款应承担连带偿还责任。因此企业将带追索权的商业汇票贴现后，企业不应该注销应收票据，而应当将取得的贴现金额作为负债处理。这种负债直至贴现银行收到票据款后方可解除。

【例 3-10】 假设例 3-9 中企业贴现的票据是附追索权的商业承兑汇票，则应编制如下会计分录：

借：银行存款　　　　　　　　　　　　　　　　　　　　　　　29 750

　　财务费用　　　　　　　　　　　　　　　　　　　　　　　　250

　　贷：短期借款　　　　　　　　　　　　　　　　　　　　　　　30 000

待商业汇票到期时，票据付款人向贴现银行足额支付票据款时，贴现企业应编制如下会计分录：

借：短期借款　　　　　　　　　　　　　　　　　　　　　　　30 000

　　贷：应收票据　　　　　　　　　　　　　　　　　　　　　　　30 000

二、应收账款

（一）应收账款的确认和计价

应收账款是指企业在经营过程中由于销售产品、材料和供应劳务，而产生的应向购货单位或接受劳务单位收取的款项。应收账款是企业一项重要的流动资产，属于短期性债权。应收账款主要包括应收的销售货款及代购货方垫付的各种运杂费、包装费，但不包括其他应收的非销货款项，如应收职工欠款、各种赔款、罚款、应收租金等；也不包括采用商业汇票结算方式销售货物应收的票据款项。

应收账款的计价，即确定应收账款的入账金额。按照我国《企业会计准则第22号——金融工具确认和计量》①应用指南的解释，一般企业对外销售商品或提供劳务形成的应收债权，通常应按从购货方应收的合同或协议价款作为初始确认金额。

1. 现金折扣

在计算应收账款的入账金额时，要考虑商业上通用的折扣金额。

折扣分为商业折扣和现金折扣。商业折扣是指企业可以从商品的价目表价格上给予一定百分比的折扣。扣减后的净额才是实际销售价格。例如，某种商品价目表上价格为1 800元，成批购买10件可获得10%商业折扣。成交时的发票价格为16 200元[1 800×10×（1−10%）]，这个金额是买卖双方成交的实际金额，也是销货方在账簿中记录收入的依据。

现金折扣是销售企业为了鼓励客户在规定期限内早日还款而向客户提供的折扣优惠。通常表示为：2/10，N/30，即10天内付款折扣2%，10天以后30天之内付款则付全价。例如：某企业赊销商品2 000元，付款条件是2/10，n/30。若购货方在10日内付款只付1 960元[2 000×（1−2%）]，可以获得40元现金折扣；若在10日以后30日以内付款，则必须付2 000元，不能享受现金折扣。

2. 应收账款的计价方法

应收账款计价有总价法和净价法两种方法。

总价法是将未扣除现金折扣的总金额确认为销售收入和应收账款。在总价法下，将由于顾客在折扣期内付款而发生的现金折扣视为企业为了加速资金周转而产生的财务费用。总价法可以较好地反映销售的全过程，但在顾客可能享受现金折扣的情况下，会引起期末应收账款和销售收入的高估，从而导致资产和利润的虚增。

净价法则是把扣除现金折扣后的金额作为销售收入和应收账款的入账金额。这种方法假设顾客一般都会提前付款而取得现金折扣，而将由于顾客超过折扣期付款而多收入的金额，视为向顾客提供信贷而获得的收入。这笔金额在收到账款时作为财务费用的减项。由于现金折扣的比率比一般银行贷款利率高得多，所以通常认为顾客不会轻易错过获得现金折扣的机会②，净价法因此显得比总价法更合理，它同时也弥补了前述总价法易高估资产和收益的缺陷，从而可以较为客观地反映企业的财务状况和经营成果。

但是从实务上讲，采用净价法必须对每一笔应收账款做详细的分析，对已过折扣期的顾客还要做调整分录，会计处理比较烦琐，因而增加了工作量。目前我国的会计实务中，一般都采用总价法。

（二）应收账款的核算

为了核算企业应收销售业务款项的增减变动及结存情况，需要设置"应收账款"账户。

---

① 中华人民共和国财政部发布，企业会计准则编审委员会编《企业会计准则第22号——金融工具确认和计量》应用指南（2018）第三条，贷款和应收款项。

② 信用条件"2/10，n/30"表示，如果购货方在到期日10天之前付款，可以获得2%的折扣，这相当于36.5%的年收益率（2%×365/20 = 36.5%）。因此，享受现金折扣代表了抓住了一个高收益的投资机会。所以，大多数企业会尽可能争取获得对方给予的现金折扣。

该账户属于资产类账户，借方登记应向购货单位收取的销货款，贷方登记已收回的销货款。其借方余额表示购货单位尚未归还的账款。该账户应按往来单位设置明细分类账。

企业在确认销售商品或提供劳务形成应收账款的同时，必须同时确认与记录应该交纳的增值税销项税额，这部分增值税销项税额也通过"应收账款"账户进行核算。

【例 3-11】　某工厂根据购销合同销售一批产品，开出增值税专用销货发票，货款总额 10 000 元，适用增值税税率为 13%，应收取增值税税额为 1 300 元。另以支票垫付运费 700 元。根据销货发票及垫付运费的支票存根等单据，编制会计分录如下：

借：应收账款　　　　　　　　　　　　　　　　　　　　　　12 000
　　贷：主营业务收入　　　　　　　　　　　　　　　　　　10 000
　　　　应交税费——应交增值税（销项税额）　　　　　　　 1 300
　　　　银行存款　　　　　　　　　　　　　　　　　　　　　 700

收到银行通知，该批销货款及代垫运费已全部收妥入账，作会计分录如下：

借：银行存款　　　　　　　　　　　　　　　　　　　　　　12 000
　　贷：应收账款　　　　　　　　　　　　　　　　　　　　12 000

【例 3-12】　飞毛腿快递公司属于小规模纳税人，为客户提供物流服务，实现劳务收入 40 000 元。增值税税率为 3%。编制会计分录如下：

借：应收账款　　　　　　　　　　　　　　　　　　　　　　41 200
　　贷：主营业务收入　　　　　　　　　　　　　　　　　　40 000
　　　　应交税费——应交增值税　　　　　　　　　　　　　 1 200

收到货款时编制会计分录：

借：银行存款　　　　　　　　　　　　　　　　　　　　　　41 200
　　贷：应收账款　　　　　　　　　　　　　　　　　　　　41 200

三、预付账款

（一）预付账款核算的内容

预付账款是指企业因业务需要而按照购货合同规定，预先支付给销货方的款项。这种做法虽使企业资金暂时被销货方占用，但对保障企业所需商品的供应、避免因市场波动带来的价格风险等都有一定的意义。预付账款与应收账款都属于企业的债权，但两者产生的原因不同：应收账款是企业向客户收取的款项；预付账款则是企业预先付给供货方的款项。二者应分别设置账户。

（二）预付账款的账户设置

企业为核算预付货款的支出和结算情况，应设置"预付账款"账户，该账户属于资产类账户。为具体反映预付货款的结算情况，应按照供应单位名称设置明细账。

企业按购货合同规定向销货方预付货款时，应借记"预付账款"账户，贷记"银行存款"账户。收到所购商品时，应根据发票账单的实际金额，借记"在途物资（材料采购）""应交税费"账户；贷记"预付账款"账户。如所购物品实际货款总额大于预付货款，应补付货款，借记"预付账款"账户，贷记"银行存款"账户；如所购物品实际货款总额小于预付货款，收回多付的款项时，借记"银行存款"账户，贷记"预付账款"账户。

【例3-13】某企业订购货物一批，货款计90 000元，按购货合同规定，需向供货方预付20 000元的货款，余下货款收货时结清。开出预付货款的转账支票，会计分录如下：

借：预付账款 20 000
    贷：银行存款 20 000

收到该批货物并验收入库。增值税专用发票列示货款为90 000元，另加增值税进项税额11 700元，企业需要补付81 700元，已经开出支票结清。编制会计分录：

借：在途物资 90 000
    应交税费——应交增值税（进项税额） 11 700
    贷：银行存款 81 700
        预付账款 20 000

如企业预付货款情况不多，也可以不单独设置"预付账款"账户，而将预付的货款直接记入"应付账款"账户的借方。预付货款时，借记"应付账款"账户，贷记"银行存款"账户，收到货物时再从贷方结转。

四、其他应收款

（一）其他应收款核算的内容

其他应收款是指除应收票据、应收账款及预付账款以外的应收或暂付给其他单位和个人的款项，是企业非购销活动中产生的债权。其他应收款主要包括：应收的各种赔款、罚款，因企业财产等遭受意外损失而应向有关保险公司收取的赔款等；应收的出租包装物租金；应向职工收取的各种垫付款项，如为职工垫付的水电费、应由职工负担的医药费、房租费等；存出保证金，如租入包装物支付的押金；其他各种应收、暂付款项。

其他应收款中的备用金是指企业拨付给内部用款单位或职工个人作为日常零星开支的备用款项，可分为一次性备用金和定额备用金。一次性备用金指企业经审批拨付给用款单位和个人的备用款项。用后根据有效的报销凭证一次性报销，差额以现金结账多退少补。定额备用金指企业根据内部用款单位日常零星开支的需要，核定备用金定额，按定额预付备用金，在限额内周转使用的方法。报销时，根据审核后凭证付给现金补足备用金定额。

（二）其他应收款的核算方法

为了核算监督其他应收款项的结算情况，企业应设置"其他应收款"账户，该账户属于资产类账户，其借方登记企业发生的各项其他应收款项；贷方登记收到和结转的其他应收款项。期末借方余额表示应收未收的各项其他应收款项。当企业发生各种应收的赔款、罚款、租金、支付备用金等，及其他各种暂付款时，借记"其他应收款"账户，贷记有关账户；收回应收、暂付款项或对预支款项报销时，借记有关账户，贷记"其他应收款"账户。

【例3-14】企业出租闲置库房给F公司，当月应收租金1 800元，编制如下会计分录：

借：其他应收款——某公司 1 800
    贷：其他业务收入 1 800

收到 F 公司交来 1 800 元转账支票时，编制如下会计分录：

借：银行存款　　　　　　　　　　　　　　　　　　　　　　　　　　　　1 800

　　贷：其他应收款——F 公司　　　　　　　　　　　　　　　　　　　　　　　1 800

【例 3-15】 企业职工赵明因公出差借款 10 000 元作为差旅费，编制如下会计分录：

借：其他应收款——赵明　　　　　　　　　　　　　　　　　　　　　　　10 000

　　贷：库存现金　　　　　　　　　　　　　　　　　　　　　　　　　　　　10 000

赵明出差返回报销差旅费 9 100 元，余额交回。会计分录如下：

借：管理费用　　　　　　　　　　　　　　　　　　　　　　　　　　　　9 100

　　库存现金　　　　　　　　　　　　　　　　　　　　　　　　　　　　　900

　　贷：其他应收款　　　　　　　　　　　　　　　　　　　　　　　　　　10 000

【例 3-16】 企业批准为采购部门设立 6 000 元定额备用金，并签发现金支票拨款。作会计分录如下：

借：其他应收款——备用金　　　　　　　　　　　　　　　　　　　　　　6 000

　　贷：银行存款　　　　　　　　　　　　　　　　　　　　　　　　　　　6 000

备用金使用后，采购部门人员持交通费、文具用品费等报销凭证计 5 800 元，报销和补足备用金定额。在补足备用金定额时，应借记有关费用账户，贷记"库存现金"或"银行存款"账户，而不影响"其他应收款——备用金"账户。本例中，为采购部门报销和补足备用金定额会计分录为

借：管理费用　　　　　　　　　　　　　　　　　　　　　　　　　　　　5 800

　　贷：库存现金　　　　　　　　　　　　　　　　　　　　　　　　　　　5 800

企业一般于年终收回备用金，以便重新修订备用金定额。收回备用金时应作会计分录：

借：库存现金　　　　　　　　　　　　　　　　　　　　　　　　　　　　6 000

　　贷：其他应收款——备用金　　　　　　　　　　　　　　　　　　　　　6 000

第四节　应收款项的期末计价

一、坏账

（一）坏账的含义

商品经济中经营风险的普遍存在和商业信用的广泛采用，不可避免地会发生某些欠款人因各种原因不能到期如数偿付所欠债务，使企业的应收款项有一部分不能收回。这些无法收回的应收款项，会计上称为坏账。

可能发生坏账的应收款项通常包括应收账款和其他应收款等。

（二）确认坏账的标准

具有以下特征之一的应收账款，应确认为坏账：①债务人被依法宣告破产、撤销，其剩余财产确实不足清偿的应收账款；②债务人死亡或依法被宣告死亡、失踪，其财产或遗产确实不足清偿的应收账款；③债务人遭受重大自然灾害或意外事故，损失巨大，以其财产

（包括保险赔款等）确实无法清偿的应收账款；④债务人逾期未履行偿债义务，经法院裁决，确实无法清偿的应收账款；⑤逾期3年以上仍未收回的应收账款。

除有确凿证据表明该项应收款项不能回收或收回的可能性不大外，下列各种情况均不能全额计提坏账准备：①当年发生的应收款项；②计划对应收款项进行重组；③与关联方发生的应收款项；④其他已逾期但无确凿证据表明不能收回的应收款项。

二、坏账的会计处理

发生坏账往往意味着企业需要承担因不能回收应收款项而带来的损失。对于这种损失会计上的处理方法有直接转销法和备抵法两种。

（一）直接转销法

直接转销法是指在发生坏账时确认坏账损失。例如，A企业2022年9月销售商品5万元给B公司，到2022年12月31日为止，B公司仍未偿还货款，A企业2022年12月31日将其报告为应收账款。假设2023年3月19日，B公司遭受意外事故，损失巨大，以其财产（包括保险赔款等）确实无法清偿欠A企业的货款，那么A企业可以将该应收账款视为坏账，将其损失计入2023年3月的损益之中。

采用直接转销法的优点是账务处理比较简单，但这种方法忽视了坏账损失与赊销的内在关系，不符合权责发生制和配比原则的要求，同时，期末资产负债表中列示的应收账款数额是其账面价值，而不是可变现价值，因而在一定程度上夸大了资产数额。

（二）备抵法①

备抵法是按期估计坏账并作为坏账损失计入当期损益，形成坏账准备，当某一应收账款全部或部分确认为坏账时，将其金额冲减坏账准备、相应转销应收账款的方法。

1. "坏账准备"账户

在根据应收款项余额估算当期负担的坏账损失时，由于尚不确定哪位具体债务人的欠款一定会变成坏账，所以不能将估计的坏账金额贷记某一往来单位的明细账，当然也就不能贷记"应收账款""预付账款""其他应收款"等相关账户。因此，为了核算企业各会计期间的坏账费用，正确计算应收账款的净额，需要设置"坏账准备"账户。该账户属于资产类账户，是"应收账款"等账户的抵销调整账户。该账户借方登记已确认并冲销的坏账，贷方登记已提取的坏账准备及已冲销后又收回的坏账金额。贷方期末余额为已提取尚未冲销的坏账准备。

需要注意的是，对于已经确认为坏账的应收款项，企业仍然具有追索权。一旦重新收回，应当及时入账。

【例3-17】甲企业2022年年初的应收账款余额为260 000元，"坏账准备"账户的贷方余额为20 300元。

---

① 根据中华人民共和国财政部2011年发布的《小企业会计准则》第十条之规定，本部分介绍的"备抵法"不适用于小企业的坏账核算。

（1）2月17日，将客户 A 所欠货款 48 000 元作为坏账冲销。作会计分录如下：

借：坏账准备　　　　　　　　　　　　　　　　　　　　　　48 000

　　贷：应收账款　　　　　　　　　　　　　　　　　　　　　　48 000

（2）6月23日，收回上述已冲销的客户 A 的货款 20 000 元。作会计分录如下：

借：应收账款　　　　　　　　　　　　　　　　　　　　　　20 000

　　贷：坏账准备　　　　　　　　　　　　　　　　　　　　　　20 000

借：银行存款　　　　　　　　　　　　　　　　　　　　　　20 000

　　贷：应收账款　　　　　　　　　　　　　　　　　　　　　　20 000

2. 坏账损失的估计方法

尽管企业的会计人员不能非常精确地计算确定坏账损失的金额，但是根据以前年度或与之相同或类似信用风险的应收款项发生坏账的情况进行分析，能够相对可靠地估算本期期末的应收款项中可能存在的坏账金额。这些坏账是本期经营中发生的损失，依据收入与费用相互配比的原则，应该计入当期费用，由当期收入来弥补。

采用备抵法，企业应当定期或者至少于每年年度终了时，对应收款项进行全面检查，预计各项应收款项可能发生的坏账损失。常用的估计坏账方法有单项估计法、账龄分析法、和应收账款余额百分比法。

1）单项估计法

单项估计法是指单独估计应收款项坏账损失的方法。《企业会计准则——应用指南》[1]规定："对于单项金额重大的应收款项，应当单独进行减值测试。有客观证据表明其发生了减值的，应当根据其未来现金流量现值低于其账面价值的差额，确认减值损失，计提坏账准备。"不同企业对单项金额重大的界定标准不同，有些企业认为超过一定数额（如 200 万元）即视同金额重大，有些企业则将前几位大客户的欠款视为金额重大。例如，宝钢股份（股票代码 600019）将前五大客户的应收款项确认为单项金额重大的应收款项[2]。2017 年度单项金额重大并单独计提坏账准备的应收账款账面价值为 19.2454 亿元，计提坏账准备 0.5772 亿元，坏账计提比例为 3%。

对金额重大的应收款项采用单项估计法的原因在于，如果金额重大的应收款项发生坏账，将对企业的经营发展产生严重的影响。根据重要性原则，需要对可能产生重大影响的损失单独测试和计量。

2）账龄分析法

对于金额比较小的应收款项，在处理上可以根据企业的管理要求来决定如何计量和记录可能发生坏账。《企业会计准则第 22 号——金融工具的确认和计量》应用指南规定[3]："对于单项金额非重大的应收款项可以单独进行减值测试，确定减值损失，计提坏账准备；也

---

① 中华人民共和国财政部会计司发布，企业会计准则编审委员会编《企业会计准则第 22 号——金融工具的确认和计量》应用指南（2018），第二条金融资产减值损失的计量。

② 参见宝钢股份 2017 年度财务报告。

③ 中华人民共和国财政部会计司发布，企业会计准则编审委员会编《企业会计准则第 22 号——金融工具的确认和计量》应用指南（2018），第二条金融资产减值损失的计量。

可以与经单独测试后未减值的应收款项一起按类似信用风险特征划分为若干组合，再按这些应收款项组合在资产负债表日余额的一定比例计算确定减值损失，计提坏账准备。根据应收款项组合余额的一定比例计算确定的坏账准备，应当反映各项目实际发生的减值损失，即各项组合的账面价值超其未来现金流量现值的金额。"这种按照信用风险分组测试坏账损失的方法被称为"账龄分析法"。

将全部应收款项按账龄（顾客欠账时间）的长短进行分类，不同的账龄组可以分别估计不同的坏账损失率。根据历史的经验，应收款项的账龄越长，发生坏账的可能性就越大。将各账龄组的金额分别乘以各自的坏账损失率，最后加总确定。计算过程如表 3-3 所示。

表 3-3　账龄分析法下的坏账准备计算表　　　　单位：元

客户名称	账面金额	未过期	已 过 期			
			1~60 天	61~180 天	181~360 天	360 天以上
甲	600 000	200 000	400 000			
乙	200 000			100 000	100 000	300 000
丙	300 000					
丁	700 000	400 000	200 000	100 000		
合　计	1 800 000	600 000	600 000	200 000	100 000	300 000
估计坏账损失率		3‰	1%	5%	10%	20%
估计坏账准备		1 800	6 000	10 000	10 000	60 000
估计坏账准备合计	87 800					

3）应收账款余额百分比法

应收账款余额百分比法是指将应收账款余额乘以某个百分比，来估计可能发生坏账损失的方法。采用这种方法时，不必区分应收账款的账龄，对所有账龄的应收账款都估计相同的坏账损失比例，所以可以理解为只有一种账龄的账龄分析法。相比较账龄分析法，该方法比较简便，但估计方法比较粗略，因此适用于经营周期不长且应收账款数额也不大的企业。

企业可以自己选择确定坏账准备的方法，根据以往的经验、债务单位的实际财务状况和现金流量情况，结合其他相关信息，合理划分应收账款的账龄区间并估计坏账比率，进而根据预计的坏账比率及坏账准备的账面余额，计算当年应该提取的坏账准备额。其计算公式如下：

当年坏账准备提取额 = 估计的坏账损失（需要的坏账准备）
－ 提取前坏账准备的贷方余额（＋借方余额）

如果计算的提取额大于零，按照计算结果提取当年的坏账准备；但是也有可能计算结果小于零，这种情况说明提取坏账准备前的账户余额比较大，已经超过本年应收账款坏账准备的需要，应该冲回坏账准备。

【例 3-18】 L 公司经营周转期较短，各期应收账款余额较少且周转较快，因此将所有应收账款合并为一组，按照应收账款余额的 3% 计提坏账准备。第一年末的应收账款余额为

350 000 元；第二年，实际发生坏账 8 000 元，年末应收账款余额为 240 000 元；第三年，前期确认的坏账 6 000 元收回，实际发生坏账 4 000 元，年末应收账款余额为 190 000 元。假设第一年末提取坏账准备前，坏账准备账户余额为 0。

（1）第一年年末，提取坏账准备前的账户余额为 0，所以坏账准备提取额应该等于估计的坏账损失 350 000×3% = 10 500（元）。编制会计分录如下

借：信用减值损失　　　　　　　　　　　　　　　　　　　　　　　　10 500
　　贷：坏账准备　　　　　　　　　　　　　　　　　　　　　　　　　　　10 500

（2）第二年

①实际发生坏账时编制的会计分录为

借：坏账准备　　　　　　　　　　　　　　　　　　　　　　　　　　　8 000
　　贷：应收账款　　　　　　　　　　　　　　　　　　　　　　　　　　　8 000

②年末提取坏账准备前的坏账准备账户为贷方余额 2 500 元（即 10 500 – 8 000），而估计的坏账损失应为 240 000×3% = 7 200 元，所以当年应补提坏账准备 7 200 – 2 500 = 4 700 元，编制如下会计分录

借：信用减值损失　　　　　　　　　　　　　　　　　　　　　　　　4 700
　　贷：坏账准备　　　　　　　　　　　　　　　　　　　　　　　　　　　4 700

（3）第三年

①收回已确认的坏账 6 000 元时，应编制两笔会计分录。一是将转回已确认的坏账；二是记录款项的收回和银行存款的增加。

借：应收账款　　　　　　　　　　　　　　　　　　　　　　　　　　6 000
　　贷：坏账准备　　　　　　　　　　　　　　　　　　　　　　　　　　　6 000

借：银行存款　　　　　　　　　　　　　　　　　　　　　　　　　　6 000
　　贷：应收账款　　　　　　　　　　　　　　　　　　　　　　　　　　　6 000

②实际发生坏账时编制的会计分录为

借：坏账准备　　　　　　　　　　　　　　　　　　　　　　　　　　4 000
　　贷：应收账款　　　　　　　　　　　　　　　　　　　　　　　　　　　4 000

③年末提取坏账准备前，坏账准备账户为贷方余额 9 200 元（即 7 200 + 6 000 – 4 000），而估计的坏账损失应为 190 000×3% = 5 700 元，这意味着坏账准备账户为贷方余额超过了坏账准备需要的余额，应冲回坏账准备 3 500 元（即 9 200 – 5 700），编制的会计分录如下：

借：坏账准备　　　　　　　　　　　　　　　　　　　　　　　　　　3 500
　　贷：信用减值损失　　　　　　　　　　　　　　　　　　　　　　　　　3 500

上述坏账准备提取过程如图 3-1 所示。

采用备抵法的优点是：第一，体现了坏账损失与赊销的内在关系，符合权责发生制和配比原则的要求。第二，预计不能收回的应收款项作为坏账损失及时计入费用，避免了公司的明盈实亏。第三，在报表上列示的应收款项是应收款项账面余额扣除坏账准备余额后的净额，符合谨慎性原则，报表阅读者更能了解公司真实的财务情况。但是，这种方法也存在缺陷，主要表现为只按应收款项的年末余额估计坏账准备，计提的资产减值损失容易被操纵。

```
         坏账准备
                    10 500    ─────→    第一年末提取坏账准备额
          8 000
                     2 500    ─────→    第二年末提取准备前坏账准备账户贷方余额
                     4 700    ─────→    第二年提取坏账准备额
         ──────
                     7 200    ─────→    第二年末提取准备后坏账准备账户贷方余额
          4 000     6 000
         ──────
                     9 200    ─────→    第三年末提取准备前坏账准备账户贷方余额
          3 500    ─ ─ ─ ─    ─────→    第三年冲销坏账准备额
         ──────
                     5 700    ─────→    第三年末冲销准备后坏账准备账户贷方余额
```

图 3-1　L 公司坏账准备提取过程

【本章小结】

货币资金包括现金、银行存款和其他货币资金。为了保证企业货币资金的安全，并限制流通中的现金投放量，国家规定了现金的使用范围。超过现金使用范围的支付和结算，都必须采用银行存款结算。银行存款结算方式有多种，可适用于不同的业务和环境。由于银行与企业之间存在一方已经入账，但另一方尚未入账所导致的未达账项，所以需要进行调整，从而了解银行存款的准确余额。短期应收款项主要包括应收票据、应收账款、预付账款和其他应收款等。应收票据的变现能力通常大于其他应收款项，并且可以在到期日之前选择贴现。确认应收账款的入账金额时，我国企业通常采用总价法。预付账款核算企业预先支付给销货方的款项。其他应收款核算除应收票据、应收账款及预付账款以外的应收或暂付给其他单位和个人的款项，是企业非购销活动中产生的债权。对于应收账款和其他应收款，应该根据稳健原则，提取一定比率的坏账准备。

【关键名词】

货币资金	现金	库存现金	银行存款
银行汇票	银行本票	商业汇票	商业承兑汇票
银行承兑汇票	其他货币资金	未达账项	银行存款余额调节表
应收票据	应收账款	预付账款	其他应收款
应收票据贴现	现金折扣	总价法	净价法
坏账	备抵法	坏账准备	单项估计法
账龄分析法			

【思考题】

1. 货币资金包括哪些内容？企业应如何管理各类货币资金？

2. 银行结算方式有哪些？各种结算方式的适用条件分别是什么？

3. 为什么要编制银行存款余额调节表？如何编制？

4. 说明应收票据贴现的会计处理方法。

5. 采用备抵法对坏账进行会计处理时，哪笔分录降低了企业的利润？是记录坏账费用的分录还是冲销坏账准备的分录？

【练习题】

练习一

甲工厂 8 月份现金和银行存款账户期初余额分别为 6 000 元和 350 000 元，本月发生有关经济业务如下：

1. 收到投资人投资 90 000 元存入银行。

2. 以银行存款偿还前欠乙公司货款 30 000 元。

3. 以银行存款归还银行短期借款 60 000 元。

4. 以现金预付行政管理部门职工王某差旅费 1 500 元。

5. 从银行提取现金 3 000 元备用。

6. 行政管理部门购入价值 100 元的办公用品，以现金支付。

7. 以银行存款支付销售部门包装费 800 元。

8. 职工王某出差回来报销差旅费 1 600 元，差额补付现金。

9. 将现金 600 元存入银行。

10. 以银行存款支付行政管理部门水电费 1 000 元。

要求：根据以上资料编制会计分录，并登记现金日记账和银行存款日记账。

练习二

乙企业银行存款日记账月末账面余额为 170 400 元，开户银行对账单的余额为 173 400 元，经过逐笔核对，发现有下列未达账项：

1. 企业将月末收到的转账支票 9 000 元存入银行，并已入账，而银行尚未入账；

2. 企业购入材料开出转账支票 3 200 元，银行尚未入账；

3. 银行已经入账，企业未入账的银行代收款 9 600 元。

4. 银行已经入账，企业未入账的银行贷款利息 800 元。

要求：根据以上未达账项，编制银行存款余额调节表。

练习三

伟华公司于河北路建设银行分理处开户，结算户账号为 38245。该公司 11 月初的账户余额为 38 950 元，11 月发生如下经济业务：

1. 1 日，开出转账支票 341 号，归还前欠 A 公司材料款 21 000 元。

2. 2 日，开出转账支票 342 号，计 2 500 元付给文化用品商店，所购办公用品交科室使用。

3. 5 日，收到 B 公司交来的转账支票一张，用以偿付所欠本公司的货款 31 200 元。

4. 8 日，收到银行通知，外地 C 公司委托银行收款，该笔材料款 20 000 元及增值税 2 600 元已由银行划拨。

5. 10 日，预收 D 公司货款，收到转账支票一张，计 3 000 元，送存银行。

6. 15 日，开出现金支票 3221 号，提取现金 23 000 元，备发工资。

7. 18 日，收到 MM 公司寄来的转账支票一张，用以偿付所欠本公司的货款 53 000 元。

8. 19 日，开出转账支票 343 号，预付 E 公司材料款 8 900 元。

9. 25 日，开出转账支票 344 号，支付职工培训费 4 000 元。

10. 29 日，委托银行将 500 元汇给外地 F 公司，偿还所欠修理费。

11. 30 日，开出转账支票 345 号，支付业务招待费 5 000 元。

下面是 11 月 30 日建设银行出具的对账单：

建设银行对账单   单位：元

日期	摘要	支票号码	收入	支出	余额
1	月初余额				49 950
1	转账支票	340		11 000	38 950
1	转账支票	341		21 000	17 950
2	转账支票	342		2 500	15 450
5	转账支票		31 200		46 650
7	委托收款			22 600	24 050
10	转账支票		3 000		27 050
15	现金支票	3221		23000	4 050
18	转账支票		53 000		57 050
19	转账支票	343		8 900	48 150
25	转账支票	344		4 000	44 150
30	委托收款		11 500		55 650
30	本月合计		99 500	93 800	55 650

要求：

（1）根据以上经济业务编制会计分录，登记银行存款日记账，并结出月末余额。

（2）将银行存款日记账与建设银行对账单核对，并编制银行存款余额调节表。

练习四

黄安公司 6 月 15 日收到甲企业签发并承兑的商业汇票，面值为 810 000 元，以延期支付其所欠公司的货款。该汇票的期限为 3 个月。6 月 30 日，因急需现金，黄安公司以该票据向银行贴现，贴现率为 8%，贴现款存入银行。

公司与银行签订的贴现协议中约定，如果被贴现的商业汇票到期时，甲企业未能按期偿还票款，黄安公司负有向银行等金融机构还款的责任。

要求：

（1）计算贴现所得（不考虑贴现手续费），并编制 6 月 15 日和 6 月 30 日的会计分录。

（2）分别编制到期日对应于如下情形的会计分录。

①票据到期签发人如数付款；

②票据到期签发人无力付款；

③票据到期签发人和贴现人均无力付款。

练习五

11月末，宏泰公司的"应收账款"账户的借方余额为75 000元，12月份公司实现销售收入509 000元，其中有445 000元为赊销。12月份的其他数据为：收回应收账款451 000元，冲销坏账3 500元。

公司采用备抵法记录坏账费用和对顾客坏账的冲销。已知11月30日"坏账准备"的未调整余额是800元（借方）。坏账按照应收账款余额的5%估计。

要求：

编制12月份与"应收账款"账户和"坏账准备"账户有关的全部会计分录。

即测即练　　　　扩展阅读

自学自测　　扫描此码

第四章

存 货

本章导读

本章主要介绍存货的范围和种类，存货的盘存制度，购入存货的成本确定，发出存货的计价方法，期末存货的计价方法，存货清查方法和清查结果的会计处理等内容。通过本章的学习，应该掌握存货核算的主要方法，同时理解存货核算对于计算和报告企业的经营成果和财务状况所产生的影响。

问题导引

企业的库存商品按什么计价？买价还是卖价？

企业已经销售，对方尚未付款的商品应该算哪一方的存货？

采购商品在运输过程中发生数量减损，会计上应该如何处理？

高价采购的商品在尚未售出时就发生了降价，应不应该确认损失？

存货核算不准确对企业利润有什么影响？

开篇故事

苗苗的爸爸妈妈分别在电脑配件商店和大型百货超市做会计工作，而且恰好都是负责存货的核算。每逢月末，爸爸妈妈总是要加班。妈妈告诉她，每逢月末商店要结账，需要分门别类盘点商品的数量和确定商品价值，最后计算库存商品的总价值。而且电脑配件价格变化很快，有些商品还没有出售，价格就下降得比成本还低。因此需要在各月月末核对各类商品的价格，如果发现市价低于成本，就要在配件还没有卖出去的时候确认损失。工作量比较大，所以需要加班。但是苗苗感到不理解，为什么商品没有出售就会赔钱呢？同时，苗苗联想到爸爸所在的大型百货超市，那里的商品成千上万，如果每个月都要盘点一次，岂不是要关门停业几天才能做完。但是妈妈告诉她，超市有超市的办法，不停业也可以确定月末的库存商品数量。

第一节 存 货 概 述

一、存货的概念与核算目的

（一）存货的概念

《企业会计准则第 1 号——存货》[①]第二章第三条规定："存货，是指企业在日常活动

---

① 中华人民共和国财政部. 企业会计准则 2006. 北京：经济科学出版社，2006: 7.

中持有以备出售的产成品或商品、处在生产过程中的在产品、在生产过程或提供劳务过程中耗用的材料和物料等。"

企业在生产经营过程中为销售或生产经营耗用而储存，或者停留在生产过程中的各种物资被称为存货。商店购进准备出售的电视机、洗衣机；工厂购进准备使用的原材料、正在加工的产品、已经完工入库等待销售的产成品等都是企业的存货。这些企业没有存货就无法经营，一般情况下，企业存货大多在一年之内被出售或者被消耗。

在制造业企业和商业企业中，存货是资产的重要组成项目。由于存货在企业生产经营过程中，不断处于销售、耗用和重置之中，所以存货属于流动资产，而且是金额较大的流动资产项目之一，通常在企业资产总额中占有较大比重。

（二）存货核算的目的

存货核算的基本目的表现为如下两个方面。

1. 可以为企业管理提供必要的信息

存货积压势必引起资金周转困难，而存货不足又将危及企业的经营活动和收入。在市场经济中，存货对商业波动周期比其他资产更敏感。在商业繁荣期，库存商品一般不会出现积压。但在商业萧条期，企业存货就可能周转缓慢。企业应避免存货过多而占用资金，又要适量库存，以保证生产和销售。因此，通过存货的正确核算，可以把握存货的购入、耗用、销售情况，从而为企业管理提供有用的信息，满足管理部门对存货进行有效控制和实行计划管理的要求。

2. 可以作为企业正确计量经营成果和财务状况的前提

利润是反映企业经营成果好坏的综合性指标，而存货核算可以从单价和数量两个方面影响利润计算。对于工商业企业来说，以高于存货成本的价格销售商品，是其获取利润的必要条件。也就是说，销售价格只有高于存货成本，才有可能获得利润。销售部门在决定产品价格时，通常都会以补偿货物成本为底线。这时，如果存货成本的数据失实，那么销售价格的确定就可能被误导。例如，产品成本的真实水平为每件 400 元，如果误将产品成本确定为 430 元，那么销售部门就可能会因无利可图而拒绝接受出价 410 元的客户订单。而事实上应基于正确的 400 元的成本水平，接受此类订单。

不仅如此，在计算确定各个会计期间的利润时，还需要将销售收入与销售产品或商品的成本进行配比。所以存货数量的记录是否准确、计价是否合理，直接影响销售成本的确定和企业利润的计量。

同时，全部存货中扣除已经出售或已耗用存货的成本，剩余部分将作为期末存货列入资产负债表，所以存货核算的正确性也直接关系着资产负债表中存货价值计量的正确与否。

二、存货的种类和范围

（一）存货的种类

按照《企业会计准则第 1 号——存货》的规定，存货包括以下 3 类有形资产：企业在日常活动中持有以备出售的产成品或商品、处在生产过程中的在产品、在生产过程或提供劳务过程中耗用的材料和物料等。

（1）原材料，指企业在生产过程中经加工改变其形态或性质并构成产品主要实体的各种原料及主要材料、辅助材料、外购半成品、修理用备件、包装材料、燃料等。

（2）在产品，指企业正在制造尚未完工的产品，包括正在各个生产工序加工的产品，以及加工完毕但尚未检验或已检验但尚未办理入库手续的产品。

（3）半成品，指经过一定生产过程并已检验合格交付半成品仓库保管，但尚未制造完工成为产成品，仍需进一步加工的中间产品。

（4）产成品，指制造业企业已经完成全部生产过程并验收入库，可以按照合同规定的条件送交订货单位，或者可以作为商品对外销售的产品。

（5）商品，指商品流通企业外购或委托加工完成验收入库用于销售的各种商品。

（6）周转材料，指企业能够多次使用、但不符合固定资产定义的材料，如为了包装本企业商品而储备的各种包装物，各种工具、管理用具、玻璃器皿、劳动保护用品，以及在经营过程中周转使用的容器等低值易耗品和建造承包商的钢模板、木模板、脚手架等其他周转材料。但是，周转材料符合固定资产定义的，应当作为固定资产处理。

（二）存货的范围

企业存货的认定原则上应以企业对存货是否具有法定所有权为依据。按规定，凡是在盘存日期，所有权属于企业的一切物品，不论其存放地点，都应作为企业的存货，包括存放在本企业仓库、门市部和陈列展览的商品；已经发运但尚未办理托收手续，或购入后不经本企业仓库直接交发购买单位或加工单位的物品；委托其他单位加工或代销的、已经购入但尚未入库的在途商品等。

企业销售的商品、产品等，凡是所有权已经转移给购买方的，不管物品是否已经发运，都不应包括在本企业的存货中；其他企业委托本企业代销或加工的物品，不属于本企业存货；企业为购建固定资产而储备的专用物资，也不包括在企业存货中，而通过设置"工程物资"科目核算，计入在建工程价值。

三、存货会计处理的重要性

（一）存货的账户设置

尽管在资产负债表中，企业的各项存货会以一个统一的"存货"项目列示，但是由于不同存货分属于不同部门，所以为便于管理，会计上会对不同的存货项目设置不同的会计科目反映其增减变动。例如，制造业企业分别设置"材料采购""原材料""生产成本""库存商品""发出商品""委托加工材料""包装物""低值易耗品"等科目，贸易企业则设置"在途物资""库存商品""发出商品"等科目进行存货核算。不同科目用于反映不同部门（如制造业企业采购部门、仓库保管部门、生产部门、营销部门等）不同种类存货的收发和结存情况。

存货属于实物资产，其价值是根据其实物数量乘以每单位实物量的单价计算的。例如，仓库保管的某种化工原料，数量为 4 000 千克，单价为 12 元/千克，那么反映该原料的"原材料"账户中应记录其价值 48 000 元。同时，考虑到日后原材料耗用可能采取分次分批的方式，所以，存货账户往往还需要同时设置总账账户和明细账账户。其中总账账户用于记录所有存货的汇总数，为编制会计报表提供依据；明细账账户按存货的种类分别设置，用于记录每种存货项目的数量、单价和金额及变化情况。

（二）存货错误的影响

存货是企业的重要资产项目，存货的积压会影响资金周转，而存货不足又可能会影响企业正常经营活动的进行，存货管理部门通常要根据会计记录的资料，把握存货增加和减少的动态变化情况及存货数量的结存情况，以便有针对性地对存货实施管理。存货核算的重要性还体现在它是计算营业成本的重要依据。企业在记录存货的取得和销售后结转存货成本时可能会发生错误，在确定或盘点存货项目时也可能会发生错误。存货错误会影响到以下几个或更多项目的确定：期初存货、本期购货、期末存货、营业成本、营业利润、净利润和所有者权益等。可见存货计价的正确与否直接影响到资产负债表和利润表中的资产计量和利润的确定。

图 4-1 以定期盘存制为例，分析了期末存货错误对当期和下期利润表有关项目的影响。假定 2021 年的期末存货被高计 100 元，导致了当年营业成本的低计，营业利润的高计；由于本期的期末存货同时作为下年的期初存货，所以 2021 年的期末存货的高计，意味着 2022 年的期初存货高计，进一步导致 2022 年营业成本的高计和营业利润的低计。如果没有其他错误，两年的错误将在 2022 年末"未分配利润"项目中相互抵消。

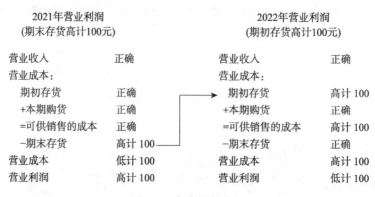

图 4-1　存货错误分析

根据本节说明，存货核算包括实物计量和货币计量，即确定实物数量和进行货币计价两个方面。本章后面各节将分别就这两方面的会计处理展开说明，其中第二节涉及存货数量的确定；第三节涉及存货增加与减少的计价以及期末存货的计价；第四节涉及期末存货的清查。

第二节　存货数量的确定

存货实物计量是货币计价的基础。在会计实务中，确定存货实物数量的制度分为定期盘存制和永续盘存制两种。

一、定期盘存制

（一）定期盘存制的基本原理

定期盘存制，是指对期末全部存货进行实地盘点以确定期末存货结存数量和成本的存货核算和管理制度。在定期盘存制下，平时在存货账中只登记存货增加数，不登记减少数，月末采用实地盘点的结存数倒算出存货的减少数。

在定期盘存制下，每期期末必须盘点存货的数量，用盘点的实际数量乘以适当的单位成本，确定期末存货成本；以期初存货成本加本期进货成本，减去期末存货成本，确定本期耗用存货成本或销售成本。其计算公式如下：

本期存货耗用（或销售）量 = 期初存货量 + 本期存货收入量 − 期末存货量

本期存货耗用（或销售）成本 = 期初存货余额 + 本期存货增加额 − 期末存货成本

（二）定期盘存制的优缺点

1. 定期盘存制的优点

定期盘存制最大的优点是可以简化会计处理的工作量，具体表现为以下两个方面。

（1）每一类存货可只设一个总分类账户，或只按大类设置几个二级账户，不需要按品名规格设置明细账户。每一品种的进货单价可直接根据凭证查得，所以可以极大地简化明细核算工作。

（2）在每一个存货账户中，平时只记录进货成本，不记录销售或发出数量和成本，从而节约日常核算工作量。

2. 定期盘存制的缺点

无论从管理者的信息需求还是会计处理的合理性来说，定期盘存制都存在着局限性，具体表现为以下 3 个方面。

（1）因不设存货明细账，不能随时反映存货的发出、结存数量动态，无法控制库存量，易发生资金使用不当的问题。

（2）通过期末盘点确定期末存货，倒算出销货成本或生产耗用量，这就使得非销售或非生产耗用的损耗、短缺或贪污盗窃等损失全部计入了销货成本或生产成本之中，造成销售成本或生产成本不实，不利于正确计算企业经营成果，也不利于对存货进行监督和控制。

（3）在期末确定存货成本后才能确定并结转销货成本，不能在销售时随时结转销售成本。

由于定期盘存制存在着上述缺点，所以它一般只适用于价值低、品种多、进出频繁、管理要求不高的商品或材料物资的数量核算。

二、永续盘存制

（一）永续盘存制的基本原理

永续盘存制也称为账面盘存制。它是按照存货的种类、规格设置存货明细分类账，逐日逐笔登记存货收入、发出数量和金额，并及时结算存货数量和金额的存货核算和管理制度。在永续盘存制下，要以期初存货为基础，根据本期存货收入和发出的记录，计算期末存货的数量和金额。其计算公式如下：

期初存货结存量 + 本期存货收入量 − 本期存货发出量 = 期末结存量

期初存货余额 + 本期存货增加额 − 本期存货减少额 = 期末存货余额

由于存货在实际保管过程中可能出现损耗和计量差错等原因，导致账面结存数额可能与实际库存不一致。因此，在永续盘存制下也要求在每个会计期末对存货进行实地盘点，查明存货盘盈、盘亏及毁损、变质等情况及原因。并根据具体情况分别进行处理，以保证账实相符和正确计量、报告本期存货变动情况和变动结果。

（二）永续盘存制的优缺点

总体上来说，永续盘存制可以克服定期盘存制的局限性，所提供的信息便于企业对存货实施动态管理，但不足之处是会计处理的工作量比较大。

1. 永续盘存制的优点

（1）按照存货的种类、规格等设置明细账，可以随时反映存货收入、发出和结存的动态，有利于存货的控制与监督，进行合理的资金调配。

（2）定期进行存货的实地盘点，将存货实有数与账面金额核对，可以及时发现存货管理上存在的问题，并为正确编制财务报表提供保证。

（3）商品销售后，可直接确定销售成本，销售成本真实，有利于正确计量经营成果。

2. 永续盘存制的缺点

在永续盘存制下，需为每一存货项目设置明细账，核算工作量比较大，在大型零售商业企业和原材料品种多的加工制造企业中，这个问题尤其突出。但随着会计电算化和互联网的普及和发展，这个问题已经得到有效的解决，永续盘存制已经在企业存货管理中普遍使用。

第三节　存　货　计　价

存货计价就是确定存货的入账金额。在企业的会计工作中，需要分别在取得存货、发出存货和期末3个时点进行存货计价。

一、取得存货的计价

取得存货计价属于存货的初始计量，它是确定当期销售成本和期末存货成本的基础。取得存货时，应按取得时的实际成本计价。由于财产物资都是在某个具体日期取得，相对于持续经营的企业而言，这个日期就成为企业经营历史上的一个时点。取得成本也因此被称为历史成本。

《企业会计准则——基本准则》第九章第四十二条规定："在历史成本计量下，资产按照购置时支付的现金或者现金等价物的金额，或者按照购置资产时所付出的对价的公允价值计量。"《企业会计准则第1号——存货》第三章第五条规定："存货应当按照成本进行初始计量。存货成本包括采购成本、加工成本和其他成本。"

根据上述规定的要求，企业存货初始计量的基础应当是经济业务发生时的实际成本。

这种实际成本包含的具体含义，应该与取得存货的方式有关，购入存货（包括原材料、商品、低值易耗品、包装物等）的成本是指采购成本，而自制半成品和自制产成品的成本则不仅包括其原料成本，而且还包括加工过程中发生的成本。下面将分别进行说明。

（一）购入存货的成本

《企业会计准则第 1 号——存货》第三章第六条规定："存货的采购成本，包括购买价款、相关税费、运输费、装卸费、保险费以及其他可归属于存货采购成本的费用。"

（1）买价。是指购入存货发票所开列的货款金额，不包括按规定可以抵扣的增值税税额。

（2）相关税费。是指企业外购货物应支付的除按规定可以抵扣的增值税额以外的税金和相关费用，如进口关税、消费税、海关手续费、未税矿产品代缴资源税、小规模纳税人购进货物支付的增值税、一般纳税人购进货物按规定不能抵扣的增值税进项税额[①]等。

（3）其他可归属于存货采购成本的费用，是指为了使外购存货达到预定可使用状态所支付的买价和相关税费之外的采购费用，如包装费、运杂费、运输保险费、运输途中的合理损耗、入库前的挑选整理费用等。

《企业会计准则第 1 号——存货》第三章第九条明确规定："采购过程中发生的非正常消耗、仓储费用和不能归属于使存货达到目前场所和状态的其他支出，不能计入存货成本。"

【例 4-1】 某批发企业从 A 公司赊购甲商品 2 000 件，每件单价 500 元，专用增值税发票注明买价 1 000 000 元，增值税 130 000 元，付款的信用期为 30 天。以银行存款向物流公司支付运杂费 2 000 元。

根据以上资料，企业在采购商品过程中发生的买价和运杂费，均可计入存货采购成本。因此该批发企业应编制如下会计分录：

（1）采购商品的会计分录：

借：在途物资		1 000 000
应交税费——应交增值税（进项税额）		130 000
贷：应付账款		1 130 000

（2）支付运费的会计分录：

借：在途物资		2 000
贷：银行存款		2 000

（3）商品验收入库的会计分录：

---

① 根据《中华人民共和国增值税暂行条例》的有关规定，采购商品交纳增值税的企业包括以下 3 种情况：第一，如果采购企业为一般纳税人，凡取得增值税专用发票或完税证明的，其采购物资支付的增值税，不计入所购物资的采购成本，而作为进项税额单独核算；用于非应交增值税项目或免交增值税项目的，以及未能取得增值税专用发票或完税证明的支付的增值税，其支付的增值税计入所购物资的采购成本；第二，如果采购企业为小规模纳税人，无论是否取得增值税专用发票或完税证明，其采购物资支付的增值税，一律计入所购物资的采购成本；第三，如果采购企业为一般纳税人采购农产品，可以按照买价和规定扣除率计算进项税额单独核算，企业应按扣除这部分进项税额后的价款作为计入所购物资的采购成本。

借：库存商品　　　　　　　　　　　　　　　　　　　　　　　1 002 000
　　贷：在途物资　　　　　　　　　　　　　　　　　　　　　　　1 002 000

【例 4-2】 某公司为增值税一般纳税人。购进 A 原材料 3 000 千克，增值税专用发票上注明的售价为每千克 65 元，价款 195 000 元，进项税额 25 350 元。另发生运输费 800 元、装卸费 300 元、保险费 200 元、包装费 442 元。入库实收 2990 千克，运输途中合理损耗 10 千克。

原材料入账价值 = 195 000 + 800 + 300 + 200 + 442 = 196 742（元）

原材料单价 = 196 742 元 ÷ 2 990 千克 = 65.8（元/千克）

（1）采购原材料的会计分录：

借：在途物资　　　　　　　　　　　　　　　　　　　　　　　195 000
　　应交税费——应交增值税（进项税额）　　　　　　　　　　　25 350
　　　贷：应付账款　　　　　　　　　　　　　　　　　　　　　220 350

（2）支付运输费等的会计分录：

借：在途物资　　　　　　　　　　　　　　　　　　　　　　　1 742
　　贷：银行存款　　　　　　　　　　　　　　　　　　　　　　1 742

（3）原材料验收入库的会计分录：

借：原材料　　　　　　　　　　　　　　　　　　　　　　　　196 742
　　贷：在途物资　　　　　　　　　　　　　　　　　　　　　　196 742

（二）产成品存货的成本

产成品的成本是指制造业企业为生产产品而发生的所有耗费，既包括投入制造之前的原材料采购成本，也包括对原材料进一步加工发生的加工成本[①]。《企业会计准则第 1 号——存货》第三章第七条规定："存货的加工成本，包括直接人工以及按照一定方法分配的制造费用。"

制造费用，是指企业为生产产品和提供劳务而发生的各项间接费用，包括机物料消耗、辅助工人和车间管理人员薪酬、车间照明费、取暖费、办公费、固定资产折旧费、修理费、劳动保护费、生产工具摊销费等。企业应当根据制造费用的性质，合理地选择制造费用分配方法。

在同一生产过程中，同时生产两种或两种以上的产品，并且每种产品的加工成本不能直接区分的，其加工成本应当按照合理的方法在各种产品之间进行分配。

【例 4-3】 承接例 4-2，假设该公司利用 A 原材料制造甲产品，耗用 A 原材料 700 千克，每千克 65.8 元。在加工过程中，发生人工成本 38 600 元，分摊制造费用 25 400 元。假设甲产品投产 100 件，本月已全部完工。

根据以上资料，本月完工甲产品的全部成本如下：

700 × 65.8 + 38 600 + 25 400 = 110 060（元）

[①] 产成品成本的核算是会计中比较复杂的问题之一，通常会在成本会计中专门进行系统介绍。本书只介绍相关概念，而不再详细说明其成本计算过程。

相关的会计分录如下：

（1）领用原材料的会计分录：

借：生产成本   46 060

  贷：原材料   46 060

（2）计算应负担职工薪酬的会计分录：

借：生产成本   38 600

  贷：应付职工薪酬   38 600

（3）分摊制造费用的会计分录：

借：生产成本   25 400

  贷：制造费用   25 400

（4）甲产品完工入库的会计分录：

借：库存商品   110 060

  贷：生产成本   110 060

二、发出存货的计价

在企业生产经营过程中，存货始终处于流动状态，原有的存货不断发出，新的存货又不断取得。随着时间的推移，企业存储的种类、规格相同，但是取得时间不同的存货，其购入价格或单位生产成本可能会有明显的差异。在发出存货时就产生了按什么价格计价的问题。例如，C 公司 4 月初库存商品 200 件，单位成本 60 元，4 月 5 日再购入商品 800 件，单位成本 70 元。如果 4 月 8 日销售商品 700 件，那么究竟应如何确定这 700 件商品的销售成本呢？这就是发出存货计价面临的问题。

在能够具体辨认发出存货的实际货物批次和进货单价的情况下，发出存货可按购入价格或生产成本计价，从而实现成本流动与货物流动的一致。在大多数情况下，发出存货的实际货物批次和进货单价不易辨认，或者由于单独辨认的成本比较高而不可行，存货成本流动与实物流动往往不一致，会计人员需要将存货的成本流动建立在一定的假设基础上，据以计算发出存货与期末存货的成本。

按照现行会计准则的规定，用于发出存货计价的方法主要有个别计价法、先进先出法、加权平均法和移动加权平均法。除了个别计价法外，其他方法也称为存货成本流动假设。

（一）个别计价法

个别计价法又称为分批实际进价法，它是具体确定每一件或每一批商品的实际进价，以计算出该件或该批商品销售成本的一种方法。具体计算公式如下：

商品销售成本 = 商品销售数量 × 商品购进单价

采用个别计价法，每批购进存货应分别存放，并分别登记存货明细账，领用或销售存货时，应在相应的原始凭证（如销售发票）上注明进货件别和批次，便于核算其进货实际成本。

【例 4-4】 假设大宇批发公司 12 月份 A 商品的库存和购进资料如表 4-1 所示。

表 4-1　大宇批发公司 A 商品库存和购进资料

日期	数量/件	单价/元	总成本/元
12 月 1 日库存	100	148	14 800
12 月 8 日购进	200	152	30 400
12 月 9 日销售	260		
12 月 17 日购进	500	156	78 000
12 月 25 日销售	380		
12 月 31 日库存	160		

从表 4-1 可以看出，大宇批发公司 12 月份销售 A 商品 640 件，期末存货 160 件，假设按个别计价法确定其来源为：已销售商品包括 12 月 1 日存货 90 件、12 月 8 日购进的商品 170 件、12 月 17 日购进的商品 380 件，则

本月商品销售成本 $= 90 \times 148 + 170 \times 152 + 380 \times 156 = 98\,440$（元）

月末存货成本 $= 10 \times 148 + 30 \times 152 + 120 \times 156 = 24\,760$（元）

月末结转商品销售成本的会计分录为：

借：主营业务成本　　　　　　　　　　　　　　　　　　　　　　　　98 440

　　贷：库存商品　　　　　　　　　　　　　　　　　　　　　　　　　　98 440

采用这种方法，成本的流动与商品实物的流动完全一致，符合费用与收入相配比原则。但是日常工作量大，存货管理的手续繁杂，也易造成企业管理部门通过任意选用较高或较低的单位成本计算销售成本、操纵利润的现象。因此，个别计价法适用于单位成本高、数量少、容易单独辨认和能分清货物件别或批次的商品。对于存货品种多、数量大、单价低且收发频繁的存货，则不宜采用。

（二）先进先出法

先进先出法是假定先购进的存货先耗用或销售，因而最早购入商品的成本最先作为销售成本进行计算，期末存货按稍后购进存货的单价计价。在实际工作中，企业购进的原材料和商品先储存在仓库形成存货，待销售时再从仓库中提出。堆放在一起的同类、同品种商品并不一定是最早购进就最早销售，由此导致商品实物流动和成本流动不完全吻合。所以，先进先出法只是假定的成本流转顺序。当然，有些企业库存商品保质期短，在存货的实物管理中也必须执行先进先出法，如保鲜食品、药品等，在这种情况下采用先进先出法，商品实物流动和成本流动非常接近。

【例 4-5】 仍以例 4-4 所给条件，用先进先出法进行发出存货成本的计价。

在定期盘存制下，采用先进先出法，月末存货成本和本月商品销售成本分别为

月末存货成本 $= 160 \times 156 = 24\,960$（元）

本月商品销售成本 $= 14\,800 + 30\,400 + 78\,000 - 24\,960 = 98\,240$（元）

在永续盘存制下，采用先进先出法，期末存货成本和销货成本分别为

本月商品销售成本 $= 100 \times 148 + 160 \times 152 + 40 \times 152 + 340 \times 156 = 98\,240$（元）

月末存货成本 $= 160 \times 156 = 24\,960$（元）

月末结转销售成本的会计分录为

借：主营业务成本   98 240

  贷：库存商品   98 240

从以上计算可看出，在定期盘存制和永续盘存制下，采用先进先出法会产生相同的期末存货成本和销售成本。这是因为无论是永续盘存制下销售商品当时确定销售成本，还是定期盘存制下在会计期末根据期末存货成本倒算销售成本，都会使得先购进的商品先售出。

先进先出法的优点是：

（1）存货成本流动比较接近实际的货物流动，这一点近似于个别计价法。

（2）期末存货按最近的采购成本计价，使期末存货价值接近于当时价格，资产负债表所列示的期末存货价值能够反映目前的价格水平。

先进先出法的缺点是：

（1）销售成本按早期购货成本确定，难以使收入与销售成本恰当配比。

（2）在物价上涨时期，因销售成本偏低，会使企业利润虚增，增加企业所得税负担。

（3）在计算每批发出存货的过程中，有时需按多个单位成本计算，工作较为繁琐。

（三）加权平均法

加权平均法是指在定期盘存制下，在一定时期（一般为一个月）综合计算每种存货的加权平均单价，然后据以分别计算发出存货成本和期末存货成本的计价方法。

其计算公式如下：

$$加权平均单价 = \frac{（期初库存余额 + 本期购入金额）}{（期初库存数量 + 本期购入数量）}$$

$$期末存货成本 = 期末库存数量 × 加权平均单价$$

$$本期发出存货成本 = 期初存货成本 + 本期购入存货成本 - 期末存货成本$$

【例4-6】仍以例4-4所给条件，如果大宇批发公司采用加权平均法计算本月商品销售成本和月末存货成本，那么其具体过程如下：

加权平均单价 =（14 800 + 30 400 + 78 000）÷（100 + 200 + 500）= 154（元）

月末存货成本 = 160 × 154 = 24 640（元）

本月商品销售成本 = 14 800 + 30 400 + 78 000 - 24 640 = 98 560（元）

月末结转销售成本的会计分录为

借：主营业务成本   98 560

  贷：库存商品   98 560

加权平均法所确定的存货成本，考虑了各批进货数量的影响，加权平均单价能够在一定程度上体现存货当前价格变动的影响，与先进先出法相比，采用加权平均法计算出的商品销售成本较为均衡。但是加权平均单价与存货的现行市价仍有一定的距离。当物价上升时，加权平均单价低于市价；当物价下降时，加权平均单价高于市价，所以其期末存货成本不能反映当时的价格水平。对于储存在同一地点、价值较低、性能形态相同的大量商品，采用该方法比较适宜。

加权平均法一般适用于经营品种较少，或者前后购进商品单价相差幅度不大，并定期结转商品销售成本的企业。

（四）移动加权平均法

永续盘存制下的加权平均法通常称为移动加权平均法，即在每次进货后，如果新购进商品的单位成本与库存商品的单位成本不同，就要重新计算平均单位成本，并以此单位成本对发出的商品和存货进行计价。

【例4-7】 仍以例4-4所给条件，如果大宇批发公司采用移动加权平均法计算本月商品销售成本和月末存货成本，那么其具体过程如下：

（1）12月8日的加权平均单价=（14 800+30 400）÷（100+200）=150.67（元）

（2）12月9日的商品销售成本=260×150.67=39 174（元）

12月9日的存货成本=40×150.67=6 026（元）

（3）12月17日的加权平均单价=（6 026+78 000）÷（40+500）=155.6037（元）

（4）12月25日的商品销售成本=380×155.6037=59 129（元）

12月25日的存货成本=160×155.6037=24 897（元）

（5）本月商品销售成本=39 174+59 129=98 303（元）

12月31日的存货成本=160×155.6037=24 897（元）

根据以上计算结果，月末结转销售成本的会计分录为

借：主营业务成本　　　　　　　　　　　　　　　　　　　　98 303

　　贷：库存商品　　　　　　　　　　　　　　　　　　　　　　98 303

采用移动加权平均法，可以随时了解企业的存货数量和金额，有利于对存货的控制。但加权平均单价受到每一次购货成本的影响，在存货的种类比较多、购进频繁的情况下，日常核算的工作量较大。

采用不同方法对大宇批发公司进行发出存货计价的结果对比如表4-2所示。

表4-2　不同存货计价方法的比较　　　　　　　　　　　　　　单位：元

项目	个别计价法	先进先出法	加权平均法	移动加权平均法
商品销售成本	98 440	98 240	98 560	98 303
期末库存成本	24 760	24 960	24 640	24 897

从大宇批发公司的例子可以看出，在进货数量和成本、发货数量完全相同的情况下，仅仅由于采用不同的存货发出计价方法，就会导致商品销售成本和期末存货成本出现不同的计算结果，进而会影响企业利润的确定。在物价上涨期间，无论是与定期盘存制下的加权平均法相比，还是与永续盘存制下的移动加权平均法相比，采用先进先出法都会计算出较高的期末存货成本和较低的商品销售成本，进而得出较高的净利润。

《企业会计准则第1号——存货》第三章第十四条规定："企业应当采用先进先出法、加权平均法或者个别计价法确定发出存货的实际成本。"也就是说，企业可以根据其实际情况，在先进先出法、加权平均法或者个别计价法之间进行选择，但根据会计信息质量可比性的要求，同一企业不同年度原则上应采用相同的发出存货计价方法。

还需要说明的是，本节中介绍的各种发出存货的计价方法举例采用了"库存商品"存货项目的例子。需要说明的是，这些方法同样可以用于其他存货项目（如原材料、生产成本、产成品、包装物及低值易耗品等）的计价。企业在实际应用这些方法时，会根据不同的发出存货的种类和用途，编制相应的会计分录。

三、期末存货的计价

（一）成本与可变现净值孰低原则

存货一般是根据历史成本计量原则，按实际成本计价。根据谨慎性会计原则的要求，会计期末：如果存货的实际价值高于其账面成本，那么会计将继续按照账面成本计量存货的价值；但如果由于过时、跌价、损坏等原因，导致存货实际价值低于其账面成本时，就要本着不高估资产价值的原则，调低存货账面价值，同时将实际价值低于其账面成本的差额部分确认为资产减值损失。

《企业会计准则第 1 号——存货》第三章第十五条规定："资产负债表日，存货应当按照成本与可变现净值孰低计量。存货成本高于其可变现净值的，应当计提存货跌价准备，计入当期损益。可变现净值，是指在日常活动中，存货的估计售价减去至完工时估计将要发生的成本、估计的销售费用以及相关税费后的金额。"

这一规定的目的就是为了使当期发生的、由于存货重置价值下降而形成的损失在当期予以确认，避免当期高报资产和利润，体现了谨慎性原则的要求。以后各期以较低价格出售存货时，与收入配比的销售成本也随之降低，也有助于保持各个期间的正常利润幅度。

（二）存货跌价准备

为了记录存货可变现价值低于成本的情况，企业应设置"存货跌价准备"账户，用于核算预计的变现损失。"存货跌价准备"账户是相关存货项目的抵减调整账户，计提时记入该账户的贷方，相关存货出售或领用消耗时按比例借记冲减该账户。期末，该账户一般会有贷方余额，用各存货账户的借方余额减去"存货跌价准备"账户的贷方余额，就可以得出存货的实际价值，并将其反映在资产负债表中。

企业通常在年度终了列出需降价处理的存货清单，并计算这部分存货的可变现净值。可变现净值低于其账面实际成本的差额，即为应提取的存货跌价准备。提取时，借记"资产减值损失"账户，贷记"存货跌价准备"账户。如果以前减记存货价值的影响因素已经消失，那么减记的金额应当予以恢复，并在原已计提的存货跌价准备金额内转回，转回的金额计入当期损益。

【例 4-8】 承接例 4-5，假定大宇批发公司采用先进先出法进行发出存货计价，12 月31 日，A 商品 160 件，每件成本 156 元。如果可变现净值为每件 135 元，那么可以说明其低于成本 156 元，160 件 A 商品共发生减值（156 − 135）× 160 = 3 360（元），应当按照成本与可变现净值孰低的原则，提取存货跌价准备。

假设计提存货跌价准备前，"存货跌价准备"账户的贷方余额为 900 元，则应计提存货跌价准备 3 360 − 900 = 2 460（元），会计分录如下：

借：资产减值损失   2 460

    贷：存货跌价准备   2 460

这样，在 12 月 31 日的会计报表中，大宇公司应报告的存货就不是其历史成本 24 960 元（160×156），而应该是其可变现净值 21 600 元（160×135），即"库存商品"账户的借方余额 24 960 元减去"存货跌价准备"账户的贷方余额 3 360 元。

进一步假设该企业下年度 1 月份以每件 130 元的价格出售 A 商品 100 件，增值税税率 13%，货款和税款均已收到。则该企业应编制如下会计分录：

借：银行存款   15 080

    贷：主营业务收入   13 000

        应交税费——应交增值税（销项税额）   1 690

借：主营业务成本   13 500

    存货跌价准备   2 100

    贷：库存商品   15 600

第四节　存货清查

一、存货清查概述

存货清查是指通过对存货的实地盘点，确定存货的实有数量，并与账面结存数核对，从而确定存货实存数与账面结存数是否相符的一种专门方法。

企业存货品种繁多，规格复杂，收发频繁，在收发、计量和核算过程中容易发生差错，而且有些存货还会出现自然损耗，被偷盗、挪用等现象，所有这些情况的存在都会造成账实不符。此外，如果仓储管理工作不完善，还可能发生材料、商品因变质、失效、过期等原因导致的价值减损问题。因此，对存货进行定期或不定期的清查是非常必要的。

为了保证年度财务报告提供信息的可靠性，企业在编制年度财务报告之前，必须对存货进行一次全面的清查。此外，为了加强控制，企业还应在年内进行定期或不定期的轮流或重点清查。对贵重存货可视不同情况按日、旬、月定期清查。

对于采用定期盘存制的企业来说，必须定期通过存货清查，才能清楚期末存货的实存数量，从而才能结合特定的发出存货计价方法，计算期末存货成本和当期发出存货的成本。所以，存货清查是定期盘存制下确定存货成本和销售成本必不可少的组成部分。

对于采用永续盘存制的企业来说，对存货进行清查的目的是为了保证账实相符，并将实有数额与账面数额核对，及时发现存货管理问题。如果清查结果为实存数小于账存数，那么应作为盘亏处理；相反，如果清查结果为实存数大于账存数，那么应作为盘盈处理。同时，无论出现盘亏还是盘盈，都应将清查结果及其原因报请管理部门进行批准，然后根据批准后的处理意见进行账务处理。

由于实务中要求大多数企业采用永续盘存制，因此本节后面的账务处理将专门针对永续盘存制进行说明。

二、存货清查的方法

进行存货清查时，首先要做好各项准备工作。存货保管部门需要将截止到清查日期的全部存货收发领退凭证登记入账；同时对所保管的各种存货分头整理、排列，以便盘点核对。财会部门应该将截止到清查日期的各种存货的收发账目全部结算清楚，制作存货盘存表，并将账面结存数量填入存货盘存表中。

存货清查一般采用实地盘点。在盘点时应根据存货的不同性质，分别采用点数、过磅、丈量方法计算实际结存的数量。凡是需要通过计量器具衡量其数量的存货，首先要校正计量器具，再进行存货数量的衡量。对于大量成堆、难以逐一清点的廉价存货（如矿石、煤炭等），可以采用技术推算方法测算其实存数量。在进行清查时，除了进行实物盘点、账实核对外，还要核查存货的质量和储存情况。注意有无霉烂变质和储存数量较大且又长期没有领发或很少领发的存货。如果发现霉烂变质的存货，应该查明变质的程度及原因；如果发现超储积压的存货，则应查明积压的时间及原因，以便进行适当的处理。

通过存货盘点获得的实存数量需要填入存货盘存表，以便同已经登记在存货盘存表中的账面结存数量进行核对。存货盘存表既是存货清查结果的报告表，也是存货清查结果核算的依据和原始凭证，其格式和内容如表 4-3 所示。

表 4-3　存货盘存表

金额单位：元

存货类别	存货名称与规格	计量单位	结存数量		单价	盘盈		盘亏	
			账存	实存		数量	金额	数量	金额
原材料	甲材料	吨	5.5	5.2	600			0.3	180
	低值易耗品	件	126	117	58			9	522
	包装物	个	232	262	2	30	60		
在产品	A 产品	千克	680	652	27			28	756
产成品	B 产品	千克	968	872	50			96	4 800
合计							60		6 258

盘点时间：　　　　　　　　　　　　　经手人：

存货清查后，对于盘盈、盘亏、变质和超储积压的存货，都应该进行分析，查明账实不符的原因，明确责任，并提出处理意见，以便改进存货管理，调整存货的采购计划，保证存货资产的安全完整和有效利用及正常周转。

三、存货清查结果的核算

（一）账户设置

存货清查结果主要是 3 种情况：一是账实相符；二是实存数量小于账存数量，即盘亏；三是实存数量大于账存数量，即盘盈。对于第一种情况，在会计上不需要进行任何处理。

对于后两种情况，则需要通过设置"待处理财产损溢——待处理流动资产损溢"账户，按批准前和批准后分别不同原因进行会计处理。

出现盘亏的情况下，盘亏数额需要记入"待处理财产损溢——待处理流动资产损溢"账户的借方，待管理部门批准后，再将盘亏数额从该账户的贷方转出。

出现盘盈的情况下，盘盈数额需要记入"待处理财产损溢——待处理流动资产损溢"账户的贷方，待管理部门批准后，再将盘盈数额从该账户的借方转出。

（二）存货清查结果的会计处理

存货清查结果的会计处理应分为清查结果批准前和批准后分别进行。

1. 清查结果批准前的会计处理

在存货清查结束之后，只要发现有账实不符的情况，无论是盘亏还是盘盈，也不论何种原因所导致，以及将来如何处理，都必须按照盘存结果调整有关的存货账户，以保证账实相符。也就是说，保证账实相符的基本做法是调整账存数，而不能调整实存数。

出现盘亏时，说明实存数小于账存数，应调减存货余额，借记"待处理财产损溢——待处理流动资产损溢"账户，贷记各有关存货账户。

出现盘盈时，说明实存数大于账存数，应调增存货余额，借记各有关存货账户，贷记"待处理财产损溢——待处理流动资产损溢"账户。

清查结果及账实不符的原因，应报告给有关管理部门进行分别处理。

2. 清查结果批准后的会计处理

在企业有关管理部门对存货清查结果制定处理方案之后，还需要根据处理方案进行相应的会计记录。《企业会计准则第 1 号——存货》第三章第二十一条规定："企业发生的存货毁损，应当将处置收入扣除账面价值和相关税费后的金额计入当期损益。存货的账面价值是存货成本扣减累计跌价准备后的金额。存货盘亏造成的损失，应当计入当期损益。"

出现盘盈时，一般应将计入当期损益的盘盈数额冲减管理费用。管理部门批准后，借记"待处理财产损溢——待处理流动资产损溢"账户，贷记"管理费用"账户。

对于盘亏数额，应根据不同情况分别作如下处理。

（1）属于管理不善造成的，以及无法确定过失人或赔偿单位的盘亏，应作为管理费用或制造费用核销。借记"管理费用""制造费用"账户，贷记"待处理财产损溢——待处理流动资产损溢"账户。

（2）属于责任人或责任单位过失引起的盘亏，应将过失人或责任单位赔款部分确认为其他应收款，将扣除过失人或责任单位赔款后的净额，作为管理费用核销。借记"管理费用""其他应收款"账户，贷记"待处理财产损溢——待处理流动资产损溢"账户。

（3）属于自然灾害等不可抗力引起的盘亏，应将扣除残值和保险赔款后的净额，作为营业外支出核销。借记 "其他应收款""营业外支出"账户，贷记"待处理财产损溢——待处理流动资产损溢"账户。

【例 4-9】 以表 4-3 存货盘存表的资料为例。从表 4-3 中可以看出，甲材料盘亏 180 元，低值易耗品盘亏 522 元，包装物盘盈 60 元，在产品盘亏 756 元，产成品盘亏 4 800 元。假设盘亏存货所含的进项税额[①] 为 377 元，其中甲材料含进项税额 23.4 元，低值易耗品含进项税额 67.86 元，在产品含进项税额 65 元，产成品含进项税额 220.74 元。

（1）盘存结果的记录。根据盘存结果，编制会计分录以调整存货的账面记录：

借：原材料——包装物   60
  贷：待处理财产损溢——待处理流动资产损溢   60
借：待处理财产损溢——待处理流动资产损溢   6 258
  贷：原材料——甲材料   180
    原材料——低值易耗品   522
    生产成本   756
    库存商品   4 800

（2）盘盈数额的会计处理。经分析确认，上述盘盈的包装物为计量不准确造成的，将其冲减管理费用，会计分录如下：

借：待处理财产损溢——待处理流动资产损溢   60
  贷：管理费用   60

（3）盘亏数额的会计处理。经分析确认，上述原材料盘亏和在产品盘亏属于正常损耗，盘亏部分调增管理费用（180 + 756 = 936 元）；低值易耗品盘亏由责任人林娜赔偿 300 元，记入"其他应收款"账户，其余部分调增管理费用（522 + 67.86 − 300 = 289.86 元）；盘亏的产成品是由于台风损失所致，保险公司认定给予的赔付金额为 1 000 元，差额记入"营业外支出"账户（4 800 − 1 000 = 3 800 元）。

根据以上分析，应编制如下会计分录：

借：管理费用   1 225.86
  其他应收款——林娜   300
  其他应收款——保险公司   1 000
  营业外支出   3 800
  贷：待处理财产损溢——待处理流动资产损溢   6 258
    应交税费——应交增值税（进项税额转出） 67.86

【本章小结】

存货的核算对于正确计算和报告企业的经营成果和财务状况都有直接的影响。如果本期存货的核算不正确，不仅可能歪曲本期的经营成果和财务状况，还会对以后期间经营成果的报告产生影响。在进行存货核算时，应当关注数量和单价两个方面。存货数量核算有

[①] 按照增值税相关规定，非正常损失购进货物的进项税额和非正常损失的在产品、产成品所耗用的购进货物或应税劳务的进项税额，不能从销项税额中抵扣。所以，在确认存货盘亏损失时，还需要转出非正常损失（包括因管理不善造成存货被盗、丢失、霉烂变质的损失）存货以前确认的增值税进项税额。由于自然灾害导致盘亏的进项税额不用转出。

定期盘存制和永续盘存制两种，但多数企业应选择永续盘存制。存货计价方面，取得存货的计价遵循历史成本原则，发出存货的计价可以选择个别计价法、先进先出法、加权平均法、移动加权平均法，期末计价采用成本与可变现净值孰低法。存货应当进行定期或不定期的清查，对于存货清查结果，需要通过"待处理财产损溢——待处理流动资产损溢"账户进行会计处理。

【关键名词】

存货	定期盘存制	永续盘存制	个别计价法
先进先出法	加权平均法	移动加权平均法	成本与可变现净值孰低
存货跌价准备	存货清查		

【思考题】

1. 发出存货计算错误对本期利润和下期利润的计算有何影响?

2. 定期盘存制和永续盘存制各有哪些优缺点?

3. 简述存货各种计价方法的内容、适用条件、优缺点及对利润计量的影响。

4. 存货期末计价为什么要采用成本与可变现净值孰低法?具体如何进行会计处理?

5. 假设物价已上涨数年，阳光公司资产负债表的期末存货成本相当接近于重置成本，而与阳光公司经营相同业务的东方公司资产负债表的期末存货成本却大大低于重置成本。不考虑其他因素的影响，你认为这两家公司各自可能采用了哪种存货计价方法?哪家公司当期报表上的净利润可能较高?

【练习题】

练习一

假设某公司 8 月份存货资料如下:

日期	收　入		发出数量/件
	数量/件	单位成本/元	
8 月 1 日	500	20	
8 月 5 日	300	22	
8 月 10 日			600
8 月 15 日	800	25	
8 月 20 日			800
8 月 28 日	100	27	

要求：分别按下列方法计算 8 月份销售成本和期末存货成本:

（1）先进先出法

（2）加权平均法

（3）移动加权平均法。

练习二

沿用练习一的数据和计算结果。

要求：分析确定企业在下列要求下，应选择何种计价方法？并说明理由。

（1）为降低所得税；

（2）为本期最大收益；

（3）为准确反映实际存货成本。

练习三

雪松公司为增值税一般纳税人，当月发生与存货有关的业务如下：

（1）购进甲材料 200 千克，每千克 800 元，计 16 万元；乙材料 400 千克，每千克 320 元，计 12.8 万元。两种材料的增值税税率均为 13%，材料尚未收到，货款以商业承兑汇票结算。

（2）以银行存款支付上述材料的外地运费和装卸费 7 200 元。

（3）上述材两种原材料验收入库，分别按其实际成本入账。

（4）商业承兑汇票到期，以银行存款支付上述材料款和增值税税款。

要求：为上述业务编制必要的会计分录

练习四

庆丰贸易公司 2022 年 3 月发生下列经济业务：

（1）从利民公司购进 B 商品 200 千克，单价 25 元，增值税税率为 13%。商品已经验收入库，货款用银行存款支付。（此业务发生之前，B 商品无库存）。

（2）从东海公司购进 B 商品 100 千克，单价 22 元；C 商品 200 件，单价 30 元；两种商品的增值税税率均为 13%。货款连同对方垫付的运杂费 150 元均未支付。商品已经验收入库。（此业务发生之前，C 商品无库存）。

（3）以银行存款偿还东海公司货款和运杂费。

（4）销售给华明商店 B 商品 100 千克，单价 32 元，增值税税率为 13%。款项已经存入银行。庆丰公司采用先进先出法结转商品销售成本。

（5）销售给红星商店 B 商品 140 千克，单价 32 元；C 商品 100 件，单价 40 元；两种商品的增值税税率均为 13%。款项均未收到。同时结转商品销售成本。

（6）收到红星公司汇来货款和税款。

（7）月末经实地盘点，发现 B 商品盘亏 10 千克，单价 22 元；C 商品盘盈 5 件，单价 30 元。原因待查。

（8）上述 B 商品盘亏经查明，其中 3 千克属于正常损耗，2 千克应由责任人负担赔偿，5 千克属于非常损失，经批准分别处理。

（9）上述 C 商品盘盈，经查明是由于供应单位多发所致。经联系决定补付所差货款。

要求：根据上述资料，按永续盘存制编制有关的会计分录。

练习五

企业某种商品 1 月初实际成本为 400 万元，"存货跌价准备"账户的贷方余额为 6 万元，本月购入该种商品实际成本 90 万元。该企业存货发出计价采用先进先出法。当月销售该商品的实际成本 300 万元，月末估计库存该种商品的可变现净值为 182 万元。

要求：

（1）计算本月应计提存货跌价准备额。

（2）编制当月销售商品和月末计提存货跌价准备的会计分录。

即测即练   扩展阅读

自学自测   扫描此码

第五章

金 融 资 产

 本章导读

本章主要介绍金融资产的分类、交易性金融资产、债权投资、其他债权投资、其他权益工具投资等内容，通过本章学习应该掌握相关的会计核算方法，同时了解基于预期信用损失的金融资产损失准备的计提方法。

 问题导引

哪些资产属于金融资产？

企业投资于债券，为什么收到债券发行企业支付的利息有时不许可确认为投资收益？

企业投资于股票，投资收益是不是就是股利？

债券的发行价格为什么不等于面值？

企业购买的股票是怎样在账册中进行记录的？

 开篇故事

林通公司在 11 月份以 866 万元的成本购入天园公司发行的股票 100 万股。当年年末，天园公司股票的市价上升至 9.98 元/股，每股价格上升了 1.32 元，公司的主管会计李明告诉会计小马确认 132 万元的投资收益。

小马对此不太理解。她说："这些股票还没有卖出去，怎么就可以确认收益呢？"

主管会计讲："因为按照会计准则的规定，这些股票必须按照市价变动确认损益。"

小林还是不明白："如果明年股票市价下降了，我们确认的收益不是就消失了？"

主管会计说："对，那就再确认亏损。"

不仅是股票投资，小马对债券投资的处理也感到困惑。公司有一项两年前购入的债券投资，当时公司支付 103.5 万元购买了 10 000 份家园公司发行的 5 年期公司债，每份面值 100 元，计划持有至到期日。该债券票面利率 4.5%，每年 7 月 1 日付息一次。今年 7 月 1 日收到家园公司支付的利息 4.5 万元。小林认为，收到的债券利息当然应该属于投资收益，但是财务科长告诉她，这 4.5 万元不应该全部作为投资收益，其中有一部分应该用于调整债券溢价。也就是说，确认的投资收益要少于 4.5 万元。

小林疑惑地问："是不是需要将溢价金额在债券有效期内平均分配，就像直线折旧法那样？"但是她的想法还是不完全对……

第一节　金融资产概述

金融资产是企业资产的重要组成部分。从经济内容构成方面讲，金融资产主要包括货币资金、应收款项、债权投资和股权投资等。有关货币资金与应收款项，本书已在第三章做了详细论述。此外，有关长期股权投资的内容本书将在第六章展开论述，因此也不在本章讨论范围之内。

一、金融资产概念及主要内容

从概念上讲，金融资产属于金融工具的范畴。金融工具是指形成一方的金融资产并形成其他方的金融负债或权益工具的合同。根据现行会计准则给出的定义，金融资产是指企业持有的现金、其他方的权益工具，以及符合下列条件之一的资产：

（1）从其他方收取现金或其他金融资产的合同权利；

（2）在潜在有利条件下，与其他方交换金融资产或金融负债的合同权利；

（3）将来须用或可用企业自身权益工具进行结算的非衍生工具合同，且企业根据该合同将收到可变数量的自身权益工具；

（4）将来须用或可用企业自身权益工具进行结算的衍生工具合同，但以固定数量的自身权益工具交换固定金额的现金或其他金融资产的衍生工具合同除外。

从经济内容角度讲，金融资产主要包括库存现金、银行存款、其他货币资金、各类应收款项、债权投资和股权投资等。值得注意的是，预付账款不属于金融资产，原因在于预付账款所产生的未来经济利益是商品或服务，并非收取现金或其他金融资产的权利。

二、金融资产的分类

由于金融资产在经济内容方面涉及面广，其会计计量成为会计核算的难点，因此对于金融资产，现行会计准则并没有按照其经济内容进行分类，而是基于企业管理金融资产的业务模式和金融资产的合同现金流量特征进行分类。

（一）管理金融资产的业务模式

管理金融资产的业务模式是指企业如何管理其金融资产以产生现金流量。业务模式决定企业所管理金融资产现金流量的来源是收取合同现金流量、出售金融资产还是两者兼有。

1. 以收取合同现金流量为目标的业务模式

在以收取合同现金流量为目标的业务模式下，企业管理金融资产旨在通过在金融资产存续期内收取合同付款来实现现金流量，而不是通过持有并出售金融资产产生整体回报。例如，企业购买的长期债券，如果有能力并且准备持有至到期，而不打算提前售出，那么就属于这种情况。

2. 以收取合同现金流量和出售金融资产为目标的业务模式

在同时以收取合同现金流量和出售金融资产为目标的业务模式下，企业的关键管理人员认为收取合同现金流量和出售金融资产对于实现其管理目标而言都是不可或缺的。例如，企业购买的长期债券，如果既可能持有至到期，同时也准备适时提前出售，那么就属于这种情况。

3. 其他业务模式

如果企业管理金融资产的业务模式不是以收取合同现金流量为目标，也不是以收取合同现金流量和出售金融资产为目标，则该企业管理金融资产的业务模式是其他业务模式。例如，企业持有金融资产的目的是交易性的或者基于金融资产的公允价值作出决策并对其进行管理。在这种情况下，企业管理金融资产的目标是通过出售金融资产以实现现金流量。

企业应当以企业关键管理人员决定的对金融资产进行管理的特定业务目标为基础，确定管理金融资产的业务模式。企业的业务模式并非企业自愿指定，而是一种客观事实，通常可以从企业为实现其目标而开展的特定活动中得以反映。企业不得以按照合理预期不会发生的情形为基础确定管理金融资产的业务模式。

（二）金融资产的合同现金流量特征

金融资产的合同现金流量特征是指金融工具合同约定的、反映相关金融资产经济特征的现金流量属性。例如，企业购买各类公司债券及政府债券所进行的投资，所产生的现金流量具有的特征表现为，在特定日期产生的合同现金流量仅为对本金和以未偿付本金金额为基础的利息的支付。

（三）现行会计准则对金融资产的分类

根据《企业会计准则第 22 号——金融工具确认和计量》[①]第三章第十六条的规定，企业应当根据其管理金融资产的业务模式和金融资产的合同现金流量特征，将金融资产划分为以下三类：①以摊余成本[②]计量的金融资产；②以公允价值计量且其变动计入其他综合收益的金融资产；③以公允价值计量且其变动计入当期损益的金融资产。

1. 以摊余成本计量的金融资产

金融资产如果同时符合以下两个条件，应当分类为以摊余成本计量的金融资产：

（1）企业管理该金融资产的业务模式是以收取合同现金流量为目标；

（2）该金融资产的合同条款规定，在特定日期产生的现金流量，仅为对本金和以未偿付本金金额为基础的利息的支付。

2. 以公允价值计量且其变动计入其他综合收益的金融资产

金融资产如果同时符合下列条件，应当分类为以公允价值计量且其变动计入其他综合收益的金融资产：

（1）企业管理该金融资产的业务模式既以收取合同现金流量为目标又以出售该金融资产为目标；

（2）该金融资产的合同条款规定，在特定日期产生的现金流量，仅为对本金和以未偿付本金金额为基础的利息的支付。

---

① 中华人民共和国财政部制定，《企业会计准则第 22 号——金融工具确认和计量》，2017 年修订。

② 有关摊余成本的概念及确定方法将在本章第三节进行详细介绍。

3. 以公允价值计量且其变动计入当期损益的金融资产

以公允价值计量且其变动计入当期损益的金融资产是指除了"以摊余成本计量的金融资产"和"以公允价值计量且其变动计入其他综合收益的金融资产"之外的其余金融资产。

三、金融资产核算所涉及的会计科目

根据现行会计准则规定，企业对有关金融资产进行会计核算，需要设置"交易性金融资产""债权投资""其他债权投资"和"其他权益工具投资"等科目。此外，由于金融资产也可能对利润产生影响，因此会计上还会设置"投资收益"和"公允价值变动损益"科目。

（一）"交易性金融资产"科目

"交易性金融资产"科目核算企业分类为以公允价值计量且其变动计入当期损益的金融资产。该账户可按金融资产的类别和品种，分别设置"成本"和"公允价值变动"进行明细核算。"交易性金融资产——成本"明细科目记录交易性金融资产的取得成本。"交易性金融资产——公允价值变动"明细科目用于记录交易性金融资产在持有期间发生的公允价值变动金额，其借方记录持有的交易性金融资产公允价值高于账面价值的变动额，贷方记录持有的交易性金融资产公允价值低于账面价值的变动额。

（二）"债权投资"科目

"债权投资"科目核算企业以摊余成本计量的债权投资的账面余额，并按不同的类别和品种，分别设置"成本"和"利息调整"明细科目。债权按还本付息情况，可分为两类，一是到期一次还本分期付息；二是到期一次还本付息。对于到期一次还本付息的债权投资，除了上述明细科目，企业还应增设"应计利息"明细科目进行核算。从企业会计实务角度讲，以摊余成本计量的债权投资主要表现为企业有明确意图和能力将其持有至到期的各类债权投资。

此外，以摊余成本计量的债权投资期末还应以预期信用损失为基础计提损失准备，所使用的会计科目为"债权投资减值准备"。

（三）"其他债权投资"科目

"其他债权投资"科目核算以公允价值计量且其变动计入其他综合收益的非交易性债权投资，并按金融资产类别和品种，分别设置"成本""利息调整"及"公允价值变动"等明细科目核算。从企业会计实务角度讲，该会计科目主要用于核算企业所购买的，既可能持有至到期，也可能在到期之前全部出售的各类非交易性债券投资。此处所述的"非交易性"，是指主要不以近期出售为目的。

（四）"其他权益工具投资"科目

"其他权益工具投资"科目核算企业指定为以公允价值计量且其变动计入其他综合收益的非交易性权益工具投资，并按照相应的类别和品种，分别设置"成本"和"公允价值变动"明细科目。其中，"成本"明细科目反映其他权益工具投资的初始入账金额，"公允价值变动"明细科目反映其他权益工具投资在持有期间的公允价值变动金额。从企业会计实务角度讲，该会计科目主要用于核算企业所购买的，具有以下特征的股票投资：

（1）非交易性，即不以近期出售为目的。

（2）对被投资公司不能实施控制或共同控制，同时也不具有重大影响①。

如果企业进行的股票投资不满足上述第一个条件，那么应将所持有的股权投资采用"交易性金融资产"科目核算；如果不满足上述第二个条件，那么应将所持有的股份采用"长期股权投资"科目核算。

（五）"投资收益"科目

投资收益反映企业对外投资所取得的利润、股利和债券利息等收入减去投资损失后的净收益。为了反映金融资产业务交易过程中发生的损益数额，计量对外投资活动对利润的影响，需要设置"投资收益"账户，该账户属于损益类会计科目，贷方记录实现的投资收益，借方记录支付的投资费用和发生的投资损失。

（六）"公允价值变动损益"科目

公允价值变动损益是指企业以各种资产（如投资性房地产、债务重组、非货币交换、交易性金融资产等）公允价值变动形成的应计入当期损益的利得或损失，即公允价值与账面价值之间的差额。从理论上来说，公允价值变动损益和投资收益都属于损益项目，并且都应包括在营业利润的计算中。但二者又存在着不同，投资收益往往伴随现金流入和流出，反映企业已经实现的损益，而公允价值变动损益则只是会计账面意义上的一种损益，是根据权责发生制计算的已经发生、但是尚未实现的损益，它不会产生现金流量，因而通常被视为未实现利润。

"公允价值变动损益"科目属于损益类会计科目，反映了资产在持有期间因公允价值变动而产生的损益，贷方记录公允价值高于账面价值产生的利得，借方记录公允价值低于账面价值产生的损失。

由于本章其余内容主要讨论金融资产具体会计核算方法，因此以下各节主要按照金融资产所使用的上述会计科目分别展开论述。

第二节　交易性金融资产

交易性金融资产指企业为交易目的所持有的债券投资、股票投资、基金投资等金融资产。企业进行此类金融资产投资，主要以赚取短期差价为目的，随时准备近期将其出售。从金融资产的分类角度讲，交易性金融资产属于以公允价值计量且其变动计入当期损益的金融资产。管理当局持有交易性金融资产的目的在于充分利用闲置资金，并保持其流动性和获利性。从企业会计实务角度讲，交易性金融资产主要表现为企业持有的，以短期获利为目的股票、债券和基金等金融资产。

一、交易金融资产的初始计量

（一）初始成本和交易费用

企业投资于交易性金融资产，应该按照取得日公允价值进行初始计量。在投资过程中

---

① 关于控制、共同控制及重大影响的具体说明，可以参考第六章。

发生的交易费用直接计入当期损益（投资收益）。其中，交易费用包括支付给代理机构、咨询公司、券商、证券交易所、政府有关部门等的手续费、佣金、相关税费及其他必要支出，但不包括债券溢价、折价、融资费用、内部管理成本和持有成本等与交易不直接相关的费用。

企业取得交易性金融资产时：按确认的初始成本（支付的价款扣除交易费用），借记"交易性金融资产"；按发生的交易费用，借记"投资收益"账户；按支付的全部款项，贷记"银行存款"等账户。

【例5-1】 20×1年1月1日，甲公司购入一批债券，由于准备短期出售，因而将其分类为以公允价值计量且其变动计入当期损益的金融资产，并通过交易性金融资产会计科目进行核算。为取得该批债券，该公司实际支付价款32万元，另外以银行存款支付相关交易费用300元。针对这一业务，甲公司的会计处理如下：

借：交易性金融资产——成本 320 000
　　投资收益 300
　　贷：银行存款 320 300

（二）现金股利和应计利息

如果企业投资股票所支付的价款中，包含了已经宣布但是尚未发放的现金股利，则应从投资成本中扣除，单独作为"应收股利"入账。之所以这样处理，其原因在于，企业支付的股价中包含的未付股利，其实质是企业在投资时的垫付资金，是投资企业的债权。

同理，如果企业投资的债券是分期付息、到期一次还本的债券，而投资行为又是在债券的两个付息日之间发生，那么投资方在下个付息日可以收到整个付息期的利息。因此，自上个付息日至购买日之间的利息，应由投资方先行垫付。投资企业应从实际支付价款中扣除应收利息，将余额作为债券成本入账，应收利息则单独入账。

【例5-2】甲公司于20×2年1月3日以每股12.8元市价购入同安公司股票10 000股，另支付交易费用800元。甲公司购买该股票时，有意近期售出。同安公司已于20×1年12月25日宣告分派每股0.1元的现金股利，并定于20×2年1月10日起按1月5日的在册股东支付股利。甲公司已于购入当日办妥过户手续。此项投资应按实际支付价款扣除应收股利后的金额入账，会计处理如下：

借：交易性金融资产——成本 127 000
　　应收股利 1 000
　　投资收益 800
　　贷：银行存款 128 800

甲公司收到同安公司上述股利时，会计处理如下：

借：银行存款 1 000
　　贷：应收股利 1 000

【例5-3】 乙公司20×1年5月1日购入泉中公司当年3月1日发行的面值为100元，年利率6%的一年期公司债券1 000份，市价为面值的103%，乙公司将其分类为以公允价值计量且其变动计入当期损益的金融资产。该债券于当年9月1日及第二年3月1日各付息一次。乙公司另付经纪人佣金等费用 800 元。

乙公司共支付 103 800 元（100×1 000×103% + 800），其中包括作为"应收利息"扣除的 1 000 元(100 000×6%×2/12)和交易费用 800 元。因此，该项交易性金融资产的入账成本为 102 000 元。投资日编制的会计分录如下：

借：交易性金融资产——成本　　　　　　　　　　　　　　102 000
　　应收利息　　　　　　　　　　　　　　　　　　　　　1 000
　　投资收益　　　　　　　　　　　　　　　　　　　　　800
　　贷：银行存款　　　　　　　　　　　　　　　　　　　　103 800

二、交易性金融资产持有期间的收益确认

企业投资交易性金融资产所获得的现金股利或利息应该区分不同情况分别对待。

交易性金融资产取得时实际支付价款中包含的已宣告尚未领取的现金股利，或已到期尚未领取的利息，属于在购买时暂时垫付的资金，是在投资时所取得的一项债权，实际收到时应冲减已记录的应收股利或应计利息，而不确认为投资收益。详细可以参考前述例 5-2 中包含的现金股利和例 5-3 中包含的债券应计利息。

交易性金融资产持有期间被投资方宣布的股利、在资产负债表日按债券票面利率计算的应收利息，属于投资期间形成的收益，应该确认为投资收益。

【例 5-4】　承接例 5-3,假定乙公司于 9 月 1 日收到泉中公司所付 6 个月债券利息 3 000 元,其中包括收回先行垫付的应收利息 1 000 元和投资 4 个月期间形成的投资收益 2 000 元。会计分录为

借：银行存款　　　　　　　　　　　　　　　　　　　　3 000
　　贷：应收利息　　　　　　　　　　　　　　　　　　　1 000
　　　　投资收益　　　　　　　　　　　　　　　　　　　2 000

如果到 12 月 31 日为止，乙公司仍持有泉中公司的债券，那么按照权责发生制的要求，乙公司需要将 9 月 1 日到 12 月 31 日的债券利息确认为投资收益。12 月 31 日，乙公司应编制如下会计分录：

借：应收利息　　　　　　　　　　　　　　　　　　　　2 000
　　贷：投资收益　　　　　　　　　　　　　　　　　　　2 000

三、交易性金融资产的后续计量

由于管理当局投资于交易性金融资产的目的是赚取市场价差，资产的市价变动必然直接影响资产的变现价值。为了客观地反映交易性金融资产的变现能力，交易性金融资产的后续计量也应该按公允价值计量，并将公允价值的变动计入当期损益。

在资产负债表日，如果交易性金融资产公允价值高于其账面余额，应当将该差额借记"交易性金融资产——公允价值变动"科目，表示交易性金融资产的升值，贷记"公允价值变动损益"科目，说明由于证券市价变动所导致的收益。如果交易性金融资产公允价值低于其账面余额，应当将该差额贷记"交易性金融资产——公允价值变动"科目，表示交

易性金融资产的贬值，借记"公允价值变动损益"科目，说明由于证券市价变动所导致的损失。举例说明如下。

【例5-5】 20×1年12月31日，甲公司持有的某交易性金融资产年初余额为32 000元（全部为初始成本），年末公允价值为34 000元。甲公司应做会计处理如下：

借：交易性金融资产——公允价值变动   2 000
　　贷：公允价值变动损益   2 000

四、交易性金融资产的处置

企业出售交易性金融资产时，应该按实际收到的金额借记"银行存款"账户，同时注销相应"交易性金融资产——成本"及"交易性金融资产——公允价值变动"的账面余额。出售交易性金融资产的净收入与被处置的交易性金融资产的账面余额之间的差额，记入"投资收益"账户。

【例5-6】 承接例5-2，假定甲公司于20×2年2月8日出售了1月3日购入的同安公司股票5 000股，每股售价13.07元，支付经纪人佣金等相关费用680元。

甲公司共收到64 670元（5 000×13.07－680），其中包含收回的投资成本63 500元（127 000×50%），扣除投资成本之后的余额1 170元（64 670－63 500）作为投资收益入账。应编制会计分录如下：

借：银行存款   64 670
　　贷：交易性金融资产——成本   63 500
　　　　投资收益   1 170

【例5-7】 承接例5-5，20×1年12月31日，甲公司持有的某交易性金融资产年初余额为32 000元（全部为初始成本），年末公允价值为34 000元，确认了2 000元的公允价值损益。

20×2年3月18日，甲公司将该项金融资产全部出售，售价35 000元，支付经纪人佣金等相关费用320元。共收到款项34 680元（35 000－320），与出售前该交易性金融资产的账面余额34 000元（32 000＋2 000）之间的差额680元，应该确认为投资交易性金融资产形成的投资收益；与此同时，20×1年12月31日确认的公允价值变动损益2 000元也应该结转为投资收益。会计处理如下：

借：银行存款   34 680
　　贷：交易性金融资产——成本   32 000
　　　　交易性金融资产——公允价值变动   2 000
　　　　投资收益   680

第三节 债 权 投 资

本节所述债权投资主要是指企业购买公司债券、政府债券等投资，并以收取合同现金流量为目标的业务模式对其进行管理。因此在金融资产分类方面，属于以摊余成本计量的金融资产。具体而言，债权投资通常是指企业购买到期日固定、回收金额固定或可确定，且企业有明确意图和能力持有至到期的各类债券投资。

一、债权投资的初始计量

企业取得债权投资时，应按取得日的公允价值和相关交易费用之和，作为该项资产的取得成本。具体而言，企业应按照购入债券的面值，借记"债权投资——成本"科目；按实际支付的价款，贷记"银行存款"等科目；按照实际支付的价款扣除面值以后的差额，借记或贷记"债权投资——利息调整"科目。企业取得债权投资时，如果支付价款中含有已到付息期尚未支付的利息，其本质是企业预先垫付的未来应收项目，不构成投资成本，应该作为应收项目单独核算。

【例 5-8】 20×2 年 1 月 1 日，丙公司以 4 400 万元的价格，用银行存款购买了一项债券。该债券面值为 5 000 万元，剩余年限 5 年，票面利率为 5%，每年年末支付利息。丙公司还以银行存款支付 1 万元的交易费用。丙公司将该项债券投资分类为以摊余成本计量的金融资产。

债券购买日丙公司的会计处理如下：

借：债权投资——成本   50 000 000
    贷：债权投资——利息调整   5 990 000
      银行存款   44 010 000

例 5-8 中，如果丙公司在 20×2 年 1 月 1 日购买该项债券价款中包括 20×1 年的应付利息 250（5 000×5%）万元，其他条件均无变化，则该项投资成本为 4 151（4 401－250）万元。会计处理如下

借：债权投资——成本   50 000 000
   应收利息   2 500 000
   贷：债权投资——利息调整   8 490 000
     银行存款   44 010 000

二、债权投资的后续计量

（一）利息调整

企业在证券市场上购买的各类债券，因其票面利率与不断波动的市场利率之间存在率差，导致债券购买价格与票面本金存在价差。企业购入的公司债券的票面利率，是发行公司根据当时的市场利率及资金市场供求情况、债券性质、公司信用程度等确定的，比较接近于借贷资本的市场利率。但由于资本市场的利率变化较快，且契约拟定、债券印刷均需要一定的时间，债券的票面利率不等于实际利率的现象很常见。票面利率高于市场利率时，投资者乐于购买，债券发行公司因为要按高于市场利率的票面利率支付债券利息，通常按高于票面价值的价格出售债券，称之为溢价发行。对于债券发行者来说，溢价是因其以后各期多付利息而预先得到的补偿。而对于购买者，溢价则是其为了多得利息收入而预先付出的代价。反之，票面利率低于市场利率时，无力激发投资者的购买欲望。在这种情况下，

债券发行公司为了达到通过发行债券筹集资金的目的，只能以低于面值的价格出售债券，称之为折价发行。债券折价对发行公司而言，为日后少付利息费用所预付的代价，对于购买者，债券折价是对其以后少收利息的事先补偿。

由于债券溢价和折价的本质均是对利息的调整，债券投资方应该在债券有效期内调整为投资收益。

（二）摊余成本

债权投资在金融资产分类方面属于以摊余成本计量的金融资产。所谓金融资产的摊余成本，是指其初始确认金额经下列调整后的结果：

（1）扣除已偿还的本金；

（2）加上或减去采用实际利率法，将该初始确认金额与到期日金额之间的差额，进行摊销形成的累计摊销额；

（3）扣除累计计提的损失准备。

对于债权投资而言，当不存在已偿还的本金的情况下，摊余成本计算公式如下：

摊余成本 = 债权投资的初始确认金额 ± 利息调整累计摊销额 − 债权投资减值准备
= 债权投资账面余额 − 债权投资减值准备

（三）实际利率法和投资收益

理论上讲，债权投资的后续计量有"直线法"和"实际利率法"两种。但现行准则规定债权投资的后续计量应当采用实际利率法。

一项金融资产的实际利率是指将该项金融资产在预计存续期估计的未来现金流量，折现为该金融资产账面余额所使用的利率。对于债权投资而言，由于未来现金流量表现为将要收到的利息和面值，因此其实际利率是把未来将收到的全部利息和面值折现为现值恰好等于该项债权投资取得成本所使用的利率。

根据《企业会计准则第 22 号——金融工具确认和计量》中的规定，企业应当按照实际利率法确认利息收入。利息收入应当根据金融资产账面余额乘以实际利率计算确定，但对于购入的未发生信用减值，但在后续期间成为已发生信用减值的金融资产，企业应当在后续期间，按照该金融资产的摊余成本和实际利率计算确定其利息收入。

根据上述准则规定，当企业债权投资不存在已偿还本金，并且也未发生信用减值的情况下，企业应按照下述公式确定债权投资的投资收益和期末账面余额：

投资收益 = 期初债权投资账面余额 × 实际利率

应收利息 = 债券面值 × 票面利率

利息调整摊销额 = │投资收益 − 应收利息│

期末债权投资账面余额 = 期初债权投资账面余额 ± 利息调整摊销额

上述最后一个公式中，当该项债权投资初始确认金额（即取得成本）低于面值时取正号，否则取负号。

当企业债权投资上期成为已发生信用减值的金融资产时，则本期投资收益按以下公式计算：

投资收益 = 期初摊余成本 × 实际利率

$$= （期初债权投资账面余额 － 债权投资减值准备）\times 实际利率$$

债权投资的投资收益确认和利息调整摊销的会计分录编制方法如下：企业应根据上述公式确定的应收利息金额借记"应收利息"科目，按照上述公式确定的投资收益金额，贷记"投资收益"科目，按其差额，借记或贷记"债权投资——利息调整"科目。当债权投资到期，企业收回面值时，按债券面值借记"银行存款"科目，贷记"债权投资——成本"科目。

下面通过举例说明债权投资的后续计量。

【例 5-9】 承接例 5-8，丙公司所购买的债券，自 20×2 起，未来 5 年每年末的现金流量，前 4 年均为 250 万元的利息收入，第 5 年末现金流量由两项构成：一是 250 万元的利息收入；二是 5 000 万元本金的收回，合计为 5 250 万元。20×2 年初债权投资的账面价值为 4 401 万元。

借助 Excel 中的 IRR 函数功能，可以方便地求出该债权投资的实际利率[①]，具体方法如下。

如图 5-1（a）所示，在 Excel 中建立表格，将有关的现金流量输入，并在 B10 单元格输入"=IRR(B3:B8)"，按回车键后，即可得到计算结果，如图 5-1（b）所示。

由于 Excel 默认计算结果只保留整数，所以要想查看更精确的结果，可以通过设置单元格格式，显示出结果保留 2 位（或更多位）小数的计算结果，如图 5-1（c）和图 5-1（d）所示。

图 5-1　运用 Excel 计算实际利率的过程

---

① 实际利率也可以采用第八章第三节介绍的方法进行计算，详细参考【例 8-21】。

【例 5-10】 承接例 5-8 和例 5-9，丙公司折价购入某公司债券，实际利率为 8%。按实际利率法确认投资收益及利息调整摊销。有关计算过程和结果如表 5-1 所示。

表 5-1   投资收益及利息调整摊销表   单位：万元

日 期	年初账面余额	确认投资收益	应收利息	利息调整摊销	年末账面余额
	① = 上年⑤	② = ①×8%	③ = 面值*5%	④ = ②－③	⑤ = ①＋④
20×2 年 1 月 1 日					4 401.00
20×2 年 12 月 31 日	4401.00	352.08	250	102.08	4 503.08
20×3 年 12 月 31 日	4503.08	360.25	250	110.25	4 613.33
20×4 年 12 月 31 日	4613.33	369.07	250	119.07	4 732.40
20×5 年 12 月 31 日	4732.40	378.59	250	128.59	4 860.99
20×6 年 12 月 31 日	4860.99	389.01	250	139.01	5 000

表 5-1 显示，企业各期实现的投资收益由两部分构成：一部分是发行方实际支付的利息；另一部分是由利息调整摊销额。以 20×2 年为例，该年确认的投资收益 352.08 万元，一部分是 250 万元的利息收入；另一部分是 102.08 万元的利息调整摊销。

（1）丙公司 20×2 年末的会计分录如下：

借：应收利息　　　　　　　　　　　　　　　　　　　　　　　2 500 000
　　债权投资——利息调整　　　　　　　　　　　　　　　　　1 020 800
　　贷：投资收益　　　　　　　　　　　　　　　　　　　　　　　3 520 800

（2）20×3 年至 20×5 年的会计分录与上述分录类似，此处不再赘述。

（3）20×6 年末的会计分录如下：

借：应收利息　　　　　　　　　　　　　　　　　　　　　　　2 500 000
　　债权投资——利息调整　　　　　　　　　　　　　　　　　1 390 100
　　贷：投资收益　　　　　　　　　　　　　　　　　　　　　　　3 890 100

（4）另外，债券到期，收回面值。会计分录如下：

借：银行存款　　　　　　　　　　　　　　　　　　　　　　50 000 000
　　贷：债权投资——成本　　　　　　　　　　　　　　　　　　50 000 000

（四）债权投资的减值

根据现行会计准则规定，债权投资期末应以预期信用损失为基础，进行减值会计处理并确认损失准备。值得注意的是，2017 年修订后的《企业会计准则第 22 号——金融工具确认和计量》对金融资产的减值会计处理方法采用的是"预期信用损失法"。该方法与之前准则规定所使用的"已发生损失法"（即根据实际已发生减值损失确认减值准备的方法）有着根本性不同。在预期信用损失法下，损失准备的计提不以减值的实际发生为前提，而是以"未来可能的违约事件造成的损失的期望值"来计量资产负债表日应当确认的损失准备。这就是说，期末即便企业尚未发现表明债权投资发生减值的客观证据，通常也要计提损失准备，并且在资产负债表中的"债权投资"一项，按照债权投资的账面余额扣除损失准备后的金额（即摊余成本）列报。

1. 预期信用损失

预期信用损失是指以发生违约的风险为权重的金融工具信用损失的加权平均值。其中，信用损失是指企业按照原实际利率折现的，根据合同应收的所有合同现金流量与预期收取的所有现金流量之间的差额，即全部现金短缺的现值。

2. 金融资产发生信用减值的 3 个阶段

按照现行准则相关规定，企业金融资产发生信用减值过程分为 3 个阶段，对于不同阶段的金融工具减值有不同的会计处理方法。

第一阶段：信用风险自初始确认后未显著增加

对于处于该阶段的金融资产，企业应当按照未来 12 个月的预期信用损失计量损失准备，并按其账面余额（即未扣除损失准备）和实际利率计算利息收入[1]。

第二阶段：信用风险自初始确认后已显著增加但尚未发生信用减值

对于处于该阶段的金融资产，企业应当按照该金融工具整个存续期的预期信用损失计量损失准备，并按其账面余额和实际利率计算利息收入。

第三阶段：信用风险自初始确认后不仅显著增加，且有客观证据表明已发生信用减值

对于处于该阶段的金融资产，企业应当按照该工具整个存续期的预期信用损失计量损失准备，但对利息收入的计算不同于处于前两阶段的金融资产。对于已发生信用减值的金融资产，企业应当在发生减值的后续期间，按其摊余成本（账面余额减已计提损失准备）和实际利率计算利息收入。

企业应当在每个资产负债表日评估相关金融工具的信用风险自初始确认后是否已显著增加。若上述风险已显著增加，则还要进一步判断是否已经发生信用减值，在此基础上判断信用减值过程所处阶段，并按照相应阶段应采取的会计处理方法计量其损失准备，并确认预期信用损失及其变动。

需要说明的是：第一，如果期末企业确定金融工具的违约风险较低，可采用简化处理方法，无需与其初始确认时的信用风险进行比较，直接按上述第一阶段相应的方法，对金融资产进行减值处理。第二，上述 12 个月内预期信用损失，是指因资产负债表日后 12 个月内可能发生的违约事件而导致的金融工具在整个存续期内现金流缺口的加权平均现值，而非发生在 12 个月内的现金流缺口的加权平均现值。第三，金融资产已发生信用减值的证据包括下列可观察信息：①发行方或债务人发生重大财务困难；②债务人违反合同，如偿付利息或本金违约或逾期等；③债权人出于与债务人财务困难有关的经济或合同考虑，给予债务人在任何其他情况下都不会做出的让步；④债务人很可能破产或进行其他财务重组；⑤发行方或债务人财务困难导致该金融资产的活跃市场消失；⑥以大幅折扣购买或源生一项金融资产，该折扣反映了发生信用损失的事实。

3. 债权投资损失准备的会计处理

期末企业通过编制以下会计分录，将"信用减值损失"科目余额调整至根据前述方法确认的预期信用损失金额，借记或贷记"信用减值损失"科目，贷记或借记"债权投资减

---

[1] 对于债权投资而言，利息收入即为投资收益，下同。

值准备"科目。企业计提损失准备后，如果因债权投资信用风险有所降低等原因转回已计提的损失准备，则借记"债权投资减值准备"科目，贷记"信用减值损失"科目。

下面通过举例说明债权投资损失准备的会计处理方法。

【例 5-11】20×1 年 1 月 1 日，丁公司以 104 万元的价格，用银行存款购买了 A 公司当日发行的债券。该债券面值为 100 万元，年限 5 年，票面利率为 5%，每年年末支付利息。丁公司还以银行存款支付 0.45 万元的交易费用。该公司将该项债券投资分类为以摊余成本计量的金融资产。假定丁公司所持有的债券在整个存续期情况如下：

（1）20×1 年 12 月 31 日，A 公司财务状况良好，债券信用风险自初始确认以来未显著增加，因此丁公司将其未来 12 个月预期信用损失认定为 0.5 万元。

（2）20×2 年 12 月 31 日，A 公司按约支付利息。丁公司认为 A 公司债券信用风险自初始确认以来已经显著增加，但尚无客观证据表明已发生信用减值，并将其未来整个存续期预期信用损失认定为 1.5 万元。

（3）20×3 年 12 月 31 日，A 公司虽然按约支付利息，但丁公司了解到 A 公司已经面临一定财务困难，且有客观证据表明 A 公司债券已发生信用减值。因此应按照该债券整个存续期的预期信用损失计量损失准备，并认定其金额为 10 万元。

（4）20×4 年 12 月 31 日，A 公司虽然按约支付利息，但丁公司了解到 A 公司所面临的财务困难有所加剧，且有进一步客观证据表明 A 公司债券已发生信用减值。丁公司认定债券存续期预期信用损失为 40 万元。

（5）20×5 年 12 月 31 日，债券到期，A 公司虽然按约支付利息，但却只偿还了 70% 的面值 70 万元。

根据以上资料，对该项债权投资编制会计分录并进行相应处理。

（1）20×1 年 1 月 1 日，对该项债权投资进行初始计量，会计分录如下：

借：债权投资——成本 1 000 000
　　债权投资——利息调整 44 500
　　贷：银行存款 1 044 500

（2）计算该项债权投资的实际利率。运用 Excel 的函数 IRR，计算出该债权投资的实际利率为 4%（计算过程略，与例 5-9 相同）。

（3）编制投资收益及利息调整摊销的计算表，结果如表 5-2 所示。

表 5-2　投资收益及利息调整摊销表 　　　　　单位：万元

日　期	年初账面余额	确认投资收益	应收利息	利息调整摊销	年末账面余额
	①＝上年⑤	②＝①×4%	③＝面值*5%	④＝③－②	⑤＝①－④
20×1 年 1 月 1 日					104.45
20×1 年 12 月 31 日	104.45	4.18	5	0.82	103.63
20×2 年 12 月 31 日	103.63	4.15	5	0.85	102.77
20×3 年 12 月 31 日	102.77	4.11	5	0.89	101.88
20×4 年 12 月 31 日	101.88	4.08	5	0.92	100.96
20×5 年 12 月 31 日	100.96	4.04	5	0.96	100.00

（4）20×1 年 12 月 31 日，分别编制如下会计分录：

①确认投资收益并摊销利息调整。

借：应收利息 50 000

　　贷：投资收益 41 800

　　　　债权投资——利息调整 8 200

②收到债券利息。

借：银行存款 50 000

　　贷：应收利息 50 000

③计提债权投资损失准备。由于 A 公司债券信用风险自初始确认以来尚未显著增加，因此按其未来 12 个月预期信用损失 0.5 万元，确定损失准备计提金额。

借：信用减值损失 5 000

　　贷：债权投资减值准备 5 000

（5）20×2 年 12 月 31 日，分别编制如下会计分录：

①确认投资收益并摊销利息调整。由于上年末 A 公司债券信用风险自初始确认以来尚未显著增加，因此本期应按照债权投资期初账面余额乘以实际利率确定投资收益（即表 5-2 中相应年份所确定的投资收益金额）。

确认投资收益并摊销利息调整的会计分录如下：

借：应收利息 50 000

　　贷：投资收益 41 500

　　　　债权投资——利息调整 8 500

②收到债券利息。

借：银行存款 50 000

　　贷：应收利息 50 000

③计提债权投资损失准备。由于 A 公司债券信用风险自初始确认以来已经显著增加，所以按其未来整个存续期预期信用损失 1.5 万元，确定债权投资准备计提金额。由于上年末已计提债权投资损失准备 0.5 万元，因此本年应计提损失准备金额为 1（1.5－0.5）万元。

借：信用减值损失 10 000

　　贷：债权投资减值准备 10 000

（6）20×3 年 12 月 31 日，分别编制如下会计分录：

①确认投资收益并摊销利息调整。由于上年末尚无客观证据表明 A 公司债券已发生信用减值，因此仍应按照债权投资期初账面余额乘以实际利率确定投资收益（即表 5-2 中相应年份所确定的投资收益金额）。

借：应收利息 50 000

　　贷：投资收益 41 100

　　　　债权投资——利息调整 8 900

②收到债券利息。

借：银行存款　　　　　　　　　　　　　　　　　　　　　　　　　　50 000
　　　贷：应收利息　　　　　　　　　　　　　　　　　　　　　　　　　　50 000

③计提债权投资损失准备。由于有客观证据表明 A 公司债券已发生信用减值，所以应按照该债券整个存续期的预期信用损失 10 万元确定损失准备计提金额。

由于上年末，债权投资损失准备累计计提金额为 1.5 万元，因此本年应计提损失准备金额为 8.5（10 - 1.5）万元。

借：信用减值损失　　　　　　　　　　　　　　　　　　　　　　　　85 000
　　　贷：债权投资减值准备　　　　　　　　　　　　　　　　　　　　　85 000

（7）20×4 年 12 月 31 日，分别编制如下会计分录：

①确认投资收益并摊销利息调整。由于上年末已有客观证据表明 A 公司债券已发生信用减值，因此本期应按照债权投资期初摊余成本（即债权投资期初账面余额减去债权投资减值准备）乘以实际利率计算投资收益：

　　　　　　A 公司债券期初摊余成本 = 1 018 800 - 100 000 = 918 800（元）
　　　　　　投资收益 = 918 800 × 4% = 36 752（元）
　　　　　　利息调整摊销 = 50 000 - 36 752 = 13 248（元）

借：应收利息　　　　　　　　　　　　　　　　　　　　　　　　　　50 000
　　　贷：投资收益　　　　　　　　　　　　　　　　　　　　　　　　　36 752
　　　　　债权投资——利息调整　　　　　　　　　　　　　　　　　　　13 248

②收到债券利息。

借：银行存款　　　　　　　　　　　　　　　　　　　　　　　　　　50 000
　　　贷：应收利息　　　　　　　　　　　　　　　　　　　　　　　　　　50 000

③计提债权投资损失准备。由于有客观证据表明 A 公司债券已发生信用减值，所以应按照该债券整个存续期的预期信用损失 40 万元确定债权投资损失准备计提金额。由于上年末，债权投资减值准备累计计提金额为 10 万元，因此本年应计提损失准备金额为 30（40 - 10）万元。

借：信用减值损失　　　　　　　　　　　　　　　　　　　　　　　300 000
　　　贷：债权投资减值准备　　　　　　　　　　　　　　　　　　　　300 000

（8）20×5 年 12 月 31 日，分别编制如下会计分录：

①将利息调整剩余金额全部摊销。由于所持有的债券已经到期，因此应将尚未摊销完的利息调整金额全部摊销，使债权投资的账面余额等于债券面值。

截至上期末，债权投资——利息调整科目余额 = 44 500 - 8 200 - 8 500 - 8 900 - 13 248 = 5 652（元）。

借：应收利息　　　　　　　　　　　　　　　　　　　　　　　　　　50 000
　　　贷：投资收益　　　　　　　　　　　　　　　　　　　　　　　　　44 348
　　　　　债权投资——利息调整　　　　　　　　　　　　　　　　　　　5 652

②收回利息及 70% 的面值 70 万元。

借：银行存款　　　　　　　　　　　　　　　　　　　　　　　　　750 000

债权投资减值准备	300 000
贷：债权投资——成本	1 000 000
应收利息	50 000

③转回剩余多提的 10 万元债权投资减值准备。

| 借：债权投资减值准备 | 100 000 |
| 贷：信用减值损失 | 100 000 |

第四节　其他债权投资

本节所述其他债权投资主要是指企业所购买的，既可能持有至到期，也可能在到期之前全部出售的各类非交易性债券投资。如果企业所进行的债券投资，对其管理的业务模式既以收取合同现金流量为目标又以出售该债券为目标，那么就属于以公允价值计量且其变动计入其他综合收益的金融资产，会计核算使用"其他债权投资"科目。

一、其他债权投资的初始计量

根据现行会计准则，企业应设置"其他债权投资"科目核算以公允价值计量且其变动计入其他综合收益的非交易性债权投资。

企业取得其他债权投资时，应按其取得时的公允价值和相关交易费用之和作为初始入账金额，按照购入债券的面值，借记"其他债权投资——成本"科目；按实际支付的价款，贷记"银行存款"等科目；按照实际支付的价款扣除面值以后的差额，借记或贷记"其他债权投资——利息调整"科目。如果在支付的价款中包含已到付息期但尚未领取的利息，应单独确认为应收项目，不构成其他债权投资的初始入账金额。

【例 5-12】20×1 年 1 月 1 日，甲公司以 95 万元的价格，用银行存款购买了 B 公司当日发行的债券。该债券面值为 100 万元，年限 5 年，票面利率为 5%，每年年末支付利息。甲公司还以银行存款支付 0.79 万元的交易费用。甲公司对该项债券投资进行管理的业务模式既以收取合同现金流量为目标又以出售该债券为目标，通过"其他债权投资"科目进行核算。该公司编制会计分录如下：

借：其他债权投资——成本	1 000 000
贷：其他债权投资——利息调整	42 100
银行存款	957 900

二、其他债权投资的后续计量

（一）其他债权投资持有期间的收益

与债权投资类似，其他债权投资在持有期间确认投资收益的方法仍采用实际利率法。但是与债权投资不同的是，其他债权投资在计算投资收益时不是按其他债权投资全部账面余额乘以实际利率，而使用的是仅包括"成本"和"利息调整"两明细科目构成的账面余额（不包括"公允价值变动"明细科目余额）乘以实际利率。

（二）其他债权投资的期末计量

其他债权投资期末以公允价值计量，并且公允价值变动计入其他综合收益。期末当其他债权投资的公允价值与其账面余额不相等时，应按二者之间的差额，将其他债权投资的账面余额调整为公允价值。具体讲，当其他债权投资的公允价值高于其账面余额时，应按二者之间的差额，借记"其他债权投资——公允价值变动"科目，贷记"其他综合收益——其他债权投资公允价值变动"科目；反之，当其他债权投资的公允价值低于其账面余额时，则编制相反的会计分录。

（三）其他债权投资的出售

企业出售其他债权投资，应将实际收到的金额与其账面余额的差额确认为投资收益，同时，还应将原累计计入其他综合收益的公允价值变动全部转为投资收益。

【例 5-13】 承接例 5-12，甲公司所进行的其他债权投资，经计算知其实际利率为 6%。此外，还已知以下资料：

（1）20×1 年 12 月 31 日，该债券的公允价值（不包括应计利息）为 97 万元；

（2）20×2 年 12 月 31 日，该债券的公允价值（不包括应计利息）为 98 万元；

（3）20×3 年 5 月 8 日甲公司以 98.5 万元价格将该债券出售。

甲公司有关账务处理如下：

首先编制投资收益及利息调整摊销表，如表 5-3 所示。

表 5-3 投资收益及利息调整摊销表 单位：万元

日　　期	年初账面余额	确认投资收益	应收利息	利息调整摊销	年末账面余额
	①＝上年⑤	②＝①×6%	③＝面值×5%	④＝②－③	⑤＝①＋④
20×1 年 1 月 1 日					95.79
20×1 年 12 月 31 日	95.79	5.75	5	0.75	96.54
20×2 年 12 月 31 日	96.54	5.79	5	0.79	97.33
20×3 年 12 月 31 日	97.33	5.84	5	0.84	98.17
20×4 年 12 月 31 日	98.17	5.89	5	0.89	99.06
20×5 年 12 月 31 日	99.06	5.94	5	0.94	100

注：表中"账面余额"是指不包括"公允价值变动"明细科目余额的其他债权投资账面余额。

（1）20×1 年 12 月 31 日账务处理如下：

①确认投资收益并摊销利息调整。

借：应收利息　　　　　　　　　　　　　　　　　　　　　50 000

　　其他债权投资——利息调整　　　　　　　　　　　　　　7 500

　　贷：投资收益　　　　　　　　　　　　　　　　　　　　57 500

②收到利息。

借：银行存款　　　　　　　　　　　　　　　　　　　　　50 000

　　贷：应收利息　　　　　　　　　　　　　　　　　　　　50 000

③记录公允价值的变动。根据表5-3，20×1年12月31日的账面价值为96.54万元，所以公允价值与账面余额之差=97-96.54=0.46（万元），该差额应确认为其他债权投资——公允价值变动，编制如下会计分录：

借：其他债权投资——公允价值变动　　　　　　　　　　　　　　4 600

　　贷：其他综合收益——其他债权投资公允价值变动　　　　　　　　4 600

（2）20×2年12月31日，账务处理如下：

①确认投资收益并摊销利息调整。

借：应收利息　　　　　　　　　　　　　　　　　　　　　　　50 000

　　其他债权投资——利息调整　　　　　　　　　　　　　　　　7 900

　　贷：投资收益　　　　　　　　　　　　　　　　　　　　　　　57 900

②收到利息。

借：银行存款　　　　　　　　　　　　　　　　　　　　　　　50 000

　　贷：应收利息　　　　　　　　　　　　　　　　　　　　　　　50 000

③记录公允价值的变动。

"其他债权投资——利息调整"贷方余额=42 100-7 500-7 900=26 700（元）

其他债权投资账面余额=1 000 000-26 700+4 600=977 900（元）

期末公允价值与账面余额之差=980 000-977 900=2 100（元）

本年度公允价值变动额=2 100-4 600=-2 500，编制如下会计分录：

借：其他综合收益——其他债权投资公允价值变动　　　　　　　　2 500

　　贷：其他债权投资——公允价值变动　　　　　　　　　　　　　　2 500

（3）20×3年5月8日出售债券，账务处理如下：

①记录债券出售并确认投资收益。

借：银行存款　　　　　　　　　　　　　　　　　　　　　　　985 000

　　其他债权投资——利息调整　　　　　　　　　　　　　　　　26 700

　　贷：其他债权投资——成本　　　　　　　　　　　　　　　　1 000 000

　　　　其他债权投资——公允价值变动　　　　　　　　　　　　　　2 100

　　　　投资收益　　　　　　　　　　　　　　　　　　　　　　　9 600

②将原累计计入其他综合收益的公允价值变动全部转为投资收益。

借：其他综合收益——其他债权投资公允价值变动　　　　　　　　2 100

　　贷：投资收益　　　　　　　　　　　　　　　　　　　　　　　2 100

三、其他债权投资的减值

其他债权投资期末应以预期信用损失为基础，进行减值会计处理并确认损失准备。与债权投资相类似，其他债权投资减值准备仍按照上一节所述的发生信用减值过程的3个阶段计提损失准备。

企业对于持有的以公允价值计量且其变动计入其他综合收益的其他债权投资，应在其他综合收益中确认其损失准备，并将减值损失或利得计入当期损益，且不应减少该金融资产在资产负债表中列示的账面价值。

企业计提其他债权投资损失准备时，借记"信用减值损失"科目，贷记"其他综合收益——信用减值准备"科目。如其他债权投资减值在一定程度上得以恢复，则编制相反的会计分录。

由于其他债权投资损失准备的计提程序所采用的方法与债权投资损失准备的计提方法比较类似，主要差别在于会计分录有所不同。限于篇幅，本书不做进一步说明。

第五节　其他权益工具投资

本节所述其他权益工具投资，主要是指那些不具有控制、共同控制和重大影响的股权及非交易性股票投资。该类股票投资属于以公允价值计量且其变动计入其他综合收益的金融资产。在对金融资产进行初始确认时，企业可基于单项非交易性权益工具投资，将其指定为以公允价值计量且其变动计入其他综合收益的金融资产，其公允价值的后续变动计入其他综合收益，不需计提减值准备。

一、其他权益工具投资的初始计量

企业应当设置"其他权益工具投资"科目，核算以公允价值计量且其变动计入其他综合收益的非交易性权益工具投资。

企业取得其他权益工具投资时，按其取得时的公允价值和相关交易费用之和作为初始投资成本，借记"其他权益工具投资——成本"科目，贷记"银行存款"等科目。如果在取得其他权益工具投资时所支付的价款中包含了已宣告但尚未发放的现金股利，还应借记"应收股利"科目。

【例 5-14】20×1 年 7 月 9 日，甲公司以 120 万元的价格（其中包含交易费用 1 万元，以及已宣告但尚未发放的现金股利 5 万元），购入 10 万股乙公司股票。甲公司所购入的股票对乙公司不具有控制、共同控制和重大影响。甲公司将其指定为以公允价值计量且其变动计入其他综合收益的非交易性权益工具投资。20×1 年 7 月 18 日，甲公司收到乙公司发放的现金股利 5 万元。

甲公司应编制如下会计分录：

（1）甲公司于 20×1 年 7 月 9 日购入乙公司股票。

借：其他权益工具投资——成本	1 150 000
应收股利	50 000
贷：银行存款	1 200 000

（2）甲公司 20×1 年 7 月 18 日收到现金股利。

借：银行存款	50 000
贷：应收股利	50 000

二、其他权益工具投资的后续计量

（一）其他权益工具投资持有期间收益的确认

企业其他权益工具投资在持有期间取得的现金股利，应编制会计分录：借记"应收股利"科目，贷记"投资收益"科目；收到发放的现金股利时，借记"银行存款"科目，贷记"应收股利"科目。

【例5-15】 承接例5-14，20×2年6月12日，乙公司宣告发放现金股利，每股0.3元。20×2年6月25日，甲公司收到乙公司发放的现金股利。

甲公司应编制如下会计分录：

（1）20×2年6月12日乙公司宣告发放现金股利。应收股利＝0.3×100 000＝30 000（元）。

借：应收股利   30 000
    贷：投资收益   30 000

（2）20×2年6月25日收到乙公司发放的现金股利。

借：银行存款   30 000
    贷：应收股利   30 000

（二）其他权益工具投资的期末计量

其他权益工具投资在资产负债表日应按公允价值计量，公允价值的变动计入其他综合收益。企业应将其他权益工具投资公允价值与账面价值的差额作为所有者权益变动，计入其他综合收益。其他权益工具投资的公允价值高于其账面余额时，应按二者之间的差额，借记"其他权益工具投资——公允价值变动"科目，贷记"其他综合收益——其他权益工具投资公允价值变动"科目；当其他权益工具投资的公允价值低于其账面余额时，应按二者之间的差额，编制相反方向的会计分录。

【例5-16】 承接例5-14，20×1年12月31日，甲公司所投资的上述股票市价上升至每股12.2元。

20×1年12月31日，将该股票投资账面余额调整为公允价值。

      该股票公允价值＝12.2×100 000＝1 220 000（元）

      调整前股票账面余额＝1 150 000（元）

      公允价值与账面余额的差额＝1 220 000－1 150 000＝70 000（元）

借：其他权益工具投资——公允价值变动   70 000
    贷：其他综合收益——其他权益工具投资公允价值变动   70 000

（三）其他权益工具投资的出售

企业出售其他权益工具投资时，应将收到的价款与其账面余额之间的差额，计入留存收益；同时，原计入其他综合收益的累计利得或损失应当从其他综合收益中转出，计入留存收益。

【例5-17】 承接例5-14，例5-15和例5-16，20×2年12月16日，甲公司以每股12.8

元的价格将股票全部售出，实际收到价款 128 万元。

（1）出售乙公司股票

出售前，其他权益工具投资的账面余额为 1 220 000 元，其中成本明细科目余额为
1 150 000 元，公允价值变动明细科目余额（借方）为 70 000 元。

借：银行存款	1 280 000
贷：其他权益工具投资——成本	1 150 000
其他权益工具投资——公允价值变动	70 000
盈余公积	6 000
利润分配——未分配利润	54 000

（2）结转累计计入其他综合收益的公允价值变动

借：其他综合收益——其他权益工具投资公允价值变动	70 000
贷：盈余公积	7 000
利润分配——未分配利润	63 000

【本章小结】

金融资产包括货币资金、应收款项、债券投资及股票投资等内容。本章主要从企业对外投资的视角，重点论述了股票及债券投资的会计处理方法。尽管现有会计准则基于企业管理金融资产的业务模式和金融资产合同现金流量特征，将金融资产分为"以摊余成本计量的金融资产""以公允价值计量且其变动计入其他综合收益的金融资产"，以及"以公允价值计量且其变动计入当期损益的金融资产"，但是具体会计核算主要通过"交易性金融资产""债权投资""其他债权投资"及"其他权益工具投资"4 个会计科目实现。

对外投资的金融资产会产生影响利润的投资收益和公允价值变动损益。投资收益属于已实现利润，而公允价值变动损益则属于未实现利润。

"交易性金融资产"核算"以公允价值计量且其变动计入当期损益的金融资产"。

"债权投资"核算"以摊余成本计量的金融资产"。

"其他债权投资"和"其他权益工具投资"核算"以公允价值计量且其变动计入其他综合收益的金融资产"。

【关键名词】

金融资产	摊余成本	交易性金融资产
债权投资	其他债权投资	其他权益工具投资
管理金融资产的业务模式	金融资产合同现金流量特征	投资收益公允价值变动损益
实际利率	债券溢价	债券折价
摊销		

【思考题】

1. 金融资产包括哪些内容？现行会计准则如何对金融资产进行分类？
2. 交易性金融资产概念及期末计价方法是什么？
3. 什么是摊余成本？如何计算债权投资的期末摊余成本？
4. 债权投资的损失准备的计提方法是什么？
5. 如何对其他债权投资进行初始计量及后续计量？
6. 什么是其他权益工具投资？如何对其他权益工具投资进行后续计量？

【练习题】

练习一

开云公司 20×1 年发生有关投资业务如下（开云公司将该投资作为交易性金融资产进行核算和管理）：

（1）1月1日，购入云能公司可上市交易股票 1 000 股，面值 1 元，购入价格每股 15 元，其中包括已宣告发放但尚未支取的股利 0.5 元，另外支付佣金等相关费用 1 000 元。1月 15 日收到上述股利。1月 30 日开云公司将其中 600 股出售，售价每股 17 元。

（2）2月5日，以 6 100 元购入安意公司债券 60 张，每张面值 100 元。

（3）3月1日以 10 800 元购入比帆公司股票 10 000 股，内含已宣告尚未支取股利 800 元，每张面值 1 元。

（4）3月 20 日收到比帆公司股利 800 元。

（5）9月1日以 7 000 元将前购入安意公司股票全部出售。

（6）10月1日，出售比帆公司股票 500 股，每股售价 30 元。

要求：根据以上资料编制有关会计分录。

练习二

20×1 年 1月 1日，M 公司购入 800 份 W 公司当日发行的，面值 100 元，票面利率 5% 的债券，当时的市场利率是 4%，该债券溢价发行，按面值的 104.45% 成交。M 公司将该债券作为以摊余成本计量的金融资产进行核算和管理。该公司债券每年 12月 31 日为付息日，债券到期日为 20×5 年 12月 31 日。

要求：根据上述经济业务编制会计分录。

练习三

甲公司 20×1 年 1月 1日以 970 000 元购入当日发行的面值 100 元、期限 3 年、票面利率 5%、每年 12月 31 日付息、到期还本的 A 公司债券 10 000 份。为购买该债券，甲公司另支付了 3 250 元的交易费用。甲公司将该项债券投资分类为以摊余成本计量的金融资产。

要求：

（1）编制购入债券的会计分录；

（2）计算该项债券投资的实际利率；

（3）编制投资收益和利息调整摊销表；

（4）编制各年末确认债券利息收益的会计分录；

（5）编制债券到期收回本金的会计分录。

练习四

甲公司 20×1 年 1 月 1 日以 940 000 元购入当日发行的面值 100 元、期限 3 年、票面利率 5%、每年 12 月 31 日付息、到期还本的 B 公司债券 10 000 份。为购买该债券，甲公司另支付了 7 515 元的交易费用。甲公司将购买的债券分类为"以公允价值计量且其变动计入其他综合收益的金融资产"。20×1 年 12 月 31 日，该债券的公允价值为 965 000 元。甲公司 20×2 年 1 月 26 日将该债券售出，实际收到价款 966 000 元。

要求：对甲公司的上述业务，编制有关的会计分录。

练习五

甲公司 20×1 年 1 月 15 日，以每股 10 元的价格，购入乙公司股票 10 万股，占乙公司有表决权股份的比例不足 0.01%。甲公司将其分类为以公允价值计量且其变动计入其他综合收益的非交易性权益工具投资。

（1）20×1 年 5 月 26 日，乙公司宣告发放现金股利每股 0.2 元；

（2）20×1 年 6 月 12 日，甲公司收到现金股利；

（3）20×1 年 12 月 31 日，乙公司股票每股市价降至 9 元；

（4）20×2 年 12 月 31 日，乙公司股票每股市价升至 11.5 元；

（5）20×3 年 1 月 9 日，甲公司将该股票以每股 12 元价格全部售出。

要求：根据上述资料，为甲公司编制有关会计分录。

即测即练   扩展阅读

自学自测   扫描此码

第六章

长期股权投资

 本章导读

投资是企业为了获得收益或实现资本增值向被投资企业投放资金的经济行为。长期股权投资是指投资方对被投资企业实施控制或重大影响的权益性投资，以及对其合营企业的权益性投资。通过本章学习，应当掌握长期股权投资的含义和范围，长期股权投资的初始计量，长期股权投资的后续计量，长期股权投资处置的会计处理。

 问题导引

企业为什么要选择对外投资？

企业选择长期股权投资的目的是什么？

权益性投资中，怎样区分重大影响与实施控制？

拥有被投资方50%以上的股权是不是就等于实施控制？

从被投资方分得的股利就是投资收益吗？

 开篇故事

小林原先在梅茵公司销售部门工作，最近刚刚调到会计部工作，负责长期股权投资业务的核算。由于初来乍到，她对长期股权投资业务核算的内容不太熟悉。但是她认为长期股权投资业务的核算并不会困难，对外股权投资的基本目的就是为了赚钱，投资有了回报就是取得了投资收益，收到多少钱就实现了多少投资收益。根据这个理解，凡是被投资方发放的股利或利润都应该列作投资收益。

然而，一旦她真正开始工作，就发现原先的认识有许多偏颇之处。在长期股权投资业务的核算中：有些股权投资属于以公允价值计量且其变动计入当期损益的金融资产；有些属于以公允价值计量且其变动计入其他综合收益的金融资产，只有部分股权投资才计入长期股权投资；有些长期股权投资项目收到了股利，不能算收益；有些长期股权投资项目没有收到一分钱，却可以确认投资收益。

小林这才感到认识和掌握长期股权投资业务核算的内容和方法的重要性。

第一节　长期股权投资概述

一、投资的含义和分类

（一）投资的含义

这里所说的投资又称为对外投资。投资是企业为了获取收益或者实现资本增值向被投资企业投放资金的经济行为。投资一般表现为投资方让渡其资产（如货币资金、存货、固定资产或无形资产等）从而取得被投资方的股权或债权，其基本目的是通过投出资产从被投资企业获得直接或间接的经济利益流入。

（二）投资的分类

1. 按投资性质分类

投资按其性质可以划分为权益性投资、债权性投资和混合性投资。

（1）权益性投资是指企业为获取另一个企业所有者权益或净资产所进行的投资，这种投资行为使得投资人成为被投资企业的所有者。例如，对另外一个企业的普通股股票投资就属于权益性投资。如果投资方通过权益性投资持有被投资方较大比例的股本，就可以获得被投资企业的控制权，或对被投资企业实施重大影响。

（2）债权性投资是指企业为取得债权所进行的投资。这种投资的目的是为获取高于银行存款利率的利息，并保证按期收回本息。例如，购买国家发行的国债或购买企业发行的公司债，均属于债权性投资。

（3）混合性投资是指企业通过购买混合证券的方式进行的对外投资。混合性证券是指兼有债务性质和权益性质的证券，如优先股、可转换债券等。优先股股票预先约定股息率，一般定期分派股息，这点类似于债务性证券；但它代表对被投资企业净资产的所有权，且无到期日，又属于权益性证券。可转换债券指允许持有人将其转换为发行公司普通股的债券。可转换债券在转换为普通股之前属于债务性证券，在转换为普通股之后属于权益性证券。

2. 按投资方式分类

投资按其具体方式可以划分为股票投资、债券投资、基金投资和其他投资。

（1）股票投资是企业以购买其他企业股票的方式进行的对外投资。股票是股份公司为筹集资金发行给投资者作为公司所有权的凭证，股东以此获得股息（股利），并分享公司成长或交易市场波动带来的利润，但也要共同承担公司运营所带来的风险。

（2）债券投资是指企业通过购买债券的方式进行的对外投资。债券是债务人向债权人出具的债务证书，债券持有人即债权人有权按照约定条件向债券发行者定期收取利息及到期收回本金。债券按其发行者可以分为国家债券（政府债券）、金融债券和企业债券（公司债券）。

（3）基金投资是指企业通过购买证券投资基金的方式进行的对外投资，是一种间接的证券投资方式。基金管理公司通过发行基金份额，集中投资者的资金，由基金托管人（即具有资格的银行）托管，由基金管理人管理和运用资金，从事股票、债券等金融工具投资，然后共担投资风险、分享收益。基金依据其所投资产的类别可分为股票型基金、债券型基金、货币型基金和平衡型基金等。

（4）其他投资是指企业除上述有价证券投资以外的对外投资，一般指对联营企业和合营企业的投资。企业投出资金与其他企业联合经营，有权根据约定参加被投资企业的利润分配，其投资收益金额随联营企业和合营企业经营成果的多少而变动。

二、长期股权投资的含义和类型

（一）长期股权投资的含义

长期股权投资是指投资方对被投资企业实施控制或重大影响的权益性投资，以及对其合营企业的权益性投资。根据《企业会计准则第 2 号——长期股权投资》[①]的规定，长期股权投资必须同时满足两个条件：①投资方准备长期持有；②对被投资方能够控制、共同控制或重大影响。

投资企业持有的对被投资企业不具有控制、共同控制或重大影响，并且在活跃市场中没有报价、公允价值不能可靠计量的权益性投资，不能作为长期股权投资核算，而应该将其作为金融资产，按照管理层持有股权投资的意图不同划分为以公允价值计量且其变动计入当期损益的金融资产和以公允价值计量且其变动计入其他综合收益的金融资产，其确认和计量由《企业会计准则第 22 号——金融工具确认和计量》等相关准则进行规范。

《企业会计准则第 2 号——长期股权投资》规范的权益性投资不包括风险投资机构和共同基金等主体持有的、在初始确认时按照《金融工具确认和计量》准则的规定以公允价值计量，且其变动计入当期损益的金融资产，这类金融资产即使符合长期股权投资的条件，也应按照金融工具确认和计量准则进行会计处理。

（二）长期股权投资的类型

根据《企业会计准则第 2 号——长期股权投资》的规定，长期股权投资包括控制、共同控制和重大影响 3 类。

1. 控制

投资方能够对被投资企业实施控制的权益性投资，即对子公司投资。"控制"是指投资方拥有对被投资企业的权力（一般是指有权决定被投资企业的财务和经营政策），通过参与被投资企业的相关活动而享有可变回报，并且有能力运用对被投资企业的权力影响其回报金额。

投资方要对被投资方实现控制，必须同时具备以下 3 项基本要素：①投资方拥有对被投资方的权力；②投资方通过参与被投资方而享有可变回报；③投资方有能力运用对被投资方的权力影响其回报金额，即回报与权力之间存在关联。一般而言，投资方直接拥有被

---

① 中华人民共和国财政部制定，《企业会计准则第 2 号——长期股权投资》，2014 年修订。

投资企业 50%以上的表决权资本，或者投资企业虽然没有直接拥有被投资企业 50%以上的表决权资本，但是通过其他方式对被投资企业具有实质控制权。例如，直接加间接拥有被投资企业 50%以上的表决权资本，有权派出或任免被投资企业的主要管理人员，控制被投资企业董事会等类似权力机构的会议，从而能够控制其财务和经营政策，使其达到实质上的控制。

形成实质上的控制后，投资方称为母公司，被投资方称为子公司。在提供财务报告时，母公司需要将子公司纳入合并范围，编制合并财务报表。所以，关于控制和相关活动的理解及具体判断，可以参见《企业会计准则第 33 号——合并财务报表》①的相关内容。

2. 共同控制

投资方与其他合营方共同对被投资企业实施共同控制且对被投资企业净资产享有权利的权益性投资，即对合营企业投资。"共同控制"是指按照相关约定对某项安排所共有的控制，并且该安排的相关活动必须经过分享控制权的参与方一致同意后才能决策。

合营企业的特点是，合营各方均受到合营协议或合同的限制和约束。一般在合营企业设立时，合营各方在投资协议或合同中约定，在所设立合营企业的重要财务和生产经营决策制定过程中，必须由合营各方均同意才能通过。该约定可能体现为不同的形式。例如，可以通过在合营企业的章程中规定，也可以通过制定单独的协议作出约定。共同控制的实质是通过协议约定建立起来合营各方对合营企业共有的控制。

实务中，在确定是否构成共同控制时，一般可以考虑以下情况作为确定基础：①任何一个合营方均不能单独控制合营企业的生产经营活动；②涉及合营企业基本经营活动的决策需要各合营方一致同意；③各合营方可能通过协议或合同的形式任命其中的一个合营方对合营企业的日常活动进行管理，但其必须在各合营方已经一致同意的财务和经营政策范围内行使管理权。

关于共同控制和合营企业的理解及具体判断，可以参见《企业会计准则第 40 号——合营安排》②的相关内容。

3. 重大影响

投资方对被投资企业具有重大影响的权益性投资，即对联营企业投资。"重大影响"是指对一个企业的财务和经营政策有参与决策的权力，但并不能够控制或者与其他方一起共同控制这些政策的制定。

实务中，较为常见的重大影响体现为在被投资企业董事会或类似权力机构中派有代表，通过在被投资企业财务和经营决策制定过程中的发言权实施重大影响。投资方直接或者通过子公司间接持有被投资企业 20%以上但低于 50%的表决权时，一般认为对被投资企业具有重大影响，除非有明确的证据表明该种情况下不能参与被投资企业的生产经营决策，不形成重大影响。在确定能否对被投资企业施加重大影响时，一方面应考虑投资方直接或间接持有被投资企业的表决权股份，同时要考虑投资方及其他方持有的当期可执行潜在表决

---

① 中华人民共和国财政部制定，《企业会计准则第 33 号——合并财务报表》，2014 年修订。以下同。

② 中华人民共和国财政部制定，《企业会计准则第 40 号——合营安排》，2014 年修订。以下同。

权在假定转换为对被投资企业的股权后产生的影响，如被投资企业发行的当期可转换的认股权证、股票期权及可转换公司债券等的影响。

《企业会计准则第 2 号——长期股权投资》指出，企业通常可以通过以下一种或几种情形来判断是否对被投资企业具有重大影响：

（1）在被投资企业的董事会或类似权力机构中派有代表，并相应享有实质性的参与决策权，投资方可以通过该代表参与被投资企业财务和经营政策的制定，达到对被投资企业施加重大影响。

（2）参与被投资企业财务和经营政策制定过程，在该过程中可以为其自身利益提出建议和意见，从而可以对被投资企业施加重大影响。

（3）与被投资企业之间发生重要交易，有关的交易因对被投资企业的日常经营具有重要性，进而一定程度上可以影响到被投资企业的生产经营决策。

（4）向被投资企业派出管理人员，管理人员有权力主导被投资单位的相关活动，从而能够对被投资企业施加重大影响。

（5）向被投资企业提供关键技术资料，因被投资企业的生产经营需要依赖投资方的技术或技术资料，表明投资方对被投资企业具有重大影响。

存在上述一种或多种情形并不意味着投资方一定对被投资企业具有重大影响。企业需要综合考虑所有事实和情况来做出恰当的判断。

对于权益性投资，可以按照图 6-1 的顺序，判断其所属的类型。

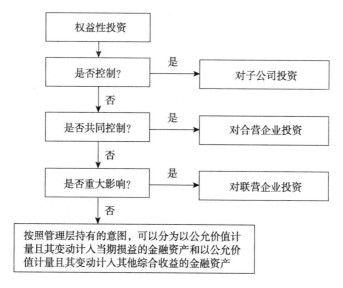

图 6-1 权益性投资分类

三、长期股权投资的账户设置

企业为了正确核算长期股权投资，需要设置"长期股权投资"总账账户。该账户应该按照被投资单位进行明细核算。长期股权投资核算采用权益法的，应当分别按照"投资成本""损益调整""其他综合收益"和"其他权益变动"等三级账户进行明细核算。

第二节　长期股权投资的初始计量

长期股权投资可以分为企业合并形成的长期股权投资和其他方式取得的长期股权投资。企业合并是指将两个或两个以上单独的企业合并形成一个报告主体的交易或事项。在企业合并中，参与合并的两个企业既可以合并成为一个法人主体，也可以仅合并成为报告主体，但在法律上保持相互独立的法人主体。在后一种情况下，参与合并的企业之间就形成了投资方与被投资方的关系。作为投资方的企业因此需要确认和计量在合并中形成的长期股权投资成本。

一、企业合并形成长期股权投资的初始计量

企业合并形成的长期股权投资一般体现为对子公司的投资。企业合并形成的长期股权投资中，还需要进一步区分为同一控制下的企业合并和非同一控制下的企业合并。

（一）同一控制下企业合并形成的长期股权投资

《企业会计准则第 20 号——企业合并》[①]第二章第五条规定："参与合并的企业在合并前后均受同一方或相同的多方最终控制且该控制并非暂时性的，为同一控制下的企业合并。同一控制下的企业合并，在合并日取得对其他参与合并企业控制权的一方为合并方，参与合并的其他企业为被合并方。"通常情况下，同一控制下的企业合并是指发生在同一企业集团内部企业之间的合并。除此之外，一般不作为同一控制下的企业合并。

通过同一控制企业合并形成的长期股权投资，其初始投资成本的计量基础是被合并方净资产的账面价值。具体来说，应当在合并日按照所取得的被合并方在最终控制方合并财务报表中的净资产账面价值的份额作为长期股权投资的初始投资成本。账务处理分为以下两种情况：①合并方以支付现金、转让非现金资产或承担债务方式作为合并对价的，长期股权投资的初始投资成本与支付的现金、转让的非现金资产及所承担债务账面价值之间的差额，应当调整资本公积（资本溢价或股本溢价）；资本公积（资本溢价或股本溢价）的余额不足冲减的，依次冲减盈余公积和未分配利润。②合并方以发行权益性工具作为合并对价的，应按发行股份的面值总额作为股本，长期股权投资的初始投资成本与所发行股份面值总额之间的差额，应当调整资本公积（资本溢价或股本溢价）；资本公积（资本溢价或股本溢价）不足冲减的，依次冲减盈余公积和未分配利润。

合并方发生的审计、法律服务和评估咨询等中介费用及其他相关管理费用，于发生时计入当期损益（管理费用）。与发行权益性工具作为合并对价直接相关的交易费用，应当冲减资本公积（资本溢价或股本溢价），资本公积（资本溢价或股本溢价）不足冲减的，依次冲减盈余公积和未分配利润。与发行债务性工具作为合并对价直接相关的交易费用，应当计入债务性工具的初始确认金额。

---

①中华人民共和国财政部制定，《企业会计准则第 20 号——企业合并》，2006 年。以下同。

【例 6-1】2023 年 3 月 1 日,M 公司向同一集团内 Z 公司的原股东 J 公司定向增发 2 000 万股普通股（每股面值 1 元，市价为 5 元），取得 Z 公司 100%的股权，相关手续于当日完成，并能够对 Z 公司实施控制。定向增发股票支付给券商等中介机构费用为 300 万元。合并后 Z 公司仍维持其独立法人资格继续经营。

Z 公司之前为 J 公司于 2018 年以非同一控制下企业合并的方式收购的全资子公司。合并日，Z 公司财务报表中的净资产的账面价值为 3 400 万元，J 公司合并财务报表中的 Z 公司净资产的账面价值为 5 800 万元（含商誉 800 万元）。假定 M 公司和 Z 公司都受 J 公司同一控制。不考虑相关税费的影响。

M 公司在合并日应确认对 Z 公司的长期股权投资，初始投资成本为 M 公司应享有 S 公司在 J 公司合并财务报表中的净资产账面价值的份额及相关商誉，会计处理如下：

借：长期股权投资——投资成本   58 000 000
    贷：股本   20 000 000
        资本公积——股本溢价   38 000 000

支付券商等中介机构的费用 300 万元，编制如下会计分录：

借：资本公积——股本溢价   3 000 000
    贷：银行存款   3 000 000

（二）非同一控制下企业合并形成的长期股权投资

非同一控制下的企业合并，投资方和被投资方的最终控制者不是同一家公司，其经济利益相互对立，需要在公开交易的产权市场上根据交易涉及的资产、负债和所有者权益的公允价值确定合并对价。因此，《企业会计准则第 2 号——长期股权投资》第二章第五条规定："非同一控制下的企业合并，购买方在购买日应当以按照《企业会计准则第 20 号——企业合并》的有关规定确定的合并成本作为长期股权投资的初始投资成本。"

也就是说，初始投资成本是指投资方为完成合并而付出的资产、发生的负债，以及发行的权益性证券在购买日的公允价值。该公允价值与其账面价值之间的差额，计入当期损益（营业外收支或者资产处置损益）。

从会计处理的角度来看，购买方应该按支付的资产、承担的负债、发行的权益性证券的公允价值确定并记录长期股权投资的初始投资成本，借记"长期股权投资——投资成本"账户，按照支付的合并对价的账面价值，贷记"银行存款""固定资产清理"等账户；若借贷方之间存在差额，则贷记"营业外收入"账户或借记"营业外支出""资产处置损益"等账户。购买方为企业合并发生的审计、法律服务、评估咨询等中介费用及其他相关管理费用，应当于发生时计入当期损益（管理费用）；购买方作为合并对价发行的权益性证券或债务性证券的交易费用，应当计入权益性证券或债务性证券的初始确认金额[①]。

【例 6-2】2022 年 4 月 1 日，津兴公司与亿林公司达成合并协议，约定津兴公司以银行存款 350 万元和一套固定资产向亿林公司投资，该固定资产的账面原价为 8 500 万元，已提累计折旧 420 万元，已提固定资产减值准备 180 万元，公允价值为 8 400 万元。投资

---

① 详见中华人民共和国财政部 2014 年发布，《企业会计准则第 2 号——长期股权投资》应用指南。

后津兴公司占亿林公司股份总额的 55%。为核实亿林公司的资产价值，津兴公司聘请资产评估机构对亿林公司的资产进行评估，支付评估费用 20 万元。假定津兴公司和亿林公司在此之前不存在任何投资关系，且不考虑其他相关税费。

津兴公司投资支付对价的账面价值为 350 +（8500 − 420 − 180）= 8 250（万元）

津兴公司投资支付对价的公允价值为 350 + 8 400 = 8 750（万元）

津兴公司投资支付对价的公允价值 8 750 万元与账面价值 8 250 万元之间的差额 500 万元，应该确认为营业外收入。会计处理如下：

（1）将固定资产转入固定资产清理

借：固定资产清理		79 000 000
累计折旧		4 200 000
固定资产减值准备		1 800 000
贷：固定资产		85 000 000

（2）确认长期股权投资

借：长期股权投资——投资成本		87 500 000
管理费用		200 000
贷：固定资产清理		79 000 000
银行存款		3 700 000
资产处置损益		5 000 000

二、其他方式取得长期股权投资的初始计量

以其他方式取得的长期股权投资，主要指除企业合并的形式外，以现金购入的长期股权投资、通过非货币性资产交换取得的长期股权投资等。

（一）以现金购入的长期股权投资

以支付现金取得的长期股权投资，按实际支付的全部价款（包括支付的税金、手续费等相关费用）作为初始投资成本。实际支付价款中含有已宣告但尚未领取的现金股利，按实际支付价款减去已宣告尚未领取的现金股利的差额，作为初始投资成本。

【例 6-3】　津兴公司于 2023 年 1 月 3 日以每股 8.6 元（含税金和交易费）的成本购入北昱公司全部普通股 600 万股的 10%。股票交割日的会计处理如下：

借：长期股权投资——北昱股票投资		5 160 000
贷：银行存款		5 160 000

（二）通过非货币性资产交换取得的长期股权投资

企业通过存货、固定资产和无形资产等非货币性资产交换取得的长期股权投资，按是否具有商业实质，分为具有商业实质的非货币性资产交换和不具有商业实质的非货币性资产交换。

二者对长期股权投资成本确认的最大差别在于：不具有商业实质的非货币性资产交换，企业应当以换出资产的账面价值和应支付的相关税费加支付的补价（减收到的补价），确认

长期股权投资的成本，借记"长期股权投资"账户，不确认损益。

具有商业实质的非货币性资产交换，企业应当以换出资产的公允价值和应支付的相关税费加支付的补价（减收到的补价），确认长期股权投资的成本，当长期股权投资成本大于（小于）支付的相关税费、换出资产的账面价值和支付的对价之和时，应确认"资产处置损益"。

第三节　长期股权投资的后续计量

长期股权投资在持有期间，需要根据投资企业对被投资企业的影响程度，分别采用成本法和权益法确认长期股权投资的账面价值。同时，每年年末还需要考虑对长期股权投资计提资产减值准备。

一、成本法和权益法下的长期股权投资

（一）成本法

《企业会计准则第 2 号——长期股权投资》第三章第七条规定："投资方能够对被投资单位实施控制的长期股权投资应当采用成本法核算。"投资方在判断对被投资企业是否具有控制权时，应综合考虑直接持有的股权和通过子公司间接持有的股权。在个别财务报表中，投资方进行成本法核算时，应仅考虑直接持有的股份数额。在实际工作中，判别企业对其他企业是否有控制权的一般标准是：投资方占该被投资企业有表决权资本总额 50%以上，或投资方虽占被投资企业有表决权资本总额 50%以下，但通过与其他投资者的协议、根据公司章程的规定、有权任免被投资企业董事会的多数成员或在董事会有半数以上投票权等方式，能够对被投资企业实施实质性控制。

《企业会计准则第 2 号——长期股权投资》第三章第八条规定："采用成本法核算的长期股权投资应当按照初始投资成本计价。追加或收回投资应当调整长期股权投资的成本。被投资单位宣告分派的现金股利或利润，应当确认为当期投资收益。"如果没有股票出售或其他特殊情况，以成本反映的长期股权投资账面价值始终不变，这种方法也因此而得名。

现行会计准则要求投资方对子公司的长期股权投资采用成本法进行会计核算，主要是为了避免在子公司实际宣告发放现金股利或利润之前，母公司垫付资金发放现金股利或利润等情况，解决了原来权益法核算下投资收益不能足额收回导致超分配的问题。

【例 6-4】　和兴公司于 2020 年初对南洪公司进行股权投资，投资成本为 7 164 040 元，占南洪公司有表决权股份的 60%。和兴公司对这项长期股权投资采用成本法确定投资损益。

南洪公司 2020—2022 年各年实现利润及股利分派情况如表 6-1 所示。

表 6-1　南洪公司各年利润及股利分派情况　　　　　　　　　　单位：元

年份	净利润	分派股利
2020	300 000	0
2021	1 460 000	800 000
2022	(140 000)	120 000

2020 年由于南洪公司未分配股利，和兴公司不需要做任何会计记录。

2021 年确认投资收益 480 000 元（800 000×60%）：

借：应收股利　　　　　　　　　　　　　　　　　　　　　　　480 000

　　贷：投资收益　　　　　　　　　　　　　　　　　　　　　　　480 000

2022 年确认投资收益 72 000 元（120 000×60%）：

借：应收股利　　　　　　　　　　　　　　　　　　　　　　　72 000

　　贷：投资收益　　　　　　　　　　　　　　　　　　　　　　　72 000

成本法符合法律上企业法人的概念，即投资企业与被投资企业是两个法人实体，被投资企业实现的净利润或发生的净亏损不会自动成为投资企业的利润或亏损。虽然投资企业拥有被投资企业的股份，但并不能表明被投资企业实现的利润能够分配。只有当被投资企业宣告分配利润或现金股利时，这种权利才得以体现。投资收益的确认与现金流入在时间上基本一致。但在成本法下，长期股权投资账户停留在初始或追加投资时的投资成本上，不能反映投资企业在被投资企业中的权益比例。

（二）权益法[①]

《企业会计准则第 2 号——长期股权投资》第三章第九条规定："投资方对联营企业和合营企业的长期股权投资，应当按照本准则第十条至第十三条规定，采用权益法核算。"投资方在判断对被投资单位是否具有共同控制、重大影响时，应综合考虑直接持有的股权和通过子公司间接持有的股权。在综合考虑直接持有的股权和通过子公司间接持有的股权后，如果认定投资方在被投资企业拥有共同控制或重大影响，在个别财务报表中，投资方进行权益法核算时，应仅考虑直接持有的股权份额；在合并财务报表中，投资方进行权益法核算时，应同时考虑直接持有和间接持有的份额。

权益法的核算内容涉及以下 3 个方面：

（1）初始投资或追加投资时，按照初始投资成本或追加投资的投资成本增加长期股权投资的账面价值。

（2）比较初始投资成本与投资时应享有被投资企业可辨认净资产公允价值的份额，前者大于后者的，不调整长期股权投资的账面价值；前者小于后者的，应当按照二者之间的差额，增加长期股权投资的账面价值，同时计入取得投资当期损益（营业外收入）。

（3）持有投资期间，随着被投资企业所有者权益的变动，相应调整增加或减少长期股权投资的账面价值，并分别以下情况处理：

①对于因被投资企业实现净损益和其他综合收益而产生的所有者权益的变动，投资方应当按照应享有的份额，增加或减少长期股权投资的账面价值，同时确认投资损益和其他综合收益。

②对于被投资企业宣告分派的利润或现金股利，投资企业按持股比例计算应分得的部分，相应减少长期股权投资的账面价值；

---

① 根据中华人民共和国财政部 2011 年发布的《小企业会计准则》第二十三条的规定，本部分介绍的"权益法"不适用于小企业的"长期股权投资"业务核算。

③对于被投资企业除净损益、其他综合收益，以及利润分配以外的因素导致的其他所有者权益的变动，相应调整长期股权投资的账面价值，同时确认资本公积（其他资本公积）。

综上所述，权益法是在"长期股权投资"账户中，按投资企业在被投资企业所有者权益中占有的份额反映投资价值的核算方法，这种方法也因此而得名。

企业采用权益法核算长期股权投资，应该根据业务的需要在"长期股权投资"账户下分别设置"投资成本""损益调整"等明细账户。

【例 6-5】 2020 年 1 月 5 日济林公司以 800 万元购入达生公司股票，占该被投资企业有表决权股份的 40%。2020—2022 年达生公司各年经营成果及股利发放情况如表 6-2 所示。

表 6-2　达生公司 2020—2022 年净利润及股利发放情况　　　　　　单位：元

年份	净利润	发放股利
2020	7 500 000	2 200 000
2021	4 800 000	2 000 000
2022	(1 600 000)	0

济林公司对此项长期股权投资的有关会计处理如下：

（1）2020 年初购入股票：

借：长期股权投资——投资成本　　　　　　　　　　　　　　8 000 000

　　贷：银行存款　　　　　　　　　　　　　　　　　　　　　　　8 000 000

（2）2020 年末根据达生公司经营情况确认投资收益 3 000 000 元（7 500 000×40%）：

借：长期股权投资——损益调整　　　　　　　　　　　　　　3 000 000

　　贷：投资收益——股权投资收益　　　　　　　　　　　　　　3 000 000

（3）2020 年达生公司宣告发放股利时，确认应收股利 880 000 元（2 200 000×40%）：

借：应收股利——达生公司　　　　　　　　　　　　　　　　880 000

　　贷：长期股权投资——损益调整　　　　　　　　　　　　　　880 000

（4）2021 年末根据达生公司经营情况确认投资收益 1 920 000 元（4 800 000×40%）：

借：长期股权投资——损益调整　　　　　　　　　　　　　　1 920 000

　　贷：投资收益——股权投资收益　　　　　　　　　　　　　　1 920 000

（5）2021 年达生公司宣告发放股利时，确认应收股利 800 000 元（2 000 000×40%）：

借：应收股利——达生公司　　　　　　　　　　　　　　　　800 000

　　贷：长期股权投资——损益调整　　　　　　　　　　　　　　800 000

（6）2022 年根据达生公司经营情况确认投资损失 640 000 元（1 600 000×40%）：

借：投资收益——股权投资损失　　　　　　　　　　　　　　640 000

　　贷：长期股权投资——损益调整　　　　　　　　　　　　　　640 000

长期股权投资会计准则规定，投资方确认应分担被投资单位发生的损失，原则上应以长期股权投资及其他实质上构成对被投资单位净投资的长期权益减记至零为限。

采用权益法进行某项长期股权投资的核算，"长期股权投资"账户能够反映投资企业在被投资企业的权益，体现了投资企业拥有被投资企业所有者权益份额的经济本质；同时，投资收益反映了投资企业经济意义上的投资利益，无论被投资企业是否分配利润或现金股利，分配多少利润或现金股利，都不会影响投资单位享有被投资企业净利润的份额。从而体现了实质重于形式的原则。

权益法的局限性体现在以下两个方面：第一，与法律上的企业法人的概念相悖。从法律意义上看，投资企业与被投资企业是两个独立的法人实体，被投资企业实现的利润，不可能成为投资企业的利润，被投资企业发生的亏损，也不可能形成投资企业的亏损。第二，权益法下投资收益的实现与现金流入的时间不一致，确认投资收益在先，实际获得现金股利在后。

二、长期股权投资的减值准备

企业应当关注长期股权投资的账面价值是否大于享有被投资企业所有者权益账面价值的份额等类似情况。出现类似情况时，投资方应当按照《企业会计准则第8号——资产减值》对长期股权投资进行减值测试，可收回金额低于长期股权投资账面价值的，应将可收回金额低于长期投资账面价值的差额，确认为资产减值损失。在以后的会计期间，即使已计提减值准备的投资项目可收回金额回升，也不允许转回。

企业应设置"长期股权投资减值准备"账户。期末预计可收回金额低于其账面价值的差额，借记"资产减值损失——计提的长期股权投资减值准备"账户，贷记"长期股权投资减值准备"账户；处置长期股权投资时，应同时结转已计提的长期股权投资减值准备。本科目应当按照被投资单位进行明细核算。

【例6-6】 海河公司拥有津河公司40%的股份，以权益法核算。2022年年初该长期股权投资账面余额为9 000万元，2022年津河公司盈利5 500万元，不考虑其他因素。

2022年末该项长期股权投资出现减值迹象，根据测算，该长期股权投资市场公允价值为10 800万元，处置费用为500万元，预计未来现金流量现值为9 900万元。2022年末海河公司对津河公司的长期股权投资减值准备的计提分析如下。

2022年末，海河公司对津河公司长期股权投资存在减值迹象。

首先估计其可收回金额。该项长期股权投资的可收回金额为可变现净值和预计未来现金流量现值中的较高者。其中可变现净值为10 300（10 800 - 500）万元，预计未来现金流量现值为9 900万元，所以可收回金额为10 300万元。

2022年末长期股权投资的账面价值 = 9 000 + 5 500 × 40% = 11 200（万元）。

应计提减值准备 = 11 200 - 10 300 = 900（万元）。

借：资产减值损失——计提的长期股权投资减值准备 　　　　　　　　9 000 000

　　贷：长期股权投资减值准备——津河公司 　　　　　　　　　　　　　　9 000 000

第四节　长期股权投资的处置

企业处置长期股权投资时，应相应结转与所售股权相对应的长期股权投资的账面价值。

一、成本法下长期股权投资的处置

采用成本法核算的长期股权投资，在处置该项投资时，所处置长期股权投资账面价值与实际取得价款之间的差额，应当计入当期损益（投资收益）。

【例 6-7】 2020 年 1 月 1 日，旭日公司以银行存款 45 000 万元购入新月公司 60% 有表决权的股份，另支付相关税费 60 万元。旭日公司能够对新月公司实施控制，采用成本法核算对新月公司的长期股权投资。2020 年度新月公司实现净利润 6 000 万元；2021 年 3 月 20 日新月公司宣告发放现金股利 3 600 万元；2021 年 4 月 18 日旭日公司收到现金股利；2021 年 12 月 31 日，新月公司亏损 3 000 万元；2022 年 4 月 10 日，旭日公司出售持有的新月公司股权，收到转让款 43 000 万元。

由于采用成本法，"长期股权投资"账户的余额应为 45 000 万元。无论 2020 年实现利润并发放现金股利，还是 2021 年亏损，都不影响"长期股权投资"账户的余额。因此，2022 年 4 月 10 日旭日公司处置长期股权投资的会计分录如下：

借：银行存款 43 000
  投资收益 2 000
  贷：长期股权投资——新月公司 45 000

二、权益法下长期股权投资的处置

采用权益法核算的长期股权投资，在处置该项投资时，采用与被投资单位直接处置相关资产或负债相同的基础，按相应比例对原计入其他综合收益的金额进行结转，转入当期损益。

【例 6-8】 2020 年 1 月 1 日，大田公司以银行存款 6 000 万元购入小田公司 30% 的股权，另支付相关税费 8 万元。取得投资时，小田公司所有者权益的账面价值为 20 000 万元（与可辨认净资产的公允价值相同）。大田公司运用权益法核算该项长期股权投资。

2020 年度小田公司实现净利润 8 000 万元；2021 年 3 月 1 日小田公司宣告发放现金股利 4 800 万元；2021 年 4 月 10 日大田公司收到现金股利；2021 年 12 月 31 日，小田公司亏损 1 200 万元；2021 年末小田公司以公允价值计量且其变动计入其他综合收益的金融资产公允价值变动，减少其他综合收益 800 万元；2022 年 4 月 10 日，大田公司出售持有的小田公司股权，收到转让款 5 800 万元。

根据以上资料，大田公司应编制如下会计分录：

（1）2020 年 1 月 1 日，取得长期股权投资时：

借：长期股权投资——成本 6 008
  贷：银行存款 6 008

（2）2020 年 12 月 31 日，根据小田公司实现的净利润，大田公司确认投资收益 2 400 万元（8 000 × 30%）：

借：长期股权投资——损益调整 2 400
  贷：投资收益 2 400

（3）2021年3月1日，小田公司宣告发放现金股利时，大田公司收到1 440万元（4 800×30%）：

借：应收股利——小田公司　　　　　　　　　　　　　　　　　　　　　1 440

　　贷：长期股权投资——损益调整　　　　　　　　　　　　　　　　　　　　1 440

（4）2021年4月10日，小田公司支付现金股利时，大田公司收到现金股利：

借：银行存款　　　　　　　　　　　　　　　　　　　　　　　　　　　　1 440

　　贷：应收股利——小田公司　　　　　　　　　　　　　　　　　　　　　　1 440

（5）2021年12月31日，根据小田公司发生的亏损，大田公司确认投资损失360万元（1 200×30%）：

借：投资收益　　　　　　　　　　　　　　　　　　　　　　　　　　　　　360

　　贷：长期股权投资——损益调整　　　　　　　　　　　　　　　　　　　　 360

（6）2021年12月31日，确认减少的其他综合收益240万元（800×30%）：

借：其他综合收益　　　　　　　　　　　　　　　　　　　　　　　　　　　240

　　贷：长期股权投资——其他综合收益　　　　　　　　　　　　　　　　　　 240

（7）2022年4月10日，大田公司处置持有的小田公司股权：

"长期股权投资"账户各明细科目的余额分别为："长期股权投资——成本"明细科目为借方余额6 008万元，"长期股权投资——其他综合收益"明细科目为贷方余额240万元，"长期股权投资——损益调整"明细科目为借方余额600万元（2 400－1 440－360）。

处置时的投资收益应为5 800－（6 008＋600）＝808（万元）。或者也可以理解为5 800－（6 008＋600－240）＋240＝808（万元），其中6 008+600-240为长期股权投资的账面价值，240万元是将其他综合收益转为投资收益。

借：银行存款　　　　　　　　　　　　　　　　　　　5 800

　　长期股权投资——其他综合收益　　　　　　　　　 240

　　投资收益　　　　　　　　　　　　　　　　　　　 808

　　贷：长期股权投资——成本　　　　　　　　　　　　　6 008

　　　　长期股权投资——损益调整　　　　　　　　　　　600（2 400－1 440－360）

　　　　其他综合收益　　　　　　　　　　　　　　　　　240

【本章小结】

投资是企业将资产使用权让渡给其他企业使用，从而获得收益或实现资本增值的行为。长期股权投资是指投资方对被投资企业实施控制、共同控制或重大影响的权益性投资，被投资方包括子公司、合营企业和联营企业。长期股权投资的初始计量因取得长期股权投资的方式不同而有所差异，可以分为企业合并形成的长期股权投资和其他方式取得的长期股权投资。企业合并形成的长期股权投资中，还可以进一步分为同一控制下的企业合并和非同一控制下的企业合并。长期股权投资的后续计量有成本法与权益法两种不同计量方法：对子公司投资核算一般运用成本法，成本法下长期股权投资一般维持初始投资成本不变；

对合营企业投资和对联营企业投资一般运用权益法核算，要按投资企业在被投资企业产权中占有的权益份额反映投资价值，对长期股权投资初始投资成本要进行调整。长期股权投资可以计提减值准备，但长期股权投资减值准备一经计提，以后不允许转回。企业处置长期股权投资，应相应结转与所售股权相对应的长期股权投资的账面价值，所处置长期股权投资账面价值与实际取得价款之间的差额，应当计入当期损益。

【关键名词】

投资　　　　　　权益性投资　　债权性投资　　混合性投资　　股票投资
债券投资　　　　基金投资　　　控制　　　　　共同控制　　　重大影响子公司
合营企业　　　　联营企业　　　同一控制　　　非同一控制　　成本法权益法
长期股权投资减值准备

【思考题】

1. 简要说明投资按其性质和其具体对象分类的内容。
2. 简要说明长期股权投资的含义和范围。
3. 对比长期股权投资成本法与权益法的异同，哪种方法比较稳健？
4. 企业采用权益法进行长期股权投资的核算。被投资企业提取法定盈余公积、法定公益金和任意盈余公积，投资公司应该如何进行会计处理？
5. A 公司拥有 B 公司 40%的表决权资本，同时拥有 C 公司 60%的表决权资本，而 C 公司拥有 B 公司 30%的表决权资本。在这种情况下，可否认为 A 公司实质上拥有 B 公司 70%表决权资本的控制权？

【练习题】

练习一

南星公司 2023 年 1 月取得北斗公司 80%有表决权股份。两公司合并前不存在任何关联方关系。南星公司为取得北斗公司长期股权，支付一项固定资产，其公允价值为 3 000 万元，账面原值为 3 200 万元，累计折旧为 800 万元。合并中，南星公司支付评估费 100 万元。不考虑相关税费。

要求：编制南星公司在投资日的会计分录。

练习二

2023 年 3 月，南华公司增发 5 000 万股股票（每股面值 1 元）取得北美公司 30%的股权，增发过程中发生 100 万元股票承销费用。南华公司 5 000 万股股票的公允价值为 15 000 万元。

要求：编制南华公司增发股票取得北美公司股权的会计分录。

练习三

（1）2021年1月1日，P公司购入S公司1 000 000股普通股作为长期投资，每股价格50元，另支付相关税费100 000元，购得S公司有表决权股份的60%，P公司能够对S公司实施控制。

（2）2021年S公司实现净利润5 000 000元，没有分派股利。

（3）2022年S公司实现净利润10 000 000元。

（4）2022年5月1日宣告每股分派股利6元。

要求：根据上述业务编制2021年至2022年P公司对S公司投资的所有相关分录。

练习四

新新公司2022年发生以下投资业务：

（1）2022年3月1日，新新公司以银行存款350万元和一台固定资产向非同一控制下的慕和公司投资，占慕和公司股份总额的60%，该固定资产的账面原值为8 430万元，已计提累计折旧430万元，已计提固定资产减值准备100万元，公允价值为8 400万元。

（2）慕和公司于2022年5月宣告分派2021年度的现金股利100万元。

要求：根据上述经济业务编制会计分录。

练习五

M集团内的A子公司是一家上市公司。2022年发生了以下业务：

（1）2022年2月1日，M集团内A子公司以原始价值为1 200万元、累计折旧为200万元、公允价值为1 600万元的固定资产作为对价，取得M集团内B企业60%的股权。合并日B企业的所有者权益账面总额为1 500万元。A公司所有者权益中资本公积余额为150万元。

（2）2022年2月28日，A子公司增发600万股普通股（每股面值1元，实际发行价格为每股1.5元）作为对价取得M集团内C企业55%的股权，A公司在增发过程中共发生资产评估等费用30万元，以银行存款支付。合并日C企业净资产账面总额为1 300万元。

（3）B企业2022年亏损50万元，C企业2022年实现净利润1 000万元。

（4）2023年C企业宣告分派现金股利共20万元。

要求：根据上述经济业务编制会计分录

即测即练　　扩展阅读

第七章

固定资产和无形资产

本章导读

固定资产和无形资产都是长期资产的主要组成部分，作为长期资产，固定资产和无形资产都将在较长时期内为企业带来经济利益的流入，其费用化过程比较类似；但同时二者的存在形态和在企业经营中发挥作用的方式又有很大差异，所以会计上进行记录和报告的方法并不完全相同。本章重点介绍固定资产和无形资产的确认和计量，通过本章学习，应掌握固定资产和无形资产的定义、特征、核算方法等内容。

问题导引

企业的固定资产不提折旧或少提折旧会增加当期的账面利润的说法对不对？为什么？

某项设备本月没有使用是否也应该提折旧？

使用不同的折旧方法是否会对固定资产的使用价值产生影响？

企业通过什么渠道和方式取得无形资产？

无形资产如何影响企业利润？

开篇故事

刘盛是太生公司新到任的总经理。太生公司的经营业务、经营规模、经营时间与他原先任职的连江公司非常相似。因此，他借助以前的工作经验很快地熟悉了太生公司的情况。但是太生公司生产设备的数据使他感到疑惑不解。

"这是怎么回事？太生公司生产设备的数量、规模、性能、新旧程度都和我原先工作过的连江公司差不多；而且我到生产车间去看过，这里的设备维护保养比连江公司要好很多。根据我的经验，我们的设备从整体上肯定比连江公司的更值钱。可是这里设备的账面价值反而比连江要小很多。"

太生公司设备管理部和会计部提供的固定资产折旧信息帮助刘总经理解决了这个问题。

第一节　固定资产概述

一、固定资产的概念和管理要求

（一）固定资产的概念

固定资产是指使用期限超过一年的实物资产，如房屋、建筑物、机器设备、办公设备、运输车辆等。《企业会计准则第 4 号——固定资产》[1]第二章第三条规定："固定资产，是指同时具有下列特征的有形资产：①为生产商品、提供劳务、出租或经营管理而持有的；②使用寿命超过一个会计年度。"其中，使用寿命是指企业使用固定资产的预计期间，或者该固定资产所能生产产品或提供劳务的数量。

企业固定资产是企业生产经营活动中的重要劳动资料，它反映企业的基本生产能力和生产规模，是企业的重要资产项目之一。从数额上来看，固定资产在企业资产总额中所占的比重一般都较大，这在制造业企业中表现得尤为突出。

在实践中，为了便于管理，并不是把所有的劳动资料都列为固定资产。会计上按其使用年限的长短和价值的大小，将企业使用的全部劳动资料分为固定资产和低值易耗品两大类。使用年限在一年以上，而且单位价值在规定的限额以上的劳动资料属于固定资产；不同时具备以上两个条件的工具、器具等，一般列作低值易耗品。

（二）固定资产的管理要求

与其他类别的资产相比，固定资产的主要特点是，该类资产的实物形态长期不变，但在使用过程中随时间而逐渐陈旧，所以其价值会逐步降低。因此，固定资产管理主要从两个方面进行：一方面是对固定资产实物形态进行的管理，即固定资产的选购、验收、安装调试、使用、修理及拆除等方面；另一方面是对其价值形态的管理，即反映固定资产购入的买价、达到可使用状态的支出，使用中的维护费用、固定资产的成本分配、退出时清理费用和变现收入等。企业会计部门在固定资产的管理中，要结合实物管理进行固定资产价值核算。其内容主要涉及固定资产增加的核算、折旧的核算、固定资产处置的核算等各个方面。本章后面各节将就这些内容进行分别说明。

二、固定资产的分类

出于对企业固定资产资源的合理配置与利用、加强设备管理的要求，会计上需要对固定资产进行分类，以便对其结构进行分析。

（一）按经济用途划分

按经济用途，可将固定资产划分为房屋及建筑物、机器设备、运输设备、办公设备等。

房屋及建筑物可用于办公、生产、货物保管等活动，机器设备通常包括用于产品制造的设备、仪器、工具、用具，运输设备通常包括各种运输车辆和设施，办公设备通常包括行政管理活动中利用的电子设备、办公设施、管理用具等。

固定资产按经济用途进行分类的目的在于反映企业固定资产投资的基本结构，便于分析资源配置是否合理。同时，不同类别固定资产的使用年限不同，在管理上进行维修保养的要求也存在差异，会计上可以通过在"固定资产"账户中设置明细账的方法，对各类固定资产进行分别记录。

---

[1] 中华人民共和国财政部，《企业会计准则第 4 号——固定资产》，2006 年。以下同。

（二）按所有权的归属划分

按照所有权的归属，固定资产可以划分为自有固定资产和租入固定资产。

自有固定资产是指企业拥有产权的资产。企业如果采用自行购置或自行建造的方式自有取得固定资产，那么往往意味着需要筹集数额较大的资金投入到固定资产上。

租入固定资产是企业仅有使用权而无所有权的资产。根据《企业会计准则第21号——租赁》的规定，租入固定资产需要单独通过设置"使用权资产"账户进行会计处理。

（三）按使用情况划分

按照使用情况，固定资产可以划分为使用中固定资产、未使用固定资产和不需用固定资产3类。

使用中固定资产包括处于使用状态的固定资产、经营租出的固定资产和因季节性或大修理而暂停使用的固定资产；未使用固定资产是指新购置尚未投入使用或需要安装调试后方能使用的固定资产，以及因改、扩建而停用的资产；不需用固定资产是企业因各种原因不再需要使用的固定资产。

按照使用情况对固定资产进行分类，可以反映企业固定资产的利用情况，有利于提高固定资产利用率，降低资金的无效占用，促进未使用固定资产尽快达到使用状态，以及加快不需用资产的处置和变现。

会计上设置"在建工程"账户反映未使用固定资产的增减变动情况，该账户借方记录需要安装调试的固定资产购入成本，以及购入后直至达到使用状态前发生的支出（如安装费用、设备调试费用等）；在安装调试完成后，再从该账户的贷方转出，结转至"固定资产"账户的借方，作为该项固定资产的原始价值。有关会计处理的具体说明详见本章第二节。

对于不需用固定资产，会计上主要区分两种情况进行处理：一种情况是固定资产失去利用价值，可能是固定资产使用期满，也可能是使用期虽未满但因毁损和事故等原因所致，这种情况通常按报废对待，通过设置"固定资产清理"账户进行处理；另一种情况是企业因转型等原因导致尚有利用价值的固定资产不再需要。会计上处理这种情况时，往往需要判断是否应作为"持有待售资产"进行处理，具体说明详见本章第五节。

三、固定资产的计量

固定资产计量是指对固定资产进行的价值度量。在企业的资产总额中，固定资产一般占有较大比重，因而固定资产的计量是否合理，往往关系到会计报表能否真实地反映企业的财务状况和经营成果。

在取得固定资产或现有固定资产发生严重价值减损时，都需要对固定资产进行计量。由于固定资产使用周期长，使用过程中实物形态的更替和价值形态的循环相分离，导致固定资产的计量业务比较复杂。根据计量的目的不同划分为初始计量和后续计量。

（一）固定资产的初始计量

初始计量是指根据固定资产取得过程中所发生的相关成本，确定固定资产的入账价值。进行固定资产初始计量目的是了解为了取得固定资产所付出的代价，即固定资产的取得成本。固定资产初始计量通常采用的计价基础是原始价值或现行重置价值。

1. 固定资产原始价值

固定资产原始价值简称原价，是指企业为取得某项固定资产所支付的全部价款，包括购置及使固定资产达到预期工作状态所支付的各种可以直接归属的成本。由于固定资产取得的来源不同，其原价构成因素也不一样。《企业会计准则第 4 号——固定资产》第三章第八条和第九条规定："外购固定资产的成本，包括购买价款、相关税费、使固定资产达到预定可使用状态前所发生的可归属于该项资产的运输费、装卸费、安装费和专业人员服务费等。自行建造固定资产的成本，由建造该项资产达到预定可使用状态前所发生的必要支出构成。"

同时根据《企业会计准则第 17 号——借款费用》[①]的规定，在固定资产达到预定可使用状态之前，为购建该项资产而借入专门借款实际发生的净利息支出（当期实际发生的利息费用，减去将尚未动用的借款资金存入银行取得的利息收入或进行暂时性投资取得的投资收益后的金额），应当予以资本化[②]，计入固定资产成本。

此外，按照我国增值税方面的有关规定[③]，购置生产用固定资产所支付的增值税，可以从当期的销项税中予以扣除，因此不计入固定资产的原始价值；但是如果购置生产用固定资产以外的固定资产，则其进项税不许可抵扣，还需要计入固定资产成本。

2. 固定资产重置完全价值

重置完全价值简称重置价值，是指按现行市场价格重新购置某项固定资产所需支付的金额。按重置价值计量，能够比较真实客观的反映固定资产的现时价值。通常在缺少固定资产历史成本资料的情况下，以重置完全价值入账。例如，盘盈的固定资产以重置价值作为其原价，接受捐赠的固定资产按重置价值或捐赠者提供的有关凭证金额并加上接受捐赠资产时发生的相关费用入账。

初始计量确定的固定资产价值，通过设置"固定资产"账户进行记录，具体内容将在本章第二节进行说明。

（二）固定资产的后续计量

后续计量是指初始计量后对资产和负债价值变动进行的再次计量。后续计量反映资产和负债的价值变动金额，同时也会对当期损益产生影响。

固定资产后续计量的目的，在于反映固定资产取得成本在使用过程中的分配情况，以及未分配成本的减值情况，进而计算企业各个年度的损益。

固定资产的后续计量包括固定资产折旧和固定资产减值，会计上分别设置"累计折旧"

---

① 《企业会计准则第 17 号——借款费用》由财政部于 2006 年颁布。

② 发生的支出应资本化还是费用化，应遵循划分资本性支出与收益性支出的原则。关于该原则的详细说明，参见第十章第二节。

③ 国务院决定，自 2009 年 1 月 1 日起，在全国实行增值税转型改革，允许扣除购入固定资产（不含房屋、建筑物）所含的增值税。参见中华人民共和国国务院令第 538 号《中华人民共和国增值税暂行条例》，中华人民共和国财政部、国家税务总局令第 50 号《中华人民共和国增值税暂行条例实施细则》。

账户和"固定资产减值准备"账户进行记录，这两个账户通常为贷方余额，是"固定资产"账户借方余额的抵减账户，固定资产扣除累计折旧，以及固定资产减值准备后的余额反映固定资产账面价值或固定资产净值。假设"固定资产"账户的借方余额为 9 000 万元，"累计折旧"账户和"固定资产减值准备"账户的贷方余额分别为 3 000 万元和 400 万元，那么该项固定资产的账面价值（固定资产净值）应为 5 600（9 000 - 3 000 - 400）万元。

有关固定资产后续计量的具体内容，将分别在本章第三节和第四节涉及。

第二节　固定资产的取得

为了对因不同方式取得的固定资产进行核算，会计上设置"固定资产"和"在建工程"两个账户。如果固定资产在某个时点取得，如购入不需要安装的设备、投资者投入已装修完毕的办公楼等，则可以直接记入"固定资产"账户；如果固定资产的取得需要经过一段时期，如购入设备需要花费 6 个月进行安装调试，或者企业花 20 个月建造房屋等，那么就需要先通过"在建工程"账户归集一段时期内取得固定资产的各种支出，待竣工投入使用后再从"在建工程"账户结转到"固定资产"账户。

一、购入固定资产

购入固定资产分为不需要安装和需要安装两种情况，前者如汽车，后者如需要稳固的加工机床。本节将分别进行介绍。

（一）购入不需要安装的固定资产

购置固定资产时，根据实际支付的买价、包装费、运输费、安装成本、交纳的有关税金确定原价，并按原价借记"固定资产"账户，贷记"银行存款"账户。购置的生产设备所支付增值税进项税额，可以从销项税中抵扣，不需要计入固定资产成本。如果在购入时暂时没有支付货款，则应该贷记"应付账款"账户。

【例 7-1】 某企业购入生产用专用设备一套。发票注明的设备买价为 680 万元，增值税额 88.4 万元，另外还发生运输、装卸、保险等费用 34 万元。所有款项都已经用支票付讫。

该设备的原价为 680 + 34 = 714 万元。会计分录如下：

借：固定资产　　　　　　　　　　　　　　　　　　　7 140 000

　　应交税费——应交增值税　　　　　　　　　　　　 884 000

　　贷：银行存款　　　　　　　　　　　　　　　　　　　 8 024 000

在固定资产购置中，还会出现一揽子买进多种固定资产的情况。由于一揽子购入固定资产中的各项固定资产的种类、新旧程度和使用寿命都有不同，需要分别确定原价和计提折旧。因此，总的买价必须在不同固定资产之间进行分配。《企业会计准则第 4 号——固定资产》第三章第八条规定，"以一笔款项购入多项没有单独标价的固定资产，应当按照各项固定资产公允价值比例对总成本进行分配，分别确定各项固定资产的成本。"也就是说，应以各种固定资产相应的公允价值或现行市价为基础来分配一揽子购置的价格。

【例 7-2】 某企业用银行存款购置了一座实验室，包括房屋、化验仪器、其他设备，总价为 1 000 万元。假定该实验室内的各种资产均有相应的市价，则可将购置总价按照市价的比例进行分配。分配结果如表 7-1 所示。

表 7-1 一揽子购置固定资产价值分配表

项目	市价/万元	比例/%	分配成本/万元
房屋	480	40	400
化验仪器	540	45	450
其他设备	180	15	150
合计	1 200	100	1 000

购置固定资产的会计分录如下：

借：固定资产——房屋	4 000 000
固定资产——化验仪器	4 500 000
固定资产——其他设备	1 500 000
贷：银行存款	10 000 000

（二）购入需要安装调试的固定资产

如果企业取得的固定资产需要经过安装调试阶段方能达到预定工作状态，那么在安装调试过程中必然会发生相应的成本，这些安装调试成本也应该包括在固定资产原价中。固定资产的购入成本和发生的安装调试成本，都先记入"在建工程"账户的借方；在安装调试完成后，再将该项固定资产达到使用状态前的全部支出从"在建工程"账户结转至"固定资产"账户。"在建工程"账户属于资产类账户，其借方余额为企业期末尚未达到预定使用状态的准固定资产成本。

【例 7-3】 某企业借款购入需要安装的生产设备一套，买价 400 000 元，用支票支付增值税 52 000 元、运输费 4 000 元、装卸费 1 000 元；安装调试过程中消耗各种材料 5 245 元，负担工人工资 3 000 元，完工交付使用前发生利息费用 1 755 元。

（1）从银行借入款项的会计分录为

| 借：银行存款 | 400 000 |
| 贷：长期借款 | 400 000 |

（2）购入设备，同时支付增值税、运输费、装卸费时的会计分录为

借：在建工程	405 000
应交税费——应交增值税	52 000
贷：银行存款	457 000

（3）安装过程中发生材料、工资和负担借款利息时的会计分录为

借：在建工程	10 000
贷：原材料	5 245
应付职工薪酬	3 000
长期借款	1 755

（4）安装调试结束，结转固定资产成本的会计分录为

借：固定资产   415 000

    贷：在建工程   415 000

二、接受投资和捐赠的固定资产

（一）接受投资的固定资产

企业收到投资人投入的房屋、设备等财产时，一方面要增加固定资产；另一方面要反映投资人权益的增加，即增加实收资本。在会计处理中，对固定资产应该按照投资各方确认的价值记录，并相应记录实收资本的增加额。

【例 7-4】 某公司收到投资人投资的设备一台。经投资双方确认，该设备价值 300 000元，另通过银行存款支付设备运费 2 000 元。会计分录如下：

借：固定资产   302 000

    贷：实收资本   300 000

         银行存款   2 000

（二）接受捐赠的固定资产

企业接受捐赠的固定资产，如果捐赠方提供了有关凭据，则按凭据上标明的金额加上应当支付的相关税费，作为入账价值。捐赠方没有提供有关凭据的，同类或类似固定资产存在活跃市场的，按同类或类似固定资产的市场价格估计的金额，加上应当支付的相关税费，作为入账价值；同类或类似固定资产不存在活跃市场的，按接受捐赠的固定资产预计未来现金流量的现值，作为入账价值。如接受捐赠的系旧固定资产，按依据上述方法确定的新固定资产价值，减去按该项资产的新旧程度估计的价值损耗后的余额，作为入账价值。

接受固定资产捐赠会影响营业外收入，但由于固定资产使用的年限较长，所以通常会设置"递延收益"账户，接受捐赠时，计入该账户贷方，然后再按固定资产的使用年限分摊计入营业外收入。

从理论上讲，企业接受实物资产捐赠属于企业所得，应该按照相应的税率计算交纳所得税。我国税法规定，纳税人接受实物资产捐赠，应按税法规定将入账价值确认为捐赠收入，并计入企业当期应纳税所得额，计算缴纳所得税。

【例 7-5】 H 公司接受 C 企业赠送的新设备一台，按捐赠固定资产的发票、支付的相关税费等资料确定该设备入账价值为 72 万元。 H 公司接受新设备捐赠的会计分录为

借：固定资产   720 000

    贷：递延收益——接受捐赠非货币性资产收益   720 000

假设该设备的预计使用年限为 8 年，则每年应确认 90 000 元（ 720 000÷8 ）的营业外收入，会计分录如下：

借：递延收益——接受捐赠非货币性资产收益   90 000

    贷：营业外收入   90 000

三、租入的固定资产

按照《企业会计准则第 21 号——租赁》[①]第三章第十六条的规定，企业采用租赁方式取得计提折旧和利息费用。其中，租入固定资产需要按照成本进行初始计固定资产时，除短期租赁和低价值资产租赁外，均需要确认使用权资产和租赁负债，并分别量，包括：①租赁负债的初始计量金额；②在租赁期开始日或之前支付的租赁付款额，存在租赁激励的，扣除已享受的租赁激励相关金额；③承租人发生的初始直接费用；④承租人为拆卸及移除租赁资产、复原租赁资产所在场地或将租赁资产恢复至租赁条款约定状态预计将发生的成本。

【例 7-6】 甲公司于 2022 年 11 月 27 日采用租赁方式租入一台生产设备，租期 3 年，每年支付租赁费 2 000 万元，若该租赁付款额的现值为 4 700 万元，则该租入固定资产的会计分录如下：

借：使用权资产	47 000 000
租赁负债——未确认融资费用	13 000 000
贷：租赁负债——租赁付款额	60 000 000

四、盘盈的固定资产

由于管理和使用上、账务处理上可能存在的纰漏，固定资产也会出现账实不符的情况，因此需要对固定资产进行定期清查盘点。在现实生活中，固定资产出现盘盈，多是因为以前期间存在漏计、少计固定资产的结果。按照《企业会计准则第 28 号——会计政策、会计估计变更和差错更正》第四章第十一条[②]规定，"前期差错通常包括计算错误、应用会计政策错误、疏忽或曲解事实以及舞弊产生的影响以及存货、固定资产盘盈等"。因此，应该将固定资产盘盈作为会计差错更正处理。

盘盈的固定资产，首先应确定盘盈固定资产的原值、累计折旧和固定资产净值。根据确定的固定资产原值借记"固定资产"账户，贷记"累计折旧"账户，将两者的差额贷记"以前年度损益调整"账户[③]。

【例 7-7】 甲公司于 2022 年 8 月 31 日对企业的全部固定资产进行盘查，盘盈一台 6 成新的机器设备，该设备同类产品市场价格为 120 000 元。记录盘盈固定资产的会计分录如下：

借：固定资产	120 000
贷：累计折旧	48 000
以前年度损益调整	72 000

---

① 《企业会计准则第 21 号——租赁》，2019 年修订。
② 中华人民共和国财政部制定，《企业会计准则第 28 号——会计政策、会计估计变更和差错更正》，2006 年。
③ "以前年度损益调整"账户是专门用来记录前期差错的，关于前期差错的账务处理方法，将在中级财务会计中系统说明，本书暂不涉及。此外，按照现行准则和制度的规定，盘盈固定资产在记录"以前年度损益调整"之后，还需要根据相关规定调整应纳所得税和计提法定盈余公积，本书同样暂不涉及这些内容。

第三节 固定资产的折旧

一、固定资产折旧概述

（一）固定资产折旧的概念

固定资产在使用过程中因使用或随着时间的推移会不断被损耗。因此，会计人员要将其成本逐渐分配为被使用期间的费用或被加工对象的成本。固定资产由于损耗而转移到期间费用或产品成本中去的金额叫折旧。固定资产的成本通过计提折旧的方式转化成为使用期间的费用或被加工对象的成本，并从相关期间的收入中得到弥补。在该固定资产报废时，用收回的成本购置新的固定资产，完成固定资产的一次循环。

（二）固定资产折旧的实质

折旧是固定资产成本的分配过程，是按照系统和合理的方式，将固定资产的原始成本（如果有残值的话，需要将其从原始成本中扣除）在固定资产的预计有效使用年限内进行分摊，以便与各该期的营业收入相配比。

折旧的计算应该尽可能地考虑固定资产发生的损耗程度和使用固定资产而获得收益的情况，从而实现期间收入及费用的正确配比。固定资产损耗通常包括使用过程中的实物形态的磨损和价值形态的贬值。实物形态的损耗为有形损耗，反映由于机械力和自然力两种不同外力作用而造成的磨损和侵蚀；价值形态的贬值为无形损耗，反映由于新优技术出现、原有技术落伍而形成的原有固定资产的功能性贬值，以及由于技术进步、社会生产力普遍提高，导致现实生产相同功能固定资产的成本降低，从而形成经济性贬值。

（三）影响折旧计算的主要因素

无论采用何种固定资产折旧计算方法，一般都要首先确定以下 4 项因素：

（1）固定资产的原价。这是折旧提取的基础。

（2）固定资产的残值。即固定资产被处置时的残值收入。残值收入往往根据经验估计确定。

（3）固定资产清理费用。固定资产在清理、处置过程中发生的人工、动力费用等。

根据以上 3 个项基本因素，可以确定固定资产在使用期内的应提折旧总额。

$$应提折旧总额＝固定资产原价－（残值收入－清理费用）$$

在实际工作中，通常将估计的残值收入与清理费用之间的差额称为净残值。因此可以将应计折旧总额表达为

$$应提折旧总额＝固定资产原价－净残值$$

（4）预计使用年限。预计使用年限也称为折旧年限，是折旧计提的时间期限。折旧年限要根据不同固定资产的耐用年限来确定，固定资产的耐用年限通常需要考虑三方面的因素：①预计生产能力或实物产量；②预计有形损耗和无形损耗；③法律或者类似规定对资产使用的限制。第一个因素决定固定资产的物理耐用年限；第二个因素决定固定资产的经

济有效年限，即通过使用固定资产能够获得最大经济效益的年限；第三个因素决定固定资产的法律许可年限。

根据会计稳健原则的要求，应该选择上述 3 个年限中最短的年限作为固定资产的预计使用年限。

二、固定资产折旧的计算方法

计算折旧的不同方法，就是要将应提折旧总额以不同方式系统而合理分摊计入固定资产预计使用年限内各个会计期的损益。所谓"系统和合理的方式"："系统"是指分配于各个期间的数额（折旧额）应具有一定的规律性；"合理"则是指在选择折旧方法时，要大体上符合固定资产的效用损耗情况。由于采用的分摊方法不同，对各期的损益确定会产生不同的影响。

固定资产折旧的计算方法基本分为两类，一类是平均折旧法；一类是加速折旧法。

（一）平均折旧法

平均折旧法是按照某种标志均衡提取折旧的方法。具体又分为直线法和工作量法两种。

1. 直线法

直线法是指固定资产在其预计有效使用年限内，根据原始价值和净残值，每年平均地计提折旧的方法。在直线法下，固定资产每年应计提的折旧额计算公式如下：

$$固定资产年折旧额 = \frac{固定资产原价 - 净残值}{预计使用年限}$$

$$固定资产月折旧额 = \frac{固定资产年折旧率}{12}$$

【例 7-8】 某项固定资产原价 10 000 元，预计净残值 400 元，预计使用年限 10 年。则折旧额计算如下：

$$固定资产年折旧额 = （10\ 000 - 400）\div 10 = 960（元）$$
$$固定资产年折旧率 = （960 \div 10\ 000）\times 100\% = 9.6\%$$
$$固定资产月折旧率 = 9.6\% \div 12 = 0.8\%$$
$$固定资产月折旧额 = 10\ 000 \times 0.8\% = 80（元）$$

这种方法计算简便，易于理解，所以被广为采用，被认为是一种适用于多数固定资产折旧的方法。

一般说来，直线法所适用的条件是：固定资产效益的降低是时间消逝的函数，而不是使用状况的函数，它的服务能力在各个会计期等量地降低；其次，在固定资产使用年限中，修理、维修费用，操作效率等均基本不变。

在实际工作中，为了反映固定资产在单位时间内的损耗程度和便于计算折旧，通常用固定资产原价乘以折旧率来计算每个时期应计提的折旧额。固定资产折旧率，是指一定时期内固定资产折旧额对固定资产原价的比率。

$$固定资产年折旧率 = \frac{固定资产年折旧额}{固定资产原价} \times 100\%$$

$$固定资产月折旧率 = \frac{固定资产月折旧率}{12}$$

$$固定资产月折旧额 = 固定资产原价 \times 月折旧率$$

2. 工作量法

工作量法是按照固定资产所完成的工作量计算应计折旧额的一种方法。这种方法依据企业的经营活动情况或设备的使用状况来计算折旧，其特点是将折旧视为随固定资产使用程度而成正比增减的变动费用。

一般说来，工作量法所适用的条件是：固定资产价值的降低是使用状况的函数，而不是时间消逝的函数；各个期间固定资产的使用程度不很均衡；固定资产效用受时间因素的影响很小，有形磨损是折旧的主要因素；固定资产的修理、维修费用和收入均与其使用状况成正比。

工作量法具体可包括工作时数法和产量法两种：

（1）工作时数法。工作时数法就是以固定资产的预计工作时数为基础计算折旧的方法。计算公式如下：

$$固定资产每小时折旧率 = \frac{固定资产原价 - 净残值}{固定资产预计工作总时数}$$

$$固定资产年（月）折旧额 = 固定资产本年（月）工作时数 \times 小时折旧率$$

（2）产量法。产量法就是以固定资产在使用年限内的预计总产量为基础计算折旧的方法。计算公式如下：

$$固定资产单位产量折旧率 = \frac{固定资产原价 - 净残值}{固定资产预计总产量}$$

$$固定资产年（月）折旧额 = 固定资产本年（月）实际生产量 \times 单位产量折旧率$$

以上两种具体方法都要求首先预计固定资产在其预计有效使用年限内以工作量表示的总效用，然后据以确定每单位工作量上的折旧额。也就是说，工作量法是以固定资产预定工作总量来表示其耐用期限的，应提折旧总额按预定工作量进行平均计提，所以它也是一种平均折旧方法。

【例 7-9】 企业购置专用机床一台。支付成本 200 万元。该设备的关键部件的磨损与开机时间成正相关关系，因此采用工作量法计提折旧。该设备预计开机时间 10 000 小时。设备报废时可收回残值 3 万元，需要支付清理费 1 万元。本月开机 60 小时。

开机小时折旧率 = [2 000 000 − (30 000 − 10 000)]/10 000 = 198（元/小时）

本月折旧额 = 60 小时 × 198 元/小时 = 11 880 元

这种方法较适合那些在不同期间负荷很不均衡的固定资产的折旧计算。同时，这种方法由于只考虑了有形磨损而没考虑无形损耗，所以它只适用负荷不均衡，价值减损主要与工作负荷有关的以有形损耗为主的固定资产。

（二）加速折旧法

加速折旧法又称递减折旧法，是指在固定资产使用早期多提折旧，在后期则少提折旧，从而相对加快折旧的速度，使固定资产成本在有效使用年限中加快得到补偿的一种折旧计算方法。

采用加速折旧法的主要理论依据是：首先，固定资产在前期的工作效率比后期高，前期比后期提供更多的经济效用。也就是说，固定资产在前期为实现企业收入所作出的贡献大于后期所作出的贡献，根据配比原则，前期应计提较多的折旧费，后期则计提较少的折旧费。其次，固定资产在使用年限的后期需要更多的维修支出，而维修在一定程度上可抵销有形磨损，因此后期应计提较少的折旧费。并且，可以用递减的折旧费抵补递增的修理和维修费用，使得固定资产的各期使用成本大体相当，不会因为固定资产使用成本逐期提高而造成各期实现的利润额不断降低的表象。

最普遍使用的加速折旧法有年数总和法和双倍余额递减法两种。

1. 年数总和法

年数总和法是将固定资产的原价减去残值后的净额乘以一个逐年递减的分数，这个分数的分子代表固定资产尚可使用的年数，分母代表固定资产使用期间各年年初尚可使用年数的总和。如果使用年为 n 年，年限总数法的分母就是 $1+2+3+\cdots+n=n(n+1)/2$，第 m 年的折旧率即为：$[n-m+1]/[n(n+1)/2]$。

其折旧的基本计算公式是

$$年折旧额 = \frac{(固定资产原价-净残值)\times(n-m+1)}{n(n+1)/2}$$

【例 7-10】 某企业一台设备的原价为 40 000 元，预计残值为 1 000 元，预计使用年限为 5 年。表 7-2 列示了年限总和法下折旧的计算过程。

表 7-2 年限总和法下各年折旧费用计算表

年份	应计折旧总额 （原价－残值）/元	年数 总和/元	尚可使用 年数/年	折旧率	折旧额/元	累计折旧/元	期末账面净值/元
1	39 000	15	5	5/15	13 000	13 000	27 000
2	39 000	15	4	4/15	10 400	23 400	16 600
3	39 000	15	3	3/15	7 800	31 200	8 800
4	39 000	15	2	2/15	5 200	36 400	3 600
5	39 000	15	1	1/15	2 600	39 000	1 000

2. 双倍余额递减法

双倍余额递减法是在不考虑固定资产残值的情况下，用一个固定的折旧率（直线折旧率的两倍）去乘以逐年递减的固定资产账面余额（账面净值）。其基本计算公式为

$$年折旧额 = 年初固定资产账面余额 \times 双倍直线折旧率$$

$$其中：双倍直线折旧率 = \frac{2}{预计使用年限} \times 100\%$$

双倍余额递减法也是我国企业会计准则许可使用的方法。

在应用双倍余额递减法时必须注意，不能把固定资产的账面余额降低到它的预计残值以下，当剩余年数按直线法计算的每年折旧额大于按双倍余额递减法计算的折旧额时，固定资产价值的大部分已经收回，加速折旧的目的已经达到，可以在剩余的使用年限中改用直线法计提折旧。即如果下述条件成立，则可转换为直线法计提折旧，这一条件是

$$\frac{固定资产折余价值-净残值}{剩余使用年限} > 该年按双倍余额递减计算的折旧额$$

【例 7-11】 仍利用例 7-10 的资料，双倍余额递减法下各年折旧额的计算过程如表 7-3 所示

表 7-3 双倍余额递减法下各年折旧额计算表

年份	期初账面价值/元	折旧率	折旧额/元	累计折旧额/元	期末账面价值/元
1	40 000	40%	16 000	16 000	24 000
2	24 000	40%	9 600	25 600	14 400
3	14 400	40%	5 760	31 360	8 640
4	8 640	1/2	3 820	35 180	4 820
5	4 820	1/2	3 820	39 000	1 000

表 7-3 中的折旧率为双倍直线折旧率，即 $2 \times 20\% = 40\%$。

另外，因为第 4 年如果改用直线法，年折旧额 = [（8 640 - 1 000）/2] = 3 820（元），该折旧额大于继续采用双倍余额递减法计算的折旧额 3 456 元（即 8 640 × 40%），所以从第 4 年起改用直线法。第 4 年和第 5 年的折旧额均为 3 820 元。

从以上计算中可以看出，加速折旧法并不改变应计折旧的固定资产的估计有效使用年限，也不是将固定资产提前报废或超提折旧。无论采用何种方法计提折旧，从固定资产全部使用期间来看，折旧总额都相同。所以，从整个固定资产的有效使用期来看，使用加速折旧法并没有减少企业的利润总额，也不会减少交纳的所得税总额。但从各个具体年份来看，由于采用加速折旧法，应计折旧总额较多地分配给固定资产使用的早期，较少分配给使用的后期，必然使企业早期利润相对减少而后期利润相对增加。这对于增加企业后劲、推动企业技术进步具有积极的意义。而且，一般情况下，企业要以实现利润为基础计算交纳企业所得税。因此，企业前期利润减少，后期利润增加，实质上是推迟了企业所得税的交纳。这等于政府给企业提供了若干年的无息贷款，使企业能从中获得一定的财务利益。这也是加速折旧法在西方国家被企业广泛采用的实际原因。

最后还要说明的是，无论采用直线法还是加速折旧法，年度中（季度或月度）的折旧额都是按直线法计算的（即季度或月度折旧额分别为年度折旧额的 1/4 或 1/12）。在采用工作量法计算折旧时，则要根据年度内各个月度（或季度）的工作量数据来计算每月（或每季）的折旧额。

三、计提折旧的范围和惯例①

企业应该按月提取折旧。在实际工作中，为了简化核算工作，我国企业一般根据月初

---

① 本部分内容参见财政部 2006 年颁布的《企业会计准则第 4 号——固定资产》及其应用指南的有关规定。

在用固定资产的账面原价和月折旧率，按月计算折旧。本月内开始使用的固定资产，当月不计提折旧，从下月起计算折旧；本月内减少或停用的固定资产，当月照计折旧，从下月起停计折旧。

除以下情况外，企业应对所有固定资产计提折旧：①已提足折旧仍继续使用的固定资产；②按照规定单独估价作为固定资产入账的土地；③划为持有待售的固定资产；④大修理期间的固定资产。

此外，提前报废的固定资产不补提折旧。已达到预定可使用状态但尚未办理竣工决算的固定资产，应当按照暂估价值确定其成本并计提折旧；待办理竣工决算后，再按实际成本调整原来的暂估价值，但不需要调整原已提取的折旧额。

已计提减值准备的固定资产，应当扣除已计提的减值准备累计金额后计提折旧。

根据计算对象所包括的不同范围，固定资产折旧率可以分为 3 种：个别折旧率、分类折旧率和综合折旧率。

个别折旧率是为每个单项固定资产分别计算的折旧率，前文中介绍的各种折旧方法下计算的折旧率都是个别折旧率。

分类折旧率是按照各类性质相同或相近的固定资产，分别计算的平均折旧率。其计算公式如下：

$$某类固定资产年（月）分类折旧率 = \frac{某类各项固定资产年（月）折旧额之和}{某类各项固定资产原价之和}$$

综合折旧率是企业全部固定资产的平均折旧率，其计算公式如下：

$$固定资产综合折旧率 = \frac{\sum 各项固定资产原价 \times 折旧率}{\sum 各项固定资产原价}$$

采用综合折旧率不能正确反映各类固定资产的实际磨损程度和使用情况，不利于正确计提折旧，不利于加强固定资产管理。在实际工作中，企业的固定资产折旧多采用分类折旧率或个别折旧率。企业未经批准，改变折旧年限或采用上述方法以外的其他方法计算折旧的，在纳税时要按规定进行调整。

四、固定资产折旧的会计处理

为了分别反映企业固定资产的原价、累计折旧额，以及两者相抵后的折余价值，更全面地了解企业固定资产的使用情况，会计上设立"固定资产"和"累计折旧"账户进行固定资产核算。在"固定资产"账户中，按原价（或重置价值）反映企业固定资产的增减变动情况，并以借方余额反映企业期末固定资产的原始价值。提取的固定资产折旧额不是直接记入"固定资产"账户的贷方，冲减固定资产原价，而是单独记录在"累计折旧"账户的贷方。"固定资产"账户借方余额（即固定资产原价）减去"累计折旧"账户贷方余额（即已提折旧额）的差额，是固定资产折余价值，也称固定资产"净值"，反映固定资产取得成本中尚未转化为费用的余额部分。

在实际工作中，各个会计期间的折旧费计算是通过编制折旧计算表确定的。折旧计算表是在上月份应计固定资产折旧额的基础上，考虑上月份固定资产增减变动的情况，通过调整计算本月应计折旧。其调整计算的公式如下：

$$本月应提折旧额 = 上月计提折旧额 + 上月增加固定资产应计折旧额$$
$$- 上月减少固定资产应计折旧额$$

【例 7-12】 某单位铸造车间编制的"固定资产折旧计算表"如表 7-4 所示。

表 7-4　铸造车间固定资产折旧计算表

固定资产类别	月分类折旧率/%[①]	上月折旧额/元	上月增加固定资产		上月减少固定资产		本月折旧额/元
			原价/元	折旧额/元	原价	折旧额/元	
房屋及建筑物	0.375	5 625					5 625
机器设备	0.75	18 750					18 750
电子设备	1.5	18 000	36 000	540	24 000	360	18 180
运输车辆	1.5	7 875	68 000	1 020			8 895
其他设备	0.75	3 125					3 125
合计	—	53 375		1 560		360	54 575

会计部门根据各固定资产使用部门编制的"固定资产折旧计算表"，汇总编制企业的"固定资产折旧计算总表"，如表 7-5 所示。

表 7-5　固定资产折旧计算总表　　　　　　　单位：元

使用单位	固定资产类别					合计
	房屋及建筑物	机器设备	电子设备	运输工具	其他设备	
铸造分厂	5 625	18 750	18 180	8 895	3 125	54 575
锻压分厂						63 282
热处理分厂						72 659
总装分厂	（略）	（略）	（略）	（略）	（略）	59 843
营销部门						21 537
管理部门						25 698
合计	29 250	99 296	86 325	42 513	40 210	297 594

折旧计算表是确认和计量折旧费用的原始凭证。根据这些计算表，可以编制当月计提折旧的会计分录如下：

　　借：制造费用——铸造分厂　　　　　　　　　　　54 575
　　　　制造费用——锻压分厂　　　　　　　　　　　63 282
　　　　制造费用——热处理分厂　　　　　　　　　　72 659
　　　　制造费用——总装分厂　　　　　　　　　　　59 843
　　　　销售费用　　　　　　　　　　　　　　　　　21 537
　　　　管理费用　　　　　　　　　　　　　　　　　25 698
　　　　贷：累计折旧　　　　　　　　　　　　　　　　　297 594

---

① 此处使用的分类折旧率，是根据财政部规定的不同类别固定资产折旧年限的弹性区间而确定的。

五、固定资产折旧与固定资产重置的关系

折旧是采用适当的折旧方法，将固定资产成本分配转化为预计有效使用期费用的一个过程，根据会计方程式"利润＝收入－费用"的定义，折旧费用会抵减企业最终实现的利润。但是，由于固定资产的取得成本是在购置时支付，折旧只是对这些成本进行分配，并没有再次支付货币资金，因此，固定资产折旧的发生只减少利润，不会再次发生现金支付。不过，这并不意味着提取了折旧就一定有现金流入量，更不意味着就拥有了重置固定资产的资金来源。企业的经营现金流入和利润获得都需要经营性收入的支持，如果没有经营性收入，折旧和其他费用都得不到弥补，企业会发生亏损；而且，没有经营性收入导致的现金流入，在固定资产报废需要更新时，也没有足够的货币资金支付能力。

【例 7-13】 假设某企业经营之初仅拥有 10 万元的固定资产，没有任何其他资产。固定资产的预计有效使用年限为 5 年。某企业开业日的简明资产负债表如表 7-6 所示。

表 7-6　某企业开业日简明资产负债表　　　　　　单位：元

资产		所有者权益	
固定资产	100 000	实收资本	100 000

假设在以后 5 年里某企业没有发生任何营业收入，某企业 5 年的简明利润表如表 7-7 所示。

表 7-7　　某企业 5 年简明利润表　　　　　　单位：元

	第一年	第二年	第三年	第四年	第五年	五年合计
营业收入	0	0	0	0	0	
减：折旧费用	20 000	20 000	20 000	20 000	20 000	100 000
营业损失	20 000	20 000	20 000	20 000	20 000	100 000

可以看出，折旧不是重置固定资产的资金来源。固定资产重置的资金应来源于营业收入，如果没有营业收入，就不会有利润，也不会有相应的现金流入，当然更不会有重置固定资产的资金来源。

第四节　固定资产的期末计量

固定资产期末计量的目的在于在资产负债表上报告固定资产价值。根据本章第二节和第三节的说明，可以获得固定资产和在建工程的账面价值信息，这种账面价值信息还需要通过期末计量，进行必要的会计调整，才能用来对外报告。此外，由于在建工程属于准固定资产，因此，固定资产的期末计量也包括在建工程的计量。本节将就固定资产和在建工程的期末计量分别说明。

一、账面价值与现行价值

如果仅考虑固定资产的初始计量和计提折旧的后续计量，可以将固定资产原价减去累计折旧后的折余价值理解为固定资产账面价值。由于折旧计算中使用的折旧年限和折旧方

法不可避免地存在主观估计因素，折旧之后的固定资产账面价值不一定能够代表固定资产的现行价值。但是在报告固定资产的价值时，应遵循相关性原则的要求，尽可能使报告的资产价值接近其现行价值。所以，如果现行价值与账面价值相差不多，调整与否对会计信息利用者理解固定资产价值高低的影响不大，根据重要性原则，可以忽略不计。但如果现行价值与账面价值与之间的差额很大，就需要根据不同情况进行处理。如果固定资产的现行价值明显高于账面价值，根据稳健原则的要求，对于尚未实现的固定资产升值不予确认。反之，若固定资产的现行价值明显低于账面价值，则需要计提固定资产减值准备。

基于以上考虑，固定资产的期末计量主要涉及固定资产减值的确认与报告。

对于在建工程，同样会出现账面价值与现行价值之间的不一致现象。账面价值反映历史成本，是过去一段时期内归集的在建工程成本，与现行价值之间可能会有偏差。如果其现行价值低于账面成本，那么就需要计提在建工程减值准备。

二、固定资产减值[①]

固定资产发生损坏、技术陈旧或经济原因，导致其可收回金额低于其账面净值，称为固定资产价值减值。对于已经发生的资产减值如果不予以确认，必然导致虚增资产的价值，这既不符合可靠性的原则，也有悖于稳健性原则。因此，对那些经济价值大幅度下降、不能为企业带来预期经济利益的固定资产，应该计提固定资产减值准备。

（一）资产减值的迹象

根据《企业会计准则第 8 号——资产减值》第二章第五条的规定，判断固定资产是否发生减值，企业主要应考虑是否存在下列迹象：

（1）资产的市价当期大幅度下跌，其跌幅明显高于因时间的推移或者正常使用而预计的下跌。

（2）企业经营所处的经济、技术或者法律等环境，以及资产所处的市场在当期或者将在近期发生重大变化，从而对企业产生不利影响。

（3）市场利率或者其他市场投资报酬率在当期已经提高，从而影响企业计算资产预计未来现金流量现值的折现率，导致资产可收回金额大幅度降低。

（4）有证据表明资产已经陈旧过时或者其实体已经损坏。

（5）资产已经或者将被闲置、终止使用或者计划提前处置。

（6）企业内部报告的证据表明资产的经济绩效已经低于或者将低于预期，如资产所创造的净现金流量或者实现的营业利润（或者亏损）远远低于（或者高于）预计金额等。

（7）其他表明资产可能已经发生减值的迹象。

如果出现了上述迹象，就应当对固定资产进行减值测试，判断是否需要计提固定资产减值准备。

---

① 根据中华人民共和国财政部 2011 年发布的《小企业会计准则》第二十八条的规定，本部分介绍的"固定资产减值准备"内容不适用于小企业固定资产核算。

（二）可收回金额

减值是指可收回金额低于其账面净值的差额，而账面净值可以通过会计记录获得，所以计算固定资产减值损失的关键在于可收回金额的确定。

根据《企业会计准则第 8 号——资产减值》第三章第六条的规定，可收回金额应当根据资产的公允价值减去处置费用后的净额与资产预计未来现金流量的现值两者之间较高者确定。其中，资产的公允价值减去处置费用后的净额，应当根据公平交易中销售协议价格减去可直接归属于该资产处置费用的金额确定；资产预计未来现金流量的现值，应当按照资产在持续使用过程中和最终处置时所产生的预计未来现金流量，选择恰当的折现率对其进行折现后的金额加以确定。

具体确定可收回金额的过程较为复杂，此处不再展开说明。

（三）固定资产减值的会计处理

会计期末，如果企业发现固定资产的可收回金额低于其账面净值，则表明发生了减值。根据稳健性原则，应当将固定资产的账面价值减记至可收回金额，减记的金额确认为资产减值损失，计入当期损益，同时计提相应的固定资产减值准备。

会计上设置"固定资产减值准备"账户，该账户是"固定资产"账户的抵减调整账户，由于发生固定资产减值时，借记"资产减值损失——固定资产减值损失"账户，贷记"固定资产减值准备"账户，所以"固定资产减值准备"账户通常为贷方余额。

【例 7-14】 2022 年末，泰兴公司某项专用设备的原价为 160 万元，累计折旧为 67.5 万元，账面价值为 92.5 万元。假设该设备的可回收金额为 78 万元，则泰兴公司应计提固定资产减值准备 14.5 万元，会计分录如下：

借：资产减值损失——固定资产减值损失　　　　　　　　　　　145 000
　　贷：固定资产减值准备　　　　　　　　　　　　　　　　　　　145 000

资产减值损失确认后，减值固定资产的账面净值应当等于"固定资产"账户的借方余额减去"累计折旧"账户的贷方余额和"固定资产减值准备"账户的贷方余额。相应地，折旧费用应当在未来期间作出调整。以例 7-14 中的专用设备为例，计提减值准备前的账面价值为 92.5 万元，计提减值准备后，其账面净值就调整为 78 万元。假设设备剩余的使用寿命为 5 年，期末没有残值，那么每年计提的折旧额将由 $92.5 \div 5 = 18.5$ 万元调整为 $78 \div 5 = 15.6$ 万元。

固定资产减值损失一经确认，在以后会计期间不得转回。这意味着减值固定资产的可回收金额即使在以后会计期间出现回升，也不能调整固定资产减值准备的余额。以例 7-14 中的专用设备为例，如果假设 2023 年计提 15.6 万元折旧费用，那么年末的账面价值为 $160 - (67.5 + 15.6) = 76.9$（万元），扣除固定资产减值准备后的账面净值为 $76.9 - 14.5 = 62.4$（万元）。假设此时的可回收金额为 68 万元，与账面价值 76.9 万元的差额缩小至 8.9 万元，固定资产减值准备的余额也应当保持原有的 14.5 万元，而不应调整为 8.9 万元。

三、在建工程减值

企业应当在会计期末判断在建工程的减值迹象，如果有证据表明在建工程已经发生了减值，应当计提减值准备。

在建工程存在下列一项或若干项情况的，应当确认发生了减值，并提取减值准备：

（1）在建工程的市价当期大幅度下跌，其跌幅明显高于因时间的推移或者正常使用而预计的下跌。

（2）企业经营所处的经济、技术或法律等环境，以及资产所处的市场在当期或将在近期发生重大变化，从而对企业产生不利影响。

（3）市场利率或者其他市场投资回报率在当期已经提高，从而影响企业计算在建工程预计未来现金流量现值的折现率，导致在建工程可收回金额大幅度降低。

（4）有证据表明在建工程已经陈旧过时或其实体已经损坏。

（5）在建工程已经或者将被闲置、终止使用或者计划提前处置。

（6）企业内部报告的证据表明在建工程的经济绩效已经低于或者将低于预期，如在建工程所创造的净现金流量或者实现的营业利润（或者损失）远远低于预计金额等。

（7）其他表明在建工程资产可能已经发生减值的迹象。

会计上应设置"在建工程减值准备"账户，作为"在建工程"账户的抵减调整账户。企业发生在建工程减值时，借记"资产减值损失－在建工程减值损失"账户，贷记"在建工程减值准备"账户。

在建工程减值损失一经确认，在以后会计期间不得转回。

第五节　固定资产的处置

固定资产处置包括对外投资转出固定资产、固定资产报废、固定资产盘亏、固定资产出售等方式。固定资产的处置必然会导致固定资产实物的减少。无论是因为哪种情况处置固定资产，都应该将折旧计提到发生处置的月份，并且所有与该固定资产有关的账户的记录都应该予以转销。同时，在固定资产处置时，其处置所得一般不等于固定资产的账面价值，因此就会出现处置固定资产的损益。

本节将区分不同的处置方式说明固定资产处置的会计处理。

一、对外投资转出固定资产

企业用现有的固定资产对外投资，意味着企业用自身的固定资产交换其他企业的股权，属于非货币性交易，应该按照非货币性交易的有关会计准则处理。根据《企业会计准则第7号——非货币性资产交换》[①]第一章第二条的规定："非货币性资产交换，是指企业主要以固定资产、无形资产、投资性房地产和长期股权投资等非货币性资产进行的交换。该交换不涉及或只涉及少量的货币性资产（即补价）。货币性资产，是指企业持有的货币资金和收取固定或可确定金额的货币资金的权利。非货币性资产，是指货币性资产以外的资产。"

企业用固定资产对外投资，通常会增加长期股权投资。应以该固定资产的公允价值作

---

① 中华人民共和国财政部制定，《企业会计准则第7号——非货币性资产交换》，2019年修订。

为投资成本，公允价值与账面价值之间的差额视为处置固定资产的利得，直接计入当期损益。在会计实务中，应该按照固定资产公允价值，借记"长期股权投资"账户，按投出固定资产的已提折旧和减值准备，借记"累计折旧"账户和"固定资产减值准备"账户，按投出固定资产的账面原价贷记"固定资产"账户，固定资产公允价值与投出固定资产净值（原价－累计折旧－固定资产减值准备）的差额，确认为资产处置损益。

【例 7-15】 某企业与其他企业联营，将一栋办公楼作价投资。该办公楼原价 800 万元，已提折旧 100 万元，经评估确认按照其现行公允价值 1000 万元作为对外投资额。有关投资的会计分录如下：

借：长期股权投资	10 000 000
累计折旧	1 000 000
贷：固定资产	8 000 000
资产处置损益	3 000 000

如果例 7-15 中对外投资的办公楼经过资产评估确定公允市价为 600 万元，其他各项条件不变，那么需要编制如下会计分录：

借：长期股权投资	6 000 000
累计折旧	1 000 000
资产处置损益	1 000 000
贷：固定资产	8 000 000

二、固定资产清理

固定资产清理包括报废和出售两种情况。报废是指因使用期满或者因意外事故而导致固定资产不再具有利用价值，出售是指处置尚有利用价值的固定资产。

固定资产报废转入清理，需要支付一定数量的清理费用，清理过程中还可能产生一些残值收入。因此，固定资产报废清理的会计处理由两个步骤组成：①注销该项固定资产原价、计提的累计折旧及计提的固定资产减值准备；②确认清理过程中的收益或损失。

会计上需要设置"固定资产清理"账户，用以核算企业因出售、报废、毁损等原因转入清理的固定资产净值，以及在清理中所发生的清理费用和清理收入。该账户借方记录报废固定资产的净值和发生的清理费，贷方记录清理过程中所发生的各种收入。清理完毕，"固定资产清理"账户应当没有余额，属于正常出售、转让所产生的利得或损失，转入"资产处置损益"账户；属于已丧失使用功能正常报废所产生的利得或损失，转入"营业外支出——非流动资产报废"账户或"营业外收入——非流动资产报废"账户；属于自然灾害等非正常原因造成的损失，转入"营业外支出——非常损失"账户。

【例 7-16】 某企业 2015 年 1 月 1 日购置一套生产线，价值 500 万元，当时预计有效使用年限为 10 年，残值 20 万元，采用直线法计提折旧。2022 年 5 月 8 日因发生火灾而提前报废，将部分残料出售，获得残料收入 43 万元，另有部分残料作价 9 万元入库，并发生了清理费 5 万元。企业向保险公司申请赔款 80 万元，向事故的有关责任人员收取罚款 7 万元。该企业应进行如下会计处理：

（1）将折旧计提到发生处置的月份：

计提 2022 年 5 月的折旧 4 [（5 00 − 20）÷ 120 = 4] 万元：

借：制造费用	40 000	
贷：累计折旧		40 000

到报废时为止，该固定资产累计折旧额 = [（11 + 6 × 12 + 5）× 4] = 352 万元，因此报废时固定资产的净值为 500 − 352 = 148 万元。

（2）注销该固定资产的原价和累计折旧：

借：固定资产清理	1 480 000	
累计折旧	3 520 000	
贷：固定资产		5 000 000

（3）发生清理费用：

借：固定资产清理	50 000	
贷：银行存款		50 000

（4）出售部分固定资产残值收入及部分残料作价入库：

借：银行存款	430 000	
原材料	90 000	
贷：固定资产清理		520 000

（5）向保险公司申请赔款及向责任人收取罚款：

借：其他应收款——保险公司	800 000	
银行存款	70 000	
贷：固定资产清理		870 000

（6）由于"固定资产清理"账户借方发生额为 148 + 5 = 153 万元，贷方发生额为 43 + 9 + 80 + 7 = 139 万元，借方发生额大于贷方发生额，差额 14 万元即为固定资产清理过程中发生的净损失。会计分录为

借：营业外支出——非常损失	140 000	
贷：固定资产清理		140 000

三、固定资产盘亏

固定资产应当定期盘点，每年至少盘点一次。盘点结果如果发现实际数额与账面不符，应当查明原因，及时处理，一般应在年终结账前处理完毕。对于盘亏的固定资产，应编制固定资产盘亏报告表，报经企业主管领导批准处理。

账务处理可分为两步：第一步，在发现盘亏后，按净值借记"待处理财产损溢——待处理固定资产损溢"账户，按已提折旧借记"累计折旧"账户，按盘亏资产的原价贷记"固定资产"账户。此项会计处理后，盘亏的固定资产就从固定资产账上转出，从而保证了账存资产和实存资产的一致。第二步，盘亏的固定资产按照规定程序批准后进行注销时，应该借记"营业外支出——盘亏损失"账户，贷记"待处理财产损溢——待处理固定资产损溢"账户。

【例 7-17】 某企业盘亏铣床一台。账面原价 50 万元，已计提折旧 36 万元。

（1）根据固定资产盘亏报告，编制会计分录：

借：待处理财产损溢——待处理固定资产损溢　　　　　　140 000

累计折旧　　　　　　　　　　　　　　　　　360 000

贷：固定资产　　　　　　　　　　　　　　　　　　　500 000

（2）根据管理部门的批复结果，编制会计分录：

借：营业外支出——盘亏损失　　　　　　　　　　140 000

贷：待处理财产损溢——待处理固定资产损溢　　　　　　140 000

需要注意的是，固定资产清查结果的处理原则与存货清查结果的处理原则是一致的。也就是说，固定资产盘盈或盘亏处理意见，如在年末结账前尚未得到有关管理部门批准的，应在对外提供财务会计报告时先按本节所述会计处理方法进行处理，并在会计报表附注中做出说明。如果其后批准处理的金额与已处理的金额不一致，应按其差额调整会计报表相关项目的年初数字。

四、固定资产转为持有待售

根据《企业会计准则第 42 号——持有待售的非流动资产、处置组和终止经营》[①]第二章第五条的规定，企业将固定资产转为持有待售固定资产，应当同时满足下列两个条件：①根据类似交易中出售此类资产或处置组的惯例，在当前状况下即可立即出售；②出售极可能发生，即企业已经就一项出售计划作出决议且获得确定的购买承诺，预计出售将在一年内完成。有关规定要求企业相关权力机构或者监管部门批准后方可出售的，应当已经获得批准。

会计上通过设置"持有待售资产"账户进行处理。固定资产划分为持有待售资产后，首先将固定资产的账面价值转入"固定资产清理"账户，然后按该资产公允价值减去出售费用后的净额与账面价值孰低的原则对持有待售资产进行计量，如果原账面价值高于公允价值减去处置费用后的净额，应该将二者的差额确认为资产减值损失。

【例 7-18】 2022 年 3 月 1 日，甲公司与乙公司签订了一项不可撤销的转让合同。协议约定，甲公司于 2022 年 12 月 1 日，将其一台生产经营用设备出售给乙公司。该固定资产的原价 190 万元，累计折旧 130 万元，账面价值为 60 万元。

如果公允价值为 75 万元，处置的相关费用预计为 5 万元，那么应编制如下会计分录：

（1）结转固定资产的账面价值

借：固定资产清理　　　　　　　　　　　　　　　600 000

累计折旧　　　　　　　　　　　　　　　　1 300 000

贷：固定资产　　　　　　　　　　　　　　　　　1 900 000

（2）将固定资产转为持有待售资产

借：持有待售资产　　　　　　　　　　　　　　　600 000

贷：固定资产清理　　　　　　　　　　　　　　　　600 000

公允价值减去处置费用后的净额为 75 − 5 = 70（万元），备查登记即可。

---

① 中华人民共和国财政部制定，《企业会计准则第 42 号——持有待售的非流动资产、处置组和终止经营》，2017 年。

如果公允价值为 57 万元，其他条件不变，则公允价值减处置费用后的净额为 57 - 5 = 52 万元，小于账面价值 60 万元。对于公允价值减处置费用后净额小于账面价值的差额 8 万元，应计提减值损失。这种情况下，需要在编制以上会计分录的同时，再编制如下会计分录：

借：资产减值损失   80 000

  贷：持有待售资产减值准备   80 000

持有待售固定资产从划归为持有待售之日起，不再计提折旧。

第六节　无 形 资 产

天津日报曾于 2004 年发表过一篇题目为《"泥人张"传人状告工商局　老字号名称专有权起纠纷》的报道[①]。文章称：老字号是一笔无可估量的无形资产，散布在全国各地的中华老字号有 170 多家，而近年来，诸多老字号因为商标使用等问题出现了众多权属纠纷。津门百年老字号"泥人张"的第五代和第六代掌门人也因为商标使用权问题而发难，将南开区工商局告上法庭。其起诉理由是，南开区工商局违法对"天津泥人张彩塑工作室"经营部和其鼓楼经营部颁发营业执照，使其严重损害了"泥人张"及其企业作品的正常销售和经营。同时，"泥人张"传人还将"天津泥人张彩塑工作室"作为本案第三人提起诉讼。27 日上午，天津市南开区法院依法审理了此案。

据了解，"泥人张"张明山流传下来的"泥人张彩塑"现由其第六代传人张宇经营，企业名称为"天津市溯古斋泥人张世家老作坊"。而本案的第三人"天津泥人张彩塑工作室"则是市文化局的下属单位，关于该工作室的由来，据"泥人张"第五代掌门人张乃英称，新中国成立后，市文化局曾请"泥人张"第四代传人张铭传授泥人彩塑技巧，后成立了"天津泥人张彩塑工作室"。1994 年，为维护"泥人张"的名称使用权，张铭老人曾起诉该工作室。经市高级法院终审判决书认定，"张氏家族后代从事泥人创作的人与天津泥人张彩塑工作室共同拥有'泥人张'名称专有权，其中，工作室持有专有权的性质为国家所有，……权利人没有达成共识，不得将'泥人张'名称专有权转让或授权与第三人使用"。

"泥人张"商标使用权的官司法院自有公断。在这场诉讼中，原、被告双方都认为自己有权使用"泥人张"商标，其原因非常简单，这个老字号商标可以为他们的经营带来不菲的经济利益。因此可以这样认为，"泥人张"商标是一项重要的经济资源。但是，作为一项经济资源，其价值几何？这个价值是否应该记录在企业的资产中，反映在报表中？

一、无形资产的概念和特征

（一）无形资产的概念

《企业会计准则第 6 号——无形资产》[②]第二章第三条规定："无形资产是指企业拥有

[①] 转引自中国商标专网（www.cha-tm.com）行业信息版 2004 年 7 月 28 日 8:53:11。

[②] 中华人民共和国财政部制定，《企业会计准则第 6 号——无形资产》，2006 年。以下同。

或控制的没有实物形态的可辨认的非货币性资产。"包括专利权、非专利技术、商标权、著作权、土地使用权、特许权等。

专利权指政府对发明人在产品的工艺、构造、款式、配方等方面的发明创造给予的制造、使用和出售等方面的专门权利。拥有专利权可使企业取得在这些方面的垄断地位和优势。专利权只在其适用的专利法规的管辖区域内，在一定期限内有效。

专有技术也称非专利技术，指企业在其生产经营活动中采用的未经公开也未申请过专利的先进技术、资料、技能、知识等，它不受法律保护，并且只有经济上的有效期限。大多数专有技术是企业自创的，也可通过接受投资的形式取得，但通过外购取得的情况一般较少，原因在于专有技术的垄断性没有法律手段的保障，买方与卖方均不愿冒泄密的风险。

商标是用来辨认特定商品或劳务的标记，是重要的购物向导，名牌商标能为企业带来超额经济利益，甚至其经济价值可超过企业的有形资产。商标权是商标所有者将商标依法注册登记而取得的专用权，商标权的内容包括独占使用权和禁止使用权。

土地使用权又称场地使用权，是指土地使用者按照法律规定，对其所使用土地享有的开发、利用、经营的权利。根据我国土地管理法的规定，我国实行土地公有制，任何单位和个人不得侵占、买卖或以其他形式非法转让土地。企业可以通过向政府机关支付土地使用权出让金和使用金，从政府处取得土地使用权，也可以向拥有土地使用权的企业支付转让金从其他企业取得土地使用权。

在企业的经营发展中，特别是高科技企业中，无形资产正在发挥越来越大的作用。例如，科大讯飞 2021 年的资产负债表显示，公司的资产总额 314 亿元中，无形资产为 23.919 亿元，占比 7.62%。因此，无形资产的管理与核算越来越受到重视。

（二）无形资产的特征

无形资产具有以下 3 个方面的特征。

1. 不存在实物形态

无形资产是不具有实物形态的隐形资产，它以某种特有技术知识和权利形式存在。虽然无形资产不具有实物形态，但它通常又要依附于一定的实体。例如，某种专有技术必须通过一定配方，一定设备或工艺流程来体现。无形资产失去依托，将无法发挥作用。

2. 可以在多个会计期间为企业带来经济利益

无形资产可以在一个以上的会计期间为企业提供经济效益。如果仅是偶然对经营发挥作用，而不具有持续性，就不能够视为无形资产。所以无形资产被界定为长期资产。

3. 所带来的未来经济利益具有很大的不确定性

无形资产确认时的账面价值与其实际经济价值往往差距很大，且无形资产所能带来的未来经济效益具有很大的不确定性。例如：一方面，企业自己开发研制的职务专利在账面上记录的成本可能很小，但是如果管理有效，它能够为企业带来超过账面价值数十倍的收益。另一方面，一旦科学技术有了新的突破，原有专利的技术优势不复存在，为企业创造的未来收益的能力将急剧衰减，甚至一钱不值。

二、无形资产的计量

由于无形资产的取得成本比较高，没有实物形态，且使用周期长，为企业所能带来的未来经济效益具有很大的不确定性，导致无形资产的计量有其特殊性。根据计量的不同目的，无形资产的计量分为初始计量和后续计量。

（一）无形资产的初始计量

《企业会计准则第 6 号——无形资产》第三章第十二条规定："无形资产应当按照成本进行初始计量。"在实际工作中，由于无形资产来源的不同，其成本的具体构成也有所不同。

企业外购无形资产的成本，包括买价、相关税费，以及直接归属于使该项资产达到预定用途所发生的其他支出。例如，购入的土地使用权的成本包括企业为取得土地使用权而支付的出让金或转让金，以及发生的迁移补偿费、土地丈量费、土地平整费、法律手续费等。

企业自行开发并按法律程序申请取得的无形资产的取得成本，包括在满足无形资产确认的条件之后至达到预定用途前所发生的支出总额。实际工作中，通常包括开发过程中发生的材料费用、直接参与开发人员的薪酬费用、开发过程中发生的租金、借款费用支出，以及依法取得时发生的注册费、聘请律师费等项目的实际成本。

企业所有者和其他单位投入的无形资产，应当按照投资合同或协议约定的价值作为实际成本。

（二）无形资产的后续计量

无形资产的后续计量分为摊销和减值两个方面。

1. 无形资产的摊销

无形资产没有实物形态，也就没有新旧程度的差别。因此，依据使用寿命进行无形资产的成本分配被称之为"摊销"。摊销应以其使用寿命为基础，企业应当于取得无形资产时分析判断其使用寿命。

无形资产的使用寿命为有限的，应当估计该使用寿命的年限或者构成使用寿命的产量等类似计量单位数量。无形资产的使用寿命包括法定寿命和经济寿命两个方面。①法定寿命。某些无形资产的使用寿命受法律、规章或合同的限制，称为法定寿命。例如，我国法律规定发明专利权有效期为 20 年，商标权的有效期为 10 年。有些无形资产如永久性特许经营权、非专利技术等的寿命则不受法律或合同的限制。②经济寿命。经济寿命是指无形资产可以为企业带来经济利益的年限。由于受技术进步、市场竞争等因素的影响，无形资产的经济寿命往往短于法定寿命，因此，在估计无形资产的使用寿命时，应当综合考虑各方面相关因素的影响，合理确定无形资产的使用寿命。

使用寿命有限的无形资产的应摊销金额需要在估计的使用寿命内采用系统合理的方法进行摊销。所谓应摊销金额，是指其成本扣除预计残值后的金额；已计提减值准备的无形资产，还应扣除已计提的无形资产减值准备累计金额。

2. 无形资产的减值

使用寿命有限的无形资产，不用每年进行减值测试，出现减值迹象时测试即可；使用寿命不确定的无形资产，都应当在每个会计期末进行减值测试。如果发现某项无形资产（如专利技术）已经被其他新技术等替代，使其为企业创造的经济利益的能力受到重大的不利影响，或者该无形资产（如商标权）的市价在当期大幅度下降，并在剩余的摊销年限内可能不会恢复，说明该项无形资产发生了减值。在这种情况下需要对该无形资产可收回金额进行估计，并将该无形资产可收回金额低于账面价值的差额确认为无形资产减值，并提取减值准备。

三、无形资产的会计处理

（一）取得无形资产的会计处理

会计上通过设置"无形资产"账户，记录和反映购入、投入或自创的无形资产①。该账户借方记录企业购入、自创或其他企业投入的无形资产的实际支出数，贷方登记处置、注销的无形资产的取得成本。

【例 7-19】 泰兴公司于 2012 年初购入一项专利权，支付买价及相关费用 18 万元，另同时购买一项专有技术，支付费用 24 万元。

对于此项业务，应编制如下会计分录：

借：无形资产——专有技术及专利权　　　　　　　　　　　　　　420 000
　　贷：银行存款　　　　　　　　　　　　　　　　　　　　　　　　　420 000

（二）无形资产摊销的会计处理

《企业会计准则第 6 号——无形资产》第四章第十七条规定："企业摊销无形资产，应当自无形资产可供使用时起，至不再作为无形资产确认时止。企业选择的无形资产摊销方法，应当反映与该项无形资产有关的经济利益的预期实现方式。无法可靠确定预期实现方式的，应当采用直线法摊销。无形资产的摊销金额一般应当计入当期损益。"

会计上设置"累计摊销"账户，记录和反映使用寿命有限无形资产的成本摊销情况。该账户是"无形资产"账户的抵减调整账户，贷方记录无形资产的摊销金额，借方记录处置无形资产时转出的该项无形资产的累计摊销额。余额在贷方，反映企业无形资产的累计摊销额。

根据可获得的情况判断，有确凿证据表明无法预见无形资产为企业带来经济利益期限的，应当视为使用寿命不确定的无形资产。《企业会计准则第 6 号——无形资产》第四章第十九条规定："使用寿命不确定的无形资产不应摊销。"

《企业会计准则第 6 号——无形资产》第四章第二十一条进一步规定："企业至少应当

---

① 自创无形资产往往由企业内部的研究开发项目形成。关于研究开发项目支出的会计处理，会计上一般通过设置"研发支出"账户进行核算，具体还要区分研究阶段和开发阶段进行不同处理。其中，研究阶段的支出应当于发生时计入当期损益，而开发阶段的支出则需要划分资本化和费用化的界限，本书不再展开说明。详见《企业会计准则第 6 号——无形资产》第二章。

于每年年度终了，对使用寿命有限的无形资产的使用寿命及摊销方法进行复核。无形资产的使用寿命及摊销方法与以前估计不同的，应当改变摊销期限和摊销方法。"

【例 7-20】 承接例 7-19，泰兴公司购入的专利权按有效期 15 年摊销，专有技术按有效寿命 10 年摊销。

根据以上资料，无形资产的每月摊销额计算如下：

$$专利权的每月摊销额 = 180\,000 \div 15 \div 12 = 1\,000（元/月）$$

$$专有技术的每月摊销额 = 240\,000 \div 10 \div 12 = 2\,000（元/月）$$

泰兴公司在利用无形资产的前 10 年，每月应编制如下会计分录：

借：管理费用——无形资产摊销   3 000

  贷：累计摊销——无形资产——专有技术及专利权   3 000

到第 10 年末为止，专有技术已摊销完毕。第 11 年到第 15 年每月仅摊销专利权费 1 000 元。会计分录如下：

借：管理费用——无形资产摊销   1 000

  贷：累计摊销——无形资产——专利权   1 000

（三）无形资产减值的会计处理

会计上设置"无形资产减值准备"账户，记录和反映无形资产的减值情况。该账户贷方记录无形资产的减值金额，借方记录处置无形资产时注销的该项无形资产的累计减值额。贷方余额反映企业已计提但尚未转销的无形资产减值准备。

已计提的无形资产减值准备不允许转回。

【例 7-21】 承接例 7-19 和例 7-20，泰兴公司在 2022 年末对外购专利权产的账面价值进行检查时发现，市场上已经存在类似专利所生产的产品，从而对泰兴公司产品的销售产生明显的不利影响。当时，该专利权的原价为 18 万元，累计摊销为 13.2 万元（即每月摊销 1 000 元，合计已经摊销 12 × 11 = 132 个月），账面价值为 4.8（18 − 13.2）万元，剩余摊销年限为 4 年。按照当时的行情，如果泰兴公司出售该专利权，在扣除了相关税费以后可以获得 2.3 万元。

泰兴公司应该提取的无形资产减值准备为 2.5（4.8 − 2.3）万元。会计分录如下：

借：资产减值损失   25 000

  贷：无形资产减值准备   25 000

【本章小结】

企业固定资产的数量和价值在一定程度上代表企业的生产规模和能力。固定资产的成本包括使固定资产达到正常使用状态之前所发生的一切必要开支。在使用固定资产的期限内，固定资产的成本应当采用平均折旧法或加速折旧法计提折旧费用，产品成本或当期损益。不同折旧方法适用于不同的情况和环境，其中，加速折旧法并没有将固定资产提前报废或者多提折旧，而是改变了应计折旧总额在固定资产各个使用期间的分配格局。在计算固定资产折旧时，需要首先确定固定资产的折旧范围和适合的类别。固定资产的处置有不同的去向：对外投资、报废清理、盘亏、转为待售资产等。

无形资产是没有实物形态，但是能够给企业带来超额收益的资产。无形资产按取得成本列报，使用寿命有限的无形资产按照使用寿命进行摊销，摊销额作为管理费用计入当期损益。使用寿命期限不确定的无形资产不应摊销。如果无形资产为企业创造的未来经济利益小于其账面价值，应该提取减值准备。

【关键名词】

固定资产	在建工程	折旧	直线法
工作量法	年数总和法	双倍余额递减法	累计折旧
固定资产减值准备	固定资产清理	无形资产	累计摊销
无形资产减值准备	经营租入固定资产	融资租入固定资产	

【思考题】

1. 固定资产折旧的实质是什么？折旧和固定资产重置有无必然联系？
2. 固定资产折旧的方法有几种？各自适应什么条件？
3. 采用加速折旧的理论依据是什么？你对加速折旧有什么认识？
4. 固定资产在处置过程中为什么会发生损益？
5. 无形资产核算与固定资产核算有哪些不同之处？为什么？
6. 哪些无形资产属于寿命有限的无形资产？哪些属于寿命不确定的无形资产？

【练习题】

练习一

1. 某公司购入一台生产设备，发票价格 40 000 元，增值税税率 13%，用银行存款支付。设备购进后的安装调试过程中消耗材料 1 560 元，发生工人工资 800 元。已完工投入使用。

要求：计算该设备的入账金额，并编制必要的会计分录。

2. 公司支付 30 000 元购买了 3 台旧设备。购买这些设备时，经评估这些设备的完全重置成本如下：A 设备 14 000 元，B 设备 18 000 元，C 设备 8 000 元，3 台设备的新旧程度基本一致。

要求：确定各台设备入账金额，并编制必要的会计分录。

3. 公司自行制造一台模具。购入并领用专用材料 80 000 元，增值税税率 13%；发生人工费用 7 800 元。领用公司自产商品 12 000 元；水、电、运输等费用为 9 000 元，其他费用 4 000 元。

要求：编制模具制造过程直至交付使用的全部分录。

练习二

天星公司一套设备原价 300 000 元，预计净残值为 8 000 元，预计使用年限为 5 年。

要求：分别采用下列方法计算各年折旧额，并进行相应的账务处理。

（1）平均年限法；

（2）年数总和法；

（3）双倍余额递减法.

练习三

黄河公司于 2017 年 3 月购置一部设备，价值 30 000 元。预计有效使用年限为 8 年，净残值 1 200 元。2022 年 6 月 24 日因事故报废收回残料，一部分出售获 3 000 元；另一部分作价 600 元入库。发生清理费用 400 元。申请保险赔款 4 000 元。向事故责任人收取罚款 1 000 元，不考虑增值税。

要求：分别在下列不同的折旧方法下，计算该设备的清理损益，作出有关清理的会计分录。

（1）直线法；

（2）年数总和法

练习四

易彤公司为增值税一般纳税人，适用的增值税税率为 13%。该公司在生产经营期间以自营方式建造一建筑物。2022 年 1—3 月发生的有关经济业务如下：

（1）购入一批工程物资，收到的增值税专用发票上注明的价款为 200 万元，增值税税额为 26 万元，款项已通过银行转账支付。

（2）工程领用工程物资 180 万元。

（3）工程领用生产用 A 原材料一批，实际成本为 100 万元；购入该批 A 原材料支付的增值税额为 13 万元；未对该批 A 原材料计提存货跌价准备。

（4）应付工程人员职工薪酬 114 万元。

（5）工程建造过程中，由于非正常原因造成部分毁损，该部分工程实际成本为 50 万元，未计提在建工程减值准备；应从保险公司收取赔偿款 5 万元，该赔偿款尚未收到。

（6）以银行存款支付工程其他支出 40 万元。

（7）工程达到预定可使用状态前，领用生产用 B 原材料实际成本为 20 万元；购入该批 B 原材料支付的增值税额为 2.6 万元；以银行存款支付其他支出 5 万元。未对该批 B 原材料计提存货跌价准备。

（8）工程达到预定可使用状态并交付使用。

（9）剩余工程物资转为生产用原材料，并办妥相关手续。

要求：根据以上资料，逐笔编制易彤公司相关业务的会计分录。

练习五

某公司 2019 年 7—12 月间为了研究一项专利投入 78 000 元；2020 年又投入 20 000 元；

2021 年 2 月取得成功并申请专利权，登记注册费 30 000 元，律师费 4 000 元。2021 年 3 月 1 日获得证书。同年 4 月份正式投产该专利产品。出于稳健原则，该公司决定在 5 年期限内将该专利权的成本摊销完毕。

要求：编制自 2019 年 7 月至 2021 年 12 月与专利权业务有关的会计分录。

即测即练　　　　　　　扩展阅读

自学自测　　扫描此码

第八章

负 债

本章导读

负债是企业筹措资金的重要方式。负债能否及时偿还，将直接影响企业的再筹资能力和商业信誉，进而影响企业的经营和发展。为了有效管理和适时偿还各项负债，应该全面掌握负债的特征、产生原因和偿还方式。本章首先介绍负债的概念及分类，在此基础上分别按照不同债权人介绍流动负债的核算与管理，按照不同筹集方式介绍非流动负债的核算与管理，最后介绍或有负债及债务重组的要点。

 问题导引

适当负债可以增加企业的利润吗？

企业的负债必须有确定的债权人和偿还金额，这种说法对不对？

为什么在许多情况下，还债金额不等于借款金额？

在什么情况下法律方面的义务应该确认会计上的负债？

或有负债是否属于真正的负债？

 开篇故事

A 公司建造一幢新生产车间，2019 年 3 月 1 日从建设银行取得专门借款 1 000 万元，期限 3 年，利率为 6.5%。新车间的建设从 2019 年 4 月 10 日开工并陆续发生各项支出。2020年 2 月 5 日，因款项迟迟不能到位，施工方停止了施工，直到 2020 年 8 月 13 日才恢复施工。新车间于 2021 年 10 月 16 日完工，双方于 2021 年 12 月 31 日办完竣工决算手续。2022年 5 月 1 日，新车间投入使用。A 公司将这笔专门借款的利息共计 195 万元，全部计入了工程造价，形成了固定资产的价值。

A 公司对借款利息的会计处理是否正确，为什么？

第一节 负 债 概 述

一、负债的定义和特点

（一）负债的定义

在会计基本方程式"资产＝负债＋所有者权益"中，左方的资产表明企业各种资金的存在形态，而右方的负债和所有者权益则表明企业资产的来源，即企业外部的债权人和投资者对企业资产拥有的权益。这些权益按其要求人的不同分为所有者权益和债权人权益两部分；其中债权人的要求权称为负债，它是债权人对企业的投资。

《企业会计准则——基本准则》第四章第二十三条①对负债的定义是："负债是指企业过去的交易或者事项形成的、预期会导致经济利益流出企业的现时义务。"

（二）负债的特点

负债主要具有以下特点。

1. 负债是由已经发生的经济业务引起的企业现时的经济义务

我国《企业会计准则——基本准则》第二十三条指出，"负债是指企业过去的交易或者事项形成的、预期会导致经济利益流出企业的现时义务。现时义务是指企业在现行条件下已承担的义务。未来发生的交易或事项形成的义务，不属于现时义务，不应当确认为负债。"只有当企业实际已经承担了相应的义务时，才能在会计处理中确认这项负债。而未来的经济业务，如公司董事会宣布今年下半年发行债券，宣布当日并不产生现存的经济责任，因而不属于企业的负债。

2. 负债是在将来某个时日履行的强制性责任

负债是一种具有强制性的责任，这种强制性源于相关的法律、合同等的规定。强制性规定包括负债的金额、偿还时间、利率，以及不能按期偿还时的惩罚措施等。例如，企业债转股以后不再是债务，而债务重组以后仍是债务，二者的差别在于是否继续承担强制性偿还责任。

3. 负债的清偿预期会导致经济利益流出企业

负债的清偿意味着企业经济利益的牺牲。企业可通过用现金偿还、以实物资产偿还、以提供劳务偿还、部分转移资产部分提供劳务偿还、将负债转为所有者权益偿还等。总之，现在的负债代表着企业将来经济利益的付出，将会导致企业资产的减少。

4. 负债金额能够用货币单位计量或估计

能够用货币单位计量是会计要素的基本条件，即使有时不能准确地计量，也应能够合理地加以估计。企业对当地政府的一些承诺，包括社会治安、计划生育、环境卫生、居民就业等，无法用货币计量，不属于负债。

二、负债的利弊

（一）负债的好处

企业持有负债的好处有以下 3 个方面。

（1）负债不影响企业股东的控制权。股份制企业如果采用增发股票的形式筹集资金，可能会影响原有股东的持股比例，从而影响原股东对企业的控制能力或权限。而如果采用增加负债的方式筹集资金，由于债权人除具有按期收回本金和取得利息的权利外，不享有任何其他的权利，所以增加负债不会影响原股东的持股比例，也不会影响股东对公司的控

---

① 中华人民共和国财政部，企业会计准则 2006[M]. 北京：经济科学出版社，2006：3.

制能力。

（2）债务利息支出可以产生节税效应。由于举借债务发生的利息可以在交纳所得税之前予以扣除，而发行股票筹资导致的股利发放则需要在税后支付。所以，债务利息支出可以抵减应税所得而减少企业现金流出量。

（3）所有者可以通过财务杠杆获得更多回报。举借负债的企业除了需按期偿还本金和利息之外，不承担任何其他义务。当企业资产报酬率高于债务利率的情况下，所有者可以享受其剩余的盈余。例如，假设企业的负债和所有者权益分别为 100 亿元和 200 亿元，负债的利率为 5%，而企业的资产报酬率为 9%。那么企业可以获得（100 + 200）× 9% = 27 亿元的投资回报，其中债权人只能获得 100 × 5% = 5 亿元的利息，而所有者则除了获得其投资 200 亿元的回报 200 × 9% = 18 亿元外，还可以获得负债回报扣除利息支出的差额 100 ×（9% − 5%）= 4 亿元，从而可以使所有者的回报率达到（18 + 4）÷ 200 = 11%。

（二）负债的不利之处

举债经营的财务风险较大，缺乏财务上的灵活性。原因在于，债务融资的情况下，还本付息是企业根据合同必须承担的一种刚性支出；与此相对应，股权融资企业发行股票以后，股本不需要偿还，是否分发股利则主要取决于企业盈利状况、财务状况和股利政策。当发生资金周转困难时，债务融资的企业必须支付债务利息，到期归还本金，因此可能加剧企业的财务困难；而股权融资的企业则无须考虑还本，也可以不分派现金股利，或者分配股票股利，甚至不分派任何形式的股利，从而可以在一定程度上缓解财务困难。

三、负债的分类

负债是企业必须履行的责任，但不同负债要求的偿付方式和时间不同。根据其偿还期的长短可将负债划分为流动负债和非流动负债。在实际工作中，由于流动负债的时限比较短，通常将其称为短期负债，而将非流动负债称为长期负债。

（一）流动负债

流动负债是指将在一年或长于一年的一个营业周期内偿还的债务。根据《企业会计准第 30 号——财务报表列报》[①]第三章第十五条的规定："负债满足下列条件之一的，应当归类为流动负债：（1）预计在一个正常营业周期中清偿；（2）主要为交易目的而持有；（3）自资产负债表日起一年内到期应予以清偿；（4）企业无权自主地将清偿推迟至资产负债表日后一年以上。"

流动负债包括的项目主要有短期借款、应付票据、应付账款、预收账款、应付职工薪酬、应交税费、应付利息、应付股利、其他应付款和一年内到期的长期借款等。流动负债最大的特点是偿还期限短，应计利息少，有些流动负债（如应付职工薪酬、应付账款等）甚至都没有利息。

---

① 中华人民共和国财政部. 企业会计准则 2006[M]. 北京：经济科学出版社，2006：145.

（二）非流动负债

非流动负债是指企业由过去的经济业务引起的现在承担的、偿还期超过一年或一个营业周期的债务。由于其存续时间比较长，实际工作中通常将非流动负债称为长期负债。

在我国的企业中，长期负债主要包括长期借款、应付债券、长期应付款、合同负债、租赁负债和预计负债等。

长期负债除了具有负债的共同特征外，还具有如下特征：①债务偿还的期限较长，一般超过一年或者一个营业周期以上；②债务的金额较大。

长期负债的以上特征决定了其受货币时间价值的影响较大，应计利息金额高，计与不计或者如何计对企业的财务状况和经营成果会产生非常明显的影响。根据重要性原则，在长期负债的计价中，往往采用扣除货币时间价值以后的现值计量。

第二节　流　动　负　债

为了便于管理，流动负债通常按照债权人的不同进行分类，包括对贷款人、对供应商、对客户、对职工、对税务征管部门、对所有者的负债。

一、对贷款人的负债

企业流动负债中对贷款人的负债主要包括在"短期借款"和"应付利息"账户中。

（一）短期借款

短期借款是指企业借入的期限在一年以下的各种借款。这部分借款一般是企业为维持正常生产经营所需资金而借入的，或为抵偿某项债务而借入的款项。短期借款的债权人一般为银行或其他金融机构等，也包括在法律许可的前提下向企业拆借资金的其他企事业单位。

企业借入的短期借款，无论用于哪个方面，只要借入了这项资金，就构成了一项负债。归还借款时，除了归还借入本金外，还应支付相应的利息。有些借款的利息是按月或按季度定期支付的，有些借款的利息则可能是到期时与本金一起归还的。

为了核算短期借款业务，应当设置"短期借款"账户。该账户专门用来核算企业借入期限在一年以下的各种借款。该账户贷方登记借入的各种短期借款金额，借方登记归还借款的金额；账户余额在贷方，表示尚未归还的借款。

（二）应付利息

应付利息是指预先计入企业损益、但是尚未实际支付的利息费用而形成的负债。

应付利息同预付款项一样，都是权责发生制的具体体现，是为了合理计量各个会计期间的费用而采取的一种会计手段。在实际工作中，贷款企业要按照借贷双方约定的利率和借款的时间长度计算和支付借款利息，所以应该将因借入资金而负担的利息计作借款时期内各个会计期间的费用。由于使用资金在前，支付利息在后，在尚未支付时就形成了对债权人的流动负债。在短期借款的利息核算过程中，需要通过"应付利息"账户记录企业已经发生但是尚未支付的利息费用。

利息属于企业的筹资成本，因此应该记入"财务费用"账户，最后转入当期损益。在预提各期的借款利息时，借记"财务费用"账户，贷记"应付利息"账户；实际支付时，按已经预提的利息金额，借记"应付利息"账户，按实际支付的利息金额，贷记"银行存款"账户，按实际支付的利息金额与预提数的差额（尚未提取的部分），借记当月"财务费用"账户。举例说明如下：

【例 8-1】 某企业于 2022 年 12 月 16 日向银行借入款项 30 万元，期限 3 个月，年利率 6%。按月预提利息费用，到期一次还本付息。有关会计分录如下：

（1）2022 年 12 月 16 日借入款项时：

借：银行存款   300 000

    贷：短期借款   300 000

（2）2022 年 12 月 31 日，确认当月应负担的利息费用 750 元（300 000 × 6% ÷ 12 ÷ 2）：

借：财务费用   750

    贷：应付利息   750

（3）2023 年 1 月 31 日、2 月 28 日，各月的应计利息均为 300 000 × 6% ÷ 12=1 500 元，会计分录也都相同：

借：财务费用   1 500

    贷：应付利息   1 500

（4）2023 年 3 月 15 日还本付息时：

借：应付利息   3 750

    财务费用   750

    短期借款   300 000

    贷：银行存款   304 500

如果企业的短期借款利息是按月支付，或者利息是在借款到期时连同本金一起归还，而且数额不大的，根据重要性原则，可以不采用按月预提的方法，而在实际支付或收到银行的计息通知时，直接计入当期损益（但是涉及跨年度的利息费用，仍然应该按照权责发生制的要求预先提取）。在这种情况下，应该借记"财务费用"账户，贷记"银行存款"账户。

【例 8-2】 仍然用例 8-1 的资料，说明不预提借款利息方式下的账务处理过程。

（1）2022 年 12 月 16 日借入款项时，编制如下会计分录：

借：银行存款   300 000

    贷：短期借款   300 000

（2）2022 年 12 月 31 日确认利息费用，会计分录为

借：财务费用   750

    贷：应付利息   750

（3）2023 年 3 月 15 日还本付息时，编制如下会计分录：

借：应付利息   750

财务费用	3 750	
短期借款	300 000	
贷：银行存款		304 500

二、对供应商的负债

供应商是指向企业提供商品、劳务或服务的组织，包括各类企业、事业单位。企业对供应商的负债主要通过"应付票据"和"应付账款"计算和反映。

（一）应付票据

根据《中华人民共和国票据法》的规定，票据指汇票、本票和支票。汇票分为银行汇票和商业汇票[①]，作为应付票据核算的仅限于企业签发的、尚未到期兑现的商业汇票。

在我国，应付票据是在经济往来活动中由于采用商业汇票方式而发生的，由出票人签发、承兑人承兑的票据。按照《支付结算办法》规定，在银行开立存款账户的法人及其他组织之间，具有真实的交易关系或债权债务关系，均可使用商业汇票。签发票据的原因一般是：卖方对买方的资信程度不太了解，或买方的资信程度较低，或是信用期限较长，双方交易金额较大等。通常票据的偿付金额和付款日都相当明确。根据银行规定，商业汇票的承兑期限最长不超过 6 个月[②]，因此应付票据可以归入流动负债来进行管理和核算。

为了客观地反映因签发票据而承担的负债及其归还情况，企业应设置"应付票据"账户。该账户贷方登记企业开出的承兑汇票金额，借方登记实际支付票据的金额，余额在贷方，表示尚未归还的票据金额。

企业开具的商业汇票如果到期无力支付，应在票据到期时签发新的票据以抵补已经到期的票据，或者将到期"应付票据"账面余额转入"应付账款"账户。如果企业签发票据经过银行承兑，在企业无力支付到期票据的情况下，承兑银行一方面向持票人无条件付款，另一方面将出票人欠付的汇票金额转作逾期贷款处理，应当根据逾期付款金额和逾期天数，按每天万分之五计算逾期付款赔偿金。企业在接到银行转来的"××号汇票无款支付转入逾期贷款户"等有关凭证时，将应付票据转作短期贷款，借记"应付票据"账户，贷记"短期借款"账户。对计收的逾期付款赔偿金，按短期借款利息的处理办法处理。

【例 8-3】 某公司于 2022 年 5 月 1 日购买 100 000 元生产用原材料，增值税专用发票上注明的增值税额为 13 000 元。按合同规定，企业开出期限为 3 个月的银行承兑带息汇票一张，年利率为 4%，同时向银行交纳手续费 60 元。有关会计处理如下：

（1）2022 年 5 月 1 日，向银行交纳手续费时，编制如下会计分录：

借：财务费用——手续费	60	
贷：银行存款		60

（2）持票购买原材料时的会计分录如下：

借：在途物资	100 000	

---

① 有关票据的详细介绍，参见本书第三章第二节的有关内容。

② 中国人民银行银发[1997]393 号《支付结算办法》第二章第三节第八十七条。

应交税费——应交增值税（进项税额）	13 000
贷：应付票据——银行承兑汇票	113 000

　　（3）2022 年 8 月 1 日到期付款时，应计利息为 113 000×4%×3÷12＝1 130 元，会计分录为

借：应付票据——银行承兑汇票	113 000
财务费用——利息费用	1 130
贷：银行存款	114 130

　　假若 2022 年 8 月 1 日票据到期不能付款，企业应编制如下会计分录：

借：应付票据——银行承兑汇票	113 000
财务费用——利息费用	1 130
贷：短期借款	114 130

　　如果企业开出的是商业承兑汇票，在无力偿还到期票据的情况下，其会计分录如下：

借：应付票据——商业承兑汇票	113 000
财务费用——利息费用	1 130
贷：应付账款	114 130

（二）应付账款

　　应付账款是指因购买材料、商品或接受劳务供应等而发生的债务。这是买卖双方在购销业务中由于取得商品、使用劳务与支付账款在时间上不一致而产生的负债。

1. 应付账款的核算

　　企业应该在所购货物所有权已经转移或对方提供劳务已经使用的时点确认应付账款并将其登记入账。但是，由于应付账款的期限一般不长，而且收到发票的时间同收到货物或使用劳务的时间往往很接近，在实际工作中，如果货物在发票之后到达，一般是等货物验收入库后才根据发票价格登记应付账款。这主要是为了避免在验收时发现货物数量或质量不符合要求再调整已入账的应付账款。但是如果已到期末，虽收到了发票但货物仍未到达，那么，为了正确反映企业的财务状况，应根据发票价格或协议价格记录应付账款，同时记录在途物资。

　　为了及时而准确地记录和报告因购买材料、商品或接受劳务供应等而发生的债务及偿还情况等方面的信息，企业应设置"应付账款"账户和相关的明细账户。该账户贷方登记应付账款的发生额，借方登记应付账款的偿还和抵减额，余额一般在贷方，表示尚未偿还的应付账款。

　　【例 8-4】　庆华公司从甲企业购入原材料一批，材料价款为 20 000 元，适用的增值税税率为 13%，尚未支付货款。

　　（1）编制采购原材料的会计分录如下：

借：在途物资	20 000
应交税费——应交增值税（进项税额）	2 600
贷：应付账款	22 600

（2）支付货款时，编制如下会计分录：

借：应付账款　　　　　　　　　　　　　　　　　　　　　22 600

　　贷：银行存款　　　　　　　　　　　　　　　　　　　　　　22 600

（3）庆华公司向甲企业开出商业承兑汇票一张，面额 22 600 元，期限为 60 天，抵付前欠货款，编制如下会计分录：

借：应付账款　　　　　　　　　　　　　　　　　　　　　22 600

　　贷：应付票据——商业承兑汇票　　　　　　　　　　　　　　22 600

2. 付款折扣的会计处理

随着企业间竞争的加剧，企业为了吸引顾客，往往采用赊销等方式。按照国际惯例，企业赊销商品时通常规定信用期限为 30 天，同时为了鼓励买方尽早还款，还规定一个比信用期限更短的折扣期限。折扣的条件可以表达为"2/10，1/20，n/30"等：买方若在发票日起 10 天内付款，可享受 2%的现金折扣，只需付 98%的现款；若在发票日起 20 天内付款，可享受 1%的现金折扣，只需付 99%的现款；若放弃这个折扣，须在开出发票的 30 天内付清全部货款，否则视为拖欠货款。

与第三章中介绍过的存在现金折扣情况下应收账款的会计处理方法类似，对于应付账款中的现金折扣，同样存在"净价法"和"总价法"处理的差异。

在净价法下，"在途物资"和"应付账款"都以净价（发票价格减现金折扣）入账。如果因为没有在折扣期内付款而丧失购货折扣，需要支付发票价格的全部，则按净价借记"应付账款"账户，按实际支付的价款，贷记"银行存款"账户，二者之间的差额，即丧失的现金折扣被视为由于资金调度不及时而承担的理财损失，借记"财务费用"账户。

在总价法下，"在途物资"和"应付账款"按照扣除现金折扣之前的发票价格入账。这种方法下，若在折扣期内付款而享受折扣，应该按照发票价格借记"应付账款"，按照实际支付金额贷记"银行存款"，二者之间的差额被视为企业有效理财而形成的一项收益，应该贷记"财务费用"。

净价法和总价法都符合会计准则。但是从理财角度看，净价法比总价法更为可取。这是因为，在净价法下，如果企业没有在折扣期内支付货款，将在"财务费用"账户中反映出一项损失，从而引起企业管理者的注意和控制。因此这种方法将管理和控制的观念贯穿于会计账户的设置和日常核算之中。而在总价法下，所丧失的购货折扣无法得到反映，因而也不利于提供引起企业管理者的重视的会计信息。

【例 8-5】　某企业购入原材料 10 000 元，付款条件是"2/10，n/30"，适用增值税税率为 13%。

（1）净价法下的会计处理

①购入材料时的会计分录为

借：在途物资　　　　　　　　　　　　　　　　　　　　　9 800

　　应交税费——应交增值税（进项税额）　　　　　　　　　1 300

　　贷：应付账款　　　　　　　　　　　　　　　　　　　　　11 100

②10 天内付款，其会计分录如下：

| 借：应付账款 | 11 100 | |
| 贷：银行存款 | | 11 100 |

③如超过 10 天的折扣期限，会计分录如下：

借：应付账款	11 100	
财务费用	200	
贷：银行存款		11 300

（2）总价法下的会计处理

①购入原材料时的会计分录为

借：在途物资	10 000	
应交税费——应交增值税（进项税额）	1 300	
贷：应付账款		11 300

②10 天内付款，可得到货款 2%的折扣，计 200 元，会计分录如下：

借：应付账款	11 300	
贷：银行存款		11 100
财务费用		200

③如果超过 10 天的现金折扣期限付款，则没有现金折扣。会计分录如下：

| 借：应付账款 | 11 300 | |
| 贷：银行存款 | | 11 300 |

三、对客户的负债

企业在经营中可能因为两个方面的原因发生对客户的负债。一是为实现销售产生的负债，包括预收客户订金和与客户签订销售合同。预收客户订金的业务通过"预收账款"账户进行核算，与客户签订销售合同的业务通过"合同负债"账户进行核算；二是为了扩大市场份额而在销售商品时向客户做出某种承诺，通过"预计负债"账户进行核算。

（一）预收账款

预收账款是购销双方协议商定，由购货方预先支付部分订金给供应方而发生的供应方企业对购货方的一项负债，这项负债要用以后的商品、劳务等偿还。如果无法履行合同条款，如无法交货或提供劳务，供应方企业就应承担如数退还预收款项及相关的责任。预收账款代表尚未实现的营业收入，它只有在未来的会计期间或营业周期内通过发送商品或提供劳务后才能转化为真正实现的收入。

对于预收账款，会计上有两种核算方法：一种方法是将发生的预收账款单独设置"预收账款"账户核算，预先收到客户的货款时记在"预收账款"账户的贷方，等到企业用产品或劳务偿付了此项负债后，再冲减预收账款。这种核算方法能完整地反映该项负债的发生及偿付情况，并且便于填列会计报表。另一种方法是将预收的订金直接作为应收账款的减项，反映在"应收账款"账户的贷方，等到企业按照合同要求提供商品或劳务之后，再根据合同规定金额和已经收到的预付订金进行差额结算。

在实际工作中，可以根据企业预收账款的业务量大小选择所使用的方法。预收货款较多的企业，可以设置"预收账款"账户单独核算；预收货款不多的企业，就可以直接通过"应收账款"账户核算。

单独设置"预收账款"账户核算的，其"预收账款"的贷方登记预收的货款和购货单位补付的货款；借方登记实现的产品销售价款和退回的多收货款。余额在贷方，表示尚未结清的预收款项；余额在借方，表示应收的款项。

【例 8-6】 某企业 2022 年 8 月 10 日收到津华商场预交的 40 万元货款，2022 年 9 月 10 日津华商场收到货物 100 万元，适用的增值税率为 13%，津华商场于 2022 年 9 月 20 日补付了全部价税款项的余额。会计处理如下：

（1）假设该企业单独设置"预收账款"账户对预收的货款进行核算。

① 2022 年 8 月 10 日预收货款 40 万元：

借：银行存款	400 000
贷：预收账款——津华商场	400 000

② 2022 年 9 月 10 日发出商品：

借：预收账款——津华商场	1 130 000
贷：主营业务收入	1 000 000
应交税费——应交增值税（销项税额）	130 000

③ 2022 年 9 月 20 日收到购货单位补付款项时：

借：银行存款	730 000
贷：预收账款——津华商场	730 000

（2）假设该企业预收货款的业务很少，未设置"预收账款"账户，所编会计分录如下：

① 2022 年 8 月 10 日收到货款 40 万元：

借：银行存款	400 000
贷：应收账款——津华商场	400 000

② 2022 年 9 月 10 日发出商品：

借：应收账款——津华商场	1 130 000
贷：主营业务收入	1 000 000
应交税费——应交增值税（销项税额）	130 000

③ 2022 年 9 月 20 日收到补付款项：

借：银行存款	730 000
贷：应收账款——津华商场	730 000

（二）合同负债

合同负债是指企业已收或应收客户对价而应向客户转让商品的义务。企业在向客户转让商品之前，如果客户已经支付了合同对价或企业已经取得了无条件收取合同对价的权利，则企业应当在客户实际支付款项时，将该已收款项作为合同负债进行记录。

从款项收取时间来看，合同负债与预收账款类似，都是先收取款项，以后再用商品或劳务等偿还。不同之处在于合同负债强调已成立与客户之间的合同，是以"承诺义务"为前提的，只要产生承诺义务，企业已收取或应收取客户支付的对价就可以确认为合同负债。在合同成立前已收到的对价只是在销售商品或提供劳务之前提前收取的款项，而不强调对客户具有法律义务的有关承诺，所以不能称为合同负债，而应作为预收账款。

会计上设置"合同负债"账户进行核算。合同成立后收到客户的货款时，记在"合同负债"账户的贷方，等到企业用产品或劳务偿付此项负债后，再冲减合同负债。该账户余额在贷方，表示尚未提供的商品或劳务。

【例 8-7】 2023 年 3 月 10 日，环宇公司与大华公司签订一份货物运输合同，合同约定环宇公司于 2023 年 4 月 30 日为大华公司提供运输服务。合同约定，大华公司在 2023 年 3 月 31 日前预先向环宇公司支付合同总价 100 万元及增值税 13 万元；在大华公司付款以前，该份合同可以撤销。2023 年 3 月 31 日，大华公司支付了合同价款和税款。环宇公司于 2023 年 4 月 30 日为大华公司提供了运输服务。环宇公司编制的会计分录如下：

由于该份运输合同是可以撤销合同，所以在大华公司付款之前，公司不需要进行账务处理。

（1）3 月 31 日，收到大华公司预付款项：

借：银行存款   1 130 000

  贷：合同负债   1 130 000

（2）4 月 30 日，公司履行了承诺义务，提供了运输服务：

借：合同负债   1 130 000

  贷：主营业收入   1 000 000

  应交税费——应交增值税（销项税额）   130 000

（三）预计负债

1. 预计负债的特点

企业为了更好地吸引顾客，在销售产品时通常附带产品质量保证书，承诺在规定期限内对所售产品的质量负责。对于那些由于质量原因发生的故障和损坏，企业为顾客免费提供修理、更换零部件等服务。也就是说，企业在销售发生时，就已经承担了一项在将来履行的质量保证义务，在履行该项义务时不可避免地会导致资产的消耗。企业做出质量保证承诺的目的是为了扩大市场份额，增加当期的销售收入。根据收入与费用配比的原则，应该将履行承诺导致的经济利益流出确认为扩大当期收入而发生的费用。在费用已经确认但尚未实际支付的期间应该确认为负债，通常称其为产品质量保证负债。

由于在销售时无法确定修理费用发生的时间、金额和客户，履行该项承诺而导致的经济利益的流出也无法准确计量，需要根据历史经验和有关资料进行估计。这种偿还金额、时间不确定，需要根据有关资料进行估计的负债因此被称为预计负债[①]。

---

① 从具体内容上来说，除产品质量保证外，预计负债还包括对外提供担保、商业承兑汇票贴现、未决诉讼、重组义务、亏损性合同、矿区权益弃置义务等很可能发生的负债。

与一般负债不同的是，预计负债导致经济利益流出企业的可能性尚未达到基本确定的程度，金额往往需要估计。

2. 预计负债的会计处理

为了正确核算预计负债，并与其他负债项目相区别，企业应设置"预计负债"账户，该账户核算各项预计的负债，按规定的预计项目和预计金额确认预计负债时，借记"管理费用""销售费用""营业外支出"等账户，贷记该账户；实际偿付负债时，借记该账户，贷记"银行存款"等账户。该账户应按预计负债项目设置明细账，进行明细核算。该账户期末贷方余额，反映已预计尚未支付的债务。

预计负债往往作为非流动负债项目在资产负债表中单独反映，并在会计报表附注中作相应披露；与所确认负债有关的费用或支出应在扣除确认的补偿金额后，在利润表中反映。

仍以前述产品质量保证的预计负债为例，产品质量保证负债的金额可以根据已经销售产品在质量担保期内的返修率、单位产品返修成本等资料进行合理的估计。估计入账时，应该借记"销售费用"账户，贷记"预计负债——应付产品质量保证"账户。实际支付修理费时，借记"预计负债——应付产品质量保证"账户，贷记"银行存款"等账户。

【例 8-8】 某企业 2023 年 1 月出售某种产品 500 台，每台售价为 180 元，产品的保修期为半年。根据过去的经验，其返修率为 1.5%，平均每台修理费用 20 元。在 1 月没有发生返修情况。

根据以上资料，2023 年 1 月 31 日可计算出当月末的产品质量保证负债应为 150 元（即 $500 \times 1.5\% \times 20$）。编制的会计分录为：

借：销售费用   150

  贷：预计负债——产品质量保证负债   150

假定到 2023 年 4 月 30 日，实际发生的返修费用为 120 元，会计分录为：

借：预计负债——产品质量保证负债   120

  贷：银行存款   120

四、对职工的负债

对职工的负债主要指应该支付的职工薪酬。职工薪酬是为获得职工提供的服务而给予各种形式的报酬及其他相关支出。其主要内容包括：①构成工资总额的各组成部分，包括计时工资、计件工资、奖金、津贴和补贴，加班加点工资和特殊情况下支付的工资等；②职工福利费；③企业为职工支付的医疗保险、补充医疗保险、养老保险、工伤保险、失业保险、生育保险、住房公积金和企业年金，简称"六险二金"；④工会经费和职工教育经费；⑤非货币性福利，如以产品作为福利发放给职工；⑥辞退福利，即因解除与职工的劳动关系而支付的补偿。

为了确认、计量和报告企业对职工的负债金额和支付情况，需要设置"应付职工薪酬"账户。下面分工资性薪酬、社会保障性薪酬和奖励及福利性薪酬 3 种情况说明应付职工薪酬的会计处理。

（一）工资性薪酬

企业应该根据人力资源部门提供的职工人数、工资标准等，按月计算出每位职工的工资额和当月发生的工资总额，于规定的日期支付给职工。

企业应付给职工的工资总额，不论是否在当月支付，都应通过"应付职工薪酬"账户核算。在实际工作中，为了方便职工，简化现金收付手续，往往要从应付职工薪酬中代扣职工应该交纳的各种款项，如代扣个人所得税等。这样每月发给职工个人的工资就等于应付职工薪酬减去代扣款项之后的差额。支付工资时，实际支付给职工的部分，借记"应付职工薪酬"，贷记"银行存款"或"库存现金"；由企业代扣代交的各种扣款，借记"应付职工薪酬"，贷记"其他应付款"等账户。"应付职工薪酬"账户的贷方余额表示应付未付的工资额。

企业支付给职工的工资，作为一项生产经营活动的耗费，应该在月份终了时，根据权责发生制原则和配比原则的要求，按照职工的工作岗位或实际耗用于各项生产经营活动的劳动量进行分配。根据工资费用"谁用工、谁受益、谁负担"的原则，计入有关的资产、费用账户。从事生产经营的职工，其工资应构成企业的生产经营成本；专设销售机构职工的工资属于销售费用的组成部分；管理人员的工资属于管理费用的组成部分。

【例 8-9】 某企业 2022 年 11 月应付职工薪酬合计 227 100 元，其中生产工人的工资 130 920 元，车间管理人员的工资 22 600 元，厂部管理人员的工资 35 140 元，在建工程人员的工资 6 300 元，销售人员的工资 29 840 元，试制专利产品人员的工资 2 300 元。在当期应付职工薪酬中，代扣所得税 950 元，代扣个人保险费 3 000 元，实发职工工资 223 150 元。有关会计分录如下：

（1）根据人力资源部门提供数据确认当月的工资额，并根据职工所在部门分配本月工资费用：

借：生产成本	130 920
制造费用	22 600
管理费用	35 140
销售费用	29 840
在建工程	6 300
研发支出	2 300
贷：应付职工薪酬——工资	227 100

（2）实际发放本月职工工资 223 150 元：

借：应付职工薪酬——工资	223 150
贷：银行存款	223 150

（3）结转代扣所得税 950 元，以及代扣保险费 3 000 元：

借：应付职工薪酬——工资	3 950
贷：其他应付款——税务局①	950

---

① 尽管从理论上来讲，代扣所得税应记入"其他应付款"账户，但实务中往往也与对税务部门的负债一并记入"应交税费"账户。

其他应付款——保险公司 3 000

（二）社会保障性薪酬

社会保障性薪酬指企业根据政府发布的有关法规性文件，按照规定的计提基础和计提比例提取、用于职工社会保障性支出的费用。主要包括应向社会保险经办机构（或企业年金基金账户管理人）缴纳的医疗保险、养老保险、工伤保险、失业保险、生育保险，应向住房公积金管理中心缴存的住房公积金。

企业为职工支付的社会保障性薪酬，与工资性薪酬相同，也是为了获取职工劳务而发生的费用，因此应该在月份终了时，根据权责发生制原则和配比原则，按照职工的工作岗位进行分配，记入有关的资产、费用账户。

【例 8-10】 甲公司按照工资薪酬 10% 的比例为职工缴存住房公积金，当月交纳情况如下：生产车间工人的住房公积金费用为 4 000 元，车间管理人员住房公积金费用为 1 000 元，试制专利产品人员住房公积金费用为 3 000 元，行政管理部门人员住房公积金费用为 2 000 元。

（1）计提住房公积金费用时，会计分录如下：

借：生产成本 4 000

制造费用 1 000

研发支出 3 000

管理费用 2 000

贷：应付职工薪酬——住房公积金 10 000

（2）将住房公积金转给政府指定的公积金管理部门时，会计分录为

借：应付职工薪酬——住房公积金 10 000

贷：银行存款 10 000

（三）奖励及福利性薪酬

企业为了激励职工的工作积极性，对工作业绩突出者或为企业做出重大贡献的职工实施各种奖励措施。还有许多企业在实际支付货币性薪酬的同时，实行了不同类型的非货币性福利。例如，允许企业职工在一定额度内免费使用水、电、液化气，组织职工免费外出旅游，免费为高级管理人员、工程技术人员提供房屋和汽车等。企业提供这些非货币性福利的目的是为了增加企业凝聚力，鼓励调动企业职工安心工作，发挥潜力，为企业提供更好的服务。从本质上讲，非货币性福利的性质也属于职工薪酬，因此也应该通过"应付职工薪酬"账户进行核算。

五、对税务征管部门的负债

企业应按照法律规定向国家交纳各种税金。在企业发生纳税义务时应该按照权责发生制原则将有关税款计入费用。这些税金在尚未交纳之前暂时留在企业，就等于借用了政府一笔资金，从而形成企业对税务征管机构的负债。

为了全面反映企业应交税费的确认数额和交纳情况，应该设置"应交税费"账户。该账户的贷方登记应交未交的各项税费，借方登记已交纳或已经抵扣的各项税费；期末贷方

余额为欠交税费金额。

（一）金额确定的应交税费

企业应交税费中，财产税属于金额肯定的流动负债。财产税是根据企业的动产和不动产估计价值课征的一种税。我国的主要财产税有：房产税、车船使用税、城镇土地使用税等。

房产税是以房屋为征税对象，依据房产价格或房产租金收入向房产所有人或经营人征收的一种财产税。车船使用税是指国家对行驶于境内公共道路的车辆和航行于境内河流、湖泊或者邻海的船舶，依法征收的一种税。城镇土地使用税是以国有土地为征税对象，对拥有土地使用权的单位和个人征收的一种税。

企业按规定计算应交的房产税、土地使用税、车船使用税，借记"税金及附加"账户，贷记"应交税费——应交房产税、土地使用税、车船使用税"账户；实际交纳税款时，借记"应交税费——应交房产税、土地使用税、车船使用税"账户，贷记"银行存款"账户。

（二）金额视经营情况而定的应交税费

金额视经营情况而定的流动负债是指那些具体金额要根据企业的经营成果来决定，并且一般是在会计期末时才能确定的流动负债，主要包括应交所得税、增值税、消费税、土地增值税、城市维护建设税等。这些税金的交纳金额要根据企业特定会计期间经营利润或营业流转额计算确定。在会计期间尚未结束时，企业的利润或流转额无法确定，这些税金的计征金额只能是估计额。只有到会计期间终结之后，才可能最后确定应该交纳的金额。对这一类税金，也都在"应交税费"账户核算。

企业中发生的应由主营业务负担的税金及附加，包括消费税、城市维护建设税、资源税、土地增值税和教育费附加等，通过"税金及附加"账户进行核算。

下面举例说明消费税和所得税的确认和交纳业务及相关的会计处理。增值税业务可参照第三章和第四章的相关内容。

【例8-11】 某企业2023年3月实现应纳消费税的产品销售收入40万元，该产品适用的消费税税率为10%。

（1）3月末计算出应交纳的消费税时，编制如下会计分录：

借：税金及附加   40 000

    贷：应交税费——应交消费税   40 000

（2）4月初实际交纳税金时，编制如下会计分录：

借：应交税费——应交消费税   40 000

    贷：银行存款   40 000

以上消费税按销售额的一定百分比计算，计入税金及附加，作为企业营业收入的抵减项目，由销售企业负担并交纳。

【例8-12】 某企业2022年度实现利润总额为200万元，适用的所得税税率为25%，假设不考虑纳税调整，应纳税所得额等于会计利润。

（1）应交纳所得税计算为200×25%＝50（万元），会计分录如下：

借：所得税费用   500 000

    贷：应交税费——应交所得税   500 000

（2）交纳所得税时，应编制如下会计分录：

借：应交税费——应交所得税   500 000

    贷：银行存款   500 000

六、对所有者的负债

企业对所有者的负债主要包括应付利润或应付股利。

根据公司法的有关规定，公司股东大会的职权之一是审议批准公司的利润分配方案。也就是说，只有在股东大会批准之后，向企业所有者分配利润才成为企业的法定责任。一旦公司宣布了股利分配方案，会计人员便可以确认对所有者的负债，公司的所有者相应地有权按照持有的股份数额或出资额的比例分取利润。

（一）应付利润

在非股份公司的企业中，为了全面反映和监督企业应付投资者利润和已支付利润的情况，需要设置"应付利润"账户。该账户的贷方登记应分配给投资者的利润金额，借方登记支付给投资者的金额，余额一般在贷方，表示已经宣布但尚未支付给投资者的利润。

【例 8-13】 2023 年 4 月 20 日，按协议规定，企业应付给投资单位恒通公司投资利润5 万元。

（1）在分配利润时，应编制以下会计分录：

借：利润分配——应付利润   50 000

    贷：应付利润——恒通公司   50 000

（2）开出转账支票支付利润时，编制以下会计分录：

借：应付利润——恒通公司   50 000

    贷：银行存款   50 000

（二）应付股利

股份有限公司的利润按照股东的持股比例进行分配，因此称为股利分配。股利是股份公司股东对公司经营净利润（税后利润）的分享。股利的支付有两种基本形式：现金股利和股票股利。一旦股东大会批准董事会提请的现金股利分配方案，在实际未支付给股东之前，便形成了公司对股东的负债。

在股份有限公司中，为了反映利润分配过程，需要设置"应付股利"账户进行核算和记录。公司股东大会或董事会宣布股利分配方案，就意味着承诺了对股东负债义务。此时，应该借记"利润分配"账户，贷记"应付股利"账户。

需要说明的问题是，如果公司董事会决定发放的股利是股票股利（即我国通常所说的"送红股"），则并不构成企业的负债，因为它只是将未分配利润转增股本，不会引起任何经济利益的外流。因此公司分配的股票股利不通过"应付股利"账户核算。

【例 8-14】 某股份公司股东大会根据 2022 年盈利情况，决定的股利分配方案为：每10 股普通股派发 0.8 元的现金股利，共计 400 万元。编制的会计分录如下：

（1）登记应付现金股利的会计分录为：

借：利润分配——应付股利 4 000 000

　　贷：应付股利——现金股利 4 000 000

（2）支付现金股利时，编制如下会计分录：

借：应付股利——现金股利 4 000 000

　　贷：银行存款 4 000 000

七、其他

在企业资产负债表中，除了上述 6 类比较常见的流动负债以外，还有一些其他原因形成的流动负债。

（一）其他应付款

其他应付款是指除了应付票据、应付账款、应付职工薪酬等以外与企业活动直接或间接相关的其他各种应付和暂收款项，包括应付租入固定资产和包装物的租金、存入保证金、应付统筹退休金及计算工资过程中的各种代扣应付款项。这些暂收、应付或代扣的款项，也构成了企业的流动负债。在我国会计核算中，设置"其他应付款"账户对其进行核算。

【例 8-15】 宏华公司收到购货客户租用周转包装物的押金 5 000 元，存入银行。当租赁期满时，购货客户只退回了 4 500 元的包装物，其余 500 元的包装物因已经损坏而不能收回，企业没收其押金 500 元，其余押金退还。编制会计分录如下：

（1）收到包装物押金时：

借：银行存款 5 000

　　贷：其他应付款——存入保证金 5 000

（2）包装物损坏，没收押金 500 元时：

借：其他应付款——存入保证金 500

　　贷：其他业务收入 500

（3）退还剩余押金时：

借：其他应付款——存入保证金 4 500

　　贷：银行存款 4 500

（二）非流动负债一年内到期的部分

如前所述，偿还期长于一年或一个经营周期的负债为非流动负债。如果一项非流动负债将在一年或一个经营周期内到期，并且计划用流动资产来偿还，则应被视为一项流动负债，以"非流动负债一年内到期的部分"项目列示在资产负债表的流动负债部分，但不需做任何账务处理。

第三节　非流动负债

非流动负债是长期负债，包括长期借款、应付债券、长期应付款和租赁负债等，其债务偿还的期限较长，在会计处理上需要考虑货币时间价值。货币时间价值[①]是指资金经历一定时间的储蓄或投资所产生的利益或收益，即其增加价值。也就是由于投资而放弃现在使用货币的机会所得到的按放弃时间长短计算的报酬。货币时间价值对长期负债计价的影响表现为按照负债本金、利率和欠债时间长短计算的利息。根据《企业会计准则——基本准则》第九章第四十二条的规定，"在现值计量下，资产按照预计从其持续使用和最终处置中所产生的未来净现金流入量的折现金额计量，负债按照预计期限内需要偿还的未来净现金流出量的折现金额计量"。也就是说，长期负债的入账价值应根据契约或合同确定未来应予偿还的本金与所付利息之和的贴现值来计量。

例如，1 年期的贷款为 10 000 元，假设年利率为 6%。1 年的利息应该是 600 元，1 年后的本息和 10 600 元是这笔负债的到期值。但是考虑货币时间价值的影响，在账簿上应该按照负债到期偿付额的折现值入账。也就是说，现在这笔长期负债不应该按照到期值 10 600元计价，而只能按照现值 10 000 元入账。

长期负债到期值与现值之间的差额是企业由于未来使用借入资金而应该承担的未来义务，是尚未发生的利息费用，而不是现在已经承担的义务，不应该列为现在的负债。因此长期负债应当按现值入账。

一、长期借款

长期借款是企业向银行等金融机构或非金融组织借入、偿还期限在一年以上的各种借款。它一般用于固定资产购置和固定资产建造工程，或补充流动资金不足等用途。

（一）长期借款利息的计算

1. 单利和复利

对长期借款利息的计算，目前有单利计算和复利计算两种方法。

1）单利计算

单利计算是只按本金计算利息，其所生利息不再加入本金重复计算利息，其计算公式为

$$本息和 = 本金 + 本金 \times 利率 \times 计息期数$$

2）复利计算

复利计算就是将所生利息加入本金再计算利息，即所谓的"利上滚利"。

由于复利计息的方法客观地反映了货币时间价值的运行规律，世界范围内各大银行和证券公司在确定负债、存款、证券的价格时均采用复利计息的方法。本书重点介绍复利计息方式下长期借款利息的计算。

2. 复利计息方式下长期借款利息的计算

根据借款利息支付方式的不同，复利计息有不同的实现形式。

1）到期一次归还本息

这种情况下，可以将借入的本金视为复利现值，到期一次归还的本息视为复利终值。

---

① 关于货币时间价值的计算原理，本书不展开说明，具体内容可参考财务管理方面教材的相关介绍。

其计算公式为

$$F = P \times (1+i)^n$$

上式中的 F 代表复利终值，P 代表复利现值，i 代表有效利率，n 代表计息期数。

【例 8-16】 S 企业向银行借入 4 年期借款 1 000 万元，年息 5%，到期本息一次归还。根据复利终值公式计算该项业务第四年末的本息和[①]：

10 000 000(1 + 5%)⁴ = 12 155 062.5（元）

第一年应付利息：10 000 000 × 5% = 500 000（元）

第二年应付利息：（10 000 000 + 500 000）× 5% = 525 000（元）

第三年应付利息：（10 000 000 + 500 000 + 525 000）× 5% = 551 250（元）

第四年应付利息：（10 000 000 + 500 000 + 525 000 + 551 250）× 5% = 578 812.5（元）

四年利息合计：500 000 + 525 000 + 551 250 + 578 812.5 = 2 155 062.5（元）

第四年末本息和：10 000 000 + 2 155 062.5 = 12 155 062.5（元）

2）等额偿还本息

在企业利用长期负债筹措资金的过程中，还可能碰到用年金方式偿还负债的情况。年金是指以相等的间隔连续分批支付或收入等额款项的结算方式。这时，当前借入的本金可以视同为年金现值，分期等额偿还的本息和则可以视同为年金。计算公式为

$$P_A = \frac{1}{i}\left[1 - \frac{1}{(1+i)^n}\right]A$$

上式中，i 代表有效利率，n 代表计息期数，P_A 代表借入的本金，A 为各期等额偿还的本息。

在实际工作中，年金现值可以查阅年金现值表进行计算。

【例 8-17】 某企业获得了一笔银行贷款。该贷款合同约定借入本金 1 000 万元，今后 6 年内等额偿还贷款本息。如果实际利率为年利率 8%，那么查阅年金现值表可知，6 年期、利率 8% 的年金现值系数为 4.6229，则每年末需要偿还的贷款本息可以计算为

1 000 ÷ 4.6229 = 216.3144（万元）

当然也可以进一步将每年偿还的本息分解为本金和利息两部分，如表 8-1 所示。

（二）长期借款的会计处理

为了总括地计量和记录长期借款的取得、利息计算及本息归还等情况，企业应设置"长期借款"账户。该账户的贷方登记借款本金和发生的利息，借方登记归还的本金和利息；余额在贷方，表示已经发生、但尚未偿还的长期借款本息之和。

长期借款的利息费用按单利还是按复利计算，是分期偿付还是到期一次还本付息，要根据借款合同中的条款而定。无论是采用单利或复利，也无论分期支付还是一次支付，均应按照权责发生制原则，将应该由本期负担的长期借款利息计提入账。

---

① 实际工作中，企业通常可以通过查找复利终值表来计算复利终值。本例中年利率 5%、4 年的复利终值系数为 1.2155，则 1 000 万元负债按照年息 5%、4 年计算的终值为 10 000 000 × 1.2155 = 12 155 000 元（因系数 1.2155 只保留了小数点后四位，所以计算结果有误差）。

表 8-1　偿还贷款本金和利息计算表　　　　　　　　单位：万元

	未偿还贷款 （A）	贷款利息 （B）=（A）×8%	偿还的贷款本金 （C）=（D）－（B）	当期偿还本息 （D）
贷款日	1 000	0	0	0
第一年	1 000	80.0000	136.3144	216.3144
第二年	863.6856	69.0948	147.2196	216.3144
第三年	716.4660	57.3173	158.9971	216.3144
第四年	557.4689	44.5975	171.7169	216.3144
第五年	385.7520	30.8602	185.4542	216.3144
第六年	200.2978	16.0166**	200.2978*	216.3144
总计	1 000	2 000	1 000	10 000

*第六年应归还的本金应等于 1 000 万元减去前五年已归还本金的差额，即

　　1 000－（136.3144＋147.2196＋158.9971＋171.7169＋185.4542）＝200.2978（万元）

**按照 8% 的利率计算，第六年的利息应为 200.2978×8%=16.0238（万元），但此处有计算尾差，最后一年偿还的利息为偿还的本息和减去偿还的本金，即 216.3144－200.2978=16.0166（万元）。

　　如果企业的长期借款用于购置设备、增扩场地，改扩建固定资产等，在固定资产尚未达到预定使用状态之前发生的利息支出，均应予以资本化，也就是将利息费用计入固定资产的购建成本。但是在固定资产交付使用以后发生的借款利息，就不应该予以资本化，而应计入当期财务费用。

　　如果企业的长期借款用于固定资产投资之外的生产经营活动，应遵循权责发生制要求，在使用借款的会计期末计算和确认应付利息。无论这些利息是否在当期支付，均应列入当期的财务费用或相关项目的成本。

　　【例 8-18】承接例 8-16。假定 S 企业将借款用于建造厂房和组装一条新的生产流水线，该项工程两年后达到预定使用状态，并办理了竣工决算手续。借款到期时，企业以银行存款归还借款本金和利息。

　　S 企业应编制如下会计分录：

　　（1）借入款项时的会计分录为

　　借：银行存款　　　　　　　　　　　　　　　　　　　　　　　　　10 000 000

　　　　贷：长期借款　　　　　　　　　　　　　　　　　　　　　　　　　10 000 000

　　（2）用借款支付房屋和生产设备的购置成本：

　　借：在建工程　　　　　　　　　　　　　　　　　　　　　　　　　10 000 000

　　　　贷：银行存款　　　　　　　　　　　　　　　　　　　　　　　　　10 000 000

　　（3）第一年末，将借款利息 500 000 元计入工程成本。由于当期并不归还利息，要在借款到期时一并还本付息，这些应付利息也属于长期负债。因此将这些应付利息计入长期借款：

　　借：在建工程　　　　　　　　　　　　　　　　　　　　　　　　　　500 000

　　　　贷：长期借款　　　　　　　　　　　　　　　　　　　　　　　　　　500 000

（4）第二年末：

①将借款利息 525 000 元计入工程成本和长期借款。

借：在建工程   525 000

    贷：长期借款   525 000

②在建工程达到预定使用状态，交付使用。根据前两年"在建工程"账户的记录，固定资产的取得成本应为 10 000 000 + 500 000 + 525 000 = 11 025 000（元）。编制会计分录如下：

借：固定资产   11 025 000

    贷：在建工程   11 025 000

（5）第三年末，将借款利息 551 250 元计入当年财务费用：

借：财务费用   551 250

    贷：长期借款   551 250

（6）第四年末，归还借款本息 12 155 062.5 元：

借：长期借款   11 576 250

    财务费用   578 812.5

    贷：银行存款   12 155 062.5

二、应付债券

债券是公司为筹集资金而依照法律程序发行、约定在一定日期还本付息的有价证券。它表明投资人与筹资人之间存在债权债务的利益关系。企业可以通过发行债券来筹集资金。如果发行的债券期限超过一年以上，则可视为一项长期负债。

（一）债券的构成要素

债券的票面一般要标明下列要素。

（1）债券面值即票面价值，包括两项内容：一是币种；二是按该币种注明的债券票面金额，它表示企业在还款日应偿还的本金。

（2）债券还本期限，指偿还面值（本金）的时间长度，如三年、五年等。

（3）票面利率，是债券发行人在债券上标明的利息率，它是债券发行人承诺每年支付利息的依据。例如，企业发行面值 1 000 元、5 年期、票面利率 9% 的债券，意味着企业发行债券后，今后 5 年内每年支付利息 1 000 × 9% = 90 元，5 年后债券到期，企业需要偿还债券本金 1 000 元。

除上述基本要素外，债券的票面上还有还本付息方式、发行日期和序号、发行单位印鉴、是否记名、能否转让等项目。

（二）债券的发行价格

1. 债券发行价格的影响因素

企业债券的发行价格与债券面值不是一个概念，二者的金额有时一致，有时不一致。在市场经济环境下，任何一个理智的投资者都是在对市场上各种投资机会的风险与收益进行权衡比较后才做出决策。债券的市场售价，在很大程度上靠其票面利率来确定。在其他条件不变的情况下，票面利率越高，债券的市价也就越高，如果确定了一个较低的票面利率，投资人一般不愿意认购，发行人只能按低于面值的价格发行。但如果确定了一个比较高的票面利率，债券又会吸引更多的投资人购买，在供不应求的情况下，发行人可将债券按高出面值的价格出售。这里"较低"或"较高"的票面利率是相对金融市场上其他投资机会的现行平均收益率来讲的。其他投资机会的平均收益率被称为市场利率，是投资者进行投资决策时使用的重要参考。所以，企业债券的发行价格与票面利率和市场利率都有直接的关系。

2. 债券发行价格的计算

从理论上讲，债券的实际发行价格是根据货币时间价值的理论，将债券到期应付面值和各期应付的利息，根据市场现行平均投资收益率折算的复利现值。其计算公式如下：

$$债券发行价格 = 债券面值的现值 + 各期利息的现值$$

【例 8-19】 亿林公司于 2022 年 1 月 1 日发行一批 5 年期债券，总面值为 1 000 万元，年利率为 5%，每年 1 月 1 日付息一次，5 年后一次还本。下面分别假设发行时市场年利率为 5%、4% 和 6%，计算 3 个不同利率水平下的债券价格。

（1）市场利率为 5% 情况下的债券发行价格

= 10 000 000 × 复利现值系数（5%、5）+ 500 000 × 年金现值系数（5%、5）

= 10 000 000 × 0.7835 + 500 000 × 4.3295 ≈ 10 000 000（元）

（2）市场年利率为 4% 情况下的债券发行价格

= 10 000 000 × 复利现值系数（4%、5）+ 500 000 × 年金现值系数（4%、5）

= 10 000 000 × 0.82193 + 500 000 × 4.45182 ≈ 10 445 210（元）

（3）市场年利率为 6% 情况下的债券发行价格：

= 10 000 000 × 复利现值系数（6%、5）+ 500 000 × 年金现值系数（6%、5）

= 10 000 000 × 0.74726 + 500 000 × 4.21236 ≈ 9 578 780（元）

3. 债券溢价和折价

当债券票面利率高于市场利率时，债券发行价格将高于其面值，发行价格高于债券面值的部分，称为企业债券溢价。债券溢价的实质是发行方将未来支付利息中高于市场利率的部分以溢价的方式预先扣除。例 8-19 中，市场利率为 4% 的情况下，债券将溢价发行，债券溢价金额 = 10 445 210 − 10 000 000 = 445 210（元）

如果债券票面利率低于市场利率，债券发行价格将低于其面值，发行价格低于债券面值的部分，称为企业债券折价。债券折价的实质是发行公司因为债券票面利率低于同期市场利率而对债券购买者给予的补贴，是发行方用折价方式先行给付以后少支付的利息。例8-19 中，市场利率为 6% 的情况下，债券将折价发行，债券折价金额 = 10 000 000 − 9 578 780 = 421 220（元）。

债券的价格在发行时根据实际利率确定以后，不会因市场利率的变动而变化。也就是说，债券发行后，即使市场利率发生变化，对已发行债券也不会产生影响。

（三）公司债券的核算

为了总括地反映债券发行、归还和付息情况，应设置"应付债券"账户，同时设置"面值""利息调整""应付利息"等明细科目。其中，"应付债券——利息调整"是"应付债券——面值"的抵消调整账户，二者共同反映企业对债券投资人的负债额。"应付债券"账户的贷方记录应付债券的本金和应计利息，借方记录偿还债券本金和支付的利息。余额在贷方，表示尚未偿还的应付债券本金和尚未支付的利息。

1. 债券发行的核算

公司按面值发行债券时，发行价格等于收到的款项。在这种情况下，应按票面金额借记"银行存款"账户，贷记"应付债券——面值"账户。如果溢价（或折价）发行，则收到款项高于（或低于）债券面值，应按实际收到的款项，借记"银行存款"账户；按债券的票面金额，贷记"应付债券——面值"账户，按实际收到款项与票面金额之间的差额贷记（或借记）"应付债券——利息调整"账户。

【例 8-20】 承接例 8-19 的数据，说明债券发行会计处理。

（1）按面值发行时的会计分录为

借：银行存款		10 000 000
贷：应付债券——面值		10 000 000

（2）溢价发行时的会计分录为

借：银行存款		10 445 210
贷：应付债券——面值		10 000 000
应付债券——利息调整		445 210

其中，"应付债券——利息调整"是"应付债券——面值"的附加调整账户，二者之和反映企业对债券投资人的负债额。

（3）折价发行时的会计分录为

借：银行存款		9 578 780
应付债券——利息调整		421 220
贷：应付债券——面值		10 000 000

2. 债券利息和溢价（折价）摊销的核算

企业应根据权责发生制的要求按期计提应付债券的利息费用，并视借款用途，分别计入财务费用或有关项目成本，即借记"财务费用"或"在建工程"等账户，贷记"应付债券——应计利息"账户。

如果债券按面值发行，各期的利息额就等于票面额与票面利率的乘积。如果债券是溢价或折价发行，各期的利息计算和确认还要包含溢价和折价的摊销金额。按照我国会计准则应用指南的有关规定，应该采用实际利率法摊销债券溢价和折价[①]。

实际利率法是以实际利率（发行时的市场利率）乘以期初应付债券的账面价值来确定

---

① 中华人民共和国财政部发布，企业会计准则编审委员会编. 企业会计准则——应用指南[M]. 上海：立信会计出版社，2006：412.

各期利息费用，并据以计算各期债券溢价（折价）摊销金额的方法。采用实际利率法摊销债券溢价（或折价）时，各期利息费用等于实际利率与本期期初债券账面价值的乘积。各期利息费用与票面利息的差额，即为该期的摊销额。

如上所述，企业债券无论是折价或溢价发行，其本质均是对票面利率不同于实际利率而进行的调整。因此，在会计核算中应该使用"应付债券——利息调整"账户来记录债券折价或溢价的摊销额。

【例 8-21】　根据例 8-19 和例 8-20 中溢价发行的数据，计算实际利率法下的债券溢价摊销额，如表 8-2 所示。

表 8-2　实际利率法下的债券溢价摊销表　　　　　　　　单位：元

期次	付息期	应负担利息费用	票面利息	摊销额	未摊销溢价余额	债券账面价值
					445 210	10 445 210
1	2021	417 808	500 000	82 192	363 018	10 363 018
2	2022	414 521	500 000	85 479	277 539	10 277 539
3	2023	411 102	500 000	88 898	188 641	10 188 641
4	2024	407 546	500 000	92 454	96 187	10 096 187
5	2025	403 847	500 000	96 187*	0	10 000 000

*该数字包含四舍五入误差。

各付息期应根据表 8-2 计算结果编制会计分录。以 2021 年为例，年末应编制会计分录如下：

借：财务费用　　　　　　　　　　　　　　　　　　　　417 808
　　应付债券——利息调整　　　　　　　　　　　　　　　82 192
　　贷：应付利息　　　　　　　　　　　　　　　　　　　　　500 000

到第五年末，445 210 元的溢价将全部摊销完毕，应付债券的账面价值将等于公司债券的面值总额。

3. 债券付息还本的核算

企业债券利息的支付方式分为到期一次支付和分期支付两种。

在分期付息的情况下，各期间的利息都在不超过一年的时间内支付，在例 8-19 和例 8-20 的业务中，无论企业债券是面值发行、溢价发行还是折价发行，记录各年支付利息的会计分录都为

借：应付利息　　　　　　　　　　　　　　　　　　　　500 000
　　贷：银行存款　　　　　　　　　　　　　　　　　　　　　500 000

偿还债券本金的方式通常是到期一次偿还。若公司债券到期前一直流通在外，则在债券到期时，溢价或折价均已摊销完毕，因此到期时需要偿还的债券账面净值就是债券面值。偿还本金时，按票面价值借记"应付债券——面值"账户，贷记"银行存款"账户。在例 8-19 和例 8-20 的业务中，无论企业债券是面值发行、溢价发行还是折价发行，在第五年年末偿还本金时，都应编制如下会计分录：

| 借：应付债券——面值 | 10 000 000 |
| 贷：银行存款 | 10 000 000 |

三、租赁负债

（一）租赁负债的融资性质

企业采用租赁方式租入固定资产，其产生的负债实际上都具有融资性质。例如，某企业采用租赁方式租入生产设备一台，按照租赁合同的规定，租赁期限为 5 年，每年末支付租赁费 1 200 万元，最低租赁付款额为 6 000 万。根据《企业会计准则第 21 号——租赁》[①]第三章第十七条的规定，租赁负债应当按照租赁期开始日尚未支付的租赁付款额的现值进行初始计量。假设该租赁资产租赁付款额的现值为 5 000 万元，那么这一差额 1 000 万元便可视为融资费用。也就是说，可以将租赁付款额与租赁付款额现值之间的差额理解为承租方向出租方支付的因融资而应承担的利息支出，需要在租赁期内进行分摊计入财务费用。

（二）租赁负债的核算

承租企业应将租入资产确认为使用权资产，同时确认租赁负债。企业应设置"租赁负债"科目，下设"租赁付款额"和"未确认融资费用"两个明细科目，核算与租赁相关的业务。

在租赁期开始日，企业应按照租赁开始日租赁资产的取得成本作为入账价值，借记"使用权资产"科目，按最低租赁付款额，贷记"租赁负债——租赁付款额"科目，按发生的初始直接费用，贷记"银行存款"等科目，按其差额，借记"租赁负债——未确认融资费用"科目。

每年支付租金时，企业应按每期支付的租金金额，借记"租赁负债——租赁付款额"科目，贷记"银行存款"科目。同时需要摊销未确认融资费用，根据《企业会计准则第 21 号——租赁》第三章第二十三条的规定，承租人应当按照固定的周期性利率计算租赁负债在租赁期内各期间的利息费用，并计入当期损益。借记"财务费用"科目，贷记"租赁负债——未确认融资费用"科目。

【例 8-22】 某企业采用融资租赁方式租入一台生产设备，按照租赁合同的规定，租赁期限为 5 年，每年末支付租赁费 480 万元，最低租赁付款额为 2 400 万元。此外，企业还支付了生产设备的运输费、保险费、安装调试费等共计 50 万元。假设租赁内含利率为 5%。

首先计算租赁付款额的现值：

480 × 年金现值系数（$i,5$）＝480 × 4.3295 = 2 078.16（万元）

然后，计算租赁资产的取得成本：

2 078.16 + 50 = 2 128.16（万元）

（1）租入设备的会计分录为

借：使用权资产　　　　　　　　　　　　　　　　　　　　21 281 600

---

① 《企业会计准则第 21 号——租赁》，2019 年修订。

租赁负债——未确认融资费用   3 218 400

  贷：租赁负债——租赁付款额   24 000 000

    银行存款   500 000

（2）每年支付租金的会计分录：

借：租赁负债——租赁付款额   4 800 000

  贷：银行存款   4 800 000

（3）未确认的融资费用应当在租赁期内各个期间进行分摊。实际利率法下未确认融资费用的摊销如表8-3所示。

表8-3   实际利率法下的未确认融资费用摊销表   单位：元

年份	支付租赁费	未确认融资费用摊销额	应付本金减少额	未确认融资费用余额	应付本金
				3 218 400	20 781 600
1	4 800 000	1 039 080	3 760 920	2 179 320	17 020 680
2	4 800 000	851 034	3 948 966	1 328 286	13 071 714
3	4 800 000	653 586	4 146 414	674 700	8 925 300
4	4 800 000	446 265	4 353 735	228 435	4 571 565
5	4 800 000	228 435*	4 571 565**	0	0

*该数字包含四舍五入误差，计算方法为

3 218 400 –（1 039 080 + 851 034 + 653 586 + 446 265）= 228 435

**计算方法为 4 800 000 – 228 435 = 4 571 565

第一年摊销未确认融资费用时的会计分录如下：

借：财务费用   1 039 080

  贷：租赁负债——未确认融资费用   1 039 080

其他各年的摊销分录相同，金额等于表8-3"未确认融资费用摊销额"栏对应年份的金额。

第四节 　或 有 负 债

　　企业在日常生产经营的过程中，会受到众多不确定性因素的影响，特别是在市场经济环境中，这些不确定性因素更多，从而产生了不同的"或有事项"。《企业会计准则第13号——或有事项》[1]第一章第二条规定："或有事项是指过去的交易或事项形成的，其结果须由某些未来事项的发生或不发生才能决定的不确定事项。"

　　如果或有事项可能会给企业带来利得（有利的影响），称之为或有利得，从而可能形成"或有资产"；反之，若或有事项可能带来损失（不利的影响），则称为"或有损失"。根据《企业会计准则——基本准则》中规定的谨慎性原则，即"企业对交易或者事项进行会计

　　① 中华人民共和国财政部. 企业会计准则 2006[M]. 北京：经济科学出版社，2006：59.

确认、计量和报告应当保持应有的谨慎，不应高估资产或者收益、低估负债或者费用"，或有损失比或有利得更应引起管理人员的重视。

如果或有损失发生的可能性很大，会计上应将其作为预计负债处理，具体方法可参照本章第二节的相关说明。而如果或有损失发生的可能性并不大，就需要作为或有负债处理。或有负债则不需要确认，只需要在会计报表附注中披露或有负债的相关信息。

一、或有负债①的概念

根据《企业会计准则第 13 号——或有事项》②第二章第十三条的规定："或有负债指过去的交易或事项形成的潜在义务，其存在须通过不确定事项的发生或不发生予以证实；或过去的交易或事项形成的现实义务，履行该义务不是很可能导致经济利益流出企业或该义务的金额不能可靠地计量"。该规定将或有负债分为以下两种情况。

（一）或有负债是一种潜在义务

或有负债是因过去的交易产生的未来事项而估计的潜在负债。它具有以下 3 个特征：①其存在的原因在于已经发生的某种事件或情况；②情况的最终结果是不确定的；③最终结果有赖于未来某一事件的发生与否来加以证实。

例如，甲公司为乙公司的贷款担保，如果乙公司到期无力偿还，甲公司要承担连带责任，因而就面临一项或有负债。在这个例子中，担保是过去的交易事项，乙公司还债与否是未来事件。甲公司最终是否要承担还债义务，取决于乙公司是否无力还债，因而带有较大的不确定性。如果将来事项真的发生了，或有负债就成为一种实际负债；如果将来事项不发生，这种债务责任也就不存在。例中，乙公司到期履行了债务责任，甲公司的或有负债就因此消失。

（二）或有负债是一种现实义务

或有负债是一种现实义务，履行该义务不是很可能导致经济利益流出企业或该义务的金额不能可靠地计量。此处的"不是很可能"是指该义务导致经济利益流出的概率比较小，一般小于 50%。或者，履行该业务所导致的经济利益不能采用会计方法计算确定。

例如，企业对外承诺维护所在城区的生态环境，如果因生产污染环境由企业负责进行污染治理。由于企业环保设备的有效工作，发生污染环境的概率微乎其微，因此可以将该承诺作为或有负债处理。

二、或有负债的种类

在我国，或有负债主要有以下几种。

---

① 根据中华人民共和国财政部 2011 年发布的《小企业会计准则》第五十二条之规定，本节介绍的"或有负债"业务不适用于小企业的负债核算。

② 中华人民共和国财政部，《企业会计准则第 13 号——或有事项》，2006 年。

（一）应收票据贴现

票据贴现是企业以转让票据收款权为代价，从银行或金融公司获得借款的一种方式。企业将收到的应收票据背书后向银行贴现，如果采用带追索权方式，当票据到期而出票人无力偿付或拒绝偿付时，背书人必须承担连带偿付责任。所以，企业以带追索权方式贴现应收票据后，便形成了一项或有负债，这项或有负债是否会变成现实的债务，取决于出票人在票据到期时的偿付情况。

（二）应收账款抵借

应收账款抵借是指应收账款的持有人（即抵借业务中的抵借人）以应收账款为抵押，从银行或其他金融机构（即抵借业务中的出借人）借入资金。出借人对作为抵押的应收账款通常享有追索权，即当承借人到期无法偿付所借款项时，出借人有权直接向抵借人收取相应金额的应收账款。企业的这种融资方式产生了或有负债。

（三）未决诉讼

当企业涉及一项尚未判决的诉讼案件时，也会因此而承担相应的或有负债。若企业在诉讼中败诉，就会承担一定的赔偿金和诉讼费。未决诉讼案件和相应的估计金额应在报表附注中注明。

（四）信用担保

当企业为另一家企业向银行的贷款提供担保时，就承担了一项或有负债，企业将为其担保的贷款负连带清偿责任。如果贷款企业到期不能偿还贷款，则担保企业就必须负责清偿债务。

（五）未确定的欠交款项

对于企业自己申报的各项税款，征税机关要经过审查和核定。如果税务机关与企业在纳税问题上存在分歧，就可能需要企业补交税款，从而形成一项或有负债。

三、或有负债的会计处理

由于或有负债是尚未确定存在与否的潜在义务，或者是发生概率很小的现时义务，不符合负债要素的定义。因此不需要在会计上单独设置账户核算，而采用在"资产负债表"外用附注说明等方法予以披露。比如，我国会计准则对企业担保产生的或有负债，要求在"资产负债表"的补充资料中反映。如果还有其他或有负债，也应在报表附注中加以说明。

企业需要在报表附注中披露有关或有负债的如下内容：

（1）或有负债的种类及其形成原因，包括已贴现商业承兑汇票、未决诉讼、未决仲裁、对外提供担保等形成的或有负债；

（2）经济利益流出不确定性的说明；

（3）或有负债预计产生的财务影响，以及获得补偿的可能性；无法预计的，应当说明原因。

【本章小结】

负债是企业筹集资金的重要来源。根据其偿还期的长短可将负债划分为流动负债和非流动负债。流动负债最大的特点是偿还期短，包括短期借款、应付票据、应付账款、预收账款、应付职工薪酬、应交税费、应付利息、应付股利、其他应付款和一年内到期的长期借款等。流动负债的会计处理应区分不同债权人分别掌握。非流动负债是指偿还期限在一年以上或长于一年的一个营业周期以上的债务，主要包括长期借款、应付债券、长期应付款和预计负债等。对非流动负债计价时，除预计负债外的其他项目均采用扣除货币时间价值以后的现值计量。或有负债不需要确认，只需要在会计报表附注中披露或有负债的相关信息。

【关键名词】

负债	流动负债	非流动负债	短期借款	应付票据
应付账款	预收账款	应付职工薪酬	应交税费	应付利息
应付股利	其他应付款	一年内到期的长期借款		长期借款
应付债券	债券溢价	债券折价	长期应付款	
未确认融资费用	预计负债	或有负债		

【思考题】

1. 什么是负债？它对企业的盈利能力和财务状况有哪些影响？

2. 如果按照偿还的急迫程度划分，企业的流动负债中哪些是急迫程度最高的？

3. A 公司下辖许多分公司，A 公司实行承包制，各分公司按年上缴一定数额的利润后，盈亏由分公司自负。一天，某供应商 B 拿着甲分公司出具欠条找到 A 公司的总经理，要求 A 公司付钱。A 公司应不应该支付？

4. 某公司销售产品需要使用公司提供的专用包装物，公司在向顾客出借包装物时，每件收取 20 元的押金。这些押金是否是公司的负债？为什么？

5. 货币时间价值如何影响非流动负债的计价？

6. 预计负债与或有负债的区别有哪些？

【练习题】

练习一

某企业 2022 年发生了以下经济业务：

1. 1 月 15 日，向银行借入短期借款 50 000 元；

2.5月20日，向信华公司购入材料，价款100 000元，增值税为13 000元，按合同规定开出期限为3个月的银行承兑汇票一张，年利率为7.5%；

3.8月20日，企业3个月前开出的汇票到期，但因资金不足无力支付到期票款；

4. 企业全年共出售商品4 000 000元，并提供1年半的售后服务。根据以往经验，商品质量担保成本为销售收入的1%，2019年底，实际担保支出为12 000元。

5.12月10日宣布分配利润420 000元。

要求：为以上业务编制会计分录。

练习二

如果某企业在2022年5月16日购买商品一批，价款20 000元，增值税2 600元，代垫保险费1 500元，代垫运杂费3 500元，付款条件为"2/10、1/20、n/30"，假设计算现金折扣时不考虑增值税。

要求：分别在总价法核算和净价法核算下，编制该企业的会计分录：

（1）5月16日购买商品；

（2）企业于5月25日付款；

（3）企业于6月4日付款；

（4）企业于6月15日付款。

练习三

A企业为增值税一般纳税人，增值税税率为13%，2021年开始建设一生产线。有关业务资料如下：

1. 1月1日，向银行借款500万元，全部用于自建一生产线，借款期限两年，利率为6%，一次性还本付息；

2. 1月10日，用上述借款购入工程用物资价款400万元，增值税68万元，以银行存款支付，全部用于工程建设；

3. 2021年末计提当年长期借款利息；

4. 2021年末工程完工达到预定可使用状态，并交付使用。该资产预计净残值率为5%，预计使用8年；

5. 2022年年末偿还长期借款本息。

要求：编制有关会计分录。

练习四

太和公司2022年5月5日和红星公司签订5 000 000元的销货合同，该批产品为应税消费品，适用的增值税税率为13%，消费税税率为10%。根据合同规定，5月5日预收40%货款，余额在5月10日交货后由买方5月15日补付。该公司根据经验认为该产品返修费用为售价的0.1%。

要求：为太和公司编制相关会计处理的分录。

练习五

H公司采用融资租赁方式租入一台生产设备，按照租赁合同的规定，租赁期限为7年，每年末支付租赁费600万元，最低租赁付款额为4 200万元。此外，企业还支付了生产设备的运输费、保险费、安装调试费等共计 40 万元。假设租赁内含利率为 6%。

要求：根据上述资料编制 H 公司的如下会计分录。

（1）租入设备；

（2）第一年末支付租赁费；

（3）第一年末摊销未确认融资费用。

第九章

所有者权益

本章导读

企业的所有者对企业的经营活动承担着最终的风险，与此同时，也享有最终的权益。本章将系统阐述企业所有者权益会计的一般问题。包括投入资本和留存收益两部分。由于股份有限公司的组织结构、资本筹集、利润分配方面具有的特殊性，本章还将从会计角度对股份有限公司所有者权益进行专门介绍。

问题导引

为什么说所有者权益就是净资产？

所有者权益与所有者投资的差别是什么？

其他权益工具与股票出资有什么不同？

资本公积是如何形成的？

如果企业亏损，是否应该专门设置"亏损"账户？

开篇故事

万源油品公司的所有者权益合计金额为 1.2 亿元，其中：实收资本 8 000 万元，盈余公积 1 800 万元，未分配利润 2 200 万元。

公司的主要资产包括一座大型油库，36 座加油站，其账面价值 1.8 亿元，公允价值 2.5 亿元。现有东盛公司欲出资加盟万源油品，并要求占该企业注册资本的 20%。

企业其他投资人也同意在东盛投资后将公司注册资本增加到 1 亿元，并同意东盛在增资之后的万源油品中持有 20%的股份。

如果你是万源油品的原投资人，你认为在这种情况下东盛公司至少应投入多少资本，你的权益才能得到合理的保护？

第一节　所有者权益概述

一、所有者权益的性质

（一）所有者权益是所有者对资产的剩余要求权

《企业会计准则——基本准则》第五章第二十六条规定："所有者权益是指企业资产扣除负债后由所有者享有的剩余权益。"这一定义说明了所有者权益的经济性质，它强调所有者权益是体现在净资产中的权益，是所有者对资产的剩余要求权。这个权益可以通过对基本会计方程式"资产＝负债＋所有者权益"的转换推导而得出。即

$$所有者权益 = 资产 - 负债$$

所有者对企业的经营活动承担着最终的风险，与此同时，也享有最终的权益。如果企业在经营中获利，所有者权益将随之增长；反之，企业发生亏损，所有者权益将随之缩减。任何企业的所有者权益都是由企业中的所有者投资净额、直接计入所有者权益的利得、损失和积累在企业中的利润（或亏损）构成的。

（二）所有者权益和负债的区别

企业的资产的来源有两个方面：负债和所有者权益。负债和所有者权益统称为权益，其含义是对企业资产的所有权。所有者权益和负债之间存在以下主要区别。

1. 性质不同

所有者权益是投资者享有的对投入资本及其运用所产生盈余（或亏损）的权利；负债是在经营或其他事件中发生的债务，是债权人要求企业清偿的权利。

2. 享受权利不同

所有者享有参与收益分配、参与经营管理等多项权利。但对企业资产的要求权在顺序上置于债权人之后，即对剩余资产的要求权；债权人享有到期收回本金及利息的权利，在企业清算时，有优先获取企业用于清偿债务的资产的要求权，但没有经营决策的参与权和收益分配权。

3. 偿还期限不同

所有者权益在企业持续经营的情况下，一般不存在偿还的问题，即不存在约定的收回日期，因而是企业的一项可以长期使用的资金，只有在企业清算时才可能予以偿还；负债必须于一定时期偿还。为了保证债权人的利益不受侵害，法律规定债权人对企业资产的要求权优先于投资者，因此债权又称为第一要求权，投资者具有对剩余财产的要求权，又称为剩余权益。

4. 风险不同

所有者向企业投资能否获益及能够获得多少收益，需视企业的盈利水平及经营政策而定，所有者承担的风险较大；而债权人获取的利息一般是按固定利率计算，或者在固定利率基础上调整相关因素计算得到，通常可以预先确定其数额。企业无论盈亏，都要按期支付利息，因此债权人承担的风险较小。

二、企业组织形式与所有者权益

企业组织形式一般分为 3 种：个人独资企业、合伙企业和公司制企业。从会计的角度看，不同组织形式的企业，在资产、负债、收入、费用和利润的会计业务处理中没有明显差异。但不同组织形式的企业，其所有者权益（业主权益）的会计处理有明显的各自特征。这主要是因为法律对不同组织形式企业的所有者权益有不同的规定。

（一）个人独资企业与业主权益

个人独资企业是指只有一个业主以盈利为目的而设立的企业。个人独资企业具有以下3个方面的特征。

1. 个人独资企业不是独立的法人

根据我国个人独资企业法[①]第一章第二条的规定，"个人独资企业，是指依照本法在中国境内设立，由一个自然人投资，财产为投资人个人所有，投资人以其个人财产对企业债务承担无限责任的经营实体。"个人独资企业在法律上不具有独立人格，因而不拥有行为能力，企业行为被认为实质上是业主的个人行为。企业的财产、企业的债务，在法律上被视为是业主个人的财产和债务。

2. 个人独资企业不是企业所得税纳税主体

我国《国务院关于个人独资企业和合伙企业所得税征收问题的通知》[②]规定，个人独资企业和合伙企业不属于企业所得税的纳税主体。由于个人独资企业的行为被视为业主个人行为，因而企业的收益被视为业主个人的收益，只按照个人所得税法交纳个人所得税，而不交纳企业所得税。

3. 业主对企业的债务负无限清偿责任

个人独资企业在清算时，如果企业的财产不足以清偿债务，则应由业主以个人的财产予以清偿。这种责任更有利于保护债权人的利益。

个人独资企业的所有者权益被称为业主权益。业主权益的核算内容主要包括：业主的初始投资和在以后的经营过程中的追加投资；企业盈利或亏损对业主权益的影响；业主和企业之间的往来事项对业主权益的影响。

由于上述特点，业主权益的会计处理比较简单。只需为业主设立一个资本账户，业主的投资、提款、企业的盈亏，最终都归集在这个资本账户里。由于业主对企业债务承担无限责任，所以法律上不要求将资本和盈利区分开来。在个人独资企业的会计报表中，应该设置"业主权益表"，用以反映业主权益的变动。

（二）合伙企业与合伙人权益

按照《中华人民共和国合伙企业法》[③]第一章第二条的规定，"合伙企业，是指自然人、法人和其他组织依照本法在中国境内设立的普通合伙企业和有限合伙企业。普通合伙企业由普通合伙人组成，合伙人对合伙企业债务承担无限连带责任。有限合伙企业由普通合伙

---

① 1999 年 8 月 30 日第九届全国人民代表大会常务委员会第十一次会议通过、1999 年 8 月 30 日中华人民共和国主席令第二十号《中华人民共和国个人独资企业法》。

② 2000 年 9 月，财政部、国家税务总局根据《国务院关于个人独资企业和合伙企业所得税征收问题的通知》有关 "对个人独资企业和合伙企业停征企业所得税，只对其投资者的经营所得征收个人所得税的"的规定，制定了《关于个人独资企业和合伙企业投资者征收个人所得税的规定》。该规定明确从 2000 年 1 月 1 日起，个人独资企业和合伙企业投资人将依法缴纳个人所得税。

③ 《中华人民共和国合伙企业法》，1997 年 2 月 23 日第八届全国人民代表大会常务委员会第二十四次会议通过；2006 年 8 月 27 日第十届全国人民代表大会常务委员会第二十三次会议修订。

人和有限合伙人组成，普通合伙人对合伙企业债务承担无限连带责任，有限合伙人以其认缴的出资额为限对合伙企业债务承担责任。"

合伙经营与独资经营的区别在于：为了明确合伙人的责任和权利，必须订立合伙协议。《中华人民共和国合伙企业法》第二章第十八条规定，合伙协议应当载明的事项中，除合伙企业的名称、主要经营场所的地点、合伙目的、合伙经营范围外，还必须明确：①合伙人的出资方式、数额和缴付期限；②利润分配、亏损分担方式；③入伙与退伙；④合伙事务的执行、争议解决办法、违约责任；⑤合伙企业的解散与清算。

合伙企业的所有者权益被称为合伙人权益。合伙人权益的核算内容主要包括：合伙人的初始投资和在以后的经营过程中的追加投资；企业盈利或亏损及分配比例对合伙人权益的影响；合伙人和企业之间的往来事项对合伙人权益的影响。

与个人独资企业相同，在合伙企业中，只须为合伙人设立资本账户。与个人独资企业的主要区别是：应为每个合伙人分别设立资本账户，各合伙人对企业进行的投资，应分别记入各合伙人资本账户；各合伙人从企业提款，将减少其资本账户数额，并意味着该合伙人在企业合伙人权益中的份额减少；合伙企业的损益，应按照合伙契约中规定的方法进行分配，分别记入各合伙人的资本账户中。与个人独资企业的另一个区别是，就某个合伙人而言，不论是向企业投入资本，还是从企业提款，或是将出资转让给他人，都要受到其他合伙人意愿的制约。

（三）公司制企业与股东权益

我国《公司法》①定义的公司是指"依照本法在中国境内设立的有限责任公司和股份有限公司。有限责任公司和股份有限公司是企业法人，有独立的法人财产，享有法人财产权。公司以其全部财产对公司的债务承担责任。有限责任公司的股东以其认缴的出资额为限对公司承担责任；股份有限公司的股东以其认购的股份为限对公司承担责任"。公司被认为是现代企业中最有生命力的组织形式。公司制企业的特征包括以下内容。

1. 股东对公司的债务只负有限责任

股东对公司的负债没有个人偿还的义务。一个股东对一家公司投资的最大损失是投资成本支出，而不必担心由于企业经营失败而失去投资以外的财产。公司的这一特点使其可以比独资和合伙企业拥有更广泛的投资者，并从这些投资者那里得到更多的资金。

2. 公司是独立的法律主体

公司一经政府批准成立，就具有独立于其所有者的法人地位和资格，具有同自然人一样的权利和义务。公司可以用自己的名义取得资产、承担债务、签订合同、提出诉讼和被诉。在个人独资企业、合伙企业和公司制企业 3 种组织形式中，只有公司是法人，具有法人地位。因此，只有公司制企业才会有法人代表。

3. 公司是纳税主体

公司如有盈利，要交纳企业所得税。公司是否向股东分配税后利润取决于公司董事会

---

① 《中华人民共和国公司法》于 1993 年 12 月 29 日第八届全国人民代表大会常务委员会第五次会议通过，1999 年 12 月 25 日第一次修正；2004 年 8 月 28 日第二次修正；2013 年 12 月 28 日第三次修正；2018 年 10 月 26 日第四次修正。以下同。

的股利政策和分配方案。如果公司向股东分配了税后利润，股东需要就分得的现金股利再交纳个人所得税。也就是说，公司的收益要经过重复课税。

4. 公司的所有权可转让

公司的所有者可以出售或转让股份，特别是公开上市的股份有限公司，股东可以随意转让自己持有的股票。公司的持续经营不因股东的变更而受到影响，因而公司具有较为长久的存续期。

5. 严格的法律管制

由于所有者仅对公司债务负有限责任，为了保护债权人，各国立法机构都对公司的成立、筹资、投资、清算、利润分配、股份回购等业务制定了严格的法律和规章，要求公司必须严格区分投入资本和实现利润。由于受到严格的法律管制，使得公司所有者权益的会计处理的许多程序是基于法律的规定，而不仅仅是依据会计惯例。由此导致公司所有者权益会计处理的复杂程度远大于个人独资企业和合伙企业。

公司的形式多种多样，其中最主要的是股份有限公司和有限责任公司。需要说明的是，我国的国有独资企业属于公司范畴。这种企业是指由国家独立出资建立的企业。《公司法》指出，国有独资企业的性质与个人独资企业不同，而与有限责任公司相同。这种企业被称作国有独资有限责任公司。

目前情况下，我国的企业绝大多数为公司制企业。因此本书以后的章节内容，如无特殊说明，均以公司制企业的会计业务为准。

三、所有者权益的内容和分类

企业所有者[①]拥有的权益，最初以投入企业资产的形式取得，形成了投入资本。随着企业生产经营活动的开展，企业一方面会从盈利中留存收益，另一方面也会发生一些不应计入当期损益、能够导致所有者权益发生增减变动的，与所有者投入资本或者向所有者分配利润无关的利得或者损失，这些资金在最终都归企业所有者所有，与投入资本共同构成企业的所有者权益。

为了反映所有者权益的构成，便于投资者和其他报表阅读者了解所有者权益的来源及其变动情况，《企业会计准则第 30 号——财务报表列报》[②]第三章第二十七条规定：“资产负债表中的所有者权益类至少应当单独列示反映下列信息的项目：实收资本（或者股本）、资本公积、盈余公积、未分配利润。”表 9-1 反映了 K 公司 2022 年度资产负债表中的所有者权益部分。

对所有者权益进行这种分类能够提供以下两个方面的重要信息。

1. 能够清晰地反映企业内部的资金来源结构

所有者权益中投入资本和作为准资本的资本公积，构成企业在一定规模下开展生产经

---

① 在股份制企业中，企业所有者就是股东。为便于表述，本教材将股东和企业所有者等同使用。
② 中华人民共和国财政部制定，《企业会计准则第 30 号——财务报表列报》，2014 年修订。

表 9-1　K 公司的股东权益构成

2022 年 12 月 31 日　　　　　　　　　　　　　　　　单位：万元

股东权益	年末数	年初数
股本	11 077	5 020
资本公积	17 075	2 090
盈余公积	530	25
未分配利润	3 006	143
股东权益合计	31 688	7 278

营活动最基础的启动资金，是企业存在的基本条件。直接计入所有者权益的利得和损失来自于企业在日常生产经营过程中的非经营业务。盈余公积和未分配利润等留存收益项目，来自于企业经营过程中的资本增值，反映了企业的经营成果，并在一定程度上为企业扩大生产经营规模提供条件。同时，不同所有者的投资比例还是决定企业利润分配或风险分担比重的依据。资本增值同投入资本相比，能够反映出企业长期以来的经营成果和发展趋势。

2. 能够反映利润分配政策上的限制因素

所有者投资的主要目的之一是获得理想的投资回报。因此，他们必然非常关心企业利润分配政策的制定。企业在制定利润分配政策时，既要考虑对投资人的回报，也不能放弃企业持续经营的长远利益。这种近期利益和长远利益的兼顾，形成了限制企业利润分配政策的指导思想：既不能分光吃净导致企业无力扩大再生产，也不能过分地压缩利润分配的比例，导致投资者对企业投资丧失信心。企业为了妥善地处理好利润分配过程中的复杂关系，就需要对所有者权益按来源不同，分层次地确定利润分配涉及的范围。所有者权益中什么项目可以用于分配，什么项目不能用于分配。可以用于分配的项目能够分配到什么程度，在分配之前是否有什么制约条件等。所有这些都可以通过对所有者权益的合理分类加以界定。

第二节　实收资本和资本公积

一、实收资本

（一）注册资本和实收资本

企业要经营，必须要有一定的本钱。我国《企业法人登记条例》[①]第三章第七条第三款明确规定，企业申请开业，必须具备"符合国家规定并与其生产经营和服务规模相适应的资金数额和从业人员"。同时，我国《公司法》第二章第一节第二十三条第二款和第二十六条分别规定，有限责任公司设立的基本条件之一是"有符合公司章程规定的全体股东认缴

---

① 参见《中华人民共和国企业法人登记管理条例》，1988 年 5 月 13 日国务院第四次常务会议通过，2011 年 1 月 8 日第一次修正；2014 年 2 月 19 日第二次修正；2016 年 2 月 6 日第三次修正；2019 年 3 月 2 日第四次修订。

的出资额"，股份有限公司设立的基本条件之一是"有符合公司章程规定的全体发起人认购的股本总额或者募集的实收股本总额"。

注册资本是公司在设立时筹集的、由章程载明的、经公司登记机关登记注册的资本，是股东认缴或认购的出资额。

实收资本是公司成立时实际收到的股东的出资总额，是公司现实拥有的资本。由于公司认购股份以后，可以一次全部缴清，也可以分期缴纳，所以实收资本在某段时间内可能小于注册资本，但公司的注册资本与实收资本最终是应当一致的。

实收资本反映投资人投入企业的本钱，它是企业开展生产经营活动的必要物质基础。投资人可以用货币出资，也可以用实物、知识产权、土地使用权等可以用货币估价并可以依法转让的非货币财产作价出资。企业在进行会计核算时，应分清投入资本和借入资金的界限，不得将借入资金作为实收资本核算，不得将借入资金作为注册资本在工商管理部门注册登记后又归还给债权人。

企业实收资本比原注册资金数额增减超过 20%时，应持资金使用证明或验资证明，向原登记主管机关申请变更登记。

（二）投资人的权利

投资人按照其投资在企业总投资中的份额享有相应的权利。这些权利包括以下内容。

1. 管理权

投资人享有管理企业的权利。这种权利可以由投资人直接行使，也可通过投票选举董事会和总经理将其授予专门的管理人员代为行使。总之，管理一家企业的最终权利是保留在投资人手中。

2. 分享利润权

公司若有税后利润，在提取盈余公积后，经董事会决议，投资人有按投资份额参与利润分配的权利。

3. 分享剩余财产权

在公司终止营业并解散清算时，公司需要变卖资产用以偿还负债。在还清全部负债后，所有者有权按投资份额分配剩余财产。

4. 优先投资权

当公司需要增加新的投资时，原投资人有权按既定持股比例认购新股。

（三）普通股股东的权利

普通股是股份有限公司的基本股份，是构成公司资本的基础。在公司只发行一种股票的情况下，所有股票都为普通股。普通股股东的权利主要有以下几项。

1. 投票表决权

股份有限公司的重大事项，一般应由股东大会投票表决决定。普通股股东在股东大会上有投票选举权和被选举权，每持有一股普通股，拥有一票表决权。但是，公司持有的本公司股份没有表决权。按照我国《公司法》的规定，股东大会做出决议，必须经出席股东大会的普通股股东所持表决权的半数以上通过。股东大会做出修改公司章程、增加或者减少注册资本的决议，以及公司合并、分立、解散或者变更公司形式做出的决议，必须经出席股东大会的普通股股东所持表决权的 2/3 以上通过[①]。

2. 收益分配权

股东可以按照董事会的决议，在发放股利时领取股利。普通股股东能够获取多少股利，应以公司董事会的宣告为准。在董事会宣告分派股利之前，任何股东对公司的净利润都没有直接的要求权。

3. 剩余财产分配权

当公司清算时，全部资产变卖以后所得收入，在偿还债务和优先股股东的投资以后，如果还有剩余，将按普通股股东的持股比例予以分配。

4. 优先认股权

在公司增发新的普通股股票时，普通股股东有按其持股比例优先认购新股的权利，以保持其在公司股份中的比例。

二、资本公积

资本公积是指企业收到投资者出资超出其在注册资本（或股本）中所占的份额的投资。

（一）有限责任公司的资本溢价

在企业创立时，出资者认缴的出资额属于实收资本。但新的投资人加入时，为了获得与原有投资人相同的权益，其出资额往往会高于原有投资人的出资额。这是因为，在企业正常经营过程中投入的资金即使与企业创立时投入的资金在数量上相等，其承担的风险也有很大差别。企业创立时，要经过筹建、试生产经营、开拓市场等过程，从投入资金到取得投资回报，这中间具有很大不确定性，即承担很大的风险，而在这个过程中通常资本回报率比较低。企业进入正常生产经营后，资本利润率要高于企业初创阶段。而高于初创阶段的资本利润率是由初创时必要的垫支资本带来的，企业创办者为此付出了代价。也就是说，企业从创立、筹建、经营，到开拓市场、构建企业的管理体系等，都在无形之中形成了企业的商誉，进而增加企业的财富。

但是根据会计准则的规定，出于会计稳健性原则的考虑，不许可企业确认自创商誉。因此，在企业的所有者权益的账面记录中，无法体现因自创商誉而使企业所有者财富增加的部分。如果此时有新投资者加入企业，将会与原投资者共同分享自创商誉给企业带来的益处。鉴于自创商誉在创造过程中需要大量的付出，而这些付出又都是原投资者所承担的，因此，根据"谁投资，谁受益"的理念，自创商誉的收益权应该归属于原投资者。新投资者要加入企业，分享其收益权，就应该付出更多的投入资本，以补偿原投资者在自创商誉方面的付出。另外，企业创办人初始投资在经营中实现的增值，即企业的利润，一般没有全部分配。留在企业的未分配利润也构成所有者权益。但是，新加入的投资人并没有对这

---

① 《中华人民共和国公司法》第四章第二节第一百零三条。

部分未分配利润的实现作出过贡献，因而不应该无条件分享这部分权益。所以，按照商业惯例，新加入的投资人要与原投资人共享企业的财富和权益，就应该对原投资人提供适度的补偿。

为了保证原投资人的权益不受损害，新加入的投资人的投资金额应该大于其在资本总额中的比例份额。二者之间的差额称为资本溢价。

（二）股份有限公司的股本溢价

股份有限公司以发行股票方式筹集股本。股本溢价产生的原因是股票发行价格高于股票面值，即出现股票溢价发行的情况。股票溢价发行的原因是多方面的，如资金供求、不同投资者对股票价值评估不同等。

在我国，允许股份有限公司溢价发行股票。采用这种发行方式时，股份有限公司收到的溢价款就属于资本公积。

（三）其他资本公积

其他资本公积是指除资本溢价或股本溢价以外所形成的资本公积，主要包括以权益结算的股份支付，在确认管理费用的同时确认的资本公积；采用权益法核算的长期股权投资，当被投资单位资本公积变动时，投资企业应确认资本公积的变动。

（四）资本公积的用途

从形成来源上看，资本公积不是由企业实现的利润转化而来的，因此不可用于利润分配。相对于实收资本而言，资本公积在金额上没有严格的限制。根据我国《公司法》等法律的规定，资本公积中股本溢价的主要用途是转增资本。

从本质上讲，资本公积中的股本溢价属于投入资本的范畴。在投资人投入资本大于其在资本总额中的比例份额的情况下，就会产生股本溢价；因而将其转增资本可以使注册资本更接近投入资本，因而能够更好地反映投资者的权益。

尽管资本公积转增资本既没有改变企业的投入资本总额，也没有改变企业的所有者权益，当然也没有增加企业的价值，但是这样处理仍然有其特定的积极意义。主要体现在以下方面。

（1）资本公积转增资本可以改变投入资本的结构，体现了企业稳健、持续发展的潜力。资本公积转增为资本以后，增大了企业的注册资本，对外界传达了企业的持续发展和稳健经营的信息。

（2）对于股份有限公司而言，这样做会增加投资者持有的股份，从而增加公司股票的流通量，进而可以激活股价，提高股票的交易量和资本的流动性。

三、会计处理

（一）实收资本的会计处理

"实收资本"账户反映各投资人在企业总投资中所占份额及其增减变动情况，可按投资人设置明细账户。该账户贷方记录企业所有者投入企业各种资产的价值；借方记录按法定程序减少投资的数额；期末贷方余额反映投资人实际投入的资本。

【例 9-1】 津鑫公司是在 2022 年 1 月 1 日创立的，由 A、B 两位投资人各投资 1 500 万元组成。A 投资 1 500 万元现款；B 用专利权和固定资产作价投资。专利权的投资合同约定价值 300 万元，固定资产的投资合同约定价值 1 200 万元。公司在收到投资者投入的资产时，应作如下会计分录：

借：银行存款		15 000 000
贷：实收资本——A		15 000 000
借：无形资产		3 000 000
固定资产		12 000 000
贷：实收资本——B		15 000 000

股份有限公司的股本由等额股份构成并通过发行股票筹集，股东以其所持股份为限对公司承担责任，公司以其全部资产对公司的债务承担责任。股份有限公司的股本总额应该等于已发行股票面值与股份总数的乘积。这个指标反映了企业生存发展的基础和对债务承担责任的底限，企业的债权人，尤其是长期债权人都非常关注这方面的信息。为了直观地反映这一指标，企业应该设置"股本"账户，记录股东投入公司的股本金额及其变动情况。

（二）资本公积的会计处理

"资本公积"账户反映投资人实际出资与其投资份额的差额，可以设置"资本公积——股本溢价"和"资本公积——其他资本公积"明细科目。企业收到投资者投入的资本时，应按收到的投资额，借记"银行存款"等账户，按其资本份额贷记"实收资本"账户，差额贷记"资本公积"账户。

与发行权益性证券直接相关的手续费、佣金等交易费用，直接冲减"资本公积——股本溢价"。

【例 9-2】 大地公司设立时由 A、B、C 3 位投资人各出资 500 万元，实收资本总额为 1 500 万元。经过 3 年经营，该公司的留存收益达到 800 万元。这时又有第四位投资人 D 有意加盟该公司，经各方协商议定，公司注册资本从 1 500 万元增加到 2 000 万元，D 出资 900 万元而占有该公司股份的 1/4。在接受 D 投资时，大地公司应作如下会计处理：

借：银行存款		9 000 000
贷：实收资本——D		5 000 000
资本公积——资本溢价		4 000 000

【例 9-3】 津达公司委托某证券公司发行 A 股 5 000 万股，每股面值 1 元。津达公司与证券公司商定，按照发行收入的 3.6% 支付发行费。发行收入扣除手续费以后的股款已经存入津达公司的银行账户。

假定每股发行价格为 3 元，发行总收入为 15 000 万元。则证券公司收取手续费 540（15 000 × 3.6%）万元。津达公司收到证券公司汇入发行股款 14 460（15 000 − 540）万元，其中应将超过面值的部分 9 460（14 460 − 5 000）万元记入"资本公积——股本溢价"

科目。公司应编制如下会计分录：

借：银行存款　　　　　　　　　　　　　　　　　　　144 600 000
　　贷：股本——普通股　　　　　　　　　　　　　　　　　50 000 000
　　　　资本公积——股本溢价　　　　　　　　　　　　　　94 600 000

以权益结算的股份支付换取职工提供服务的，应当按照确定的金额，记入"管理费用"等科目，同时增加"资本公积——其他资本公积"。在行权日，应按实际行权的权益工具数量计算确定的金额，借记"资本公积——其他资本公积"科目，按计入实收资本或股本的金额，贷记"实收资本（或股本）"科目，并将其差额记入"资本公积——资本（或股本）溢价"科目。

长期股权投资采用权益法核算的，被投资单位发生的除净损益、其他综合收益和利润分配以外的所有者权益的其他变动，投资企业按持股比例计算应享有的份额，应当增加或减少长期股权投资的账面价值，同时增加或减少"资本公积——其他资本公积"。当处置采用权益法核算的长期股权投资时，应当将原记入"资本公积——其他资本公积"科目的相关金额转入投资收益（除不能转入损益的项目外）。

（三）库存股的会计处理

库存股也称库藏股，是公司从市场中买回其已经发行股票，且尚未重新出售或是办理注销的股份。库存股是所有者权益的抵消项目，其没有投票权和股利分配权，在公司解散时也不能分享剩余资产的分配。

《公司法》第五章第二节第一百四十三条规定："公司不得收购本公司股份。但是，有下列情形之一的除外：（1）减少公司注册资本；（2）与持有本公司股份的其他公司合并；（3）将股份奖励给本公司职工；（4）股东因对股东大会作出的公司合并、分立决议持异议，要求公司收购其股份的。"我国证监会于 2005 年发布了《上市公司回购社会公众股份管理办法（试行）》，对股份有限公司回购本公司发行股票必须具备的条件、回购方式、信息披露内容等进行了规范。

根据以上规定，企业在符合条件的情况下可以回购本公司已经发行的社会公众股。这些由公司从股票市场购回而没有注销，由该公司持有的本公司已发行股份被称为库存股。

为了客观准确地确认和计量库存股业务的会计信息及其对公司的股权结构、资本结构所产生的影响，需要根据公司法的规定和会计准则的规范，设置"库存股"账户，该账户借方金额反映购回库存股的取得成本，贷方反映已经注销的库存股的取得成本。

股份有限公司采用收购本企业股票方式减资的，应该将收购中实际支付的金额（包括买价、手续费等）借记"库存股"账户，贷记"银行存款"账户。

企业在规定时间内注销库存股、实现减资目的，应该按股票面值和注销股数计算的股票面值总额，借记"股本"账户；按注销库存股的账面余额贷记"库存股"账户，二者之间的差额，借记"资本公积——股本溢价"账户。股本溢价不足冲减的，依次借记"盈余公积"和"利润分配"账户。

【例 9-4】 A 公司因收缩经营规模，经报有关管理机构批准之后，决定以每股 8 元的价格向股东回购并注销其发行在外的普通股 10 万股，回购时 A 公司所有者权益总额为 500

万元，包括股本 100 万元，资本公积 10 万元，盈余公积 290 万元，未分配利润 100 万元。

（1）回购时应编制的会计分录为

借：库存股   800 000

  贷：银行存款   800 000

（2）注销时应编制的会计分录为

借：股本   100 000

  资本公积   100 000

  盈余公积   600 000

  贷：库存股   800 000

减资完成后，A 公司所有者权益总额为 420 万元，包括股本 90 万元，盈余公积 230 万元，未分配利润 100 万元。

第三节　其他权益工具和其他综合收益

一、其他权益工具

其他权益工具是指企业发行的除普通股以外的归类为权益工具的各种金融工具。

除了发行普通股股票外，企业还可能发行优先股。另外，有些企业可以发行永续债，这些永续债没有到期日，企业需要按固定比率定期支付报酬。同时，对无约定到期日的永续债，发行人有赎回权（即发行人在约定的时间内按照一定的价格赎回永续债的权利）；对有约定到期日的永续债，发行人有延期选择权，每个到期日，发行人具有可以选择延长到期日的权利。在会计上，永续债通常区分为债务工具和权益工具两类，债务工具视同为应付债券处理，权益工具则作为其他权益工具进行核算。

（一）其他权益工具的账务处理

发行方发行的金融工具归类为权益工具的，应当设置"其他权益工具"账户，发行权益工具时，借记"银行存款"账户，贷记"其他权益工具"账户。在存续期间分派股利时，借记"利润分配——应付优先股股利、应付永续债利息"账户，贷记"应付股利——优先股股利、永续债利息"账户。

根据企业金融工具业务的具体情况，其他权益工具可能重分类为债务工具，或者转换为普通股。

（二）其他权益工具信息的披露

1. 资产负债表权益项目的披露

企业应当在资产负债表"实收资本"项目和"资本公积"项目之间增设"其他权益工具"项目，反映企业发行的除普通股以外分类为权益工具的金融工具的账面价值，并在"其他权益工具"项目下增设"优先股"和"永续债"两个项目，分别反映企业发行的分类为权益工具的优先股和永续债的账面价值。

2. 财务报表附注信息的披露

企业应当在财务报表附注中增加单独附注项目，披露发行在外的所有归类为权益工具或金融负债的优先股、永续债等金融工具的详细情况，包括发行时间、数量、金额、到期日或续期情况、转股条件、转换情况、会计分类及股利或利息支付等信息。

二、其他综合收益

其他综合收益是指企业根据其他会计准则规定未在当期损益中确认的各项利得和损失，也可以认为是直接计入所有者权益的利得和损失。包括以后期间能重分类计入损益的项目和以后期间不能重分类计入损益的项目。

（一）以后期间能重分类计入损益的项目

在以后会计期间有满足规定条件时，当期计入其他综合收益的某些项目，可能重分类进损益项目，主要包括以下几种情况。

1. 采用权益法核算的长期股权投资

采用权益法核算长期股权投资时，按照被投资单位实现其他综合收益及持股比例计算应享有或应分担的金额，调整长期股权投资的账面价值，同时增加或减少其他综合收益。会计分录为借记（或贷记）"长期股权投资——其他综合收益"科目，贷记（或借记）"其他综合收益"。待该项长期股权投资处置时，将原记入其他综合收益的金额转入当期损益。

2. 以公允价值计量且其变动计入其他综合收益的金融资产

符合金融工具准则规定，同时符合两个条件的金融资产，应当分类为以公允价值计量且其变动计入其他综合收益的金融资产。

（1）企业管理该金融资产的业务模式既以收取合同现金流量为目标又以出售该金融资产为目标；

（2）该金融资产的合同条款规定，在特定日期产生的现金流量，仅为对本金和以未偿付本金金额为基础的利息的支付。当该类金融资产终止确认时，之前计入其他综合收益的累计利得或损失，应当从其他综合收益中转出，计入当期损益。

3. 金融资产重分类

按照金融工具准则的规定，对金融资产重分类按规定可以将原计入其他综合收益的利得或损失转入当期损益的部分。

4. 现金流量套期工具中有效套期部分的利得或损失

根据《企业会计准则第 24 号——套期保值》的规定："现金流量套期满足运用套期会计方法条件的，套期工具利得或损失中属于有效套期的部分，应当直接确认为所有者权益，并单列项目反映。"上述事项符合其他综合收益的定义。

5. 外币报表折算差额

外币报表折算差额的产生主要由于对以外币列示的财务报表进行折算时，对于不同的财务报表科目采用不同的汇率进行折算引起的，该部分差额本质上属于企业的一项利得或损失，但根据《企业会计准则第 19 号——外币折算》的规定："企业对境外经营的财务报表进行折算时，折算产生的外币财务报表折算差额，在资产负债表中所有者权益项目下单独列示。"所以，外币报表折算差额作为"其他综合收益"进行记录。

按照外币折算的要求，企业在处置境外经营的当期，将已列入合并财务报表所有者权益的外币报表折算差额中与该境外经营相关部分，自其他综合收益项目转入处置当期损益。

6. 存货或自用房地产转换为以公允价值计量的投资性房地产

企业将自用房地产或作为存货的房地产转换为以公允价值计量的投资性房地产时，应当按该项房地产在转换日的公允价值，借记"投资性房地产——成本"科目，原已计提减值准备的，借记"固定资产减值准备"科目，按已计提的累计折旧等，借记"累计折旧"等科目，按其账面余额，贷记"固定资产"等科目；同时，转换日的公允价值小于账面价值的，按其差额，借记"公允价值变动损益"科目，转换日的公允价值大于账面价值的，按其差额，贷记"其他综合收益"科目。待该项投资性房地产处置时，因转换计入其他综合收益的部分应转入当期损益。

（二）以后期间不能重分类计入损益的项目

以后期间不能重分类计入损益的项目，主要包括重新计量设定受益计划净负债或净资产导致的变动、按照权益法核算因被投资单位重新计量设定受益计划净负债或净资产变动导致的权益变动，投资企业按持股比例计算确认的该部分其他综合收益项目，以及在初始确认时，企业可以将非交易性权益工具指定为以公允价值计量且其变动计入其他综合收益的金融资产。该指定后不得撤销，即当该类非交易性权益工具终止确认时，原计入其他综合收益的公允价值变动损益不得重分类进损益。

有其他综合收益相关业务的企业，应当设置"其他综合收益"科目进行会计处理，该科目应当按照其他综合收益项目的具体内容设置明细科目。企业在对其他综合收益进行会计处理时，应当通过"其他综合收益"科目处理，并与"资本公积"科目相区分。

需要说明的是，目前的利润表采用综合收益表的报告方式，因此"其他综合收益"同时也会在利润表中进行列示。详细参看第十一章第三节的说明。

第四节　留 存 收 益

一、留存收益的内容

（一）持有留存收益的原因

留存收益是企业历年生产经营所形成净收益的积累，是由企业内部形成的资本。在性质上与所有者投入资本一样属于所有者权益，是所有者权益中的重要组成部分。

企业历年的净利润在依法缴纳所得税后，剩余部分属于投资者所有，理论上可按照投资者的出资比例全部分配给投资者。但在实务中，企业在盈利年份中一般都要积累一定比例的利润不予分配。这是因为一方面企业需要扩大经营，必须保持一定数量的流动资金，如房屋要新建或重建，机器设备须增加或改造，或者巨额债务需要偿还，或为营业中可能发生的意外损失预先做出准备等，都要在盈利年度保留部分利润；另一方面企业为了保持在各年度比较均衡地向投资者分配利润，保证投资者在不盈利的年度也能获得一定的投资收益，需要在盈利年度保留部分净利润。企业各年度实现的净利润中累积下来尚未分配部分，即形成企业的留存收益。

企业的留存收益因实现净利润而增加，因发生亏损而减少。当公司经营发生严重亏损，以致累积的留存收益总额不能抵补时，就会侵蚀所有者的原始投资。

（二）留存收益的类型

为了保证企业的均衡发展，保障债权人的利益，改善职工生活福利条件，《公司法》规定企业在盈利年度必须从净利润中提取一定比例的积累，用于各种指定的用途，而不得全部用于利润分配。留存收益中被指定用途的部分在我国被称为盈余公积，其余没有指定用途部分，被称为未分配利润。

除盈余公积外，我国企业还往往针对所从事行业的特点，提取不同形式的积累，如金融企业需要计提一般风险准备，高危行业的企业需要计提专项储备。这些也都可以归为留存收益。

二、盈余公积

（一）盈余公积的来源

盈余公积按其来源，可分为法定盈余公积和任意盈余公积两类。

法定盈余公积是指按相关法规要求计提的盈余公积。《公司法》第八章第一百六十六条规定，公司应按税后利润的10%提取法定盈余公积，当此项公积金达到注册资本的50%以上的可不再提取。对于非公司制企业而言，也可以按照超过净利润10%的比例提取。

任意盈余公积是指企业按公司章程规定或股东大会决议自行决定提取的盈余公积，法律对其提取比例没有统一规定。

提取盈余公积并不是单独将这部分资金从企业周转资金中提取出来在银行里另户储存，而是通过会计手段形成一种积累，限制企业将这部分资金分配给投资者。

（二）盈余公积的用途

盈余公积是企业专门用于维持和发展企业生产经营的准备金，其用途如下。

1. 弥补亏损

《企业所得税法》[①]第十八条规定，"企业纳税年度发生的亏损，准予向以后年度结转，用以后年度的所得弥补，但结转年限最长不得超过五年"。企业某年度发生的亏损，在其后五年内可以用税前利润弥补，从其后第六年开始，只能用税后利润弥补。如果税后利润不足以弥补亏损，则可以用发生亏损以前提取的盈余公积来弥补（因为从发生亏损的年度开始，在亏损完全弥补之前不提取盈余公积）。用企业以前年度提取的盈余公积弥补亏损时，

---

① 《中华人民共和国企业所得税法》于2018年12月29日经第十三届全国人民代表大会常务委员会第七次会议通过修订。

应由公司董事会提议，并经股东大会批准。

2. 转增资本或股本

企业将盈余公积转增资本时，必须经投资人同意或股东大会决议批准。在将盈余公积转增资本时，应按投资人持有的比例进行结转。盈余公积转增资本后，所剩余的法定盈余公积不得少于转增前公司注册资本的25%。有限责任公司经批准用盈余公积转增资本时，应按照实际转增的盈余公积金额，借记"盈余公积"账户，贷记"实收资本"账户。

股份有限公司经股东大会决议，用盈余公积派送新股转增股本时，应借记"盈余公积"账户，贷记"股本"账户。如果两者之间有差额，应贷记"资本公积——股本溢价"账户。

3. 发放现金股利或利润

企业当年无利润，原则上不得分配股利。在特殊情况下，当企业以前年度累积的盈余公积比较多，而未分配利润比较少时，为了维护企业形象，给投资者以比较均衡的投资回报，对于符合规定条件的企业，经股东大会特别决议，也可用盈余公积分派现金利润或股利。因为盈余公积从本质上讲，是由以前年度实现利润形成的，属于资本增值部分。

用盈余公积分配股利需要符合4个条件：①如果企业有未弥补亏损，应用盈余公积补亏，弥补亏损后盈余公积仍有结余的，方可分配股利；②用盈余公积分配股利的股利率不得超过股票面值的6%；③分配股利后盈余公积不得低于注册资本的25%；④企业可供分配的利润不足以按不超过股票面值的6%分配股利，可以用盈余公积补到6%，但分配后的盈余公积不得低于注册资本的25%。

需要特别说明的是，企业提取的盈余公积，除发放现金股利或利润外，无论是用于弥补亏损，还是用于转增资本，都不会导致企业资产的外流，而只是所有者权益内部结构的变化。

（三）盈余公积的会计处理

盈余公积的会计处理主要通过"盈余公积"账户进行。该账户是所有者权益类账户，贷方记录盈余公积的提取额，借方记录盈余公积的转出额，余额在贷方，表明已经提取尚未使用或转出的盈余公积。

【例9-5】 承接例9-1，津鑫公司2022年净利润为200万元，按规定提取10%的盈余公积为20万元。应编制如下会计分录：

借：利润分配——提取法定盈余公积 200 000
　　贷：盈余公积——法定盈余公积 200 000

【例9-6】 承接例9-2，大地公司用盈余公积400 000元转增资本，按照4个投资人持股比例分别记入各自的资本账户。

借：盈余公积 400 000
　　贷：实收资本——A 100 000
　　　　实收资本——B 100 000
　　　　实收资本——C 100 000
　　　　实收资本——D 100 000

三、未分配利润

未分配利润是指未作分配，也没有限定用途的净利润。未分配利润的会计处理主要通过"利润分配——未分配利润"账户进行。该账户是所有者权益类账户，用于记录和反映企业利润的分配去向和结存情况。在企业盈利的情况下，这个账户用于记录企业利润分配情况和未分配利润的余额；在企业亏损的情况下，这个账户用于记录企业的亏损弥补情况和未弥补亏损金额。

通常，一些企业的当年净利润并非全部用于分配，而是适当留有余地，待以后年度再行分配。这样在利润分配账户里就会出现贷方余额，这一余额即为"未分配利润"。这一余额可以逐年累计，所以"利润分配"账户贷方余额反映的是历年累积的未分配利润。相应地，如果是借方余额则反映了累积的未弥补亏损。

关于未分配利润的会计处理程序和方法，将在第十章第四节中进行具体说明。

【本章小结】

所有者权益是指企业资产扣除负债后由所有者享有的剩余权益。我国企业的所有者权益分为实收资本、资本公积、盈余公积、未分配利润 4 部分。资本公积的来源主要是资本（股本）溢价、其他资本公积。盈余公积是有指定用途的留存收益，按其来源可分为法定盈余公积和任意盈余公积两部分。未分配利润是没有指定用途的留存收益，包括企业历年未分配利润之和或历年未弥补亏损之和。资本公积、盈余公积都可以转增资本。盈余公积还可用于补亏。股份有限公司可以发行普通股，也可以发行其他权益工具，还可能产生库存股。在支付股利时，可以选择现金股利或股票股利。每股账面价值也称每股净资产，是指股份有限公司账面上记录的股东权益总额分摊到每股普通股的份额。

【关键名词】

所有者权益	净资产	业主权益	合伙人权益	股东权益
实收资本（股本）	资本公积	盈余公积	法定盈余公积	任意盈余公积
未分配利润	留存收益	其他综合收益	现金股利	股票股利
库存股	其他权益工具			

【思考题】

1. 所有者权益包括哪些内容？
2. 股份有限公司与有限责任公司资本结构的主要差异是什么？
3. 什么是留存收益？盈余公积与未分配利润有何区别？
4. 企业会计准则要求严格区分投入资本和留存收益，请解释这种要求的经济实质。
5. 简要说明盈余公积的来源和用途。

6. 什么是其他权益工具？它包括哪些内容？

【练习题】

练习一

学路公司 2022 年 8 月份注册成立，当月发生有关业务如下：

1. 银行进账通知，甲、乙公司各投资货币 1 500 万元。

2. 接受丙单位投入生产材料一批，原账面价值为 750 万元，投资协议价值为 800 万元，增值税专用发票注明的进项税额为 104 万元。

3. 接受丁单位投入的不需安装固定资产，原账面价值为 150 万元，已提折旧 70 万元，投资协议确定的价值为 98 万元，增值税专用发票注明的进项税额为 12.74 万元。

4. A 公司与原投资者甲和乙达成协议，以银行存款 180 万元投入企业，投资协议中约定的份额为 150 万元。

要求：编制上述业务的有关会计分录。

练习二

伟华公司 2022 年 1 月 1 日创立，投资人甲投入货币资金 20 万元；投资人乙投入一台设备价值 40 万元；投资人丙投入货币资金 15 万元，投入一项商标权价值 25 万元。投资人均开具增值税普通发票，均为含税价。

2022 年 6 月投资人丁计划向上述伟华公司投资，经议定丁投入货币资金 40 万元，可以取得 30 万元的股权份额，伟华公司于 2022 年 6 月 16 日收到这笔资金。

要求：根据上述经济业务，编制伟华公司的会计分录。

练习三

华宇公司属于工业企业，为增值税一般纳税人，由 A、B 两位股东于 2021 年 12 月 31 日共同出资设立，注册资本 1 800 万元。出资协议规定，A、B 两位股东的出资比例分别为 40%、60%。

2022 年华宇公司实现净利润 500 万元，提取盈余公积 30%，决定分配现金股利 200 万元，计划在 2023 年 2 月 10 日支付。

2022 年 12 月 31 日，吸收 C 股东加入本公司，将华宇公司注册资本由原 1 800 万元增到 2 000 万元。C 股东以银行存款 190 万元、固定资产 30 万元出资，占增资后注册资本 10% 的股份。2022 年 12 月 31 日，有关的法律手续已经办妥（不考虑增值税）。

要求：

（1）编制华宇公司 2022 年决定提取盈余公积和分配现金股利的会计分录，（"应付股利"账户要求写出明细账户）。

（2）计算华宇公司 2022 年 12 月 31 日吸收 C 股东出资时产生的资本公积。

（3）编制华宇公司 2022 年 12 月 31 日收到 C 股东出资的会计分录。

（4）计算华宇公司 2022 年 12 月 31 日增资扩股后各股东的持股比例。

（5）编制 2022 年 12 月 31 日资产负债表的所有者权益部分。

练习四

2022 年末，某公司所有者权益结构如下：股本 28 000 万元，1 元/股，资本公积 18 600 万元，盈余公积 6 180 万元，未分配利润 9 700 万元。2023 年 3 月份，公司董事会宣布：每股分配 0.1 元的现金股利，同时按照 10 送 3 配 3 的比例增发股票。配股价为 5.36 元/股。

要求：

（1）计算分配现金股利以后的所有者权益总额。

（2）计算增发股票以后的所有者权益总额。

练习五

某公司年终利润分配前的有关资料如下：

上年未分配利润 1 000 万元

本年税后利润 2 000 万元

股本（500 万股，每股 1 元）500 万元

资本公积 100 万元

盈余公积 400 万元

所有者权益合计 4 000 万元

该公司决定：本年按规定比例 10%提取盈余公积，发放股票股利 10%（即股东每持 10 股可得 1 股），并且按发放股票股利后的股数派发现金股利每股 0.1 元。

要求：计算利润分配后的未分配利润、盈余公积、资本公积、流通股数。

第十章

利润实现与分配

 本章导读

　　本章内容涉及利润的确定和分配。首先介绍营业收入时点、方法和金额的确认；然后介绍费用的确认，进而介绍利润的形成过程和利润净额的计算方法；最后说明利润分配的去向和利润分配过程中相关业务的会计处理程序。

 问题导引

　　预收账款为什么不能确认为收入？

　　哪项会计处理体现了收入与费用的配比原则？

　　为什么所得税属于费用而不属于利润分配？

　　为什么会计利润与税务部门计算的应税所得会产生不一致的情况？

　　为什么企业的税后利润不可以全部用于分配？

 开篇故事

　　A 公司为房地产开发企业，拥有一片尚未开发的土地，账面价值 700 万元。2021 年 8 月，A 公司将这块土地销售给 B 公司，售价为 1000 万元。销售合同同时规定，这块土地由 A 公司开发，开发的房产售出后，所得利润由 A、B 两个企业按一定比例分配。

　　对于这笔交易的处理，A 公司的会计人员程某和郑某存在争议。程某认为应确认收入 1000 万元和利润 300 万元，而郑某则认为不应确认。

　　程某和郑某的观点，哪一方是正确的？

第一节　收　　入

　　收入是企业利润的主要来源。企业只有不断通过销售商品和提供劳务取得收入，才能补偿支出的费用，并形成利润，从而维持和发展企业。

一、收入概述

（一）收入的定义

　　《企业会计准则第 14 号——收入》第一章第二条①规定："收入是指企业在日常活动中

---

　　① 中华人民共和国财政部，《企业会计准则第 14 号——收入》，2006 年制定；2017 年修订。

形成的、会导致所有者权益增加的、与所有者投入资本无关的经济利益的总流入。"该定义与第一章会计要素中关于收入的解释是一致的。按照这一定义，不同企业所从事的日常活动各有其特点，因而收入的表现形式也各不相同。例如，制造业企业生产和销售产品，商业企业采购和销售商品，软件企业为客户开发软件，施工企业提供安装服务等，均属于企业为完成其经营目标所从事的经营活动，由此产生的经济利益总流入均构成日常的营业收入。

但是，不属于企业为了完成其经营目标所从事的经常性活动，如制造业企业处置固定资产等活动，由此产生的经济利益的总流入就不应该构成营业收入，而属于营业外收入。

（二）收入的特征

从收入的定义可以看出，收入具有以下两个主要特征。

（1）收入的实质是净资产的增加。因为，伴随收入的实现往往是资产（货币资金、应收款或其他资产）的增加，或负债的减少，而这些都将导致净资产的增加。

（2）收入主要来源于企业持续的、主要的营业活动。收入是在企业生产产品、销售商品、提供劳务等过程中形成的，也就是说，产生收入的活动应具有经常性、重复性和可预见性等特点。与此相反，如果是非经常性、不规则和难以预见的事项，那么其带来的经济利益的流入往往只能作为利得，而不能作为收入记录。

例如，一家制造企业出售一台已经报废的机器设备而获得了一定的残值收入。对于该企业来说，这项交易不构成企业主要的生产经营活动，因为企业最初购置机器设备的目的是用于生产，而不是对外出售，这只是一项偶尔发生的交易，因此这项利得属于营业外收入。

（三）收入的分类

根据前述收入的定义和特征，收入可以划分为营业收入、投资收益和其他收益。

1. 营业收入

营业收入是企业自身从事主营业务或其他业务所取得的收入。比如，制造业企业销售产品、半成品或者提供劳务而获取的收入，商品流通企业销售商品而获取的收入，旅游服务业企业获得的门票收入、客户服务和餐饮服务收入。

营业收入是企业通过正常的经营活动而实现的，是企业取得利润的主要来源，也是企业现金流的重要组成部分。营业收入通常又划分为主营业务收入和其他业务收入。

主营业务收入表示企业经常从事的业务所产生的收入，一般包括出售商品、提供劳务及让渡资产使用权等日常活动中所产生的收入。企业在注册成立时取得的营业执照中，一般都会规定企业的主营业务范围，由此而产生的收入就可以视为主营业务收入。

而其他业务收入则指主营业务收入以外的其他销售或其他业务的收入，主要包括出租固定资产、出租无形资产、出租包装物和商品、销售材料等实现的收入。与主营业务相比，其他业务收入具有金额较小、发生时间不确定、在营业收入中所占比重较小等特点。从这些特点上看，其他业务收入同营业外收入有类似之处。其不同点在于，其他业务收入派生于企业正常的生产经营活动，而营业外收入则来自于企业正常的生产经营活动之外。

2. 投资收益

投资收益是指企业对外投资所得的收入（如发生损失，则为负数），如企业对外投资取得股利收入、债券利息收入、与其他单位联营所分得的利润、投资转让收入等。随着企业多元化经营的日益扩大，资本市场的逐步完善，投资活动中获取收益或承担亏损虽不是企业通过自身的生产或劳务供应活动所得，却是企业利润总额的重要组成部分，并且其比重发展呈越来越大的趋势。

本书第五章所述金融资产和第六章所述长期股权投资，是比较典型的对外投资，这些投资都可能产生投资收益。比如，金融资产涉及的债权投资往往会产生债券利息收入，交易性金融资产买卖过程产生的差价作为投资转让收入，长期股权投资可能通过与其他单位联营而获得收入，或者因持有股权投资而获得股利收入，等等。

3. 其他收益

其他收益是指日常经营活动中取得的除营业收入和投资收益以外的其他收入。例如，企业从事环境治理或研发活动，可能以某种方式获得政府补助，该收益就属于其他收益。《企业会计准则第 16 号——政府补助》第二十一条①规定，与企业日常活动相关的政府补助，应当按照经济业务实质，计入其他收益或冲减相关成本费用。

企业收入的分类如图 10-1 所示。

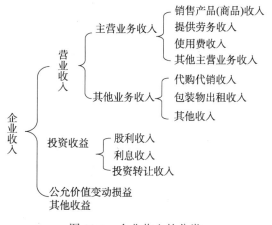

图 10-1　企业收入的分类

二、营业收入的确认与计量

（一）经营业务循环与收入实现

企业经营活动由一系列相互衔接的环节组成。不同企业的经营业务不同，营业收入的实现方式也有很大差异。图 10-2 描绘了一个典型的制造业企业经营活动的基本过程，称为经营循环。

---

① 中华人民共和国财政部，《企业会计准则第 16 号——政府补助》，2006 年制定，2017 年修订。

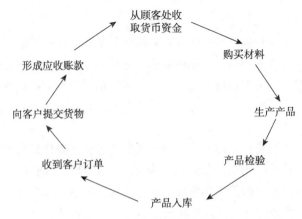

图 10-2　制造业企业经营循环

图 10-2 所示的经营循环过程就是收入的创造过程。尽管经营循环的各个环节对企业取得收入都作出了不同程度的贡献，但是在实际工作中通常是根据是否已实现销售作为收入实现的标志，而不许可根据经营循环的进度来记录收入。这一方面是由于不同经营环节对收入的贡献程度很难准确衡量，在各个经营环节完成时记录收入不具备客观性；另一方面是考虑到在企业向客户提供企业产品之前，该产品是否能够销售出去，其生产成本是否能够得到补偿均具有不确定性，在销售之前记录收入也不符合稳健原则。根据 2017 年修订后的《企业会计准则第 14 号——收入》第四条的规定，企业应当在履行了合同中的履约义务，即在客户取得相关商品控制权时确认收入。

在某些特定的行业或企业，尤其是一些大型建筑业、造船业等生产周期比较长的行业，往往要跨越两个或更多的会计期间才能完成产品的生产过程。也就是说，这些行业中大量工程的开工和完成会跨越多个会计年度，如果在这些行业中按照销售时点确认收入，势必导致企业在工程前期没有收入，而在完工期间确认属于若干个会计期间的收入，不能体现企业经营活动的实际情况。此时往往考虑采用完工百分比法确认提供劳务收入，即按照提供劳务交易的完工进度确认营业收入。当然，前提条件是必须能够合理地确定合同业务的完工程度，与合同业务相关的价款能够收到，以及已经发生的成本和完成合同将要发生的成本能够可靠计量。

【例 10-1】 M 软件公司于 2022 年 10 月 5 日为客户定制一套软件，工期约 5 个月，合同总收入 400 万元，至 2022 年 12 月 31 日为止，发生成本 220 万元，预收账款 250 万元。预计开发完整软件还将发生成本 80 万元。2022 年 12 月 31 日经专业测量人员测算，软件的开发完成程度达到 60%。

根据以上资料，M 公司定制的软件需在 2022 年和 2023 年两个年度开发，可以按软件开发的完成程度确认收入。2022 年确认的收入 = 劳务总收入 × 劳务的完成程度 – 以前年度已确认的收入 = 400 × 60% – 0 = 240（万元）。

（二）营业收入确认和计量的步骤

收入确认和计量大致分为以下 5 步：第一步，识别与客户订立的合同；第二步，识别合同中的单项履约义务；第三步，确定交易价格；第四步，将交易价格分摊至各单项履约义务；第五步，履行每一单项履约义务时确认收入。第一步、第二步和第五步主要与收入确认有关；第三步和第四步主要与收入计量有关。

1. 识别与客户订立的合同

识别合同是收入确认的基础，合同是指双方或多方之间订立有法律约束力的权利义务的协议，包括书面形式、口头形式及其他形式（如隐含于商业惯例或企业以往的习惯做法中等）。

企业与客户之间的合同同时满足下列 5 项条件的，企业应当在履行合同中的履约义务（即在客户取得相关商品控制权）时确认收入：①合同各方已批准该合同并承诺将履行各自义务；②该合同明确了合同各方与所转让商品相关的权利和义务；③该合同有明确的与所转让商品相关的支付条款；④该合同具有商业实质，即履行该合同将改变企业未来现金流量的风险、时间分布或金额；⑤企业因向客户转让商品而有权取得的对价很可能收回。

例如，甲公司于 10 月 21 日销售一批商品给乙公司，商品已经发出，发票账单已交付乙公司；乙公司已预付部分货款，余款开出一张商业承兑汇票。乙公司当天收到商品后，发现商品质量没达到合同规定的要求，立即根据合同的有关条款与甲公司交涉，要求甲公司在价格上给予一定的减让，否则可能会退货。最终双方没有达成一致意见，甲公司未采取任何弥补措施。在这种情况下，尽管甲公司商品已经发出，已交付发票账单，并已收到部分货款，但是买卖双方在商品质量的弥补措施方面未达成一致意见，买方尚未正式接受商品，商品可能被退回，甲公司因向乙公司转让商品而取得的对价收回的可能性并不大，因此不应该确认收入。

2. 识别合同中的单项履约义务

履约义务，是指合同中企业向客户转让可明确区分商品的承诺。合同开始日，企业应当对合同进行评估，识别该合同所包含的各单项履约义务，并确定各单项履约义务是在某一时段内履行，还是在某一时点履行，然后，在履行了各单项履约义务时分别确认收入。具体识别单项履约义务时，强调以下两个方面：①企业向客户转让可明确区分商品（或者商品的组合）的承诺；②企业向客户转让一系列实质相同且转让模式相同的、可明确区分商品的承诺。

关于可明确区分的要求，主要强调客户能够从该商品本身或者将其与其他易于获得的资源一起使用中受益。例如，企业承诺向客户提供其开发的一款软件，并提供安装服务。此时软件销售和安装服务应作为一项合同还是两项合同，取决于安装服务的性质。如果企业在安装过程中需要对现有软件进行定制化的重大修改，以便与客户的信息系统相兼容，那么转让软件的承诺与提供定制化安装的承诺在合同层面就是不可明确区分的，应当视为一项合同。

关于实质相同且转让模式相同的要求，主要强调企业采用相同的方法履行其合同义务。例如，物业公司承诺向酒店提供两年的酒店管理服务，包括保洁、维修、安保等，但没有规定具体的服务次数与时间的要求。此时尽管每天提供的具体服务不一定相同，但每天对客户的承诺都是相同的，因此不必单独区分各种服务，而应当将所有的服务视为一项合同。

3. 确定交易价格

交易价格，是指企业因向客户转让商品而预期有权收取的对价金额。企业代第三方收取的款项（如增值税）及企业预期将退还给客户的款项，应当作为负债进行会计处理，不计入交易价格。合同标价并不一定代表交易价格，企业应当根据合同条款，并结合以往的习惯做法确定交易价格。在确定交易价格时，应当假定将按照现有合同的约定向客户转移商品，且该合同不会被取消、续约或变更。需要考虑的因素有可变对价、合同中存在的重大融资成分、非现金对价及应付客户对价等。其中：①可变对价是指对价金额因折扣、价格折让、返利、退款、奖励积分、激励措施、业绩奖金、索赔等因素而变化。②合同中存在重大融资成分，是指在合同中约定的付款时间为客户或企业提供了重大融资利益，确定交易价格时应剔除融资利益。③非现金对价是指以实物资产、无形资产、股权、客户提供的广告服务等方式支付，交易价格时一般应按照这些非现金对价在合同开始日的公允价格确定。④应付客户对价应冲减交易价格。

4. 将交易价格分摊至各单项履约义务

当合同中包含两项或多项履约义务时，需要将交易价格分摊至各单项履约义务，以使企业分摊至各单项履约义务（或可明确区分的商品）的交易价格能够反映其因向客户转让已承诺的相关商品而预期有权收取的对价金额。企业应当在合同开始日按照各单项履约义务所承诺商品的单独售价的相对比例，将交易价格分摊至各单项履约义务。单独售价无法直接观察的，企业应当综合考虑其能够合理取得的全部相关信息，采用市场调整法、成本加成法、余值法等方法合理估计单独售价。

5. 履行每一单项履约义务时确认收入

企业应当在履行了合同中的履约义务，即客户取得相关商品控制权时确认收入。企业将商品的控制权转移给客户，该转移可能在某一时段内（即履行履约义务的过程中）发生，也可能在某一时点（即履约义务完成时）发生。

满足下列条件之一的，属于在某一时段内履行履约义务；否则，属于在某一时点履行履约义务。①客户在企业履约的同时即取得并消耗企业履约所带来的经济利益。②客户能够控制企业履约过程中在建的商品。③企业履约过程中所产出的商品具有不可替代用途，且该企业在整个合同期间内有权就累计至今已完成的履约部分收取款项。具有不可替代用途，是指因合同限制或实际可行性限制，企业不能轻易地将商品用于其他用途；有权就累计至今已完成的履约部分收取款项，是指在由于客户或其他方原因终止合同的情况下，企业有权就累计至今已完成的履约部分收取能够补偿其已发生成本和合理利润的款项，并且该权利具有法律约束力。

对于在某一时段内履行的履约义务，企业应当选取恰当的方法来确定履约进度；对于在某一时点履行的履约义务，企业应当综合分析控制权转移的迹象，判断其转移时点。

三、收入的会计处理

企业根据其自身所从事经营活动的特点，同时结合考虑信息使用者的需要，对不同类型的收入设置不同的账户进行记录和分类汇总。由于收入划分为营业收入、投资收益和其他收益，并且营业收入还可以分为主营业务收入和其他业务收入，所以会计上分别设置"主营业务收入""其他业务收入""投资收益""公允价值变动损益""其他收益"账户进行核算。其中，投资收益的会计处理可以参考第五章和第六章的相关内容，本节将着重对营业收入和其他收益的会计处理进行说明。

对于以销售商品作为主要经营活动的企业，其销售商品的收入是主营业务收入，而通过销售商品以外的经营活动（如出租设备、出售原材料等）获得的收入，则记录为其他业务收入。

【例 10-2】 2022 年 10 月 1 日，甲房地产公司取得预售许可证，与客户李林签订预售合同，预收房款 120 万元。2023 年 1 月 1 日，甲公司开发的商品房竣工，与客户李林签订正式的商品房销售合同，合同规定，客户李某购买甲公司 120 平方米商品房，同时获得甲房地产公司赠送的三年物业服务（2023 年 1 月 1 日至 2025 年 12 月 31 日）。合同售价 600 万元（含税），当天客户李林交付余款。房屋单独售价 600 万元（含税），三年物业服务费 10 万元（含税）。

依照本节所述收入确认和计量的 5 个步骤，甲公司应进行如下会计处理。

①识别与客户订立的合同。甲房地产公司与购房者签订的《商品房销售合同》基本同时满足合同的 5 项条件，甲公司交房、客户李林取得相关商品控制权时（2023 年 1 月 1 日）确认收入。预售合同不满足合同的 5 项条件，因此 2022 年 10 月 1 日收到预收款 120 万元时不能确认收入。

②识别合同中的单项履约义务。合同中包含两项履约义务：一项是销售 120 平方米的房屋，另一项是向客户提供三年的物业服务。

③确定交易价格。合同中规定的交易价格为 600 万元。

④将交易价格分摊至各单项履约义务。由于房屋单独售价 600 万元（含税），三年物业服务费 10 万元（含税），因此甲公司商品房的交易价格应为 $600 \times 600 \div (600 + 10) = 590.16$ 万元，三年物业服务的交易价格应为 $10 \times 600 \div (600 + 10) = 9.84$ 万元（或 $600 - 590.16 = 9.84$ 万元）。

进一步按照不动产销售 10% 的增值税税率，将 590.16 万元的商品房交易价格分为销售价款和增值税税款两部分。销售价款为 $590.16 \div (1 + 10\%) = 5\ 365\ 090.91$ 元，增值税税款为 $5\ 365\ 090.91 \times 10\% = 536\ 509.09$ 元。

物业服务属于劳务收入，适用的增值税税率为 6%，所以每年的物业费交易价格为 $9.84 \div 3 = 3.28$ 万元，其中劳务收入应为 $3.28 \div (1 + 6\%) = 30\ 943.40$ 元，增值税税款为 $30\ 943.40 \times 6\% = 1\ 856.60$ 元。

⑤履行每一单项履约义务时确认收入。销售商品房按时点（2023 年 1 月 1 日）确认收入，提供物业服务按时段（2023 年 1 月 1 日至 2025 年 12 月 31 日）确认收入。

相关会计分录如下：

（1）2022 年 10 月 1 日收到客户李林的预交房款：

借：银行存款　　　　　　　　　　　　　　　　　　　　　1 200 000
　　贷：预收账款　　　　　　　　　　　　　　　　　　　　　1 200 000

（2）2023 年 1 月 1 日收到客户李林交付的余款，并确认房屋销售收入：

借：银行存款　　　　　　　　　　　　　　　　　　　　　4 800 000
　　预收账款　　　　　　　　　　　　　　　　　　　　　1 200 000
　　　贷：主营业务收入——商品房　　　　　　　　　　　　5 365 090.91
　　　　　合同负债　　　　　　　　　　　　　　　　　　　　98 400
　　　　　应交税费——应交增值税（销项税额）　　　　　　536 509.09

（3）假设按年确认物业费收入，并交纳增值税，则 2023 年、2024 年和 2025 年每年的 12 月 31 日，应分别编制如下会计分录：

借：合同负债　　　　　　　　　　　　　　　　　　　　　　32 800
　　贷：其他业务收入　　　　　　　　　　　　　　　　　　　30 943.40
　　　　应交税费——应交增值税（销项税额）　　　　　　　　1 856.60

【例 10-3】 2023 年 3 月 1 日，K 公司与客户签订合同，向客户销售 A 和 B 两种商品，A 和 B 两种商品的单独售价分别为 5 000 元和 20 000 元，合同价款为 22 000 元。合同约定，A 商品于合同开始日交付，B 商品于一个月之后交付，只有当两种商品全部交付后，K 公司才有权收取 22 000 元的合同对价。假定上述价格均不包含 13% 的增值税。

根据以上资料，分摊至 A 商品的合同价款应为 4 400 元[5 000÷（5 000＋20 000）×22 000]，分摊至 B 商品的合同价款应为 17 600 元[20 000÷（5 000＋20 000）×22 000]，K 公司应编制的会计分录如下：

（1）2023 年 3 月 1 日交付 A 商品时：

借：合同资产　　　　　　　　　　　　　　　　　　　　　　4 972
　　贷：主营业务收入——A 商品　　　　　　　　　　　　　　4 400
　　　　应交税费——应交增值税（销项税额）　　　　　　　　　572

（2）2023 年 4 月 1 日交付 B 商品时：

借：应收账款　　　　　　　　　　　　　　　　　　　　　　24 860
　　贷：合同资产　　　　　　　　　　　　　　　　　　　　　4 972
　　　　主营业务收入——B 商品　　　　　　　　　　　　　　17 600
　　　　应交税费——应交增值税（销项税额）　　　　　　　　2 288

【例 10-4】 F 公司生产一种先进的模具产品，按照国家相关规定，该企业的这种产品适用增值税先征后返政策，即先按规定征收增值税，然后按实际缴纳增值税额返还 70%。2022 年 10 月，F 公司实际缴纳增值税额 120 万元，随后于 2022 年 11 月 18 日收到返还的增值税税额 84 万元。

本例中，F 公司收到返还的增值税税额 84 万元属于与收益相关的政府补助，用于补偿企业日常活动中已发生的相关费用，应在实际收到时作为"其他收益"直接计入当期损益。

基于以上分析，F 公司应在 2022 年 11 月 18 日实际收到返还的增值税税额时，编制如下会计分录：

借：银行存款　　　　　　　　　　　　　　　　　　　　　　840 000
　　贷：其他收益　　　　　　　　　　　　　　　　　　　　　　840 000

第二节　费　　用

一、费用概述

（一）费用的含义

第一章中已经提到，费用是指企业在日常活动中发生的、会导致所有者权益减少的、与向所有者分配利润无关的经济利益的总流出。从获取利润的角度来看，利润是收入扣除费用后的余额，因此可以将费用理解为企业在获取收入的过程中，对企业所掌握或控制资源的耗费，包括对人力、物力和财力的消耗。例如，为制造某种产品而投入原材料，库存的原材料便相应减少；向债券持有人支付债券利息，使现金或银行存款余额减少。诸如此类的资源耗费便形成费用。

如果考虑对资产负债表的影响，由于费用会导致所有者权益减少，所以费用的发生往往意味着资产的减少或负债的增加。例如，折旧费用反映固定资产的消耗情况，计提折旧一方面导致费用的增加；另一方面导致累计折旧增加，从而减少了固定资产的账面价值。再例如，企业月末计算出应负担的管理人员工资，会导致管理费用的增加，但同时也使企业增加了对管理人员的负债义务。

对费用的定义有广义和狭义两种观点。广义观点认为，费用包括企业各种经营性支出和非经营损失。其理由是费用和损失都会导致所有者权益减少。狭义观点认为，费用应该只包括为获取营业收入而发生的耗费。凡是与向客户提供商品或劳务过程无关的资产耗费或资产减少都不应该被列入费用。也就是说，狭义的费用仅仅包括与营业收入相关的耗费，不包括损失；损失只是收益的扣减项目，而不是为了实现收入而承担的代价，所以不是费用。

（二）费用的特征

任何一项形成费用的支出，必然具有以下两项特征。

第一，费用最终将导致企业资产的耗费。这包括企业须立即支付的现金或非现金资产，如当期支付工资、消耗原材料等；也包括某种预期在未来履行的支付责任，如企业的应计利息、应交税金等。所以费用在本质上是企业现实的或预期的经济资源的牺牲。

第二，费用最终将减少企业的所有者权益（即对净资产的要求权）。

费用在多数情况下或早或晚表现为企业的支出。但是需要说明的问题是，企业支出不等同于费用，因为有些支出不符合上述费用的定义，或不能同时具备以上两项特征。例如，企业偿还负债的支出，这表现企业资产和负债的等额减少，对所有者权益没有影响。再例如，向所有者分配利润，如支付现金股利，这时虽然减少了所有者权益，但这种利润的分配不属于企业的生产经营活动，因而这项支出也不构成费用。

（三）费用的分类

适应企业管理活动对会计信息的需要，费用可以根据其职能进行，划分为生产环节的费用和非生产环节的费用。

1. 生产环节的费用

生产环节发生的费用用于产品的制造过程，与产品的生产相联系，如材料费用、人工费用、能源动力费用等。在发生费用的同时，会制造出产品。这些产品被作为存货列入流动资产，是销售环节可供利用的资源。

为了对制造的产品进行价值计量，从而确定存货的入账价值，会计上会将生产环节发生的费用对象化到制造的产品中去，称为制造成本或生产成本。

需要指出的是，成本这个概念经常同费用一起出现，而实际上成本本身并不是一个独立的会计要素，它只是将费用按照一定的目的和要求进行对象化的结果，也就是说成本是归属于特定对象的费用。

【例 10-5】利民公司 2023 年 3 月 2 日开始投产 A 产品 400 件，于当月 3 月 25 日全部完工。在生产过程中，消耗原材料 260 000 元，负担的员工工资为 128 000 元，此外还发生其他各种费用共 159 000 元。

根据以上资料，可以计算出为生产 A 产品而发生原材料费用、人工费用和其他各种费用共计 260 000 + 128 000 + 159 000 = 547 000 元，同时共生产 A 产品 400 件，这部分产品应作为库存商品，其总成本为 547 000 元，单位成本为 547 000 ÷ 400 = 1 367.5 元。

2. 非生产环节的费用

除生产环节外，企业从事的经营活动还包括研发、销售、行政管理、财务等。为开展这些活动，往往会发生一些费用，其中：用于产品销售的费用称为销售费用，如运输费用、产品包装费用、广告费用等；用于组织和管理生产经营活动的费用称为管理费用，如办公费、差旅费、管理人员工资、办公设备折旧等；用于筹集生产经营资金的费用称为财务费用，如支付给银行的手续费、借款利息、汇率变动产生的汇兑损失等。

生产环节发生的费用与非生产环节发生的费用之间具有明显的区别。生产环节发生的费用直接与产品的制造相关，因而它可以按照所生产的产品直接对象化为相关产品的生产成本；该产品一旦销售，其生产成本就转化为销售成本，并从其销售收入中得到补偿。而非生产环节发生的费用则不同，这些费用同生产过程没有直接关系，不能对象化为产品的生产成本。它们都是为了保证某一会计期间的持续正常经营而发生的，与该会计期间的生产经营、组织管理等有关。由于这些费用对企业经营所产生效用仅限于当期，而不能传递和顺延以后期间，因此这些费用必须从当期的收入中得到补偿。所以，销售费用、管理费用和财务费用又称为期间费用。

在我国，税金及附加也应视为期间费用。税金及附加是指企业经营活动应负担的相关税费，包括消费税、城市维护建设税、教育费附加、资源税、房产税、城镇土地使用税、车船税、印花税等。其中，资源税、房产税、城镇土地使用税、车船税、印花税等在发生时作为"税金及附加"进行记录,消费税、城市维护建设税、教育费附加等则通常在月末进行计算后,记录为"税金及附加"。

二、费用的确认

企业在生产经营过程中,必然要发生各种各样的人、财、物力的耗费,从而形成费用。按照会计分期假设的要求,企业经营中发生的费用应归属于各自的会计期间。因此对于一项支出,应在何时将其视作费用的发生,即应归属于哪个会计期间,就成为费用确认的主要问题。费用只有在经济利益很可能流出从而导致企业资产减少或者负债增加,且经济利益的流出额能够可靠计量时才能予以确认。

费用的确认应当遵循配比原则、权责发生制原则和划分收益性支出与资本性支出原则。

(一)配比原则

企业的经营活动既是资金的耗费过程,也是资金的回收过程。企业投入的资金将在未来的某个期间以实现收入的方式收回,从而得到补偿和实现增值。但同时需要指出的是,企业在经营过程中,首先要有一定的资金投入,发生相关的各项费用,这是取得经营收入的前提。从这个意义上来说,企业的利润实际上就是收入和费用配比的结果。收入中应扣除哪些费用,扣除多少数额的费用,必须遵循配比原则进行确定。

《企业会计准则——基本准则》第七章第三十五条①规定:"企业为生产产品、提供劳务等发生的可归属于产品成本、劳务成本等的费用,应当在确认产品销售收入、劳务收入等时,将已销售产品、已提供劳务的成本计入当期损益。企业发生的支出不产生经济利益的,或者即使能够产生经济利益但不符合或者不再符合资产确认条件的,应当在发生时确认为费用。"这条规定强调收入与为了创造收入而发生的费用相互配比,应该计入同一期间的损益。

配比原则是根据费用与收入之间的内在联系,将企业所发生的费用与由此而赚取的收入相互匹配,从而用收入扣除与之相关的费用来确定利润。收入和费用之间的内在联系主要表现在两个方面:首先,从经济性质上看,收入和相配比的费用之间应存在因果关系。其次,配比原则也包括收入和费用在时间意义上的配比,即属于某一会计期间的费用必须与相同受益期的收入相配比。

从配比原则的角度考虑,生产环节发生的费用与非生产环节发生的费用具有不同的特点。由于销售是收入实现的标志,所以生产环节发生的费用直接对象化为相关产品的生产成本后,其能否作为费用从收入中扣除,取决于是否实现了销售,已实现销售的产品,其生产成本就转化为销售成本②,作为计算利润的扣除项;没有实现销售的产品,其生产成本仍反映在存货价值中。这样,生产环节发生的费用与收入进行配比时,强调销售数量扣除

---

① 中华人民共和国财政部.企业会计准则 2006[M]. 北京:经济科学出版社,2006:4.

② 由于营业收入分为主营业务收入和其他业务收入两种,相应地销售成本也分为主营业务成本和其他业务成本。与主营业务收入配比的是主营业务成本,包括企业确认的销售商品、提供劳务等主营业务收入应结转的成本;与其他业务收入配比的是其他业务成本,反映企业确认的除主营业务活动以外的其他经营活动所发生的支出,主要包括销售材料的成本、出租固定资产的折旧额、出租无形资产的摊销额、出租包装物的成本或摊销额等。

销售成本。换句话说，如果生产了 100 件产品，单位生产成本是 50 元，但只销售出去 40 件，那么生产环节发生的费用为 $100 \times 50 = 5000$ 元，但应扣除的销售成本应该是销售数量 40 件的生产成本，即 $40 \times 50 = 2000$ 元，而不是生产环节发生的全部费用 5000 元。

而非生产环节发生的费用（税金及附加、销售费用、管理费用和财务费用）则不同，这些费用同产品生产没有直接关系，因而不能对象化到产品中。相反，它们都是为了保证某一会计期间的持续正常经营而发生的，其产生的效用仅限于当期，而不能传递和顺延到以后期间，因此这些费用必须作为期间费用，从当期的收入中全额扣除。

（二）权责发生制原则

在实务中，企业交易或者事项发生的时间与相关货币收支的时间有时并不完全一致。如款项已经收到，但销售并未实现；或者款项已经支付，但并不是为本期生产经营活动而发生的。为了更加真实、公允地反映特定会计期间的财务状况和经营成果，《企业会计准则——基本准则》明确规定，企业在会计确认、计量和报告中应当以权责发生制为基础。

从费用确认的角度来说，权责发生制原则是决定各会计期间费用确认是否正确的关键。违背权责发生制原则的要求，必然直接影响包括当期在内的各期费用数额的正确性，从而无法保证利润的正确性。例如，甲企业销售部门预计 2023 年需要租用一处仓库，因而于 2022 年 12 月 19 日与乙公司达成协议，正式签订租用合同，并预付了 2023 年全年的租金 180 万元。按照权责发生制的要求，尽管该租金的支付时间为 2022 年，但由于租用仓库的时间为 2023 年，所以租金费用应在 2023 年进行确认，2022 年 12 月 19 日预付租金时，应计入"预付账款"账户的借方，2023 年每月月底再通过摊销确认应负担的租金。如果违背权责发生制的要求，将该租金 180 万元作为 2022 年的费用进行确认，那么必然会使 2022 年的费用增加 180 万元，从而降低 2022 年的利润；相反，2023 年的利润则会因少计 180 万元的费用而被高估。

关于权责发生制下会计处理的具体内容，第二章中已经进行过详细说明，此处不再赘述。

（三）划分收益性支出与资本性支出原则

如果某项支出的效益涉及几个会计期间（或几个营业周期），那么该项支出就被称之为资本性支出。凡是为了增加长期资产的生产能力、效率或使用寿命而发生的开支，如对建筑物进行结构性改造，安装暖气、电梯等设施而发生的开支，其受益期间都可能是以后若干会计年度，而不仅限于资金支付的当期。对于资本性支出，应在支出当期计入有关资产账户的借方，增加资产的成本，以后根据使用或受益的程度，通过折旧或摊销的方式转化为各受益期的费用。

如果某项支出所产生的效益仅限于一个会计期间，那么该项支出就被称之为收益性支出。仅仅是为了保持资产的现有状况或是为了维护资产的良好工作状态而发生的支出，例如对房屋进行维修，更换灯具使照明的光线变得柔和一些，就属于收益性支出。对于收益性支出，应该在发生支出的当期确认为费用。

正确划分资本性支出和收益支出的作用，在于正确地计量资产的价值和正确地计算各期的产品成本、期间费用，从而正确地确定利润。如果企业将资本性支出列为收益性支出，就会少计资产而多计当期费用，因而少计当期利润；反之，如果将收益性支出列作资本性支出，就会虚增企业资产而少计当期费用，导致多计当期利润。

根据上述费用确认原则，在确认费用时，一般应体现以下 3 个标准。

第一，根据费用与营业收入的直接联系（或称因果关系）加以确认。凡是与本期收入有直接联系的耗费，就是该期的费用。例如，销售成本就属于这种情况。企业销售产品成本与销售收入有直接联系，所以，该产品的销售成本就应该与本期的销售收入配比，即应该确认为本期的费用。

第二，按系统而合理的分摊方式加以确认。如果经济利益可望在若干会计期间发生，并且只能大致和间接地确定费用与收益的联系，就应当以有规则的合理分配程序为基础，在利润表中确认费用。固定资产的折旧费和无形资产摊销都是属于这种情况。

第三，直接确认为当期费用。在企业中，有些费用不能提供明确的未来利益，而且对这些费用加以分摊也没有实际意义。在此情况下，这些费用就应直接作为当期费用加以确认，如广告费。广告支出往往不能肯定地预计其效益所涉及的期间，因而就直接被列作当期的费用。

三、费用的计量

费用是通过所使用或所耗用的商品或劳务的价值来计量的。费用计量标准通常是实际成本。具体来说，有些支出在发生当期可以立即确认费用，这时可以按实际发生额进行计量。本书第一章至第九章所介绍的各项业务，除特别说明外，均采用按照实际发生额计量与费用相关的业务。但也有些支出是属于跨期性质的，也就是说，发生在某个期间的支出，其受益期间不局限于该会计期间。在这种情况下，所发生的支出数额就需要在多个受益期间内进行摊销或计提。本节重点说明跨期摊提费用的计量问题。

跨期摊提费用是通过系统、合理的分摊方式而形成的。在确认这类费用时，应该以该资产的取得成本为基础进行分摊，也就是说，费用确认通常建立在历史成本计量属性的基础之上。企业记录预付保险费、预付报刊订阅费、预付以经营租赁方式租入固定资产的租金及一次购买印花税票时，选择的账户根据受益期间是否在 1 年以上而有所不同。受益期间不超过 1 年的，通过"预付账款"账户进行会计处理；受益期间在 1 年以上的，通过"长期待摊费用"账户进行会计处理。

【例 10-6】A 公司企业 2021 年 1 月 1 日租入管理用办公设备一批，每月租金 7 000 元，租期为两年，租金 168 000 元于 2021 年 1 月 1 日一次性付清。A 公司应编制如下会计分录：

（1）2021 年 1 月 1 日支付租金时：

借：长期待摊费用——预付租金　　　　　　　　　　　　　　　　　　168 000
　　贷：银行存款　　　　　　　　　　　　　　　　　　　　　　　　　　　　168 000

（2）2021 年 1 月至 2022 年 12 月，每月月底摊销当月负担的租金，确认租金费用时：

借：管理费用——设备租金　7 000
　　贷：长期待摊费用——预付租金　7 000

【例 10-7】 B 公司于 2022 年 9 月 24 日通过银行预付第 4 季度财产保险费 12 600 元。其中基本生产车间 6 900 元，辅助生产车间 1 800 元，企业行政管理部门 2 700 元，专设销售机构 1 200 元。

（1）2022 年 9 月 24 日预付款时的会计分录：

借：预付账款——预付保险费　12 600
　　贷：银行存款　12 600

（2）10、11、12 各月月底，B 公司应该根据财产保险费分配表，编制如下会计分录：

借：制造费用——生产车间——保险费　2 300
　　制造费用——辅助生产——保险费　600
　　管理费用——保险费　900
　　销售费用——保险费　400
　　贷：预付账款——预付保险费　4 200

【例 10-8】 2022 年 12 月某核电站建造完成，其建造成本为 50 亿元；该核电站 30 年后报废，估计弃置费用[①]为 2 亿元。根据相关会计准则的规定，应将 2 亿元折现，计入固定资产的成本。假设折现率为 6%，则 2022 年 12 月相关会计处理如下：

$$弃置费用现值 = \frac{20000}{(1+6\%)^{30}} = 20000 \times 0.1741 = 3\,482（万元）$$

借：在建工程　34 820 000
　　贷：预计负债　34 820 000

计入固定资产成本的弃置费用，与固定资产的其他成本一样计提折旧费用。

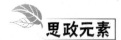

思政元素

寒锐钴业的研发费用是否应该缩减？

南京寒锐钴业有限公司（股票代码 300618，以下简称"寒锐钴业"）创立于 1997 年，其总部位于江苏省南京市江宁区，2017 年 3 月于深圳证券交易所挂牌上市，注册资本 30961.7 万元，现任董事长为梁杰。公司的主营业务涵盖钴铜矿山勘探运作、矿石开采、选矿、冶炼、新能源、新材料，以及铜钴系列产品的生产和销售。经过近 25 年的发展，寒锐钴业已成为拥有 14 家分子公司的跨国企业集团，企业员工总数 1400 余人。

1. 2019 年度研发费用的削减情况

近年来，寒锐钴业始终保持"轻研发投入"的态势，尤其在 2019 年度，公司的研发投

---

① 弃置费用适用于特定行业的特定固定资产，如核电站核废料的处置、石油天然气企业油气水井及相关设施的弃置、煤炭企业井及相关设施的弃置等。这些行业在取得并确定固定资产成本时，应当考虑预计弃置费用因素。如果固定资产预计的弃置费用能够可靠计量，企业应当根据或有事项准则，将其弃置费用折成现值计入固定资产的原价（例如，煤炭行业的企业承担的矿区废弃处置义务应计入矿井及相关设施的账面价值），同时确认为一项预计负债。即固定资产预计的弃置费用应计入固定资产的成本并计提折旧。

入由上一年的 4085.48 万元骤降至 2838.88 万元，同比下降 30.51%。2020 年受疫情影响，销售收入大幅下降，公司为避免亏损将研发投入进一步缩减至 1609.63 万元。

缩减研发费用当年，寒锐钴业的盈利能力处于较为理想的状态，2019 全年实现净利润 29169.38 万元，同比 2018 年增长 44.14%；净资产收益率 ROE 达到 10.75%，在同行业中处于较高水平。

2. 2019 年度缩减研发费用对未来业绩的影响

寒锐钴业披露的 2022 年上半年财务报告显示：2022 年 1—6 月公司亏损金额达到 11035.9 万元，这一数字甚至远超其 2021 全年实现的净利润；主营业务收入也显著低于同行华友钴业和刚上市不久的腾远钴业，也是三家钴企中唯一在上半年呈现亏损的公司。对于业绩下滑，寒锐钴业解释为产能未完全释放，短暂影响当期利润。但与同行对比后能够得知，缺乏核心竞争力所带来的盈利能力偏弱是更深层次的原因。

数据显示，2021 年，寒锐钴业铜、钴产品毛利率分别为 25.5% 和 34.4%，显著低于与其业务规模十分接近的腾远钴业；今年上半年，寒锐钴业铜、钴产品的毛利率继续落后于腾远钴业。此外，2021 年和 2022 年上半年，寒锐钴业 ROE 分别为 15.41% 和 6.23%，也显著低于同行华友钴业和腾远钴业。

对于铜钴等金属材料加工行业而言，加快研发投入以降低原料取得成本、完善产业链布局一体化建设对企业盈利能力的增强是十分必要的。近年来，华友、腾远等钴铜业企业通过加大研发支出，实现"上游铜钴原料—中游钴盐镍盐—下游三元前驱体—终端回收"的全产业链布局一体化，进一步夯实了竞争优势；寒锐钴业的"轻研发"模式虽在短期内美化了公司业绩，但长期来看影响了公司更新发展的速度，导致失去竞争优势。

业绩的下滑也直接体现在股价波动上。进入 2022 年来，寒锐钴业的股价总体呈现持续下滑态势，股价由 2022 年 7 月初的 66.32 元（2022.7.8 收盘价）一路下跌至 43.79 元（2022.9.30 收盘价）。

资料来源：根据寒锐钴业 2019—2021 年的年度报告、2022 年半年度财务报告及东方财富网的资料分析整理。

第三节　利　润

《企业会计准则——基本准则》第三十七条规定："利润是指企业在一定会计期间的经营成果。利润包括收入减去费用后的净额、直接计入当期利润的利得和损失等。"

利润是衡量企业经营成果好坏的一项重要指标。利润指标具有很强的综合性，企业在增加产量、降低成本、节约资金、扩大销售等方面所做的努力，都可以通过利润指标反映出来。对利润指标进行分析，可以了解企业的经营状况，有助于企业改进经营管理，提高经济效益。同时，投资者也可以运用各种利润指标预测企业未来的盈利能力，从而作出正确的投资决策。

反映利润实现情况的账户是"本年利润"账户，第二章已经对该账户的内容进行过说明。也就是说，期末通过结账工作，将收入类账户和费用类账户的余额结转到"本年利润"账户后，就可以得到反映利润的会计信息。本节将具体说明不同利润指标的会计处理。

一、销售毛利

销售毛利[1]也称毛利润，是指销售收入减去所销售产品成本的差额部分。用公式表示如下：

$$销售毛利 = 主营业务收入 - 主营业务成本$$
$$或\quad 销售毛利 = 营业收入 - 营业成本$$

其中，第一个公式反映主营业务活动带来的毛利润；第二个公式反映全部营业活动（包括主营业务和其他业务）带来的毛利润。销售毛利反映商品价值在本企业的增值程度，体现企业在同行业中的竞争优势。销售毛利越高，说明企业销售特定数额商品获得的收入越多，或者为获得特定数额销售收入而付出的成本越低。

关于营业收入和营业成本的具体内容，本章第一节和第二节中已经进行了说明，此处不再赘述。会计处理方面，可以设置"主营业务收入""其他业务收入""主营业务成本""其他业务成本"等账户，各账户的会计处理可以参考本章第一节和第二节的相关内容。期末，这些反映账户的余额需要通过结账过程结转到"本年利润"账户。

二、营业利润

营业利润反映企业从事业务活动而取得的经营成果。这里所说的业务活动，既包括企业自身开展的经营活动，也包括企业进行的对外投资活动，以及为经营活动和对外投资活动提供资金支持的筹资活动。根据 2018 年开始实施的《一般企业财务报表格式》[2]的规定，企业的营业利润可由以下公式[3]得出：

$$营业利润 = 营业收入 - 营业成本 - 税金及附加 - 研发费用 - 销售费用 - 管理费用$$
$$- 财务费用 - 资产减值损失 - 信用减值损失 + 其他收益 + 投资收益$$
$$+ 净敞口套期收益 + 公允价值变动收益 + 资产处置收益$$

以上公式中，资产减值损失、信用减值损失和公允价值变动收益通常产生于资产或负债的期末计价。资产减值损失是指企业计提的各项资产减值准备所形成的损失，包括应收账款坏账损失、存货跌价损失、固定资产减值损失、无形资产减值损失、投资减值损失等。信用减值损失是指企业按照《企业会计准则第 22 号——金融工具确认和计量》（2017 年修订）的要求计提的各项金融工具减值准备所形成的预期信用损失。公允价值变动收益[4]是指企业按照相关准则规定应当计入当期损益的资产或负债公允价值变动的收益，包括企业交易性金融资产、交易性金融负债，以及采用公允价值模式计量的投资性房地产等公允价值变动形成的应该计入当期损益的利得或损失。具体可以参考第三章至第七章中涉及资产

---

① 我国企业的利润表中不要求单独列示毛利润。

② 2017 年 12 月 25 日，财政部发布《关于修订印发一般企业财务报表格式的通知》（财会〔2017〕30 号），分两种情况规定了一般企业财务报表的格式：一种格式是针对尚未执行新金融准则和新收入准则的企业；另一种格式是针对已执行新金融准则或新收入准则的企业。本书选择后一种格式进行说明。

③ 除该公式包括的项目外，报表格式中还需要扣除研发费用。由于研发费用作为管理费用的明细科目进行会计处理，所以此处的营业利润计算公式中没有单独体现研发费用，而将其包括在管理费用中。

④ 根据中华人民共和国财政部 2011 年发布的《小企业会计准则》第六十七条的规定，本部分介绍的"公允价值变动损益"不适用于小企业中的利润核算业务。

期末计价的相关内容的说明。

投资收益是指企业以各种方式对外投资所取得的收益，包括企业出售各种金融资产和长期股权投资而实现的投资收益或发生的投资损失，以及持有长期股权投资而获得的投资收益或损失。具体可以参考第五章和第六章中涉及投资收益确认的相关内容的说明。

其他收益反映计入其他收益的政府补助等。净敞口套期收益反映，净敞口套期下被套期项目累计公允价值变动，转入当期损益的金额或现金流量套期储备转入当期损益的金额。资产处置收益反映企业出售划分为持有待售的非流动资产（金融工具、长期股权投资和投资性房地产除外）或处置组时确认的处置利得或损失，以及处置未划分为持有待售的固定资产、在建工程、生产性生物资产及无形资产而产生的处置利得或损失。债务重组中因处置非流动资产产生的利得或损失和非货币性资产交换中换出非流动资产产生的利得或损失也视同为资产处置收益。由于其他收益、净敞口套期收益和资产处置收益的业务内容比较复杂，本书不再涉及其具体的会计处理。

会计期末，需要将与营业利润计算的各有关账户的余额全部结转到"本年利润"账户。

三、利润总额

在营业利润的基础上，可以进一步考虑直接计入当期利润的利得和损失，从而计算得出利润总额。直接计入当期利润的利得和损失是指与企业生产经营活动没有直接关系的各项收支。在我国，直接计入当期利润的利得视为营业外收入，直接计入当期利润的损失视为营业外支出。

利润总额的计算公式如下：

$$利润总额 = 营业利润 + 营业外收入 - 营业外支出$$

从理论上讲，营业外收入的取得并不以企业的资金耗费为代价，也不反映企业的经营成果，因而它没有可与之相配比的费用或支出；同样，营业外支出发生后也不一定会取得与之相配比的收入，因此不应作为费用或支出从本期收入中扣除。但营业外支出实际上耗费了企业的生产经营资源（如用银行存款进行公益性捐赠），必须对它进行补偿，才能保证企业不会因为这部分资源的耗费而影响正常的生产经营活动。所以，营业外支出必须列入当期的利润表，从当期收入中得到补偿。同时，营业外收入也必须列作企业当期损益的一部分，从而全面反映企业所有者权益在当期的实际变动额。

营业外收入主要包括固定资产处置利得、出售无形资产收益、非货币性资产交换利得、企业合并损益、盘盈资产报经批准后计入营业外收入的金额、因债权人原因确实无法支付的应付款项、与日常活动无关的政府补助、教育费附加返还款、罚款收入、捐赠利得等；营业外支出包括非流动资产处置损失、非货币性资产交换损失、公益性捐赠支出、非常损失、盘亏损失等。

营业外收入和营业外支出应分别设置"营业外收入""营业外支出"账户进行核算，不应以营业外支出直接冲减营业外收入。会计期末，需要将"营业外收入"账户和"营业外支出"账户的余额分别结转到"本年利润"账户。

四、净利润

（一）净利润和所得税

净利润是指从利润总额中扣除了所得税以后的余额。企业应根据如下公式计算特定会计期间的净利润：

$$净利润 = 利润总额 - 所得税$$

所得税是一种费用。如第一章及本章第二节所述，费用是企业为了取得一定的收入或进行其他生产经营活动而导致的企业经济利益的减少，这种经济利益的减少主要体现为资产的减少或负债的增加。因为所得税是国家依据税法对企业的生产经营所得课征的税收，具有强制性、无偿性等特征。无论国家对企业是否拥有所有权，只要企业有所得，就必须向国家缴纳所得税。换句话讲，所得税是企业为了取得一定收益而导致的经济利益流出，应将所得税作为费用处理。也就是说，企业要实现利润，所得税就是一项必不可少的支出。将所得税作为费用处理，符合配比原则的要求。

由于计算净利润时需要扣除所得税，所以净利润也称为税后利润。相应地，未扣除所得税的利润总额称为税前利润。

（二）会计利润与应税所得

会计利润是指根据企业会计准则规定计算的利润总额，也称为税前利润。会计利润是按照财务会计的程序、遵循会计准则和会计制度确认的，用以正确反映企业一定会计期间内经营成果的财务信息。

应税所得也称为应纳税所得额，是一个税收概念，是根据企业所得税法规定计算的、作为企业所得税计税依据的收益额。计算应税所得的目的是正确确定企业应缴纳的所得税。

由于会计准则和税法在目标、原则和计算方法等方面的差异，会计利润和应税所得往往存在着差别。财务会计核算必须遵循会计准则，其目的是为了向信息使用者提供及时、准确的会计信息。而税法以课税为目的，本着经济合理、公平税负、促进竞争的原则，依据有关税收法规，确定一定时期纳税人应交纳的税额。由此导致依据会计准则确定的会计利润与依据税法确定的应税所得之间存在差异，进而导致会计上确定的所得税费用与税法要求的应交所得税也存在差异。

应税所得与会计利润既有区别又有联系。会计利润是确定应税所得的基础，但是不能等同于应税所得，凡是企业财务制度规定的列支标准和税法规定有抵触的，要按税法规定进行纳税调整。换句话讲，根据税法规定对会计利润进行相应调整后，才能得到企业的应税所得。

（三）所得税费用的确定和会计处理

企业在计算确定当期的所得税费用时，应该在当期应交所得税的基础上调整，加计当期发生的递延所得税费用，扣除当期发生的递延所得税收益。计算公式如下：

$$所得税费用 = 当期应交所得税 + 递延所得税费用 - 递延所得税收益$$

1. 应交所得税

应交所得税是指企业按照国家税法规定，应从生产经营等活动的所得中交纳的税金。计算公式如下：

$$应交所得税 = 应税所得额 × 适用税率 - 减免税额 - 允许抵免的税额$$

其中，适用税率、减免税额、允许抵免的税额应根据所得税相关法律和企业所在行业和地区的各种优惠政策进行确定，此处不再展开说明。

【例 10-9】 假定 A 公司适用的所得税税率为 25%，2022 年利润总额为 760 万元。该企业当年会计利润与应税所得之间存在如下差异：

（1）国债利息收入 50 万元；

（2）税款滞纳金 60 万元；

（3）交易性金融资产公允价值增加 20 万元；

（4）提取存货跌价准备 50 万元；

（5）因售后服务预计费用 100 万元；

根据上述资料计算确定应税所得及应交所得税如下：

$$应税所得 = 利润总额 760 万元 - 国债利息收入 50 万元 + 税款滞纳金 60 万元$$
$$- 交易性金融资产公允价值增加 20 万元 + 提取存货跌价准备 50 万元$$
$$+ 因售后服务预计费用 100 万元 = 900 万元$$

$$应交所得税 = 900 万元 × 25\% = 225 万元$$

2. 递延所得税费用和递延所得税收益

《企业会计准则第 18 号——所得税》第二章第四条[①]规定："企业在取得资产、负债时，应当确定其计税基础，资产、负债的账面价值与其计税基础存在差异的，应当按照本准则规定确认所产生的递延所得税资产或递延所得税负债。"根据该规定，递延所得税费用和递延所得税收益可以分为如下两个步骤确定：①确定所得税的计税基础，包括资产的计税基础和负债的计税基础；②确定递延所得税资产和递延所得税负债，其中：递延所得税负债相应增加当期的所得税费用，称为"递延所得税费用"；递延所得税资产导致所得税费用减少，称为"递延所得税收益"。

（1）所得税的计税基础。会计准则对资产和负债的确认方法不一定全部被税法认可，也就是说，所得税的计税基础可能与资产和负债的账面价值之间存在差异。

①资产的计税基础。资产的计税基础是指企业收回资产账面价值过程中，计算应纳税所得额时按照税法规定可以自应税经济利益中抵扣的金额[②]。某项资产负债表日的计税基础等于其成本减去以前期间已税前列支的金额。

通常情况下，资产在取得时其入账价值与计税基础是相同的，但后续计量过程中可能因企业会计准则规定与税法规定的不同而产生差异。

---

① 中华人民共和国财政部制定，《企业会计准则第 18 号——所得税》（2006 年），以下同。

② 参见《企业会计准则第 18 号——所得税》第二章第五条。

以例 10-9 中的差异（3）为例，假定 A 公司持有一项交易性金融资产，成本为 100 万元，期末公允价值为 120 万元。企业会计准则规定，公允价值的变动 20 万元计入当期损益，会增加会计利润。而按照税法规定，交易性金融资产在持有期间公允价值变动不计入应税所得，即其计税基础仍维持 100 万元不变，该计税基础与其账面价值之间形成了差额 20 万元。

再以例 10-9 中的差异（4）为例，A 公司库存商品成本 500 万元，提取存货跌价准备 50 万元，因此该项资产的账面价值为 450 万元。按照税法规定，各类资产减值损失均不许可在税前列支，因此其计税基础仍然是 500 万元。该计税基础与其账面价值之间形成了差额 50 万元。

②负债的计税基础。负债的计税基础是指负债的账面价值减去未来期间计算应纳税所得额时按照税法规定可予抵扣的金额[1]。某项负债的计税基础等于账面价值减去未来可税前列支的金额。

短期借款、应付票据、应付账款等负债的确认和偿还，通常不会对当期损益和应税所得产生影响，其计税基础即为账面价值。但在某些情况下，企业因确认预计费用（预计负债）而影响损益，并影响不同期间的应纳税所得额，使其计税基础与账面价值之间产生差额。

以例 10-9 中的差异（5）为例，假定 A 公司因销售商品提供售后服务等原因，于当期确认了 100 万元的预计负债，在确认预计负债的当期未发生售后服务费用。根据税法规定，有关产品售后服务等与取得经营收入直接相关的费用于实际发生时允许税前列支，而在尚未实际支付售后服务费用时不许可在税前列支，因此该项预计负债计税基础为 0（账面价值 100 万元 – 可从未来经济利益中扣除的金额 100 万元）。由于该项负债账面价值大于计税基础，形成差额 100 万元。

根据《企业会计准则第 18 号——所得税》第三章第七条的规定，资产或负债的账面价值与其计税基础之间的差额称为暂时性差异。前面举例所提到的交易性金融资产账面价值大于计税基础形成的差额 20 万元、库存商品账面价值小于计税基础形成的差额 50 万元、预计负债账面价值大于计税基础形成的差额 100 万元均属于暂时性差异。

按照暂时性差异对未来期间应税金额的影响，分为应纳税暂时性差异和可抵扣暂时性差异。应纳税暂时性差异，是指在确定未来收回资产或清偿负债期间的应纳税所得额时，将导致产生应税金额的暂时性差异。如前述举例中提到的交易性金融资产账面价值大于计税基础形成的差额 20 万元；可抵扣暂时性差异，是指在确定未来收回资产或清偿负债期间的应纳税所得额时，将导致资产可抵扣金额的暂时性差异。如前述举例中提到的库存商品账面价值小于计税基础形成的差额 50 万元，以及预计负债账面价值大于计税基础形成的差额 100 万元。

企业应于资产负债表日，分析比较资产、负债的账面价值与其计税基础。如果两者之间存在差异，则需要分别确定纳税暂时性差异和可抵扣暂时性差异。

---

[1] 参见《企业会计准则第 18 号——所得税》第二章第六条。

（2）递延所得税资产和递延所得税负债。根据《企业会计准则第 18 号——所得税》第四章第十条的规定："企业应当将当期和以前期间应交未交的所得税确认为负债，将已支付的所得税超过应支付的部分确认为资产。"

如果存在应纳税暂时性差异，该差异将导致在销售或使用资产或偿付负债的未来期间内应税所得和纳税义务的增加，因此应该相应地确认为"递延所得税负债"。前面举例中交易性金融资产账面价值大于计税基础形成的差额 20 万元属于应纳税暂时性差异。A 公司的适用所得税税率为 25%，则应该确认 5（20×25%）万元的递延所得税负债，相应增加当期的所得税费用 5 万元。

如果存在可抵扣暂时性差异，该差异将导致在销售或使用资产或偿付负债的未来期间内应税所得和纳税义务的减少，因此应该相应地确认为"递延所得税资产"。例 10-9 中库存商品账面价值小于计税基础形成的差额 50 万元、预计负债账面价值大于计税基础形成的差额 100 万元均属于可抵扣暂时性差异。按照 25% 的税率计算，应该确认 37.5 万元[（100＋50）×25%]的递延所得税资产，同时还需要确认所得税费用减少（递延所得税收益）37.5 万元。

以上分析结果可归纳如表 10-1 所示。

表 10-1　暂时性差异分类汇总表

	资产	负债
账面价值＞计税基础	应纳税暂时性差异（递延所得税负债）	可抵扣暂时性差异（递延所得税资产）
账面价值＜计税基础	可抵扣暂时性差异（递延所得税资产）	应纳税暂时性差异（递延所得税负债）

综合以上举例，假定 A 公司递延所得税资产和递延所得税负债不存在期初余额，也不存在可抵扣亏损和税款抵减，同时假定该企业其他资产和负债的账面价值与其计税基础不存在差异，则 2022 年的所得税费用计算如下：

所得税费用＝当期应交所得税 225 万元＋递延所得税费用 5 万元

－递延所得税收益 37.5 万元＝192.5 万元

3. 所得税费用的会计处理

企业确认、计量和记录所得税费用时，除了使用"所得税费用"和"应交税费——应交所得税"科目以外，还应设置"递延所得税负债"科目和"递延所得税资产"科目，分别核算企业递延所得税负债和递延所得税资产的发生及转回。根据前述所得税费用的计算公式，可以将"应交税费——应交所得税""递延所得税负债"和"递延所得税资产"3 个科目理解为"所得税费用"科目的对应账户。

"应交税费——应交所得税""递延所得税负债"和"递延所得税资产"3 个账户应该视为资产负债表项目，各自账户的余额分别作为资产或负债反映。"所得税费用"账户属于费用类账户，其余额需要在会计期末结转到"本年利润"账户。

【例 10-10】　沿用例 10-9 中 A 公司的有关数据资料，所得税费用的会计分录如下：

（1）计算出所得税费用时：

借：所得税费用   1 925 000

   递延所得税资产   375 000

   贷：应交税费——应交所得税   2 250 000

    递延所得税负债   50 000

（2）期末结转所得税费用时：

借：本年利润   1 925 000

   贷：所得税费用   1 925 000

结转所得税费用后，A 公司"本年利润"账户贷方余额为 567.5 万元（760 - 192.5），该余额即为 A 公司 2022 年度实现的净利润。

第四节　利润分配

企业确定了利润总额，并按规定缴纳了所得税之后，就可以对实现的净利润进行分配。企业的利润分配既关系所有者合法利益的实现，又关系企业的长远发展。企业应在结合有关法律规定和企业未来发展的基础上，决定是否要对实现的净利润进行分配；如果选择分配，那么财务部门还需要就分配的数额及分配的具体方式做出权衡；最后还要遵循企业会计准则的相关规定进行正确的会计处理。

一、利润分配概述

（一）税后利润分配的法律规定

《中华人民共和国公司法》[①]中对利润分配的规定如下：

（1）公司分配当年税后利润时，应当提取利润的 10% 列入公司法定公积金。公司法定公积金累计额为公司的注册资本 50% 以上的，可以不再提取。

（2）公司的法定公积金不足以弥补以前年度亏损的，在依照前款规定提取法定公积金之前，应当先用当年利润弥补亏损。

（3）公司从税后利润中提取法定公积金后，经股东会或者股东大会决议，还可以从税后利润中提取任意公积金。

（4）公司弥补亏损和提取公积金后所余税后利润，有限责任公司依照本法第三十四条的规定分配；股份有限公司按照股东持有的股份比例分配，但股份有限公司章程规定不按持股比例分配的除外。

（5）股东会、股东大会或者董事会违反前款规定，在公司弥补亏损和提取法定公积金之前向股东分配利润的，股东必须将违反规定分配的利润退还公司。

（6）公司持有的本公司股份不得分配利润。

基于以上规定，公司实现的利润需要按顺序进行：首先应当考虑弥补以前年度亏损，

---

① 参见 2018 年 10 月 26 日第十三届全国人民代表大会常务委员会第六次会议修订，《中华人民共和国公司法》第八章第一百六十六条。

只有以前年度的亏损得以弥补后，才能考虑利润分配；其次，需要确定可供分配的利润，并考虑以此为基数，计提法定盈余公积和任意盈余公积；再次，可以计算出可供股东分配的利润，同时依据企业股利分配的政策确定向投资者分配的利润；最后的剩余部分即为未分配利润。

（二）以前年度亏损的弥补

弥补以前年度亏损，是指在会计处理上，如果上年的净利润为负，或以前各年的净利润总和为负，那么本年的税后净利润要首先弥补掉这部分亏损，才能作为可供分配的净利润。总体上来说，企业弥补亏损的方式主要有以下 3 种。

（1）某个年度发生亏损，可以用次年度的税前利润弥补，次年度利润不足弥补的，可以在 5 年内延续弥补。由于这一弥补亏损的方式是在缴纳所得税之前，可以减少税收负担，所以企业往往会优先考虑这一方式。

（2）企业发生的亏损，5 年内的税前利润不足以弥补时，用税后利润弥补。这种方式不会影响所得税费用，在计算应税所得时不能扣除亏损余额。

（3）企业发生的亏损，可以用盈余公积弥补。第九章中曾经提及，盈余公积属于留存利润，其用途之一就是弥补亏损。

除了用税前利润弥补亏损应优先考虑以外，用税后利润弥补亏损与用盈余公积弥补亏损之间需要进行权衡。因为盈余公积一般不能用于股利分配，所以如果企业倾向于向投资者多分配，就应先考虑用盈余公积弥补亏损，这样就会增加用于向投资者分配的利润数额；相反，如果企业倾向于未来发展而需要留存尽可能多的利润，那么就应先考虑用税后利润弥补亏损，将更多的盈余公积继续留存在企业。

（三）计提盈余公积

弥补亏损后，可以考虑计提法定盈余公积和任意盈余公积。从计提基数（即可供分配的利润）的角度来说，法定盈余公积和任意盈余公积不存在差别，不同之处在于前者有法定的计提比例，而后者的计提比例是企业自行决定的。

可供分配的利润可根据如下公式进行计算：

可供分配的利润 = 当年实现的净利润 + 年初未分配利润（或减年初未弥补亏损）
+ 其他转入（盈余公积补亏及其他调整因素）

这样，提取盈余公积的基数分为两种情况：一种情况是年初未分配利润为正数（即历年累积盈利）时，以税后利润为基数，提取的盈余公积 = 净利润 × 盈余公积提取比例；另一种情况是年初未分配利润为负数（即历年累积亏损）时，以可供分配的利润为基数，提取的盈余公积 = 可供分配的利润 × 盈余公积提取比例。

（四）向投资者分配利润

在按照规定提取了盈余公积之后，就可以向投资者分配利润。股份有限公司分配利润的方式是按照股东的持股比例发放股利，其具体形式有现金股利和股票股利[①]两种。现金股

---

① 现金股利和股票股利会计处理的方法有所不同。现金股利是直接以现金的方式支付给股东，现金股利一经宣布，就成为公司对股东的一项负债。而股票股利是以向现有股东增发股票的形式分派股利。分派股票股利的结果是将一部分未分配利润转化为企业的股本和资本公积。

利是指公司用货币资金向股东支付股利，是最常见的股利形式。公司在宣告发放现金股利时便承担了对股东的偿付责任，应作为流动负债在账面上予以记录和报告；现金股利发放完毕以后，该项流动负债即被清偿。股票股利是以股票形式分派的股利，是按现有股东的持股比例向股东派发本公司的股票。我国上市公司通常称为送股，或送红股。发放股票股利不会导致企业资源的外流和减少，只是改变了所有者权益的内部结构。

向投资者分配利润时，需要确定可供投资者分配的利润，其计算公式如下：

可供投资者分配的利润 = 可供分配的利润 − 计提的法定盈余公积 − 计提的任意盈余公积

实际向投资者分配利润的具体数额，取决于企业的股利分配政策。公司董事会一般对于发放股利的时间、数额及方式等有既定政策，以保证公司业务的顺利进行和股票市价的稳定等。例如，每期发放的每股股利大体相同，为此在利润多的年份可能保留一部分不予发放，以丰补歉，使得利润少的年份也可与利润多的年份一样分发股利。

（五）未分配利润

未分配利润是年初未分配利润与当期实现的净利润之和扣除以上各项利润分配后的余额，可用公式表示如下：

期末未分配利润 = 可供分配利润 − 提取的盈余公积 − 向投资者分配的利润
= 年初未分配利润 + 当期实现的净利润 + 其他转入
− 提取的盈余公积 − 向投资者分配的利润

假如企业年初未分配利润为 600 万元，当年实现净利润 5 000 万元，则可供分配利润为 5 600 万元。假设企业进行利润分配时，提取法定盈余公积 500 万元，提取任意盈余公积 1 000 万元，向投资者分配股利 2 000 万元，则：

年末未分配利润 = 600 + 5 000 − 500 − 1 000 − 2 000 = 2 100（万元）

二、利润分配的会计处理

企业需要设置"利润分配"科目来记录和反映利润分配情况。"利润分配"科目下设"提取法定盈余公积""提取任意盈余公积""应付利润"（股份有限公司为"应付股利"）"未分配利润"等明细科目。这些明细科目中，只有"未分配利润"明细科目保留年末余额，其他各明细科目的余额均需在年末通过结账转入"未分配利润"明细科目，因此年末均无余额。

（一）以前年度累计盈利时的会计处理

以前年度累计盈利，表明"利润分配——未分配利润"账户的年初为贷方余额，该余额连同当年实现的利润一起，均可进行利润分配。根据第二章所介绍的结账分录可以知道，如果企业当年实现了盈利，那么应体现为"本年利润"账户的贷方余额，该余额应于年末结转到"利润分配——未分配利润"账户的贷方。计提盈余公积时，借记"利润分配——提取法定盈余公积"科目和"利润分配——提取任意盈余公积"科目，贷记"盈余公积"科目；向投资者分配利润时，借记"利润分配——应付利润（应付股利）"科目，贷记"应付利润"科目。年末需要将反映利润分配的各明细科目账户的借方余额结转到"利润分配——

未分配利润"账户的借方。

【例 10-11】 B 公司 2022 年初"利润分配——未分配利润"账户的贷方余额为 36 000 元，2022 年末结账前，"本年利润"账户贷方余额为 773 000 元，利润分配方案如表 10-2 所示。

表 10-2   B 公司 2022 年利润分配方案   单位：元

利润分配项目	分配金额
提取法定盈余公积	77 300
提取任意盈余公积	46 380
向股东分配现金股利	539 210

根据上述资料和表 10-3 提供的数据，编制如下结账分录：

（1）结转本年实现净利润的会计分录：

借：本年利润　　　　　　　　　　　　　　　　　773 000
　　贷：利润分配——未分配利润　　　　　　　　　　　　　773 000

（2）编制计提法定盈余公积的会计分录：

借：利润分配——提取法定盈余公积　　　　　　　　77 300
　　贷：盈余公积　　　　　　　　　　　　　　　　　　　77 300

（3）编制计提任意盈余公积的会计分录：

借：利润分配——提取任意盈余公积　　　　　　　　46 380
　　贷：盈余公积　　　　　　　　　　　　　　　　　　　46 380

（4）编制向股东分配股利的会计分录：

借：利润分配——应付股利　　　　　　　　　　　　539 210
　　贷：应付股利　　　　　　　　　　　　　　　　　　　539 210

（5）结清利润分配各明细科目余额的会计分录：

借：利润分配——未分配利润　　　　　　　　　　　662 890
　　贷：利润分配——提取法定盈余公积　　　　　　　　　77 300
　　　　利润分配——提取任意盈余公积　　　　　　　　　46 380
　　　　利润分配——应付股利　　　　　　　　　　　　　539 210

经过上述结转之后，"利润分配——未分配利润"账户在 2022 年末的贷方余额为 146 110 元（36 000 + 773 000 - 662 890）。这是当年累计未分配余额，可以并入以后年度利润一同参与分配。

如果企业以前年度累计盈利，但当年发生了亏损，那么当年亏损应体现为"本年利润"账户的借方余额，该余额应于年末结转到"利润分配——未分配利润"账户的借方。同时，由于当年为亏损，所以不需要计提法定盈余公积和任意盈余公积，但如果"利润分配——未分配利润"账户为贷方余额，则可以考虑向投资者分配利润。具体的会计分录与例 10-11 中向投资者分配利润的会计分录相同。

（二）以前年度累计亏损时的会计处理

以前年度累计亏损，表明"利润分配——未分配利润"账户的年初为借方余额，需要考虑用当年实现的利润或盈余公积弥补亏损[①]。在用税前利润或税后利润弥补亏损时，无需特别编制会计分录，"本年利润"账户的余额转入"利润分配——未分配利润"账户就意味着用本年度实现的利润弥补以前年度的亏损。转入后，"利润分配——未分配利润"账户的借方余额意味着仍存在未弥补的累计亏损，这种情况下无需考虑利润分配；如果"利润分配——未分配利润"账户为贷方余额，那么意味着弥补亏损后有留存利润。当年实现的利润中扣除用于弥补亏损的部分后，如果尚有余额，应将其作为计提盈余公积的基数。

计提盈余公积和向投资者分配利润的会计处理与前述方法相同。

【例 10-12】 C 公司 2022 年初"利润分配——未分配利润"账户的借方余额为 21 000元（假设 C 公司的亏损年度为 2020 年），2022 年末计算所得税费用前，"本年利润"账户贷方余额为 154 000 元。

根据以上资料，C 公司应进行如下会计处理：

（1）编制计算所得税费用的会计分录：

C 公司存在累计亏损，且亏损年度发生在 2020 年，所以 2022 年计算所得税费用时，可以用税前利润弥补亏损。假设公司没有应税所得调整项目，即应税所得等于会计利润，公司适用的所得税税率按 25% 计算。

所得税费用 =（154 000 − 21 000）× 25% = 33 250（元）

计算所得税费用的会计分录如下：

借：所得税费用 33 250
　　贷：应交税费——应交所得税 33 250

（2）结清"所得税费用"账户：

借：本年利润 33 250
　　贷：所得税费用 33 250

至此，"本年利润"账户贷方余额由计算所得税费用前的 154 000 元变为扣除所得税费用后的 154 000 − 33 250 = 120 750 元，这便是 C 公司 2022 年度实现的净利润。

（3）结清"本年利润"账户：

借：本年利润 120 750
　　贷：利润分配——未分配利润 120 750

该会计分录既反映了"本年利润"账户的结账过程，同时也可理解为用当年实现利润弥补以前年度亏损的过程。"利润分配——未分配利润"账户的余额由年初的借方余额 21 000元变为年末的 120 750 − 21 000 = 99 750 元，反映公司 2022 年度实现的净利润弥补以前年度亏损后的余额，同时也可以作为 2022 年计提盈余公积和向投资者支付利润的基数。

[①] 用盈余公积弥补亏损的会计分录参见第九章，此处不再重复。

（4）假设 C 公司的利润分配方案如表 10-3 所示。

表 10-3　C 公司利润分配明细账余额表　　　　单位：元

利润分配项目	分配金额
提取法定盈余公积	9 975
提取任意盈余公积	19 950
向股东分配现金股利	56 350

计提法定盈余公积的会计分录如下：

借：利润分配——提取法定盈余公积　　　　　　　　　　　9 975

　　贷：盈余公积　　　　　　　　　　　　　　　　　　　　　9 975

计提任意盈余公积的会计分录如下：

借：利润分配——提取任意盈余公积　　　　　　　　　　　19 950

　　贷：盈余公积　　　　　　　　　　　　　　　　　　　　　19 950

向股东分配股利的会计分录如下：

借：利润分配——应付股利　　　　　　　　　　　　　　　56 350

　　贷：应付股利　　　　　　　　　　　　　　　　　　　　　56 350

（5）结清利润分配各明细科目余额的会计分录：

借：利润分配——未分配利润　　　　　　　　　　　　　　86 275

　　贷：利润分配——提取法定盈余公积　　　　　　　　　　9 975

　　　　利润分配——提取任意盈余公积　　　　　　　　　　19 950

　　　　利润分配——应付股利　　　　　　　　　　　　　　56 350

经过上述结转之后，2022 年末"利润分配——未分配利润"账户的贷方余额为 11 975 元（−21 000 + 120 750 − 86 275）。

【本章小结】

企业利润的主要来源是企业的收入，特别是营业收入。为了获得收入就必须承担相应的费用。收入的确认应遵循实现原则，费用的确认应遵循配比原则、权责发生制原则和划分收益性支出和资本性支出原则。利润是企业在一定生产经营期间内由于生产经营活动而取得的经营成果，企业的利润总额由营业利润、投资净收益和营业外收支 3 个主要部分组成。其他综合收益项目，反映企业根据企业会计准则规定未在损益中确认的各项利得和损失扣除所得税影响后的净额。从利润总额中扣除的所得税实质上是企业的一项费用。应纳税所得额是以纳税人每一纳税年度的收入总额减去税法准予扣除的项目后的余额。税后利润的分配顺序是：弥补亏损、提取法定盈余公积和任意盈余公积和向投资者分配利润。

【关键名词】

营业收入	营业外收入	主营业务收入	主营业务成本	其他业务收入
其他业务成本	营业外支出	资产减值损失	其他收益	所得税费用
会计利润	应税所得	销售毛利	营业利润	利润总额
净利润	利润分配			

【思考题】

1. 收入有哪些不同类别？各类收入反映的内容有何不同？
2. 简述收入确认和计量各步骤的要点。
3. 费用的发生为什么必然导致净资产的减少？
4. 费用确认应当遵循的原则有哪些？
5. 为什么说所得税是企业的一项费用？
6. 以前年度有未弥补亏损时应如何考虑利润分配的顺序？

【练习题】

练习一

　　某公司与客户签订合同，向其销售 A、B、C 3 种产品，合同总价款为 100 万元，这 3 种产品构成 3 个单项履约义务。企业经常单独出售 A 产品，其可直接观察的单独售价为 50 万元；B 产品和 C 产品的单独售价不可直接观察，企业采用市场调整法估计 B 产品的单独售价为 25 万元，采用成本加成法估计 C 产品的单独售价为 75 万元。

　　要求：计算 A、B、C 3 种产品各自的营业收入。

练习二

　　以下是某企业 2022 年 6 月发生的部分经济业务：

1. 2 日，以银行存款购买车间办公用品 180 元。
2. 3 日，以银行存款支付车间用外购动力费 1 000 元。
3. 4 日，以现金支付邮寄费 50 元。
4. 5 日，以现金支付管理人员差旅费 600 元。
5. 7 日，以银行存款支付采购商品的外地运费 150 元。
6. 8 日，以银行存款支付水电费 560 元。其中：销售部门耗用 460 元，管理部门耗用 100 元。
7. 12 日，购入机器设备一台，价值 12 000 元，以银行存款支付。
8. 15 日，以银行存款购进原材料一批，价值 5 000 元。材料已经验收入库。
9. 30 日，该企业预计本季利息费用为 180 元，本月应预提 60 元。
10. 30 日，该企业摊销无形资产 100 元。

11. 30 日，计提本月管理部门固定资产的折旧 200 元。

12. 30 日，库存材料盘亏 30 元，经核查，属于计量差错。

要求：编制上述经济业务的会计分录。

练习三

以下是甲公司 2022 年 6 月份发生的部分经济业务：

1. 向金星公司出售 A 产品 100 件，货款 160 000 元及增值税 20 800 元尚未收到。

2. 以银行存款 24 000 元支付本月产品广告费。

3. 收到金星公司偿还的货款及增值税款，存入银行。

4. 向南华公司出售 B 产品 300 件，收到货款 120 000 元及增值税 15 600 元，当即存入银行。

5. 以银行存款支付销售产品发生的包装费和运杂费共 1 600 元。

6. 结转本月出售产品的生产成本。其中 A 产品 104 000 元，B 产品 65 000 元。

7. 以银行存款交纳增值税 28 000 元。

8. 收到大发工厂支付的赔偿款 1 000 元，作为营业外收入存入银行。

9. 按规定计算实现利润的应交所得税 44 000 元。

10. 将本月有关成本、费用、收入转入"本年利润"账户。

要求：根据上述经济业务编制有关会计分录。

练习四

某公司 2016 年 12 月 1 日取得设备一项，账面价值包括买价、运杂费、保险费等为 90 万元。该公司该台设备的账面价值和计税基础均为 90 万元，期末无残值。假设该公司规定按直线法提取折旧，折旧年限为 5 年；税法折旧年限为 6 年。2017 年至 2022 年，各年均实现会计利润 100 万元，企业适用所得税税率为 25%。

要求：根据上述经济业务编制会计分录。

练习五

建华工厂 2022 年末发生以下经济业务：

1. 全年实现利润总额 200 000 元，按 25% 的税率计算应交纳的所得税。

2. 按税后利润的 10% 提取盈余公积。

3. 企业决定向投资者分配利润 60 000 元。

4. 将全年实现的净利润转入"利润分配"账户。

5. 年末将"利润分配"下其他明细账户的期末余额转入"未分配利润"明细账户。

要求：根据上述经济业务编制会计分录。

即测即练　　　　　　扩展阅读

自学自测　扫描此码

第十一章

财 务 报 告

 本章导读

财务报告是企业对外输送财务信息的主要手段，主要由审计意见、财务报表和财务报表附注构成。通过本章学习，应理解财务报告的内容，以及各主要财务报表的作用、格式和编制方法。

 问题导引

什么是财务状况？资产负债表是如何反映企业财务状况的？

什么是经营成果？利润表中反映的利润是如何确定的？

为什么有的企业利润很多却缺乏经营活动所需要的资金？

现金流量表能反映出企业的理财策略吗？

企业所有者权益是如何构成的？其变动受哪些因素的影响？

 开篇故事

王老师在正式讲课之前进行了一个小小的问卷测试。他发给每个学生一张问卷，要求大家根据自己的理解对问卷上所列的项目进行分类。问卷的格式如下。

	请在你认为应该归属的栏目内打√		
	流动资产	长期资产	不确定
现金			
应收账款			
投资的金融资产			
设备			
房屋			
汽车			
库存商品			
企业的商标			
盘亏的存货			

问卷收回之后，王老师看到大部分同学将现金、应收账款、库存商品、盘亏的存货归为流动资产，将设备、房屋、汽车、企业商标归为长期资产，对于投资的金融资产在不确定栏内打√的人比较多。只有一位同学只是将现金、应收账款、库存商品划分为流动资产，

而对于其他项目均选择"不确定"。

王老师向该同学询问这样选择的理由，那位同学红着脸说，"我也说不好，我不知道其他项目的应该归属什么……"。

在大家的议论声中，王老师宣布，今天的测试只有这位同学的回答是完全正确的。

第一节　财务报告概述

一、财务报告的概念和作用

企业的财务报告是指综合反映企业财务状况、经营成果和现金流量等信息的一系列书面文件，主要包括审计意见、财务报表和财务报表附注。其中财务报表包括资产负债、利润表、现金流量表、所有者权益（或股东权益）变动表。

本书第三章到第十章针对企业各种经济业务的会计记录进行了说明，这些记录主要是编制会计分录，并将会计分录过入有关账簿。尽管账簿资料可以对经济业务进行分类和详细的反映，但却不能提供集中和概括反映企业财务状况、经营成果及现金流量的资料。为了使企业管理者、投资人和债权人等能够迅速而准确地取得企业经营活动的综合性信息，企业有必要将账簿数据进一步加工整理，编制成财务报告。

《企业会计准则——基本准则》第一章第四条规定："企业应当编制财务会计报告。财务会计报告的目标是向财务会计报告使用者提供与企业财务状况、经营成果和现金流量等有关的会计信息，反映企业管理层受托责任履行情况，有助于财务会计报告使用者做出经济决策。"

财务报告是企业对外输送财务信息的主要手段，它通过财务报表提供可以以货币计量的财务信息，同时也以报表附注的形式提供对决策人至关重要的、无法用货币表述的非财务信息。企业财务报告的作用主要有如下几个方面。

1. 财务报告是国家进行宏观经济调控的依据

财务报告是国家经济管理部门制定宏观经济管理政策和经济决策的重要信息来源。政府和宏观管理部门需要对各企业和单位提供的财务信息进行汇总和分析，掌握经济运行动态，及时发现存在的问题，制定有效的法规政策，进行宏观经济调控。

2. 财务报告是主管部门进行管控的信息来源

主管部门可以通过财务会计报告了解企业的经营业绩，全面认识企业的财务状况和经营成果，以指导、帮助企业沿着正确的轨道发展，从而促进资本市场和其他市场的有效动作，并促进有限的社会资源得到合理配置。

3. 财务报告是投资者和债权人的决策依据

企业的投资者和债权人可以利用财务报告中有关企业财务状况、经营成果和现金流量等信息，评价企业的偿债能力和获利能力，对不同企业的经营业绩、财务实力进行比较分析，以确定其投资和贷款方向，减少投资风险。

4. 财务报告是企业内部管理者和职工开展工作的信息基础

通过财务会计报告，可以使企业内部管理人员掌握本单位经济活动、财务收支和财务成果的全部情况，分析本单位在经营活动中的优势，查明问题存在的原因，不断改进经营管理工作，以便正确地进行经营理财决策，提高经济效益。各单位的职工、职工代表大会也可以通过会计报表提供的数据资料，更好地参与单位的经营管理活动。

5. 财务报告是税务部门进行税收管理的主要依据

税务部门利用企业财务报告提供的信息，计算和确定企业的税收减免和应该缴纳的各种税费。

二、财务报告的构成

企业的财务报告主要包括审计意见、财务报表和报表附注。从编报的时间方面来说，财务报告可以分为中期财务报告和年度财务报告。中期财务报告是以短于一个完整会计年度的报告期间为基础编制的财务报告，包括月报、季报和半年报等。从编制原理来看，中期财务报告与年度财务报告类似，只是在具体要求方面有所不同①，所以本章后面将针对年度财务报告进行说明。

（一）审计意见

企业的会计报表是由企业会计人员依据会计准则、在日常会计记录的基础上编制的。但是编制过程中是否存在问题，报表中提供的信息是否完全真实和有效，一般的非会计专业人员没有足够的能力和时间去逐项查验和证实。在这种情况下，就需要一个社会中介机构来提供一种专业的鉴证服务，即需要由会计师事务所的注册会计师提供专业的审计服务。

根据我国《注册会计师法》的有关规定，注册会计师是依法取得注册会计师证书并接受委托从事审计和会计咨询、会计服务业务的执业人员；注册会计师的业务范围包括审查企业会计报表，出具审计报告等。并要求注册会计师在审计过程中必须依法办事，实事求是，不受他人左右，不受任何因素的影响，公正地提出审计报告，如实地提出对企业财务报告的意见。通过注册会计师对财务报表的审计，可以证实企业财务状况的真实性，证实财务收支的合法性，证实企业损益实现与分配的正确性。因此，经过注册会计师审计过的财务报告，其可靠性和相关性应该是值得信赖的。或者说，经过审计并得到注册会计师出具无保留意见审计报告的会计信息，能够相对客观地反映企业经营成果和财务状况，为投资人和其他关心企业经营发展的人所信任并作为制定决策的重要依据。

（二）财务报表

财务报表是财务报告的主体，包括资产负债表、利润表、现金流量表、所有者权益（或

---

① 根据财政部 2006 年颁布的《企业会计准则第 32 号——中期财务报告》第二章第三条的规定，中期财务报告至少应当包括资产负债表、利润表、现金流量表和附注；中期资产负债表、利润表和现金流量表应当是完整报表，其格式和内容应当与年度财务报表相一致；与年度财务报表相比，中期财务报表中的附注披露可适当简略，而且中期财务报表的审计也不是强制性的。

股东权益）变动表。

资产负债表是反映企业在特定时日财务状况的报表。

利润表是反映企业在一定会计期间的经营成果的报表。

现金流量表是反映企业在某一会计期间现金流入和现金流出情况的报表。

所有者权益变动表是反映构成所有者权益的各组成部分当期的增减变动情况的报表。

以上报表按编报主体的不同，可以分为个别财务报表和合并财务报表。个别财务报表是由企业在自身会计核算基础上对账簿记录进行加工而编制的财务报表，它主要用以反映企业自身的财务状况、经营成果和现金流量情况。合并财务报表是以母公司和子公司组成的企业集团为会计主体，根据母公司和所属子公司的财务报表，由母公司编制的综合反映企业集团财务状况、经营成果及现金流量的财务报表。

本章第二节到第五节将分别对资产负债表、利润表、现金流量表和所有者权益变动表进行具体说明。

（三）财务报表附注

财务报表是被高度浓缩的会计信息，且由于经济业务的复杂性和企业在编制财务报表时可能选择了不同的会计政策，企业需要通过财务报表附注对财务报表的编制基础、编制依据、编制原则和方法及主要事项等进行解释，以此增进会计信息的可理解性，同时使不同企业的会计信息的差异更具可比性，便于进行对比分析。

财务报表附注是对资产负债表、利润表、现金流量表和所有者权益变动表等报表中列示项目的文字描述或明细资料，以及对未能在这些报表中列示项目的说明和解释，旨在帮助财务报表使用者深入了解基本财务报表的内容。财务报表附注中的内容非常重要，主要包括：企业所采用的主要会计处理方法；会计处理方法的变更情况、变更的原因及对财务状况和经营业绩的影响；发生的非经常性项目；发生的重要事项（包括关联交易事项、或有事项、期后事项等）；其他对理解和分析财务报表重要的信息。

关于财务报表附注的内容及其解读，将在第十二章第五节具体涉及。

三、编制财务报告的基本要求

（一）遵循各项会计准则的要求进行确认和计量

企业应当根据实际发生的交易和事项，遵循各项具体会计准则的规定进行确认和计量，并在此基础上编制财务报表。企业不应以附注披露代替确认和计量。

（二）以持续经营为基础编制财务报表

持续经营是会计的基本前提，是企业进行会计确认、计量及编制财务报表的基础。企业管理层应当定期对企业持续经营的能力进行评价，如果对持续经营能力产生重大怀疑的，以持续经营为基础编制财务报表不再合理，企业应当采用其他基础编制财务报表，并在附注中披露导致对持续经营能力产生重大怀疑的影响因素。

（三）遵循一致性原则

财务报表项目的列报应当在各个会计期间保持一致，不得随意变更，这样才能使同一企业不同期间和同一期间不同企业的财务报表相互可比。这一要求不仅只针对财务报表中的项目名称，还包括财务报表项目的分类、排列顺序等方面。

当会计准则要求改变，或企业经营业务的性质发生重大变化后、变更财务报表项目的列报能够提供更可靠、更相关的会计信息时，财务报表项目的列报是可以改变的。

（四）与重要性判断相结合

财务报表项目列报应与重要性判断相结合。性质或功能不同的项目，应当在财务报表中单独列报，但不具有重要性的项目除外。性质或功能类似的项目，其所属类别具有重要性的，应当按其类别在财务报表中单独列报。①

重要性，是指财务报表某项目的省略或错报会影响使用者据此作出经济决策的，该项目具有重要性。重要性应当根据企业所处环境，从项目的性质和金额大小两方面予以判断。

第二节　资产负债表

资产负债表也称为财务状况表，是反映企业在特定日期财务状况的报表。

第二章中曾经提及，资产负债表是根据"资产=负债+所有者权益"这一基本会计等式编制而成的，它能够提供在某一时点上企业所拥有的资源、所承担的债务，以及所有者在企业的权益。企业的财务信息使用者通过对资产负债表的分析，可以了解企业的财务实力、资源配置结构、负债程度、变现能力和偿债能力，据以预测企业未来的财务状况。

一、资产负债表的结构

（一）资产负债表的结构

资产负债表有账户式和报告式（垂直式）两种基本格式。账户式资产负债表的左边依次列示各资产项目，右边列示负债和所有者权益项目；报告式则是在资产负债表的上方列式资产项目，下方列式负债和所有者权益项目。我国企业编制资产负债表通常使用的是账户式，如表 11-1 所示。

表 11-1　资产负债表

编制单位：_____　　　____年 ____月 ___日　　　　　　单位：元

资　　产	期末金额	年初金额	负债和所有者权益	期末金额	年初金额
流动资产：			流动负债：		
货币资金			短期借款		
交易性金融资产			交易性金融负债		
衍生金融资产			衍生金融负债		
应收票据及应收账款			应付票据及应付账款		

---

① 《企业会计准则第 30 号——财务报表列报》，第二章第六条。

资　产	期末金额	年初金额	负债和所有者权益	期末金额	年初金额
预付款项			预收款项		
其他应收款			合同负债		
存货			应付职工薪酬		
合同资产			应交税费		
持有待售资产			其他应付款		
一年内到期的非流动资产			持有待售负债		
其他流动资产			一年内到期的非流动负债		
流动资产合计			其他流动负债		
			流动负债合计		
非流动资产：			非流动负债：		
债权投资			长期借款		
其他债权投资			应付债券		
长期应收款			其中：优先股		
长期股权投资			永续债		
其他权益工具投资			长期应付款		
其他非流动金融资产			预计负债		
投资性房地产			递延所得税负债		
固定资产			其他非流动负债		
在建工程			非流动负债合计		
生产性生物资产			负债合计		
油气资产			所有者权益（或股东权益）：		
无形资产			实收资本（或股本）		
开发支出			其他权益工具		
商誉			其中：优先股		
长期待摊费用			永续债		
递延所得税资产			资本公积		
其他非流动资产			减：库存股		
非流动资产合计			其他综合收益		
			盈余公积		
			未分配利润		
			所有者权益（或股东权益）合计		
资产总计			资产和所有者权益（或股东权益）总计		

（二）资产负债表各项目的排列

资产各项目是按流动性或变现能力分类排列的，所谓流动性，是指各类资产转换成现金的能力和速度。变现能力较强的流动资产排在最前面，非流动资产则排在流动资产之后。在流动资产中，各项目的排列顺序也根据其变现能力划分，依次为货币资金、可随时变现的金融资产、应收账款和应收票据、其他应收款、存货等。

《企业会计准则第 30 号——财务报表列报》第三章第十七条规定，资产满足下列条件之一的，应当归类为流动资产：①预计在一个正常营业周期中变现、出售或耗用；②主要为交易目的而持有；③预计在资产负债表日起一年内（含一年，下同）变现；④在资产负债表日起一年内，交换其他资产或清偿负债的能力不受限制的现金或现金等价物[①]。

任何不符合流动资产定义的资产均称为非流动资产，也称长期资产。

资产按流动性分类的作用如下。

1. 向债权人提供有关清算变现能力的信息

资产按流动性划分为流动资产和非流动资产，主要是为了向债权人提供财务状况和与贷款安全有关的信息。贷款安全性的主要标志是特定企业资产的变现速度，以及偿还债务的能力，特别是偿还短期债务的能力。所以，不仅资产总额要按流动性划分，而且流动资产还要按变现能力的高低顺序划分出现金、应收账款等速动资产和其他类别的项目，以便进行计量和报告，从而满足债权人制定信贷决策和评价贷款安全程度的需要。

2. 完整地反映企业的财务状况

财务报表的重要职能之一是揭示企业的经营活动和成本，提供企业经营成果和财务状况方面的信息。为了履行这一职能，也必须对资产进行适当分类，将资产分为流动资产和非流动资产，以便在一定程度上揭示了企业经营成果的质量和发展趋势。例如，一个企业按照权责发生制计算的利润很高，但是没有相应的现金流入，导致企业资金短缺，周转困难。这就说明该企业的利润质量不好，甚至有潜亏的可能。如果没有流动资产与非流动资产的合理划分，就无法确切地反映财务状况及其对不同期间经营活动的影响。

3. 可以有效地预测现金流量

按资产的流动性进行分类可以说明各种资产变现的时间分布。例如，流动资产大致代表可以在一个周期内完成循环而转换为现金的资产或者被消耗掉的资产，非流动资产则代表需要在相当长时间内才能完成循环周转的资产。通过对资产的不同的分类和报告，可以有助于报表使用者预测未来的现金流动金额、时间分布和不确定性。

二、资产负债表的内容

资产负债表反映以货币形式表示的企业某一特定时点的资源分布情况、债务负担情况和权益构成情况。

（一）企业资源分布情况

企业在从事生产经营活动的过程中，必然需要使用和消耗各种资源。会计要对这些资源的价值进行货币计量，形成财务报表，以便使报表使用者了解企业各项资源的分布情况（关于反映财务状况的财务报表——资产负债表，本章将在第四节中进行详细介绍）。这些资源包括以下内容。

---

① 中华人民共和国财政部制定，《企业会计准则第 30 号——财务报表列报》，2014 年修订。

（1）流动资产，是指与固定资产相配套的、通常在一个生产经营周期内周转的各项资产，包括货币资金、应收票据、应收账款及预付费用、各类存货等。

（2）固定资产，包括厂房、设备、建筑物和土地等。固定资产的使用寿命一般都在一年以上，其规模大小决定了企业的生产经营能力，所以此类资产也称为经营能力资产。

（3）无形资产，包括专利技术、专有技术、商标使用权、土地使用权、经营特许权等不具有实物形态的长期资产。随着现代经营中技术含量和管理含量的不断增加，无形资产的数额比重及作用日益突出，成为一类重要的经济资源。

（4）递延资产，包括开办费、租入固定资产的改良支出、设备大修理支出等受益期在一年以上的预付性支出。递延资产属于预付性支出，其变现能力很弱，但也是企业持续经营条件下不可忽视的一类资产。

（5）对外投资，包括企业向外界进行的各种短期投资和长期投资。进行对外投资的目的，有时是为了利用暂时闲置的资金，有时是为了取得某种经营优势，如获得稳定的原料来源或销售渠道等。

企业资源总量反映企业未来经营的财富实力。资源总量越多，说明企业的经营实力越雄厚；同时，企业资源结构反映了资源分布的合理程度。如果资源分布结构不合理，就很难充分发挥其效用。因此，考察企业资源分布的财务状况时，要同时从总量和结构两个方面进行。企业往往会结合所处行业的特点，安排各类资产的相对比例，报表阅读者可以根据企业资产的构成和分布情况，分析企业的经营能力。

需要说明的是，尽管许多资源都可以表示为货币形式，反映其货币价值，如材料、设备、厂房等，但也有不少资源是难以用货币进行计量的，如代表核心竞争力的竞争优势、较高的市场占有率、企业的管理水平、工人的操作技能及产品的质量水平等。这些资源同样是企业从事经营活动的重要财富。因此，如何合理地计量这些资源的价值，一直是会计理论和实务的研究重点之一。例如，人力资源会计研究解决对人力资源的计量问题，商誉会计要解决商誉价值如何货币化的问题，等等。

会计所提供的报表信息中，只能体现出企业可以货币化的资源价值。也就是说，财务报表至今尚无法做到向企业内部和外部的信息使用者披露企业全部资源的信息。信息使用者必须结合其他有关资料，对企业资源的分布情况进行全面了解。

（二）债务负担情况

负债按偿还期的长短和到期日的先后分为流动负债和长期负债两类。流动负债是指需要在一个会计年度（或一个经营周期）内清偿和履行的债务项目，如短期借款、应付票据、应付账款、应付职工薪酬、应交税费、长期应付款等。长期负债是指付款期限超过一年（或一个经营周期）的债务项目，如长期借款、应付债券、一年内到期的长期负债等。长期负债的偿还期较长，企业近期无须考虑偿还问题，所以流动负债金额及其与流动资产金额的比例关系是评价企业短期偿债能力的重要因素。

根据不同的特点，企业负担的债务大致可分为结算债务、借贷债务、预计债务3类。

1. 结算债务

结算债务是指企业在经营活动中与供应商、税务部门及内部职工之间形成的债务关系，包括应付账款、应付票据、应交税金、其他应交款、应付职工薪酬、其他应付款和长期应付款等。除应付票据可能需要负担利息外，其他多数结算债务通常都不负担利息。

2. 借贷债务

借贷债务是指企业为取得资金使用权而形成的债务，包括从银行取得的短期借款和长期借款，以及通过发行债券增加的负债（应付债券）。与结算债务相比，借贷债务最大的特点是需要负担利息，因此，借贷负债项目的金额包括本金和应计未付的应付利息。

3. 预计债务

从法律意义上讲，预计债务是一种推定义务，是指根据企业公开的承诺导致企业将承担的责任。例如，某企业多年来制定一项销售政策,对于售出的商品提供一定期限内的售后保修服务,预期将为售出商品提供的保修服务就属于推定义务,会计应当将其确认为一项负债。由于在承诺时尚不确定履行承诺具体支付金额，所以需要预计。

（三）权益构成情况

企业的出资者分为债权人和所有者两类，二者的权益性质存在很大的不同。债权人的权益优先于所有者，但数额是固定的，而所有者权益排在债权人权益之后，属于剩余权益。评价企业财务状况时，必须分析负债与所有者权益的相对比例，据此判断企业财务风险的大小。由于负债需要到期还本付息，而所有者权益的资金可以永久性地为企业所利用，所以当企业财务方面出现资金紧张时，负债比例越大，不能如期还本付息的可能性就越大，财务风险就越高。

三、资产负债表各项目的计量模式

本书第三章到第八章中说明了企业各种主要资产和负债项目的会计处理。不难看出，虽然现行企业会计准则要求企业在经济业务的处理中遵循历史成本原则，但是实际上资产负债表项目的计量是多种计量属性的混合。企业的资产负债项目的初始计量通常是按照发生时的历史成本计量，计量属性的变动主要是在后续计量，即在期末财务报表中对资产和负债项目进行的计量。

（一）按历史成本计量的项目

"存货"项目、"投资性房地产"项目等在没有发生减值时，在期末资产负债表上按照历史成本计量。固定资产和无形资产项目在没有发生减值时，在资产负债表上按折（摊）余价值计量，是对资产调整后的历史成本。

（二）按重置成本计量的项目

对于盘盈固定资产，如果无法取得原始资料，通常按同样新旧程度的同类资产的现行重置成本计量。在物价变动时期，采用现行重置成本计量可以很好地消除物价变动对报表数据的影响。

（三）按可变现净值计量的项目

按照现行企业会计准则的要求，期末对于存货按照成本与可变现净值孰低进行反映。

如果存货项目发生了减值，需要计提存货跌价准备，在资产负债表中将存货的账面金额减记至可变现净值。

另外，其他需要计提减值准备的资产，如应收票据和应收账款、投资性房地产、固定资产、在建工程、无形资产、商誉等，期末在资产负债表中列报时需要考虑资产是否发生了减值，如果需要计提减值准备，则在报表中是按照预计的可回收金额或未来现金流的现值反映，预计的可回收金额实质上也是可变现净值。

（四）按现值计量的项目

按照现行会计准则的要求，"应付债券"等非流动负债项目和"债权投资"项目在期末报表中按摊余成本列报，这里的摊余成本实际上就是未来现金流量的现值。

需要计提减值准备的"固定资产"和"无形资产"等项目在进行减值测试时，可收回金额是按照公允价值减去处置费用后的净额与未来现金流量现值两者之间的较高者确定。

（五）按公允价值计量的项目

按照现行企业会计准则规定，"交易性金融资产""其他债权投资""其他权益工具投资""其他非流动金融资产""交易性金融负债"等项目在期末都是按照公允价值计量。"投资性房地产"项目可以采用历史成本，也可以采用公允价值计量。

资产负债表中多种计量属性混合的计量模式不符合历史成本的基本会计原则，反映的会计信息是否符合可靠性的质量特征也值得商榷和研究，但是很明显报表中提供的会计信息与信息使用者的决策更加相关。

四、资产负债表项目的填列方法

（一）"年初余额"栏的填列

为了便于报表使用者的分析，资产负债表至少要列式连续两年的数据。资产负债表中"年初余额"栏内各项数字，应根据上年末资产负债表"期末余额"栏内所列数字填列。如果上年度资产负债表规定的各个项目的名称和内容同本年度不相一致，应对上年年末资产负债表各项目的名称和数字按照本年度的规定进行调整，填入"年初余额"栏内。

（二）"期末余额"栏的填列

资产负债表"期末余额"栏内各项数字，应当根据资产、负债和所有者权益期末情况填列。表内各项目的填列分为如下几种情况。

1. 直接根据总账科目余额填列

"衍生金融资产""其他权益工具投资""递延所得税资产""其他流动资产"和"其他非流动资产""交易性金融负债""短期借款""应付职工薪酬""应交税费""持有待售负债""实收资本""资本公积""盈余公积"等项目，应根据各有关总账科目的期末余额直接填列。

2. 根据若干总账科目余额计算填列

"货币资金"项目，根据"库存现金""银行存款"和"其他货币资金"总账科目余额合计填列。

"存货"项目，应根据"在途物资""原材料""库存商品""周转材料"和"生产成本"等科目的期末借方余额计算填列。

"其他应收款"项目，应根据"应收利息""应收股利"和"其他应收款"科目的期末余额合计数，减去"坏账准备"科目中相关坏账准备期末余额后的金额填列。

"其他应付款"项目，应根据"应付利息""应付股利"和"其他应付款"科目的期末余额合计数填列。

3. 根据总账和明细科目余额计算填列

"交易性金融资产"项目，应根据"交易性金融资产"科目的相关明细科目期末余额分析填列。自资产负债表日起超过一年到期且预期持有超过一年的以公允价值计量且其变动计入当期损益的非流动金融资产的期末账面价值，在"其他非流动金融资产"项目反映。

"应收票据和应收账款"项目，应根据"应收票据"和"应收账款"总账科目的期末余额，减去"坏账准备"科目中相关坏账准备期末余额后的金额填列。其中"应收票据"和"应收账款"总账科目的期末余额需要根据"应收票据""应收账款"和"预收账款"总账科目所属明细科目的借方余额之和计算填列。

"预收账款"项目，应根据"应收账款"和"预收账款"总账科目所属明细科目的贷方余额之和计算填列。

"应付票据及应付账款"项目，应根据"应付票据"科目的期末余额，以及"应付账款"和"预付账款"科目所属的相关明细科目的期末贷方余额合计数填列。

"预付账款"项目，应根据"应付账款"和"预付账款"科目所属的相关明细科目的期末借方余额合计数填列。

"合同资产"项目和"合同负债"项目，应分别根据"合同资产"科目、"合同负债"科目的相关明细科目期末余额分析填列，同一合同下的合同资产和合同负债应当以净额列示，其中净额为借方余额的，应当根据其流动性在"合同资产"或"其他非流动资产"项目中填列，已计提减值准备的，还应减去"合同资产减值准备"科目中相关的期末余额后的金额填列；其中净额为贷方余额的，应当根据其流动性在"合同负债"或"其他非流动负债"项目中填列。

"其他债权投资"项目，反映资产负债表日企业分类为以公允价值计量且其变动计入其他综合收益的长期债权投资的期末账面价值。该项目应根据"其他债权投资"科目的相关明细科目期末余额分析填列。自资产负债表日起一年内到期的长期债权投资的期末账面价值，在"一年内到期的非流动资产"项目反映。企业购入的以公允价值计量且其变动计入其他综合收益的一年内到期的债权投资的期末账面价值，在"其他流动资产"项目反映。

"其他权益工具"项目，反映企业发行的除普通股以外的归类为权益工具的各种金融工具，主要包括优先股和永续债。应根据"其他权益工具"科目所属明细科目分析计算填列。

"其他综合收益"项目，反映企业根据企业会计准则规定未在当期损益中确认的各项利得和损失，即除净收益之外的所有综合收益，如其他权益（或债权）工具投资公允价值变动。应根据"其他综合收益"科目所属明细科目发生额分析计算填列。

"未分配利润"项目，应根据"本年利润"科目和"利润分配"科目的明细科目分析计算填列。

4. 根据总账科目减去有关备抵科目后的余额计算填列

"应收票据和应收账款""其他应收款""长期应收款""存货""债权投资""投资性房地产""长期股权投资""固定资产""在建工程""生产性生物资产""油气资产""无形资产"等资产项目，反映企业期末持有的相应资产的实际价值，应当按扣减了提取的资产减值准备后的净额填列。其中："固定资产""无形资产""生产性生物资产""油气资产"项目，还应按减去相应的"累计折旧""累计摊销""生产性生物资产累计折旧""累计折耗"期末余额后的金额填列。

"债权投资"项目，反映资产负债表日企业以摊余成本计量的长期债权投资的期末账面价值。该项目应根据"债权投资"科目的相关明细科目期末余额，减去"债权投资减值准备"科目中相关减值准备的期末余额后的金额分析填列。自资产负债表日起一年内到期的长期债权投资的期末账面价值，在"一年内到期的非流动资产"项目反映。企业购入的以摊余成本计量的一年内到期的债权投资的期末账面价值，在"其他流动资产"项目反映。

"固定资产"项目，反映资产负债表日企业固定资产的期末账面价值和企业尚未清理完毕的固定资产清理净损益。该项目应根据"固定资产"科目的期末余额，减去"累计折旧"和"固定资产减值准备"科目的期末余额后的金额，以及"固定资产清理"科目的期末余额填列。

"在建工程"项目，反映资产负债表日企业尚未达到预定可使用状态的在建工程的期末账面价值和企业为在建工程准备的各种物资的期末账面价值。该项目应根据"在建工程"科目的期末余额，减去"在建工程减值准备"科目的期末余额后的金额，以及"工程物资"科目的期末余额，减去"工程物资减值准备"科目的期末余额后的金额填列。

"持有待售资产"项目，反映资产负债表日划分为持有待售类别的非流动资产及划分为持有待售类别的处置组中的流动资产和非流动资产的期末账面价值。该项目应根据"持有待售资产"科目的期末余额，减去"持有待售资产减值准备"科目的期末余额后的金额填列。

"长期应付款"项目，反映资产负债表日企业除长期借款和应付债券以外的其他各种长期应付款项的期末账面价值。该项目应根据"长期应付款"科目的期末余额，减去相关的"未确认融资费用"科目的期末余额后的金额，以及"专项应付款"科目的期末余额填列。

第三节　利　润　表

一、利润表的性质和作用

（一）利润表的性质

利润表也称损益表，是反映企业一定期间内经营成果的财务报表。

利润对于企业和企业的会计信息使用者来说都是一个非常敏感的经济指标，是企业经济效益的综合体现；同时利润也是一个最模糊和不易捉摸的数据。例如某企业今年净利润比去年增加 50 万元，该企业利润数据中包括债务重组利得 26 万元，捐赠收入 30 万元。针对这些信息，可以对企业做出完全不同的两种评价，一是认为企业利润增加 50 万元，说明企业经营成果好于上年；二是认为企业利润的确增长了 50 万元，但是今年的利润中包括了营业外收入 56 万元，企业的经营业绩实际上却比去年降低了 6 万元，说明企业经营业绩比去年差。

企业的财务报表使用者非常关注企业的利润，并将利润方面的信息作为自己制定经济决策的依据。企业经营能获利吗？获利能力的趋势怎么样？企业是否有足够的利润来向投资者支付股利，并能按理想的增长率增长？对许多会计信息的使用者来说，只有利润表底部的净利润数字才是有意义的。而对另外一些使用者来说，有关利润构成的信息等都是非常重要的，可以用之预测企业未来的盈利能力和现金流量。

（二）利润表的作用

利润表的作用主要有如下几方面。

1. 提供有关企业经营业绩和获利能力方面的信息

投资者可以利用利润表考核经营者的业绩和受托责任履行情况；预测企业股票价格走势和支付股利的能力。企业管理当局通过对利润表的分析，了解企业经营的薄弱环节，加强经营管理，调整经营策略，制定经营方针。

2. 提供企业经营成果分配的重要依据

由于利润能综合反映企业的经营成果，它可以直接影响到许多相关集团的利益。如国家税收、股东股利、管理者的奖酬金等。

3. 提供预测企业未来发展前景的有关信息

企业会计信息使用者可以通过连续几年的利润表数据分析，评价企业未来的成长能力和发展前景。

4. 提供社会分配稀缺资源的数据

社会资源总是从低效益、竞争力差的企业流向高效益、竞争力强的企业，投资者利用利润表信息做出投资决策，促进社会资源的有效分配。

二、利润表的格式和内容

（一）利润表的格式

利润表的格式有单步式和多步式两种。

在单步式利润表中，首先列示各有关收入项目，并加总出收入合计；其次再列示各有关费用项目并加总出费用合计。两者相减即得到当期净利润。采用单步式利润表，只能获得净利润的数据，而无法区分不同业务及不同环节获得的利润。

在多步式利润表中，在计算出净利润之前，经过多个步骤，分别计算出小计数和合计数。这样从营业收入到净利润要经过若干步骤的中间计算，故称为多步式利润表。在多步式利润表中，需要对不同性质的收入和费用进行分类和配比，从而提供企业不同业务、不同环节的利润数据。与单步式利润表相比，使用者可以从不同类别的损益中了解企业经营成果的构成，更有利于预测企业未来的盈利能力。

多步式利润表是目前我国采用的主要方式，其格式如表11-2所示。

表11-2 利 润 表

编制单位_____ _____年____月 单位：元

项目	本期金额	上期金额
一、营业收入		
减：营业成本		
税金及附加		
销售费用		
管理费用		
研发费用		
财务费用		
其中：利息费用		
利息收入		
资产减值损失		
信用减值损失		
加：其他收益		
投资收益（损失以"－"号填列）		
其中：对联营企业和合营企业的投资收益		
净敞口套期收益（损失以"－"号填列）		
公允价值变动收益（损失以"－"号填列）		
资产处置收益（损失以"－"号填列）		
二、营业利润（亏损以"－"号填列）		
加：营业外收入		
减：营业外支出		
其中：非流动资产处置损失		
三、利润总额（亏损总额以"－"号填列）		
减：所得税费用		
四、净利润（净亏损以"－"号填列）		
五、其他综合收益的税后净额		
六、综合收益总额		
七、每股收益		
（一）基本每股净收益		
（二）稀释每股净收益		

（二）多步式利润表的内容

按照我国现行企业会计准则[①]的要求，企业的利润表除了反映净利润的确定，还要反映企业综合收益的构成。计算公式为：综合收益总额＝净利润＋其他综合收益的税后净额。

因此，在多步式利润表中，可以分别反映营业利润、利润总额、净利润和其他综合收益。其中，营业利润、利润总额和净利润的计算可以参考第十章第三节的说明，此处仅介绍其他综合收益的计算。

其他综合收益[②]是指一个主体在某一期间与非业主方面进行交易或发生其他事项和情况所引起的净资产变动。它包括这一期间内除业主投资和向业主分配利润外，一切权益上的变动。反映企业根据企业会计准则规定未在损益中确认的各项利得和损失扣除所得税影响后的净额。

其他综合收益概念的引入充实了利润表的内容，更加全面地反映了企业在报告期间内的经营成果。涉及其他综合收益的事项主要包括以下内容。

（1）可供出售金融资产公允价值变动。根据《企业会计准则第22号——金融工具确认》的规定："可供出售金融资产公允价值变动形成的利得或损失，除减值损失和外币货币性金融资产形成的汇兑差额外，应当直接计入所有者权益。"可供出售金融资产公允价值变动符合其他综合收益的定义，一方面形成了一项利得或损失，另一方面并没有在损益表中予以确认。

（2）外币报表折算差额。根据《企业会计准则第19号——外币折算》的规定："企业对境外经营的财务报表进行折算时，折算产生的外币财务报表折算差额，在资产负债表中所有者权益项目下单独列示。"外币报表折算差额的产生主要由于对以外币列示的财务报表进行折算时，对于不同的财务报表科目采用不同的汇率进行折算引起的，该部分差额本质上属于企业的一项利得或损失，只是由于无法分配到具体的财务报表科目而一并列示在资产负债表的所有者权益中。

（3）现金流量套期工具利得或损失。根据《企业会计准则第24号——套期保值》的规定："现金流量套期满足运用套期会计方法条件的，套期工具利得或损失中属于有效套期的部分，应当直接确认为所有者权益，并单列项目反映。"上述事项符合其他综合收益的定义，应当在利润表中予以列示。

（4）按照权益法核算的在被投资单位其他综合收益中所享有份额的增加或减少。

（5）与计入其他综合收益项目相关的所得税影响。

在计算列报其他综合收益的基础上，将净利润与其他综合收益相加，二者之和就是"综合收益总额"，是公司在报表期间与股东以外的主体进行交易或发生其他事项和情况所引起的净资产变动总额。

---

① 财政部于2009年6月11日发布的《企业会计准则解释第3号》要求，股份有限责任公司发布的利润表中，应当在"每股收益"项下增列"其他综合收益"项目和"综合收益总额"项目。

② 根据中华人民共和国财政部2011年发布的《小企业会计准则》第八十一条的规定，本部分介绍的"其他综合收益的报告"不适用于小企业中的利润列报。

三、利润表的列报

与资产负债表一样，利润表也要列式至少连续两年的数据，以便于报表使用者的比较和分析。

（一）"上期金额"栏内各项数字

应根据上年度利润表"本期金额"栏内所列数字填列。如果上年度利润表规定的各个项目的名称和内容同本年度不相一致，应对上年度利润表各项目的名称和数字按本年度的规定进行调整，填入本表"上期金额"栏内。

（二）"本期金额"栏内各项目的填列方法

企业应当根据损益类科目和所有者权益类有关科目的发生额填列利润表"本年金额"栏，具体包括如下情况。

1. 根据有关损益类科目的发生额分析填列

包括"营业收入""营业成本""税金及附加""销售费用""管理费用""财务费用""资产减值损失""信用减值损失""公允价值变动收益""净敞口套期收益""投资收益""其他收益""营业外收入""营业外支出""所得税费用"等项目。

"资产处置收益"项目根据"资产处置损益"科目的发生额分析填列；若为处置损失，以"－"号填列。

2. 根据有关损益类科目所属的相关明细科目的发生额分析填列

"对联营企业和合营企业的投资收益""非流动资产处置利得""非流动资产处置损失"等项目，应根据"投资收益""营业外收入""营业外支出"等科目所属的相关明细科目的发生额分析填列。

"利息费用"项目反映企业为筹集生产经营所需资金等而发生的应予费用化的利息支出，应根据"财务费用"科目的相关明细科目的发生额分析填列。"利息收入"项目反映企业确认的利息收入，应根据"财务费用"科目的相关明细科目的发生额分析填列。

"研发费用"项目反映企业进行研究与开发过程中发生的费用化支出。该项目应根据"管理费用"科目下的"研发费用"明细科目的发生额分析填列。

3. 根据利润表中相关项目计算填列

"营业利润""利润总额""净利润""综合收益总额"项目，应根据利润表中相关项目计算填列。

"净利润"项目反映企业当期实现利润总额扣除所得税费用之后实现的净利润。应区分为"持续经营净利润"和"终止经营净利润"项目，分别反映净利润中与持续经营相关的净利润和与终止经营相关的净利润。如为亏损总额，以"－"号填列。

"其他综合收益的税后净额"项目反映企业除净收益之外的所有综合收益。应区分为"不能重分类进损益的其他综合收益"和"将重分类进损益的其他综合收益"项目，根据"其他综合收益"科目下的相关明细科目的发生额分析填列。

"综合收益总额"项目反映企业在一定时期内除所有者投资和对所有者分配等，与所有者之间的资本业务之外的交易或其他事项所形成的所有者权益变化额，包括净利润和其他综合收益税后净额。

4. "每股收益"项目应根据本表中相关项目计算填列

"每股收益"项目反映股份公司普通股每股实现的净利润。对于复杂资本结构公司，需要按照《企业会计准则第34号——每股收益》的规定，同时列报"基本每股收益"和"稀释每股收益"项目，应当根据相关会计准则的规定计算填列。

第四节　现金流量表

根据当前国际会计惯例和我国会计准则的规定，资产负债表、利润表和现金流量表是上市公司对外报送的三大基本会计报表。这三张财务报表从不同角度反映企业的财务状况、经营成果和现金流量。本节将对现金流量表进行具体说明。

一、现金流量表的性质和作用

（一）现金流量表的性质

现金流量表是指反映企业在一定会计期间现金和现金等价物流入和流出的报表。它反映了企业在一定期间内从事的各项业务活动，包括经营活动、投资活动和筹资活动等活动所产生的现金流入、流出和现金变动金额。

现金流量表的编制与资产负债表和利润表的编制基础不同。资产负债表和利润表的编制基础是权责发生制，而现金流量表的编制基础是收付实现制。现金流量表从现金和现金等价物的角度反映企业实力，可以提供更多评价企业业绩的信息，能够更全面地反映企业的偿债能力，从而弥补了资产负债表和利润表的不足。

在现金流量表中，现金包括现金和现金等价物。这里的现金是广义的现金概念，指企业库存现金及可以随时用于支付的存款，包括库存现金、银行存款和其他货币资金。现金等价物是指企业持有的期限短、流动性强、易于转换为已知金额现金、价值变动风险很小的投资。

（二）现金流量表的作用

1. 现金流量表可以提供企业某一会计期间现金流入和流出的信息

1）现金流量表可以提供有关经营活动现金流量的信息

企业主要的经营活动是生产、销售和提供劳务等，只有以收付实现制为基础的现金流量表才能提供有关公司经营过程中现金流入和流出的信息。

2）现金流量表可以提供有关投资活动现金流量的信息

现金流量表有助于报表使用者了解企业的资本性支出是否用于扩大再生产和设备的更新，以及企业的长期投资是否产生预期的回报等信息，从而为报表使用者评价公司投资活动的现金流量提供了信息支持。

3）现金流量表可以提供有关筹资活动现金流量的信息

了解企业筹资活动的现金流量是评价企业筹资能力和未来发展前景的关键。如果企业筹资活动的现金流量正常，那么企业在经营过程中，一般不会受资金短缺的制约，企业就能够充分利用经营和投资上的机会，促进企业的发展。

2. 现金流量表可以提供关于偿债能力、流动性和财务弹性的信息

偿债能力是指企业支付到期债务的能力；流动性是指企业为了特殊目的产生足够数量现金的能力；财务弹性是指企业出现财务危机时的调节能力。通过现金流量表，并配合资产负债表和利润表，报表使用者可以掌握企业经营活动、投资活动和筹资活动的现金流量，了解企业的现金周转情况、现金的来源和用途，了解企业的现金能否偿还到期债务、支付股利和进行必要的长期资产投资，了解企业从经营活动中获得了多少现金，企业在多大程度上依赖于外部资金，等等。因此，现金流量表可以提供有关公司偿债能力、流动性和财务弹性的信息。

3. 现金流量表可以帮助报表使用者预测企业未来的现金流量

通过现金流量表所反映的企业以前会计期间的现金流量及其他生产经营信息，报表使用者可以据以预测企业未来的现金流量，这也为企业编制现金预算、组织现金调度、合理节约地使用现金提供了依据。

4. 现金流量表可以反映企业净利润与相关现金流量产生差异的原因

收益质量是由收益和现金流量的相关程度来衡量的。收益和现金流量的相关程度越高，收益质量就越高。通过现金流量表可以了解为什么有盈利的企业面临现金短缺而亏损的企业却有现金盈余的现象。

5. 现金流量表可以反映非现金投资和筹资活动对企业财务状况的影响

为了方便报表使用者全面了解公司的财务状况和经营成果，现金流量表除了提供上述信息以外，还通过其附表提供与现金流量无关的投资活动和筹资活动的信息。

总之，现金流量表可以提供其他财务报表无法提供的信息。现金流量表通过揭示公司经营活动产生的现金流量弥补了利润表的不足；同时，现金流量表也可以作为资产负债表的补充来揭示公司的资产、负债和所有者权益变化中涉及现金流量的信息。由于现金流量表提供的信息避免了编制利润表时所需要的大量的任意分配、估计和方法的选择，所以现金流量表比利润表更具有可靠性和可比性。因此，同时提供资产负债表、利润表和现金流量表，更符合会计信息的质量特征，满足信息使用者的需求。

二、现金流量表的结构

按照《企业会计准则第31号——现金流量表》规定，现金流量表将企业的业务活动按其性质分为经营活动、投资活动和筹资活动3类。

（1）经营活动产生的现金流量。主要指企业与营业收入相关活动产生的现金流量，包括销售商品（或劳务）、购买商品（或劳务）、缴纳税款等与经营活动相关的现金流入和流出。

（2）投资活动产生的现金流量。主要包括对外贷款和收回、长期资产的购建和处置，以及不属于现金等价物的有价证券的买卖等产生的现金流量。

（3）筹资活动产生的现金流量。包括债务的举借和偿还、吸收投资或股票发行、股利的支付、股票的回购等。

企业现金流量表的一般格式如表 11-3 所示。

表 11-3　现金流量表

编制单位：　　　　　　　　　　　　　　年　　　月　　　日　　　　　　　　单位：元

一、经营活动产生的现金流量：	本期金额	上期金额
销售商品、提供劳务收到的现金		
收到的税费返还		
收到其他与经营活动有关的现金		
经营活动现金流入小计		
购买商品、接受劳务支付的现金		
支付给职工及为职工支付的现金		
支付的各项税费		
支付其他与经营活动有关的现金		
经营活动现金流出小计		
经营活动产生的现金流量净额		
二、投资活动产生的现金流量：		
收回投资收到的现金		
取得投资收益收到的现金		
处置固定资产、无形资产和其他长期资产收回的现金净额		
处置子公司及其他营业单位收到的现金净额		
收到其他与投资活动有关的现金		
投资活动现金流入小计		
购建固定资产、无形资产和其他长期资产支付的现金		
投资支付的现金		
取得子公司及其他营业单位支付的现金净额		
支付其他与投资活动有关的现金		
投资活动现金流出小计		
投资活动产生的现金流量净额		
三、筹资活动产生的现金流量：		
吸收投资收到的现金		
取得借款收到的现金		
收到其他与筹资活动有关的现金		
筹资活动现金流入小计		
偿还债务支付的现金		
分配股利、利润或偿付利息支付的现金		
支付其他与筹资活动有关的现金		
筹资活动现金流出小计		
筹资活动产生的现金流量净额		

四、汇率变动对现金和现金等价物的影响		
五、现金及现金等价物净增加额		
加：期初现金及现金等价物余额		
六、期末现金及现金等价物余额		

三、现金流量表的编制方法

（一）直接法与间接法

在现金流量表中，经营活动产生的现金流量净额等于经营活动现金流入减去现金流出。由于利润表的编制是基于权责发生制，因此列报在利润表中的净利润并不一定等于企业的经营活动现金流量净额。二者出现差异的原因主要如下。

（1）非现金费用。有些利润表项目影响净利润，但没有现金的流入或流出。如折旧费用、无形资产摊销费用等；

（2）时间性差异。有些项目没有出现在利润表中，但有营业现金流入或流出，收入和费用的确认与相关现金流量在不同会计期间。如企业收回以前的赊销款、预付款项、预收款项等；

（3）非营业性利得或损失。它们包括在净利润的计算之中，但不属于经营活动现金流量。如营业外收入和营业外支出项目。

基于以上情况，报告经营活动现金流量的方法有直接法和间接法两种。

1. 直接法

在直接法下，按照现金流入和流出的主要类别列示经营活动的现金流量。现金流入分为销售商品、提供劳务收到的现金，收到的税费返还等；现金流出分为购买商品、接受劳务支付的现金，支付给职工及为职工支付的现金，支付的各项税费等。采用直接法报告现金流量时，一般是从系统分析利润表中的各个项目入手，剔除与经营活动无关的项目和没有现金流出的费用项目，并且根据本期资产负债表项目的变化，把与经营活动相关的利润表项目从权责发生制调整为收付实现制，然后计算出经营活动的现金流量。

表 11-4 说明了直接法的简略调整过程。

表 11-4　直接法的调整过程

利润表（权责发生制）	资产负债表（权责发生制）	现金流量表（收付实现制）
营业收入	+ 应收账款的减少 − 应收账款的增加 + 预收账款的增加 − 预收账款的减少	收到客户款项
其他收入	+ 其他应收项目的减少 − 其他应收项目的增加 + 其他预收款项的增加 − 其他预收款项的减少	其他经营活动收到的现金

续表

利润表（权责发生制）	资产负债表（权责发生制）	现金流量表（收付实现制）
营业成本	+ 存货的增加 - 存货的减少 + 应付账款的减少 - 应付账款的增加	购货支付的现金
其他费用	+ 有关负债的减少 - 有关负债的增加 + 预付款项的增加 - 预付款项的减少	为费用支付的现金

直接法直接列出了经营活动现金流量的来源和用途，有利于报表使用者了解构成经营活动的现金流入和流出项目的性质和金额，对经营活动的盈利能力进行系统分析，对公司未来的现金流量情况进行预测。从信息使用者角度来说，直接法提供的信息更符合信息的质量特征。

2. 间接法

在间接法下，经营活动现金流量的报告是以净利润为起点，即把净利润调整为以收付实现制为基础的现金流入和流出。其过程包括调整出现在利润表中但不影响现金的收入、费用、营业外收支，以及与经营活动有关的流动资产和流动负债的增减变化，计算出经营活动的现金流量。

用间接法计算经营活动现金流量是从净利润开始的，这有助于报表使用者将经营活动提供的净现金流量与企业的净利润联系起来，方便报表使用者评价公司的收益质量。而且，由于间接法更为简便，可以降低成本，所以在美国等国家应用比较广泛。但是，间接法没有清晰地反映经营活动现金流量的产生和使用情况，不利于报表使用者对经营活动的盈利能力进行系统分析，也不利于报表使用者对公司未来的现金流量进行预测。

直接法与间接法所确定的经营活动现金流量是相同的，两种方法非常相似，根据同样的会计数据，得出了同样的计算结果。它们都是通过对有关资产和负债账户变动额的调整将权责发生制基础上的利润表金额转化为现金流量。不同之处在于格式安排和提供信息的类型。

直接法和间接法只是与经营活动现金流量的确定有关，与投资活动和筹资活动现金流量的确定无关。按照我国现行企业会计准则[①]的要求，企业应当采用直接法列示经营活动产生的现金流量，并在附注中披露将净利润调节为经营活动现金流量的信息。

（二）现金流量表主表的编制方法

1. 经营活动产生的现金流量

（1）"销售商品、提供劳务收到的现金"项目，反映企业本期销售商品、提供劳务收到

[①] 我国《企业会计准则第 31 号——现金流量表》规定："企业应当在附注中披露将净利润调节为经营活动现金流量的信息。"

的现金，以及前期销售商品、提供劳务本期收到的现金（包括销售收入和应向购买者收取的增值税销项税额）和本期预收的款项，减去本期销售本期退回的商品和前期销售本期退回的商品支付的现金。企业销售材料和代购代销业务收到的现金，也在本项目反映。

确定本项目金额时，可以以利润表中的"营业收入"为基础进行调整，调整公式为

销售商品、提供劳务收到的现金

= 营业收入 + 增值税销项税额 − 经营性应收款项增加额（ + 减少额）

+ 预收账款增加额（ − 减少额）

（2）"收到的税费返还"项目，反映企业收到返还的增值税、所得税、消费税、关税和教育费附加返还款等各种税费。该项目需要分析"应交税费"科目下属各明细科目填列。

（3）"收到其他与经营活动有关的现金"项目，反映企业收到的罚款收入、经营租赁收到的租金等其他与经营活动有关的现金流入，金额较大的应当单独列示。

计算其他经营活动收到的现金时，需要调整除营业收入以外的其他收入账户、其他预收收入和与其他收入有关的应收项目，调整公式为

其他经营活动收到的现金 = 其他收入 − 其他应收项目的增加额（ + 减少额）

+ 其他预收收入的增加额（ − 减少额）

（4）"购买商品、接受劳务支付的现金"项目，反映企业本期购买商品、接受劳务实际支付的现金（包括增值税进项税额），以及本期支付前期购买商品、接受劳务的未付款项和本期预付款项，减去本期发生的购货退回收到的现金。

为了确定该项目，需要调整营业成本，调整公式为

购买商品、接受劳务支付的现金

= 营业成本 + 增值税进项税额 − 存货的增加额（ − 减少额）

+ 经营性应付款项的减少额（ + 增加额）

（5）"支付给职工以及为职工支付的现金"项目，反映企业本期实际支付给职工的工资、奖金、各种津贴和补贴等职工薪酬，但是应由在建工程、无形资产负担的职工薪酬，以及支付的离退休人员的职工薪酬除外。

（6）"支付的各项税费"项目，反映企业本期发生并支付的、本期支付以前各期发生的及预交的教育费附加、矿产资源补偿费、印花税、房产税、土地增值税、车船使用税、预交的营业税等税费，计入固定资产价值、实际支付的耕地占用税、本期退回的增值税、所得税等除外。

（7）"支付的其他与经营活动有关的现金"项目，反映企业支付的罚款支出、支付的差旅费、业务招待费、保险费、经营租赁支付的现金等其他与经营活动有关的现金流出，金额较大的应当单独列示。

企业其他费用项目的调节要考虑相关费用项目和非经营性应付款项：

为其他费用支付的现金 = 相关费用 + 相关应付款项的减少额（ − 增加额）

+ 相关预付款项的增加额（ − 减少额）

2. 投资活动产生的现金流量

（1）"收回投资收到的现金"项目，反映企业出售、转让或到期收回除现金等价物以外

的交易性金融资产、长期股权投资而收到的现金，以及收回长期债权投资本金而收到的现金，但长期债权投资收回的利息除外。

（2）"取得投资收益收到的现金"项目，反映企业因股权性投资而分得的现金股利，从子公司、联营企业或合营企业分回利润而收到的现金，以及因债权性投资而取得的现金利息收入，但股票股利除外。

（3）"处置固定资产、无形资产和其他长期资产收回的现金净额"项目，反映企业出售、报废固定资产、无形资产和其他长期资产所取得的现金（包括因资产毁损而收到的保险赔偿收入），减去为处置这些资产而支付的有关费用后的净额，但现金净额为负数的除外。

（4）"处置子公司及其他营业单位收到的现金净额"项目，反映企业处置子公司及其他营业单位所取得的现金减去相关处置费用后的净额。

（5）"购建固定资产、无形资产和其他长期资产支付的现金"项目，反映企业购买、建造固定资产、取得无形资产和其他长期资产所支付的现金及增值税款、支付的应由在建工程和无形资产负担的职工薪酬现金支出，但为购建固定资产而发生的借款利息资本化部分、融资租入固定资产所支付的租赁费除外。

（6）"投资支付的现金"项目，反映企业取得的除现金等价物以外的权益性投资和债权性投资所支付的现金及支付的佣金、手续费等附加费用。

（7）"取得子公司及其他营业单位支付的现金净额"项目，反映企业购买子公司及其他营业单位购买出价中以现金支付的部分，减去子公司或其他营业单位持有的现金和现金等价物后的净额。

（8）"收到其他与投资活动有关的现金"和"支付其他与投资活动有关的现金"项目，反映企业除上述各项目外收到或支付的其他与投资活动有关的现金流入或流出，金额较大的应当单独列示。

3. 筹资活动产生的现金流量

（1）"吸收投资收到的现金"项目，反映企业以发行股票、债券等方式筹集资金实际收到的款项，减去直接支付给金融企业的佣金、手续费、宣传费、咨询费、印刷费等发行费用后的净额。

（2）"取得借款收到的现金"项目，反映企业举借各种短期、长期借款而收到的现金。

（3）"偿还债务支付的现金"项目，反映企业以现金偿还债务的本金。

（4）"分配股利、利润或偿付利息支付的现金"项目，反映企业实际支付的现金股利、支付给其他投资单位的利润或用现金支付的借款利息和债券利息。

（5）"收到其他与筹资活动有关的现金"和"支付其他与筹资活动有关的现金"项目，反映企业除上述项目外，收到或支付的其他与筹资活动有关的现金流入或流出，包括以发行股票、债券等方式筹集资金而由企业直接支付的审计和咨询等费用，为购建固定资产而发生的借款利息资本化部分、融资租入固定资产所支付的租赁费，以分期付款方式购建固定资产以后各期支付的现金等。

4. 汇率变动对现金流量的影响

（1）企业外币现金流量及境外子公司的现金流量折算为记账本位币时，所采用的现金流量发生日的即期汇率或按照系统合理的方法确定的、与现金流量发生日即期汇率近似的汇率折算的金额；

（2）"现金及现金等价物净增加额"中外币现金净增加额按期末汇率折算的金额。

（三）现金流量表附注的编制方法

企业应在附注中披露将净利润调节为经营活动现金流量的信息。格式如表11-5所示。

表11-5 现金流量表补充资料披露格式　　　　　　　　　　　单位：元

补充资料	本期余额	上期余额
1. 将净利润调节为经营活动现金流量		
净利润		
加：资产减值准备		
固定资产折旧、油气资产折耗、生产性生物资产折旧		
无形资产摊销		
长期待摊费用摊销		
处置固定资产、无形资产和其他长期资产的损失（收益以"－"号填列）		
固定资产报废损失（收益以"－"号填列）		
公允价值变动损失（收益以"－"号填列）		
财务费用（收益以"－"号填列）		
投资损失（收益以"－"号填列）		
递延所得税资产减少（增加以"－"号填列）		
递延所得税负债增加（减少以"－"号填列）		
存货减少（增加以"－"号填列）		
经营性应收项目的减少（增加以"－"号填列）		
经营性应付项目的增加（减少以"－"号填列）		
其他		
经营活动产生的现金流量净额		
2. 不涉及现金收支的重大投资和筹资活动		
债务转为资本		
一年内到期的可转换公司债券		
融资租入固定资产		
3. 现金及现金等价物净变动情况：		
现金的期末余额		
减：现金的期初余额		
加：现金等价物的期末余额		
减：现金等价物的期初余额		
现金及现金等价物净增加额		

（1）"资产减值准备"项目，反映企业本期计提的坏账准备、存货跌价准备、短期投资跌价准备、长期股权投资减值准备、持有至到期投资减值准备、投资性房地产减值准备、固定资产减值准备、在建工程减值准备、无形资产减值准备、商誉减值准备、生产性生物资产减值准备、油气资产减值准备等资产减值准备。

（2）"公允价值变动损失"项目，反映企业持有的金融资产、金融负债，以及采用公允价值计量模式的投资性房地产的公允价值变动损益。

（3）"经营性应收项目的减少"项目，反映企业本期经营性应收项目（包括应收票据、应收账款、预付账款、长期应收款和其他应收款中与经营活动有关的部分及应收的增值税销项税额等）的期初余额与期末余额的差额。

（4）"经营性应付项目的增加"项目，反映企业本期经营性应付项目（包括应付票据、应付账款、预收账款、应付职工薪酬、应交税费、应付利息、应付股利、长期应付款、其他应付款中与经营活动有关的部分及应付的增值税进项税额等）的期初余额与期末余额的差额。

（5）"融资租入固定资产"项目，反映企业本期融资租入固定资产的最低租赁付款额扣除应分期计入利息费用的未确认融资费用的净额。

（6）"现金及现金等价物净增加额"与现金流量表中的"现金及现金等价物净增加额"项目的金额应当相等。

第五节　所有者权益变动表

一、所有者权益变动表的内容和格式

（一）所有者权益变动表的内容

所有者权益变动表是反映企业在一定期间构成所有者权益（或股东权益）各组成部分变动情况的报表。所有者权益变动表是对资产负债表的主要补充，其中不仅反映所有者权益总量的增减变动，而且还反映了所有者权益增减变动的重要结构性信息，让报表使用者能够准确理解所有者权益增减变动的原因。

引起当期所有者权益变动的因素可以概括为如下几个方面：

（1）综合收益，包括利润表中确定的净利润与其他综合收益税后净额。

（2）当期发生的资本业务，包括所有者投入、减少资本和向所有者分配利润。

（3）所有者权益内部结构的变化，包括提取盈余公积、资本公积转增资本(或股本)、盈余公积转增资本（或股本）、盈余公积弥补亏损等。

（二）所有者权益变动表的格式

所有者权益变动表的格式如表 11-6 所示。

表 11-6 所有者权益变动表

编制单位：　　　　　　　　　　　_____ 年度　　　　　　　　　　单位：元

项目	本年金额										上年金额										
	实收资本（或股本）	其他权益工具			资本公积	减：库存股	其他综合收益	盈余公积	未分配利润	所有者权益合计	实收资本（或股本）	其他权益工具			资本公积	减：库存股	其他综合收益	盈余公积	未分配利润	所有者权益合计
		优先股	永续债	其他								优先股	永续债	其他						
一、上年年末余额																				
加：会计政策变更																				
前期差错更正																				
其他																				
二、本年年初余额																				
三、本年增减变动金额（减少以"－"号填列）																				
（一）综合收益总额																				
（二）所有者投入和减少资本																				
1. 所有者投入的普通股																				
2. 其他权益工具持有者投入资本																				
3. 股份支付计入所有者权益的金额																				
4. 其他																				
（三）利润分配																				
1. 提取盈余公积																				
2. 对所有者（或股东）分配利润																				
3. 其他																				
（四）所有者权益内部结转																				
1. 资本公积转增资本（或股本）																				
2. 盈余公积转增资本（或股本）																				
3. 盈余公积弥补亏损																				
4. 设定受益计划变动额结转留存收益																				
5. 其他综合收益结转留存收益																				
6. 其他																				
四、本年年末余额																				

二、所有者权益变动表的编制

"上年金额"栏内各项数字，应根据上年度所有者权益变动表"本年金额"栏内所列数字填列。如果上年度所有者权益变动表规定的各个项目的名称和内容同本年度不相一致，应对上年度所有者权益变动表各项目的名称和数字按本年度的规定进行调整，填入本表"上年金额"栏内。

"本年金额"栏内各项目的填列方法如下。

（1）"本年年初余额"项目，如果企业有追述调整项目，如会计政策变更和前期差错更正等，应根据会计政策变更和前期差错更正对以前期间利润和所有者权益的影响分析计算填列，计算出本年年初的有关项目金额。

（2）"本年增减变动金额"项目，包括综合收益总额、所有者投入和减少资本、利润分配和所有者权益内部结转。

①"综合收益总额"项目，根据利润表中该项目金额直接填列。

②"所有者投入和减少资本"项目，包括所有者投入的普通股、其他权益工具持有者投入资本和股份支付计入所有者权益的金额等。应根据"实收资本（股本）""其他权益工具"科目的发生额分析填列。

③"利润分配"项目，包括提取盈余公积和对所有者（或股东）分配利润。应根据"利润分配"科目所属相关明细科目分析填列。

④"所有者权益内部结转"项目，包括资本公积转增资本（或股本）、盈余公积转增资本（或股本）、盈余公积弥补亏损、设定受益计划变动额结转留存收益、其他综合收益结转留存收益等项目。应根据"资本公积""盈余公积""其他权益工具""其他综合收益"等科目及其所属明细科目的发生额分析计算填列。

（3）"本年年末余额"项目，根据"本年年初余额"和"本年增减变动金额"项目计算填列。

【本章小结】

财务报告是综合反映企业财务状况、经营成果和现金流量等信息的一系列书面文件，主要由审计意见、财务报表和财务报表附注构成，其中财务报表包括资产负债表、利润表、现金流量表、所有者权益（或股东权益）变动表。资产负债表是反映企业在特定时日财务状况的报表；利润表反映了企业在一定会计期间的经营成果及其构成；现金流量表揭示企业在某一会计期间以现金流入和现金流出表示的财务状况变动；所有者权益变动表反映构成所有者权益的各组成部分当期的增减变动情况；报表附注是对在资产负债表、利润表、现金流量表和所有者权益变动表等报表中列示项目的文字描述或明细资料，以及对未能在这些报表中列示的企业重要情况和项目的说明。

【关键名词】

财务状况　　　　　经营成果　　　　　现金流量　　　　　财务报表附注
流动性　　　　　　流动资产　　　　　非流动资产　　　　多步式利润表
经营活动产生的现金流量　　　　　　投资活动产生的现金流量
筹资活动产生的现金流量　　　　　　直接法　　　　　　间接法

【思考题】

1. 什么是财务报告？其构成内容有哪些？财务报告的作用有哪些？

2. 财务报告的编制要求有哪些？

3. 什么是资产负债表？其作用有哪些？

4. 什么是利润表？其作用有哪些？

5. 什么是现金流量表？其作用有哪些？说明现金流量表的结构。

6. 现金流量表中经营活动现金流量的确定有哪两种方法？各有何利弊？

7. 净利润与经营活动产生的现金流量有何区别和联系？

8. 资产负债表、利润表、现金流量表和所有者权益变动表这几个报表之间有何勾稽关系？

【练习题】

练习一

以下是一张错误的资产负债表，请为 M 公司编一张正确的资产负债表。

M 公司资产负债表

20×1 年 12 月 31 日　　　　　　　　　　　　　　　单位：元

银行存款	62 212.31
库存现金	1 982.00
应收账款	169 231.00
存货	313 955.30
一年内到期的非流动资产	10 000.00
债权投资	69 998.63
固定资产—房屋	155 666.15
减：累计折旧	（59 865.90）
固定资产—机器	490 900.00
减：累计折旧	（113 215.13）

续表

资产总额	<u>1 100 864.36</u>
应付账款	45 003.41
应付票据	150 000.00
应交税费	56 859.35
长期借款	140 000.00
实收资本	500 000.00
坏账准备	17 422.17
未分配利润	191 579.43
负债与所有者权益总额	<u>1 100 864.36</u>

练习二

A 公司 20×2 年年末的与利润表有关数据如下：

单位：万元

营业收入	650 000
营业成本	263 000
公允价值变动损益	33 000（贷方）
销售费用	63 900
财务费用（利息费用）	39 400
其他综合收益（税后）	28 680（贷方）
管理费用	58 720
资产减值损失	18 380
营业外收入	21 500
税金及附加	6 700
投资收益	75 000
营业外支出	8 900

要求：编制 A 公司 20×2 年的利润表（所得税税率为 25%）。

练习三

以下是 L 公司会计人员编制的 2022 年度的利润表：

单位：元

营业收入	4 932 000
减：营业总成本	4 392 000
营业成本	3 065 000
税金及附加	174 000
营业费用	523 000
管理费用	399 000
财务费用	151 000

资产减值损失	80 000
加：投资收益	136 000
营业利润	726 000
加：营业外收入	15 000
减：营业外支出	34 000
利润总额	707 000
减：所得税费用	186 000
净利润	521 000

审计人员查账时发现如下差错：

①企业对外捐赠 150 000 元，应当作为营业外支出，但会计人员将其作为营业费用处理。

②企业处置一台设备，原价 860 000 元，已提折旧 410 000 元，变价收入 580 000 元。该设备的处置净损益应作为资产处置损益，但会计人员将其作为营业收入和营业成本处理。

③企业应摊销办公用房的租赁费 520 000 元，但实际只摊销 360 000 元。

④某投资者向企业追加投资 200 000 元，企业会计人员将其作为营业收入处理。

⑤企业订立一项金额为 800 000 元的销售合同，尚未供货。但企业会计人员已将其作为销售收入处理，相应地营业成本中也多计算 480 000 元。

⑥借款利息 90 000 元应作为财务费用处理，但企业将其计入了在建工程。

要求：

（1）分析以上各种差错对利润表的影响分别是什么？

（2）编制正确的利润表。

（3）说明该企业是出于何种目的而造成上述差错产生的？

练习四

B 公司 20×3 年的经济数据如下：

①公司的收入包括营业收入 400 000 元和股利收入 50 000 元；

②公司的成本和费用包括营业成本 200 000 元、广告费用 30 000 元、管理人员工资费用 25 000 元、办公设备折旧费用 40 000 元、借款利息费用 10 000 元和所得税费用 58 000 元；

③公司的营业收入中现销收入为 300 000 元；

④公司用银行存款支付供应商的款项为 140 000 元；

⑤公司实际向雇员支付工资 40 000 元；

⑥上述收入、成本和费用等其他项目与实际现金收支一致；

⑦公司购买设备一台，价值 200 000 元，其中用银行存款支付 100 000 元，其余以后再付；

⑧公司出售旧设备，收到款项 10 000 元，应收票据 10 000 元；

⑨公司发行普通股 100 000 股，每股发行价格 10 元；

⑩公司偿还到期贷款 200 000 元，支付现金股利 10 000 元。

要求计算：

（1）直接法下经营活动产生的现金流量。

（2）投资活动和筹资活动产生的现金流量。

（3）现金净增加额。

练习五

G公司于2019年8月注册成立，注册资本和投资者实际出资额均为500万元，按照当地政策，2014—2015年期间免交企业所得税。2019—2021年期间经营出现亏损，利润总额分别为-0.3万元、-0.7万元和-6万元；2022年实现净利润40万元。以下是公司2021—2022年度的利润表：

单位：元

	2021年度	2022年度
营业收入	3 420 000	3 180 000
营业成本	A	2 075 000
税金及附加	187 000	234 000
销售费用	86 000	223 000
管理费用	423 000	534 000
财务费用	27 000	156 000
投资收益	31 000	E
资产减值损失	12 900	-8 000
营业利润	-83 000	432 000
营业外收入	B	84 000
营业外支出	3 000	F
利润总额	C	G
所得税费用	D	H
净利润	-60 000	400 000

G公司2022年的利润分配方案如下：计提法定盈余公积10%，计提任意盈余公积20%，向投资者分配现金股利5万元，其余部分作为未分配利润。

要求：

（1）计算公司2022年初股东权益的各项目金额。

（2）计算公司利润表中A～H的各字母所代表的金额。

（3）公司2022年实现的利润应如何分配？

（4）计算公司2022年末的股东权益各项目金额。

即测即练　　　　　　　　扩展阅读

自学自测　　扫描此码

第十二章

财务报告分析

本章导读

会计信息使用者需要对财务报告进行分析。本章简要说明财务报告分析的含义、作用、程序和主要内容，介绍财务报告分析中的比率分析法、趋势分析法及综合分析法；进而阐述盈利能力、资产运营能力、偿债能力和发展能力等指标的计算和分析；介绍财务报告附注的解读。通过本章的学习，读者能够初步掌握财务报告分析的基本程序与方法。

问题导引

如何运用财务指标评价企业的绩效？

在各项财务指标中，哪些指标能够反映企业的工作效率？

销售毛利率和销售净利率反映的内容有什么不同？

为什么相同的财务指标，不同的人得出不同的评价结果？

趋势分析对预测企业未来前景有用吗？

开篇故事

红叶公司是生产水晶玻璃工艺品的企业。由于库存积压，销售不畅，导致存货周转率和速动比率均低于同行业平均水平。为了扩大销路，该公司将部分库存商品委托各大宾馆的商品服务部代销。

新来的会计员由于不了解情况，将这些委托外单位代销的商品作为赊销入账。这些代销商品的成本为 12 万元，该公司的平均销售毛利率为 60%。

此举将会对红叶公司的哪些财务比率产生怎样的影响？

第一节　财务报告分析概述

一、财务报告分析的含义和作用

（一）财务报告分析的含义

美国纽约市立大学利奥波德·伯恩斯坦教授认为：财务报告分析是一个判断的过程，目的是通过对企业现有或过去的财务状况及经营成果的分析，对其未来的状况及经营业绩进行最佳预测。美国南加州大学教授沃特·涅格斯认为：财务报告分析的本质在于搜集与决策有关的各种财务信息，并加以分析与解释的一种技术。我国学者一般认为：财务报告分析就是要利用财务报告所提供的信息，对企业过去的财务状况和经营成果作出合理评价，并为企业未来前景作出预测，以便为有关决策者提供决策依据。

财务报告分析具有以下特征。

第一，财务报告分析是在企业财务报告的基础上，进一步加工和利用财务信息。企业财务报告所提供的信息属于原始信息，必须加以加工才能形成质量更高的，能够有助于决策的信息。因此，财务报告分析可以看作是企业财务报告编制工作的延续、深化和拓展。

第二，财务报告分析是"分析"与"综合"的结合。财务报告的使用者要认识一家企业，必须首先将财务报表分解为若干方面，分别深入考察其特性。然后，再将各个方面联系起来加以考虑，从总体上把握企业财务状况的特征和规律。

第三，财务报告分析是一个判断过程。财务报告分析不仅仅是计算一些财务比率或趋势百分比，更重要的是在相关分析的基础上做出判断。这些判断贯穿于财务报告分析的全过程，包括了解企业过去的经营业绩、评价企业现在的健康状况和预测企业未来的发展前景。

第四，合理的标准和分析方法是实现财务报告分析目标的手段。

（二）财务报告分析的作用

1. 有利于企业的投资者作出正确的投资决策

投资者主要关心企业两方面情况：一是预期投资收益；二是投资收益的波动性，即投资风险。通过分析财务报告，投资者能够了解企业的盈利能力；通过分析企业的资本结构和偿债能力，能了解企业的财务风险大小；通过比较不同年份的盈利能力指标的变动情况来预测企业的发展趋势，据此作出投资决策。

2. 有助于债权人作出是否贷出资金的决策

债权人主要关心企业的偿债能力。供货商通过分析企业资产的流动性来判断应否向其提供商业信用，金融机构通过分析企业的短期偿债能力来评价短期贷款不能如期收回的风险，并决定是否向该企业提供贷款，或确定利率高低，或者决定是否要求抵押或担保等。对于长期债权人而言，通过分析企业的负债水平和企业的盈利能力来作出是否向该企业提供贷款或购买该企业债券的决策。

3. 为企业内部管理人员改善内部管理提供决策依据

管理人员通过分析财务报告等资料，能够了解企业各类资产的使用效率、盈利情况及财务结构等方面的信息，通过将有关指标与计划指标、历史水平及行业水平相对比，从中发现存在的问题，进而采取有效措施加以改进。

此外，企业对外报告的各项财务指标还能为政府管理机构制订产业发展政策和实施税收征管等提供重要依据。

二、财务报告分析的一般程序

财务报告分析的程序是指进行财务报告分析所应遵循的一般步骤。财务报告分析的基本程序包括以下几个步骤：确立分析目的、拟定分析计划、搜集整理分析资料、实施分析和撰写分析报告。

（一）明确财务报告分析目的

财务报告分析主体不同，财务报告分析的目的就不同，财务报告分析侧重点和内容也就不同。例如，企业管理层进行财务报告分析的目的可能是对企业进行财务诊断，以改进企业管理决策；银行对企业财务报告进行分析是为了判断企业的短期偿债能力以做出信贷决策。因此，财务报告分析只有在确立分析目的的基础上，才能拟定合理的分析计划，正确地搜集整理资料，选择正确的分析方法，从而得出正确的结论。

（二）制订财务报告分析计划

为减少财务报告分析的盲目性，就需要根据财务报告分析的目的制定财务报告分析计划。在财务报告分析计划中要明确分析的内容、范围和主要问题、分析的组织分工和时间进度、分析资料来源等。财务报告分析计划是指导分析工作的重要依据，分析工作应按计划进行。

（三）搜集和整理资料

搜集和整理资料是财务报告分析工作的基础。相关信息资料收集的内容主要包括外部信息资料和企业内部信息资料。收集资料可以通过以下途径。

（1）首先要利用媒体寻找信息，如网站、报纸和杂志等介绍的同行业、同类型产品的有关技术经济指标、产品成本价格和市场供需情况等。例如，巨潮资讯网（http://www.cninfo.com.cn）是披露深沪上市公司公告信息和市场数据的证券专业网站。证监会《公开发行证券的公司信息披露的内容与格式准则》要求上市公司年度报告正文包括：公司简介、会计数据和业务数据摘要、股本变动及股东情况、股东大会简介、董事会报告、监事会报告、重要事项、财务会计报告、公司的其他有关资料、备查文件目录。

（2）可以与国内外有关企业单位建立交流关系，定期交换相关的信息资料。

（3）还可以通过专题调研、现场调查等方式收集一手资料。

对所收集的资料进行认真检查，详细核实，对失实和虚假资料要剔除，对不可比的资料进行科学的调整，保证分析的严肃性、准确性、真实性和完整性。

（四）财务报告分析的实施阶段

这是财务报告分析的核心阶段。这一阶段需要选择适当的分析方法，对所收集的资料进行定量分析和定性分析，找差距，查原因。根据分析目的将分析整体的各个组成部分分解开来，予以适当安排，深入研究各组成部分的特殊本质。在分析的基础上进一步研究各个部分的联系，以对分析的对象获得一个整体的认识。对结果加以解释，提供对决策有帮助的信息。

（五）撰写分析报告

财务分析报告是财务报告分析人员反映企业财务状况和经营成果意见的书面文件。财务分析报告要对分析目的做出明确回答，评价要客观、全面、准确，要作必要的分析，说明评价的依据，即说明评价是怎么得出来的。对分析的主要内容，选用的分析方法，采用的分析步骤也需要作简明扼要的叙述，以备审阅分析报告的人了解整个分析过程。此外，分析报告中还应当包括分析人员针对分析过程中发现的矛盾和问题，提出改进措施或建议，对今后的发展提出预测性意见。

三、财务报告分析的主要内容

从各类财务信息使用者的决策需求角度看，财务报告分析大致可分为以下四方面：盈利能力分析、营运能力分析、偿债能力分析和发展能力分析。

（一）盈利能力分析

盈利是任何企业最重要的目标，一个企业要想持久维持良好的财务状况，必须要靠盈利能力的支持。从管理者和投资者立场上讲，保持足够的偿债能力和较强的营运能力的目的在于为企业营造良好的盈利环境，以便企业为投资者创造更多的财富。从债权人立场上讲，利润是还本付息资金的最可靠来源。所以企业盈利能力也是各方面财务信息使用者所关心的重点内容。

（二）营运能力分析

资产营运能力是指企业运用资产创造销售收入的效率，通常表现为各类资产的周转速度。营运能力的提高意味着在不增加资源投入的条件下，企业能够创造出更多的销售收入；资产的营运能力强，企业的偿债能力和盈利能力都会有所改善。相反，如果企业营运能力较差，通常表明企业在管理方面存在多方面问题，如货币资金沉淀、存货积压、应收账款回收困难、厂房设备闲置等。因此，营运能力是企业投资者、债权人、管理者都密切关注的信息。

（三）偿债能力分析

无论是企业管理者、债权人还是投资者都十分关心企业的偿债能力。若企业的偿债能力较差则会产生如下后果：①债权人面临债务本息不能如期收回的风险，银行和金融机构会因为规避风险而停止向该企业提供贷款，债权投资者不愿购买该企业债券，导致该企业难于举债融资，即便是能够取得贷款或发行债券，其资本成本必然较高；②企业会面临较高的财务风险，若该企业为上市公司，则厌恶风险的投资者就会抛售该企业股票，从而促使公司股票市价下跌，不仅使公司声誉受损，同时也使股东蒙受损失；③供货商拒绝提供商业信用，致使企业经营困难加剧。可见，偿债能力的信息对于各方面的利益相关者都是至关重要的。

（四）发展能力分析

企业的投资人、长期债权人不仅关心企业当期的盈利能力，更关心企业长远发展的趋势。如果企业经营不力或经济形势恶化，可能出现各年发展不稳定，利润急剧下降的状况。如果企业为了达到短期利益最大化而采用掠夺式经营，采用短期行为，减少对未来发展的投入，必然削弱企业的长远发展能力。经营不稳定，发展能力下降，会对所有者和长期债权人的长远利益产生不利影响。因此，企业各方面利益相关者出于对自身经济利益的关注，需要了解有关企业发展能力的信息。

四、财务报告分析的主要方法

构成财务报告的核心内容是财务报表。财务报表是会计人员运用专门的会计方法，根据会计准则的要求编制而成，具有较强的专业性和高度概括性。财务报告分析是利用专门方法对财务报告进行提炼而形成更有助于决策的信息。

财务报告分析方法可以采用比率分析法、比较分析法、趋势分析法和综合分析法。

（一）比率分析法

该方法是指利用同一时期财务报表中两项相关数值之比来揭示企业的财务状况或经营成果。这种方法是最基本的财务报告分析方法。在实践中得到最为广泛的应用。

（二）比较分析法

该方法是通过有关财务指标的对比分析来揭示企业财务状况和经营成果。比较分析法可分为横向比较和纵向比较两类：前者是指将本企业的财务指标与其他企业或同行业水平进行比较，从中发现企业所存在的问题；后者是指将本企业前后不同时期的财务指标进行对比，以揭示企业财务状况和经营成果的变动趋势。比较分析法通常与其他分析方法结合使用才能发挥其应有的作用。

（三）趋势分析法

该方法是利用连续数期的财务报告资料，对企业财务状况和经营成果的变动趋势作出判断。趋势分析法的根本目的在于推断企业未来的发展状况。推断结果的准确性取决于各期数据的可比性。

（四）综合分析法

该方法是从总体上评价企业的财务状况和经营业绩。反映企业财务状况和经营成果的指标有很多，不同指标之间具有一定的内在联系，综合分析就是根据这些指标间的内在联系，总体评价财务状况和经营成果发生变化的原因和后果。

第二节 比 率 分 析

比率分析法是各类分析方法中最简捷、最常用的一种方法。许多其他财务报告分析方法都是在比率分析法基础上发展起来的。下面分别介绍反映企业盈利能力、资产营运能力、偿债能力和发展能力的有关比率，同时说明评价上市公司财务能力的常用指标。

一、盈利能力比率

反映企业盈利能力的比率主要有净资产收益率、总资产报酬率、资本保值增值率、主营业务利润率、盈余现金保障倍数和成本费用利润率。

（一）净资产收益率

净资产收益率又称为所有者权益报酬率，是指一定时期的净利润与所有者权益之比，其计算公式如下：

$$净资产收益率 = \frac{净利润}{所有者权益}$$

该比率表明投资者投资的盈利水平。因此该比率是投资者最为关心的指标之一。该比率越高表明投资者的投资报酬率越高，表明企业管理当局为企业所有者获取了较大利益。考虑到所有者权益会随着企业盈利（亏损）而增加（减少），因此为了客观地评价所有者权益的获益情况，分母通常使用所有者权益年初年末的简单平均值；如果评价期间的所有者权益因为所有者增资、减资等原因有较大幅度的变化，分母中的所有者权益应该采用加权平均计算结果。

（二）总资产报酬率

总资产报酬率用于衡量企业运用其全部资产赚取回报的能力。其计算公式如下：

$$总资产报酬率 = \frac{息税前利润}{平均资产总额} = \frac{利润总额+利息费用}{平均资产总额}$$

其中资产总额也应采用期初期末平均数。该比率用于揭示企业利用全部资产获取利润的效率高低，该比率越高表明企业管理者越能有效利用企业的各项资产创造利润。由于总资产中包括通过负债形成的资产，支付的债务利息属于使用资产总额形成的报酬，因此计算这个指标时应该使用"息税前利润总额"作分子。该指标具有较强的可比性，不仅能用于企业自身不同时期的比较（纵向比较），同时也能在同一时期与同行业水平进行比较（横向比较）。从中发现企业管理所存在的问题，进而采取相应对策。

（三）资本保值增值率

资本保值增值率是扣除客观因素后的期末所有者权益总额与期初所有者权益总额的比率。其计算公式为

$$资本保值增值率 = \frac{扣除客观因素后的期末所有者权益总额}{期初所有者权益总额}$$

这个指标用于考核企业当期由于经营管理导致的所有者权益增加，它说明了企业管理者通过利用所有者投入资金进行经营而获得效益的能力。在评价中，有可能存在一些由于客观因素所导致的所有者权益变化，而非经营者的工作成效。为了客观评价管理者的工作业绩，在计算和评价这个指标时，应该注意调整客观因素的影响。如果当期发生了所有者追加投资、接受捐赠等非经营原因导致企业资本增加的业务，应当在计算资本保值增值率时扣除这些项目。如果在年末之前进行了利润分配或对外捐赠等非经营原因导致的企业资本减少，应当在计算资本保值增值率时回转这些项目。

（四）主营业务利润率

主营业务利润率是企业在其主要经营业务中实现的利润。

主营业务利润 = 主营业务收入 – 主营业务成本 – 税金及附加。

如果企业的主营业务是销售商品，其主营业务利润率即为其销售业务利润率，是指销售业务利润与销售收入之比，其计算公式如下：

$$主营业务利润率 = \frac{主营业务利润}{主营业务收入净额}$$

在制造业和商品经销业企业，由于其主营业务是销售商品，所以多用销售业务利润率来代替主营业务利润率。销售利润率表示净利润在销售收入中所占的比重，该比率也可以解释为企业每 1 元销售收入可实现的销售利润额。

（五）盈余现金保障倍数

这个比率主要反映经营活动现金流量与当期净利润的差异程度，即当期实现的净利润中有多少是有现金保证的。其计算公式如下：

$$盈余现金保障倍数 = \frac{经营现金净流量}{净利润}$$

如果仅从一个会计期间来分析，当期实现利润中可能有相当一部分没有收回现金，这个比率可以小于 1。但是考虑到企业是处在持续经营的过程中，本期的销售收入中有一部分会递延到下期才能收回现金，而本期收到的现金则包括一部分前期应收账款于本期收回。如企业销售业务没有发生大起大落的变化，应收、应付账款都能够如期支付，存货规模也与上期持平的情况下，这个指标应该大于 1，因为经营活动的现金流量中包括由销售收入弥补的折旧。具体评价标准应该根据企业使用的折旧方法而定。

（六）成本费用利润率

成本费用利润率是指利润总额与成本费用总额之比，其计算公式如下：

$$成本费用利润率 = \frac{利润总额}{成本费用总额}$$

其中：成本费用总额包括营业成本、税金及附加、销售费用、管理费用及财务费用等。

该比率表示每 1 元成本费用投入所带来的利润。越高表明企业获取一定税前利润所付出的代价越小。该比率可用于反映企业成本费用的管理成效。

二、营运能力比率

反映企业资产营运能力的比率主要有总资产周转率、流动资产周转率、应收账款周转率、存货周转率和不良资产比率。

（一）总资产周转率

总资产周转率是指企业销售收入（或主营业务收入）与平均资产总额之比，即

$$总资产周转率 = \frac{销售收入}{平均资产总额}$$

其中平均资产总额也应采用期初期末平均数。该比率用于反映企业全部资产利用率高低。该比率数值越大表明企业全部资产的周转速度越快，从而可以使企业的盈利能力得到

增强。若该比率过低表明企业管理当局不能有效利用资产从事经营，从而削弱了企业的盈利能力。

（二）流动资产周转率

流动资产周转率是指销售收入（或主营业务收入）与平均流动资产之比，其计算公式为

$$流动资产周转率 = \frac{销售收入}{平均流动资产}$$

其中：　　　平均流动资产 =（期初流动资产 + 期末流动资产）/ 2

该比率表明企业流动资产从货币资金开始，经过采购、生产和销售各阶段后又重新转化为货币资金的速度。该比率数值越大表明企业流动资产的周转速度越快，占用流动资产越少，说明企业的经营能力越强。反之，若企业流动资产周转率低于正常水平，说明该企业流动资产使用效率差，流动资产变现速度慢，表明企业管理当局对流动资产缺乏有效管理。

（三）应收账款周转率

应收账款周转率是指企业的年赊销收入净额与应收账款平均余额之比，计算公式如下：

$$应收账款周转率 = \frac{年赊销收入净额}{应收账款平均余额}$$

$$应收账款平均余额 = \frac{年初应收账款 + 年末应收账款}{2}$$

其中：赊销收入净额是指销售收入中扣除了现销及销货退回、销货折扣与折让后的余额。赊销收入净额不能在财务报表中直接获得。如果企业基本上采用赊销而很少采用现销，则可用利润表中的销售收入（或主营业务收入，下同）近似替代赊销收入。如果现销在销售收入中所占的比重较大，则应将销售收入按该比例扣除，以得出赊销收入净额。

应收账款周转率用于反映企业在应收账款上投入资金的年周转次数，用于分析企业信用政策和应收账款收账管理效率。应收账款周转率越高，通常说明应收账款回收速度越快，发生坏账损失的可能性就越小，因而也会增强企业的短期偿债能力。应收账款周转率过低通常表明企业信用政策过松，或应收账款收账管理缺乏效率。相反，若应收账款周转率过高，则通常表明企业信用政策过严，只对少数信誉较好的客户赊销，或者给予客户的赊销期限较短。其结果也可能削弱企业市场的竞争能力，使得销售量下降，利润减少。

不少企业产品的销售具有季节性。在这类企业中，如果将年初应收账款与年末应收账款的平均值作为全年的平均应收账款余额，那么据此所计算出的应收账款周转率往往不能反映企业的真实情况。如果有条件的话，最好将全年各季（或各月）的应收账款余额进行平均。这样才能更准确地计算出企业应收账款周转率。

分析人员也可以用平均收账期（应收账款周转天数）来评价应收账款的周转速度。其计算公式如下：

$$平均收账期 = \frac{365}{应收账款周转率}$$

平均收账期表示收回应收账款平均所需要的天数，此天数越多，表明应收账款周转速度越慢。平均收账期与应收账款周转率在财务报告分析中所具有的作用基本相同。

（四）存货周转率

存货周转率是指年销售成本（或主营业务成本）与平均存货之比，其计算公式如下：

$$存货周转率 = \frac{年销售成本}{平均存货}$$

$$平均存货 = （年初存货 + 年末存货）/ 2$$

存货周转率表明企业存货一定时期内的周转次数，可用于分析企业存货变现速度和管理效率。该比率越高表明企业存货周转越快。过低的存货周转率通常表明原材料、在产品或产成品积压严重，企业管理当局缺乏对存货的有效管理，或产品在市场竞争中处于不利地位。

评价该指标时要注意，不应该认为存货周转率越高越好。由于存货周转率有显著的行业特点，因此这个指标只适合在行业正常经营水平的范围内进行比较。如果出现显著超过行业正常水平的高存货周转率，其原因可能是：①一味追求较低的原材料库存量而频繁采购，使得采购批量明显低于经济订货批量，造成物资采购成本较高；②在产品储备过低，以致有的车间时常发生停工待料；③销售人员过于追求销量而采取过于宽松的信用政策，致使平均收账期较长，并且坏账损失率过高。由此可见，存货周转率高低能综合反映企业采购、生产和销售各环节的管理水平。

也可以使用存货周转天数（存货周转期）来描述存货的周转速度，其计算公式如下：

$$存货周转天数 = \frac{365}{存货周转率}$$

存货周转天数表示存货每周转一次平均所需要的天数，此天数越多，表明存货周转速度越慢。存货周转天数与存货周转率在财务报告分析中所具有的作用基本相同。

（五）不良资产比率

这个比率用于评价企业的资产质量。计算公式如下：

$$不良资产率 = \frac{年末不良资产总额}{年末资产总额}$$

上式中的不良资产是指预期为企业带来的未来经济利益明显低于其历史成本的资产。通常包括收回可能性很低的应收账款、超储积压的存货和长期闲置的固定资产等。

三、偿债能力比率

反映企业偿债能力的比率主要有资产负债率、利息保障倍数、流动比率、速动比率和现金流动负债率，其中资产负债率和利息保障倍数反映企业长期偿债能力，而流动比率、速动比率和现金流动负债率反映企业短期偿债能力。

（一）资产负债率

资产负债率简称负债率，是指负债总额与资产总额之比，其计算公式为

$$资产负债率 = \frac{负债总额}{资产总额}$$

该比率反映企业的资产总额中有多少是通过举债而得到的。该比率越低表明企业的债务负担越轻，因而其长期偿债能力越强，从而对债权人越有利。但是从投资者的立场看，只要全部资金投资报酬率高于企业长期负债的利息率，净资产收益率就越高。在理财学中，称这一现象为"财务杠杆作用"。资产负债率的提高会带来财务风险的增加，只要财务风险的增加幅度控制在投资者所能承受的范围内，投资者就可以因此而受益。

（二）利息保障倍数

利息保障倍数又称已获利息倍数，是指税息前利润与利息费用之比，其计算公式如下：

$$利息保障倍数 = \frac{利润总额 + 利息费用}{利息费用}$$

该比率反映企业营业利润支付债务利息能力。由于企业举借长期债务，必须偿还利息，因而企业支付利息能力的高低是评价长期偿债能力的重要方面。通常认为，利息保障倍数在 3～5 倍时，企业有可靠的支付债务利息能力。

（三）流动比率

流动比率是指流动资产与流动负债之比，其计算公式如下：

$$流动比率 = \frac{流动资产}{流动负债}$$

该比率是反映企业短期偿债能力最常用的指标。通过分析流动比率可以知道公司 1 元的短期负债能有几元流动资产可以清偿，或者说，流动比率表示现金和预期在 1 年或长于 1 年的一个营业周期内转化为现金的资产，相对于必须在 1 年或长于 1 年的一个营业周期内偿还的债务的倍数，衡量企业偿还流动负债的能力或流动负债受到流动资产保障的程度。一般而言，流动比率的高低与营业周期存在较为密切的关系：营业周期越短，流动比率就越低；反之，则越高。在分析一个企业的流动比率时，有必要将其与同行业的平均流动比率进行对比。在一些行业中，流动比率低于 2 被认为是正常的（如航空公司），但另一些行业则要求流动比率必须大于 2。

（四）速动比率

速动比率是指速动资产与流动负债之比。所谓速动资产是指能按接近账面价值的价格迅速转变为货币资金的流动资产，包括货币资金、应收款项和交易性金融资产等，而不包括存货和预付账款。原因在于，存货变现速度较慢，预付账款通常不能转化为货币资金。速动比率的计算公式如下：

$$速动比率 = \frac{流动资产 - 存货 - 预付账款}{流动负债}$$

速动比率用于衡量在更短的期限内运用变现能力较强的速动资产转换为现金用于偿还短期债务的能力。一般认为，在不考虑行业差别的前提下，速动比率为 1 较为适宜。该比率过低则意味着企业缺乏短期偿债能力；该比率过高则意味着企业存在某种程度的资金不合理占用问题。速动比率的合理标准应视具体情况而定。

（五）现金流动负债率

现金流动负债率是衡量企业利用经营中创造的现金流量偿还流动负债的能力。其计算公式如下：

$$现金流动负债率 = \frac{年经营现金净流量}{流动负债}$$

由于大部分流动负债最终需要用现金偿还，而企业经营过程是创造现金的主要来源，因此，相对于流动比率和速动比率而言，现金流动负债率所反映的偿债能力信息更为谨慎、客观，对有关企业偿债能力的评价和决策也更有参考意义。

在分析判断企业偿债能力时，不同债权人对企业的偿债能力有不同的关注。

短期债权人最关心：企业一年或超过一年的营业周期内必须偿还的债务是多少；企业在同一期间内可用于偿还流动负债的流动资产是否能够满足还债的需要。长期债权人所关注的则是企业长远的盈利能力和经济效益。因为，即使企业短期内拥有足够的偿还能力，也并不意味着可以维持到若干年以后用于偿还长期债务。企业只有保持良好的盈利能力，才能保证在长期负债到期时具备必要的偿债能力。因此，长期债权人需要根据企业的资产结构及未来盈利能力，对企业长期负债偿债能力做出判断。

四、发展能力比率

反映企业发展能力的比率主要有销售（营业）增长率、资本积累率、三年资本平均增长率、三年销售平均增长率和技术投入比率。

（一）销售（营业）增长率

销售（营业）增长率用于评价企业主营业务收入在一年内的增长幅度。计算公式如下：

$$销售（营业）增长率 = \frac{本年主营业务收入增长额}{上年主营业务收入总额}$$

一般情况下，企业在成长期的经营战略是先以开拓市场为主，在占据了稳定的市场份额之后，再提高收益。而处于成熟期的企业，其产品所在市场的份额基本上已经被分配完毕，在短时间内不会有大的变动和调整。处于这个时期的企业，其经营战略多是通过改善产品和服务质量，稳定客户群，达到提高销售利润率的目的。因此，通过对这个指标的连续分析，可以了解企业所处的经营阶段和发展战略。

（二）资本积累率

资本积累率的计算公式如下：

$$资本积累率 = \frac{本年所有者权益增长额}{年初所有者权益}$$

这个指标用于说明企业在一定期间（通常为 1 年）内，所有者权益增加的幅度，从而说明当年企业资本因经营而实现的增值幅度。

（三）三年资本平均增长率

三年资本平均增长率反映企业持续发展的能力。其计算公式如下：

$$三年平均资本增长率 = \sqrt[3]{\frac{年末所有者权益}{三年前年末所有者权益}} - 1$$

计算和分析这个指标，可以有效地说明企业在经营中是否存在不利于长期发展的短期行为，为企业的所有者和潜在投资人提供重要的决策依据。

（四）三年销售平均增长率

三年销售平均增长率用于衡量和评价三年期间内企业主营业务的增长情况。计算公式如下：

$$三年销售平均增长率 = \sqrt[3]{\frac{当年主营业务收入总额}{三年前主营业务收入总额}} - 1$$

将该指标与行业平均水平比较，能够说明企业在行业中所处的位置和三年来的发展变化动向。

（五）技术投入比率

技术投入比率用于评价企业的发展潜力。其计算公式为：

$$技术投入比率 = \frac{当年技术转让费与研发投入}{主营业务收入净额}$$

一般情况下，生产型企业对技术投入多，说明该企业为将来的发展奠定了比较坚实的技术储备，可以及时推出新产品或新工艺，从而保证企业长远稳定发展。如果一个企业近年的利润呈现稳定发展的态势，但是技术投入比率比较低，说明技术储备并不是非常充足。尤其在高科技行业、机械设备加工行业，技术更新的速度比较快，如果技术储备不足，在以后竞争中会处于不利地位。

五、评价上市公司财务能力的指标

上市公司以发行股票的方式募集资金，股东是公司的所有者，也是公司最后风险的承担者。为了使股东准确地理解公司财务能力等重要信息，公司的许多财务指标都以每股平均值的方式表述。

（一）每股账面价值

每股账面价值也叫每股净资产，是公司所有者权益总额减去优先股权益后的余额与流通在外的普通股股数的比值，其计算公式为

$$每股账面价值 = \frac{所有者权益总额 - 优先股权益}{流通在外的普通股数}$$

例如，公司总股数有 10 亿股，净资产为 15 亿元，它的每股账面价值为 1.5 元。这个指标是支撑股票市场价格的重要基础，每股净资产越大，表明公司每股股票代表的财富越雄厚，通常创造利润的能力和抵御外来因素影响的能力越强。

需要注意的是，前述"库存股"账户是企业所有者权益类的抵消账户。因此，在计算每股账面价值时，分子上的净资产应该是扣除了库存股账面余额以后的所有者权益。

将公司每股股票价格与其每股账面价值进行比较，可以反映投资者对该公司前景的态度。如果每股市价大大高于每股账面价值，说明投资者对公司前景非常乐观；如果每股市价接近甚至小于每股账面价值，说明投资者对公司的前景缺乏信心，不看好该公司。

（二）每股收益

每股收益又称为每股利润或每股盈余，反映股份公司普通股每股当期所实现的净利润。若公司未发行可转换证券，则其计算公式如下：

$$每股收益 = \frac{归属于普通股东的当期净利润}{流通在外的普通股股数}$$

每股收益是股份有限公司最重要的盈利能力指标之一。该指标值越高表明普通股的盈利能力越强。因此该指标是股票投资者在进行投资决策时较为关心的一项指标。《企业会计准则第 34 号——每股收益》[1]第十四条规定："企业应当在利润表中单独列示基本每股收益和稀释每股收益。"说明该指标已经不仅用于财务报表分析，而且属于财务报表列报的内容。

（三）市盈率

市盈率是指普通股每股市价与每股收益之比，其计算公式如下：

$$市盈率 = \frac{普通股每股市价}{普通股每股收益}$$

市盈率可以解释为市场投资者对公司每 1 元利润所愿意支付的价格。由定义可以看出，市盈率会随股票市价的提高而提高，随股票市价下跌而降低。市盈率较低通常表明市场投资者预期该公司前景不佳，市盈率较高表明市场投资者预期该公司有较好的前景。通常市盈率过高、过低都预示着较高的投资风险，但也要分清具体情况。在一个有效性程度较低的资本市场中，难免会发生股票价格背离其内在价值的情况。

（四）每股经营现金净流量

每股经营现金净流量的计算公式如下：

$$每股经营现金净流量 = \frac{年经营现金净流量}{流通在外的普通股股数}$$

第十一章中曾经提及，净利润往往不等于经营活动产生的现金流量，关注和分析净利润和经营现金净流量的差异，可以了解上市公司净利润和净亏损的构成，揭示公司现金偿还债务、追加投资、分配股利的能力和风险，以及预测未来经营业绩的趋势。

六、财务比率计算举例

下面以 M 股份有限公司的财务报表资料为例，说明各种比率的计算方法。该公司 2022 年度的资产负债表、利润表和现金流量表分别见表 12-1、表 12-2 和表 12-3。

---

① 中华人民共和国财政部. 企业会计准则 2006[M]. 北京：经济科学出版社，2006.

表 12-1　资产负债表

编制单位：M公司　　　　　　　　2022 年 12 月 31 日　　　　　　　　单位：万元

资　产	年初数	期末数	负债和所有者权益	年初数	期末数
流动资产：			流动负债：		
货币资金	89	10 005	短期借款	5 300	6 600
交易性金融资产	0	2 000	应付票据及应付账款	404	352
应收票据及应收账款	18	3 861	预收账款	639	1 424
减：坏账准备	0	19	应交税费	0	239
应收票据及应收账款净额	18	3 842	其他应交款	0	10
预付账款	303	620	其他应付款	8	506
其他应收款	89	4 872	持有待售负债	0	0
存货	7 982	8 879	一年内到期的长期负债	0	2 200
持有待售资产	0	0	流动负债合计	6 351	11 331
流动资产合计	8 481	30 218	长期借款	6 300	1 800
长期股权投资	0	2 140	负债合计	12 651	13 131
固定资产：			所有者权益：		
固定资产原价	17 038	17 384	股本	5 020	11 077
减：累计折旧	6 772	7 660	资本公积	2 090	17 075
固定资产净值	10 266	9 724	盈余公积	25	530
在建工程	1 182	2 737	未分配利润	143	3 006
固定资产合计	11 448	12 461	所有者权益合计	7 278	31 688
资产总计 [1]	19 929	44 819	负债和所有者权益总计	19 929	44 819

注：1. 假设资产总额中的不良资产为 313.78 万元。

2. 本期增发新股，使股本增加 6 057（11 077 − 5 020）万元，资本公积增加 14 985（17 075 − 2 090）万元。

3. 三年前年末所有者权益为 7 171 万元。

表 12-2　利　润　表

编制单位：M公司　　　　　　　　2022 年度　　　　　　　　单位：万元

项目	本期金额	上期金额
一、营业收入 [1]	16 005	10 516
减：营业成本 [2]	10 974	6 976
税金及附加	88	91
销售费用	268	151
管理费用	724	687
财务费用 [3]	897	802
资产减值损失	183	197
加：公允价值变动收益	642	125
投资收益	180	114
二、营业利润	3 693	1 851
加：营业外收入	217	8

项目	本期金额	上期金额
减：营业外支出	30	50
三、利润总额	3 880	1 809
减：所得税	512	597
四、净利润	3 368	1 212
五、每股收益		
基本每股收益	0.3041	0.2414

注：1. 假设营业收入全部为主营业务收入（即销售收入）；三年前主营业务收入为 9 274 万元。

2. 假设营业成本全部为主营业务成本（即销售成本）。

3. 假设财务费用全部为利息费用。

表 12-3 M 公司现金流量表（局部）

编制单位：M 公司　　　　　　2022 年度　　　　　　单位：万元

经营活动产生现金流量	
销售商品收到现金	4 460
收到税费返还	492
现金流入小计	4 952
购买商品支付现金	7 686
支付给职工及为职工支付的现金	273
支付各项税费	361
现金流出小计	8 320
经营活动产生的现金流量净额	**− 3 368**
投资活动产生的现金流量	
收回投资所收到的现金	
取得投资收益所收到的现金	180
处置固定资产收到的现金	
现金流入小计	180
购建固定资产支付现金	1 901
投资所支付的现金	4 140
现金流出小计	6 041
投资活动产生的现金流量净额	**− 5 861**
筹资活动产生的现金流量	
吸收投资所收到的现金	21 042
借款所收到的现金	1 300
现金流入小计	22 342
偿还债务所支付现金	2 300
偿付利息所支付的现金	897
现金流出小计	3 197
筹资活动产生的现金流量净额	**19 145**
现金及现金等价物净增加额	**9 916**

有关比率的计算过程和结果如下。

（一）M公司盈利能力指标

$$净资产收益率 = \frac{3\ 368}{(31\ 688+7\ 278)/2} = 17\%$$

$$总资产报酬率 = \frac{3\ 880 + 897}{(44\ 819 + 19\ 929)/2} = 14.76\%$$

$$资本保值增值率 = \frac{31\ 688 - 6\ 057 - 14\ 985}{7\ 278} = 146\%$$

$$主营业务利润率 = \frac{16\ 005 - 10\ 974 - 88}{16\ 005} = 30.88\%$$

$$盈余现金保障倍数 = \frac{-3\ 368}{3\ 368} = -1$$

当出现负数时，计算财务比率是没有意义的，这里只是示意财务比率的计算方法。

$$成本费用利润率 = \frac{3\ 880}{10\ 974 + 88 + 268 + 724 + 897} = 29.96\%$$

（二）M公司资产营运能力比率

$$总资产周转率 = \frac{16\ 005}{(44\ 819 + 19\ 929)/2} = 0.49（次）$$

$$流动资产周转率 = \frac{16\ 005}{(30\ 218 + 8\ 481)/2} = 0.83（次）$$

$$存货周转率 = \frac{10\ 974}{(8\ 879 + 7\ 982)/2} = 1.30（次）$$

$$存货周转天数 = \frac{365}{1.30} = 281（天）$$

$$应收账款周转率[①] = \frac{16\ 005}{(3\ 861 + 18)/2} = 8.25（次）$$

$$平均收账期 = \frac{365}{8.25} = 44（天）$$

$$不良资产率 = \frac{313.78}{44\ 819} = 0.7\%$$

（三）M公司偿债能力比率

$$资产负债率 = \frac{13\ 131}{44\ 819} = 0.29$$

---

① 此处假定该公司全部采用赊销方式销售。

$$利息保障倍数 = \frac{3\,880 + 897}{897} = 5.33$$

$$流动比率 = \frac{30\,218}{11\,331} = 2.67$$

$$速动比率 = \frac{30\,218 - 8\,879 - 620}{11\,331} = 1.83$$

$$现金流动负债率 = \frac{-3\,368}{11\,331} = -0.297$$

由于经营现金净流量为负数，计算现金流动负债率是没有意义的，这里只是示意财务比率的计算方法。

（四）M公司发展能力比率

$$销售（营业）增长率 = \frac{16\,005 - 10\,516}{10\,516} = 52.20\%$$

$$资本积累率 = \frac{（530 - 25）+（3\,006 - 143）}{7\,278} = \frac{3\,368}{7\,278} = 46.28\%$$

$$三年平均资本增长率 = \sqrt[3]{\frac{31\,668}{7\,171}} - 1 = 64\%$$

$$三年平均销售增长率 = \sqrt[3]{\frac{16\,005}{9\,274}} - 1 = 19.95\%$$

假设 M 公司当年发生的技术转让费和研发投入金额为 175 万元，根据表 12-2 提供的数据，M 公司技术投入比率计算如下：

$$技术投入比率 = \frac{175}{16\,005} = 1.09\%$$

七、比率分析的局限性

比率分析是财务报告分析的主要方法之一，不同比率能够从不同角度揭示企业财务状况和经营成果的现状。但是比率分析法本身有一定的局限性，主要体现在以下几方面。

（一）比率标准问题

比率标准高低会受许多因素影响。例如，不同行业的比率标准值差别较大。以速动比率为例，对民用航空业而言，其速动比率明显低于其他行业，而餐饮行业的速动比率明显高于其他行业。因此，企业需要参考本行业标准，以及本企业的历史数据，并充分考虑自身的具体情况，合理确定出有关比率的标准。

（二）报表数据的真实性问题

有时报表数字与企业的真实情况相距甚远。例如，有的企业某些存货早已变质、损毁，某些应收账款早已无法收回，而企业长期挂账不作处理，使得流动资产报表数字"水分"过多。据此所计算出的有关比率不可能反映企业真实情况。

（三）受不同会计方法选择的影响

在处理同一经济业务时，会计准则允许采用不同的会计方法进行处理。例如，固定资产折旧法和存货计价法的选择等。

（四）对难以货币计量的因素无法予以反映

例如，企业的"偿债声誉"因素对偿债能力的影响。对于一个"偿债声誉"较好的企业来讲，即使其反映偿债能力的诸比率低于其应有的标准，即使该企业在偿债方面出现困难，但由于其偿债声誉较好仍可以通过借新债还旧债来渡过难关。

（五）缺乏一定的"综合"分析能力

每个比率只能从某一特定方面反映企业的财务状况或经营成果，如果不配合其他分析方法，很难对企业总体财务状况作出综合评价。

认识到比率分析法具有上述一些缺点，有助于分析人员合理利用该方法进行财务报告分析。通过认真阅读报表附注，并结合其他财务报告分析方法，就能克服单纯利用比率分析法所固有的缺陷。

第三节　趋 势 分 析

对于依靠财务报告分析进行决策的财务信息使用者而言，他们最关心的是企业未来的财务状况和经营成果的发展走向。如果仅凭单期财务信息来判断企业未来情况，往往不能达到满意效果。因而将企业以往数年的财务报告资料进行对比分析，从中推断企业财务状况和经营成果的变动趋势能够有效地提高会计信息的决策相关性。

常用的趋势分析法主要是财务报表趋势分析和财务比率趋势分析。

一、财务报表趋势分析

财务报表趋势分析是指通过对连续数期财务报表各栏目数据变动情况的分析来预测企业发展趋势。在分析过程中既可以采用绝对数方式，也可以采用相对数方式。通常后一种分析方式更能揭示企业的未来趋势。

表 12-4 和表 12-5 分别是以绝对数表示的甲企业 2020 年至 2022 年连续三年资产负债表及利润表。利用这两张表可以构造共同比财务报表，据此对企业财务状况进行相对数形式的报表趋势分析。

共同比财务报表的构造方法如下：对于资产负债表，将表中各栏目的数值分别表示为同期资产总额的百分比；对于利润表，将表中的各栏目数值分别表示为同期营业收入的百分比。甲企业共同比资产负债表与共同比利润表分别如表 12-6 和表 12-7 所示。

表 12-4　甲企业资产负债表（12月31日）　　　　　　　　　单位：万元

资　　产	2020 年	2021 年	2022 年
流动资产：			
货币资金	160	150	480
交易性金融资产	3	318	450
应收账款	4 017	3 850	5 725
存货	3 853	3 664	6 271
流动资产合计	8 033	7 982	12 926
固定资产：			
固定资产原价	7 589	9 039	14 417
减：累计折旧	867	1 349	2 711
固定资产净值	6 722	7 690	11 706
无形资产	397	380	488
资产总计	15 152	16 052	25 120
负债及所有者权益			
流动负债：			
短期借款	1 764	2 000	4 200
应付账款	842	920	1 305
应交税费	260	290	398
其他应付款	746	362	1 204
流动负债合计	3 612	3 572	7 107
长期借款	758	910	675
负债合计	4 370	4 482	7 782
所有者权益：			
实收资本	5 000	5 000	8 090
资本公积	4 370	4 370	6 900
盈余公积	492	555	980
未分配利润	920	1 645	1 368
所有者权益合计	10 782	11 570	17 338
负债及所有者权益总计	15 152	16 052	25 120

表 12-5　甲企业利润表　　　　　　　　　单位：万元

项　　目	2020 年	2021 年	2022 年
一、营业收入	8 739	11 985	22 650
减：营业成本	5 136	6 996	12 810
税金及附加	180	294	474
销售费用	135	189	342
管理费用	309	429	684
财务费用	384	405	726
加：投资收益	384	915	900

续表

项 目	2020 年	2021 年	2022 年
二、营业利润	2 979	4 587	8 514
加：营业外收入	36	288	177
减：营业外支出	12	42	69
三、利润总额	3 003	4 833	8 622
减：所得税	991	1 595	2 845
四、净利润	2 012	3 238	5 777

表 12-6 甲企业共同比资产负债表（12 月 31 日）

资 产	2020 年	2021 年	2022 年
流动资产：			
货币资金	1.1	0.9	1.9
交易性金融资产	0	2.0	1.8
应收账款	26.5	24.0	22.8
存货	25.4	22.8	25.0
流动资产合计	53.0	49.7	51.5
固定资产：			
固定资产原价	50.1	56.3	57.4
减：累计折旧	5.7	8.4	10.8
固定资产净值	44.4	47.9	46.6
无形资产	2.6	2.4	1.9
资产总计	100	100	100
负债及所有者权益			
流动负债：			
短期借款	11.6	12.5	16.7
应付账款	5.6	5.7	5.2
应交税费	1.7	1.8	1.6
其他应付款	4.9	2.3	4.8
流动负债合计	23.8	22.3	28.3
长期借款	5.0	5.7	2.7
负债合计	28.8	28.0	31.0
所有者权益：			
实收资本	33.0	31.1	32.2
资本公积	28.8	27.2	27.5
盈余公积	3.2	3.5	3.9
未分配利润	6.2	10.2	5.4
所有者权益合计	71.2	72.0	69.0
负债及所有者权益总计	100	100	100

表 12-7　甲企业共同比利润表

项　目	2020 年	2021 年	2022 年
一、营业收入	100	100	100
减：营业成本	58.8	58.4	56.6
税金及附加	2.1	2.4	2.1
销售费用	1.5	1.6	1.5
管理费用	3.6	3.6	3.0
财务费用	4.4	3.4	3.2
加：投资收益	4.4	7.6	4.0
二、营业利润	34.1	38.3	37.6
加：营业外收入	0.4	2.4	0.8
减：营业外支出	0.1	0.3	0.3
三、利润总额	34.4	40.3	38.1
减：所得税	11.4	13.3	12.6
四、净利润	23.0	27.0	25.5

比较表 12-4 和表 12-6 可以看出，虽然从绝对数看，流动资产呈上升趋势，但流动资产在总资产中所占的比重却呈明显下降之势，其原因主要在于应收账款余额在资产中所占的比重大幅度下降所致。流动负债无论从绝对数还是从相对数来看都有明显上升的趋势，主要是由短期借款大幅增加所致。而所有者权益虽从绝对数看逐年在提高，但从相对数看却呈下降之势，表明该企业负债融资比例显著增加，而自有资金融资比例明显下降。

二、财务比率趋势分析

财务比率趋势分析就是通过对企业连续数年的有关比率进行对比分析来发现企业财务状况发展趋势的分析方法。以前述甲企业为例，根据表 12-4 与表 12-5 提供的数据，通过计算可求出甲企业 3 年中各有关比率大小，有关计算结果列于表 12-8。该表同时也列出了各比率的行业平均水平。

表 12-8　甲企业三年财务比率计算表

评价内容	比率名称	2020 年	2021 年	2022 年	2022 行业平均水平
偿债能力	流动比率	2.22	2.23	1.82	2.1
	速动比率	1.16	1.21	0.94	1.11
	资产负债率	0.29	0.28	0.31	0.29
	利息保障倍数	8.82	12.93	12.88	6.50
营运能力	应收账款周转率/次	2.18	3.05	4.73	3.60
	存货周转率/次	1.36	1.88	2.66	2.52
	流动资产周转率/次	1.09	1.50	2.16	2.04
	总资产周转率/次	0.58	0.75	0.90	0.88

评价内容	比率名称	2020 年	2021 年	2022 年	2022 行业平均水平
盈利能力	总资产报酬率/%	13.28	20.17	23.00	22.19
	净资产收益率/%	18.67	28.00	33.32	31.61
	销售净利润率/%	23.02	27.02	25.51	29.76
	成本费用利润率/%	48.88	58.14	57.34	57.95

注：在计算总资产周转率等指标时，分母采用的是期末数字。

利用表 12-8 中的数据，可对甲企业的财务状况趋势作如下分析。

（1）偿债能力趋势分析。流动比率与速动比率呈下降趋势，由原先高于行业平均水平降至行业平均水平之下，表明该企业的短期偿债能力有恶化的趋势。资产负债率却年年在提高，并开始高出行业平均水平，表明该企业的长期偿债能力同样有恶化的趋势，从而预示着该企业所面临的财务风险逐年增大。值得欣慰的是，利息保障倍数有了显著提高，且明显高于行业平均水平，表明该企业有较强的付息能力。其原因在于企业的盈利能力明显增强。

（2）营运能力趋势分析。上述 4 项资产周转率均有明显提高的趋势，并已超过了行业平均水平，表明企业在避免资金闲置、加速资金周转、提高自身资产利用效率方面卓有成效，从而使偿债能力的恶化得到缓解。

（3）盈利能力趋势分析。该企业销售利润率近年有所提高，虽目前仍低于行业平均水平，但这一缺陷被较高的总资产周转率弥补，从而使总资产报酬率和净资产收益率略超出行业水平。

第四节　综合分析

综合分析法通常是采用多种财务评价指标，从整体上对企业的财务状况进行系统评价的方法。本节介绍两种较为实用的财务综合评价方法：杜邦分析法和财务综合评分法。

一、杜邦分析法

杜邦分析法是由美国杜邦公司于 20 世纪 20 年代首先提出的一种财务分析方法，该方法在实践中得到广泛的运用。该方法的核心思想是利用几个具有较高综合性的财务比率之间的内在联系来综合评价企业的盈利能力和财务状况。通过对有关财务指标的层层分解，从中找出企业经营、管理中存在的问题，进而为财务报告使用者提供决策依据。

杜邦分析法主要利用了以下财务比率之间的联系。

（一）净资产收益率指标分解

$$净资产收益率 = \frac{净利润}{所有者权益} = \frac{净利润}{资产总额} \times \frac{资产总额}{所有者权益} = 总资产报酬率 \times 权益乘数$$

（二）总资产报酬率指标分解

$$总资产报酬 = \frac{净利润}{销售收入} \times \frac{销售收入}{资产总额} = 销售净利润率 \times 总资产周转率$$

（三）其他有关比率的进一步分解

销售净利润率、总资产周转率及权益乘数还可进一步用资产负债表及利润表的有关项目表示出来（图 12-1）。

利用第三节所述的甲企业 2018 年度的财务数据绘制了杜邦分析图（图 12-1）。由于四舍五入误差的存在使得该图中所计算的有关比率值与表 12-8 计算结果有细微的差异。杜邦分析法就是通过对杜邦分析图进行认真分析以全面评价企业的财务状况和盈利能力。该方法具有以下特点：

（1）净资产收益率是杜邦分析法的最核心的指标。它能集中体现企业投资者的利益。投资者将资金投入到某一特定企业，目的在于该企业能给他们带来更多的报酬。同时，由

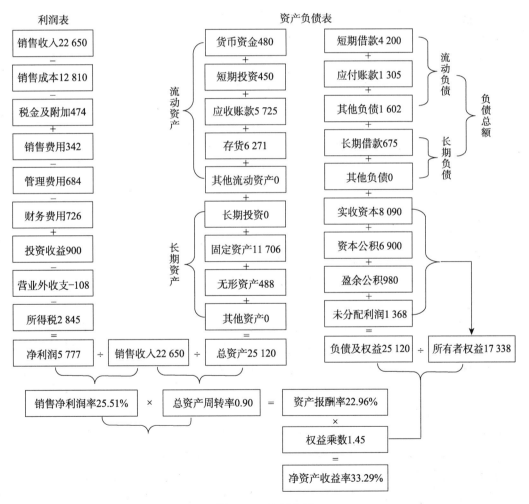

图 12-1　杜邦分析

于企业财务目标是能给其所有者带来最大利益，所以该指标也是企业管理当局制定各项财务决策的重要参考依据。

（2）将企业净资产收益率指标与行业水平或本企业历史水平进行对比，如果发现该指标低于行业平均水平，则可进一步分析原因。以下两种极端情况应特别引起注意：①总资产报酬率（注意：这里为了进行杜邦分析，计算总资产报酬率时分子使用的是净利润）较高，但是权益乘数过低。这说明企业能够充分利用各项资产来创造净利润，表明企业有较强的盈利能力，只是由于没能充分发挥财务杠杆作用因而没有能够给企业所有者带来更大的利益。表明企业的资本结构有待改善，需要加大举债融资的力度。②总资产报酬率较低，但是权益乘数较高。这种情况表明企业的财务风险较高。当净资产收益率较高时也应做类似的分析，有可能出现这种情况：企业总资产报酬率水平一般，主要靠过分运用财务杠杆（即过多采用负债方式融资）来维持。这类企业将会面临较高的财务风险。

（3）对于总资产报酬率水平高低产生的原因可类似地进行指标分解。总资产报酬率较低的原因可能在于销售净利润率较低，也可能在于总资产周转率较低。如果属于前一种情况，则需在增收节支、降低成本方面挖掘潜力；倘若属于后一种情况，则需提高资产的利用效率，减少资金闲置，加速资金周转。

（4）为找出销售净利润率及总资产周转率水平高低原因，可将其分解为财务报表有关项目，从而进一步发现问题产生的原因。销售净利润率及总资产周转率与财务报表有关项目之间的关系可从杜邦分析图中一目了然。

（5）杜邦分析图既涉及资产负债表，同时也涉及利润表；既涉及企业盈利能力方面的指标（净资产收益率和销售净利润率），也涉及营运能力方面的指标（总资产周转率）；同时还涉及偿债能力指标（权益乘数）。因此杜邦分析法是一种综合性较强的财务报告分析方法。

二、财务综合评分法

财务综合评分法是一种利用多个财务指标进行综合评价的方法，其基本步骤如下：

（一）选择典型的财务指标构成一组指标体系

在选择财务指标时需要注意的是：

（1）指标的选取应具有全面性。通常可以从偿债能力、营运能力及盈利能力各方面选出有代表性的财务比率，构成财务评价指标体系。在选择指标时，不必仅仅局限于前述各项比率指标，可以根据财务报告分析的目的、企业经营目标、管理要求、业绩考核的需要进行选择。

（2）避免同时选择指标相关性过高的指标。例如，将应收账款周转率、存货周转率、流动资产周转率、总资产周转率同时选入是不恰当的。

（3）注意尽量使得指标体系中的各项指标具有"同方向性"，通常尽量选择正向指标，即指标值越大表明财务状况越好的指标。如果必须选入某项逆向指标时，则应通过变换，使其变为正向指标。例如，"资产负债率"为负债总额与资产总额之比，它为逆向指标，其值越大说明企业财务风险越大。如果采用倒数进行变换，以"总资产与总负债之比"来代替"资产负债率"，从而可将逆向指标转化为正向指标。

（二）确定各项财务指标的标准值及标准分

财务指标标准值通常是按行业平均水平来确定。标准分是评价体系的设计者对该指标赋予的权重。如果认为某个指标是评价的重点，应该赋予比较高的分数。也就是说，每项指标的标准分表明该项指标的重要程度。重要性越强，则标准分应定得越高。

标准分也是当企业某一指标正好与行业平均水平相同时该指标的得分值。例如，当流动比率指标的行业平均水平为 2，标准分为 10 分时，若企业的流动比率的实际值为 2，则该企业在流动比率指标上的得分为 10 分。当然若企业的流动比率大于 2，则该项指标的得分应高于 10 分。

为了便于操作和比较，实际工作中采用综合评分法时，各项指标的标准分之和通常为 100 分。

（三）计算总得分

总得分是各项指标得分之和，其计算公式如下：

$$总得分 = \sum 指标标准分 \times \frac{指标实际值}{指标标准值}$$

（四）对总得分进行评价

总得分为 100 分时说明企业的综合财务状况处于行业平均水平，100 分以下表明低于行业平均水平。100 分以上说明高于行业平均水平。

下面利用财务综合评分法对前述甲企业 2022 年的财务状况和经营成果进行综合评价。

首先，选择有关指标建立财务评价体系，所选择的指标列于表 12-9 中。其次，根据各项指标的重要程度确定各项指标的标准分，有关结果列于该表的第（1）栏内。而指标标准值及企业实际值两栏数值来自表 12-8。甲企业的综合评分过程如表第（4）栏所示。

表 12-9　财务综合评分法

评价指标	标准分（1）	指标标准值（2）	企业实际值（3）	得分（4）=（1）×（3）/（2）
速动比率	15	1.11	0.94	12.70
资产负债率	15	0.29	0.31	14.04
应收账款周转率	12	3.60	4.73	15.77
存货周转率	12	2.52	2.66	12.67
总资产周转率	16	0.88	0.90	16.36
总资产报酬率	15	22.19%	23.00%	15.55
销售净利润率	15	29.76%	25.51%	12.86
合　计	100	—	—	99.95

注：由于资产负债率为逆向指标，在计算该指标得分时首先将其进行倒数变换，实际值变换为 3.23，标准值变换为 3.45。该项指标得分 = 15 × 3.23/3.45 = 14.04

由于甲企业的综合得分值略低于 100 分，表明该企业的财务状况和经营成果总体上略逊于行业平均水平。

第五节　财务报告附注的解读

财务报告中的主表以项目加数字的固定格式列报，揭示的信息有限。财务报告附注就成为财务报表的重要组成部分，类似于学生成绩单中老师的评语，对资产负债表、利润表、现金流量表和所有者权益变动表等主表（类似于学生的成绩单中各科成绩）中列示项目的文字描述或明细资料，以及对未能在这些报表中列示项目的说明等。解读财务报告附注对于正确理解财务报告起着重要的作用。

财务报告使用者在阅读财务报告附注时应当关注以下有关内容。

一、企业的基本情况

企业的基本情况包括：企业注册地、组织形式和总部地址；企业的业务性质和主要经营活动；母公司及集团最终母公司的名称；财务报表的批准报出者和财务报表批准报出日。阅读这部分内容，可以了解企业的经营环境、经营范围和组织架构。

二、财务报表的编制基础

企业应当以持续经营为基础，根据实际发生的交易和事项进行确认和计量，在此基础上编制财务报表。财务报告使用者应该关注企业管理层对企业持续经营能力的自我评价及其理由是否充分合理。尤其是当企业正式决定或被迫在当期或将在下一个会计期间进行清算或停止营业的，说明其处于非持续经营状态，应关注企业未以持续经营为基础编制财务报表的原因和财务报表的编制基础。

三、遵循企业会计准则的声明

财务报告使用者应结合审计报告，关注、分析和判断企业编制的财务报表是否符合企业会计准则的要求，并真实、公允地反映了企业的财务状况、经营成果和现金流量等有关信息。

四、重要会计政策和会计估计

会计政策是指企业在会计确认、计量和报告中所采用的原则、基础和会计处理方法。会计原则是指导企业会计核算的具体原则；会计基础是为将会计原则体现在会计核算而采用的基础；处理方法是按照会计原则和基础的要求，由企业在会计核算中采用或者选择的、适合于该企业的具体会计处理方法。企业应当对相同或者相似的交易或者事项采用相同的会计政策进行处理。在财务报告附注中披露的主要会计政策包括：合并政策、存货的计量、长期投资的后续计量、投资性房地产的后续计量、固定资产的初始计量、无形资产的确认、非货币性资产交换的计量、收入确认、合同收入与费用的确认、借款费用的处理和其他重要会计政策。

会计估计是指企业对其结果不确定的交易或事项以最近可利用的信息为基础所做的判断。会计估计的特点是：会计估计的存在是由于经济活动中内在的不确定性因素的影响；进行会计估计时，往往以最近可利用的信息或资料为基础；进行会计估计并不会削弱会计确认和计量的可靠性。重要会计估计包括：存货可变现净值的确定；固定资产的预计使用寿命与净残值；固定资产的折旧方法；使用寿命有限的无形资产的预计使用寿命与净残值；可收回金额按照资产组的公允价值减去处置费用后的净额确定的,确定公允价值减去处置费用后的净额的方法；可收回金额按照资产组预计未来现金流量的现值确定的,预计未来现金流量及其折现率的确定；预计负债初始计量的最佳估计数的确定；金融资产公允价值的确定等。

不同的会计政策选择和会计估计可能会对公司财务状况和经营成果产生不同的影响。因此，只有认真阅读和分析公司所采用的重要会计政策和会计估计，才能理解和运用财务信息。财务报告使用者应当关注公司重要会计政策的确定依据和财务报表项目的计量基础，以及会计估计中所采用的关键假设和不确定因素。

五、会计政策和会计估计变更及差错更正的说明

企业采用的会计政策在每一会计期间和前后各期应当保持一致，不得随意变更。但是，满足下列条件之一的，可以变更会计政策：①法律、行政法规或者会计准则等要求变更；②会计政策变更能够提供更可靠、更相关的会计信息。企业应当在附注中披露与会计政策变更有关的下列信息：①会计政策变更的性质、内容和原因；②当期和各个列报前期财务报表中受影响的项目名称和调整金额；③无法进行追溯调整的，说明该事实和原因，以及开始应用变更后的会计政策的时点、具体应用情况。

会计估计变更是指由于资产和负债的当前状况及预期经济利益和义务发生了变化，从而对资产或负债的账面价值或者资产的定期消耗金额进行调整。企业应当在附注中披露与会计估计变更有关的下列信息：①会计估计变更的内容和原因；②会计估计变更对当期和未来期间的影响数；③会计估计变更的影响数不能确定的，披露这一事实和原因。

前期差错是指由于没有运用或错误运用下列两种信息，而对前期财务报表造成省略或错报：①编制前期财务报表时预期能够取得并加以考虑的可靠信息；②前期财务报告批准报出时能够取得的可靠信息。前期差错通常包括计算错误、应用会计政策错误、疏忽或曲解事实以及舞弊产生的影响以及存货、固定资产盘盈等。企业应当在附注中披露与前期差错更正有关的下列信息：①前期差错的性质；②各个列报前期财务报表中受影响的项目名称和更正金额；③无法进行追溯重述的，说明该事实和原因，以及对前期差错开始进行更正的时点、具体更正情况。

财务报告分析人员应该对会计政策、会计估计变更的合法性、合理性进行分析，对于法律、法规强制要求发生的会计政策变更，主要关注其变更的合法性；对于非强制性会计政策变更，关注其变更的合理性；对会计估计变更的分析侧重于变更的合理性。财务报告分析人员可以结合审计报告判断会计政策、会计估计变更及差错更正的合理性和正确性，及会计处理的规范性和正确性。

六、重要报表项目的说明

财务报告分析人员应阅读与分析重要报表项目的构成或当期增减变动情况，并与报表项目相互参照，结合比较分析和趋势分析，重点关注重要报表项目的构成或当期增减变动有无异常情况。

七、或有事项

或有负债是指无论是作为潜在义务还是现时义务，均不符合负债的确认条件，因而不予确认。但是，除非或有负债极小可能导致经济利益流出企业，否则企业应当在附注中披露有关信息，具体包括：第一，或有负债的种类及其形成原因，包括已贴现商业承兑汇票、未决诉讼、未决仲裁、对外提供担保等形成的或有负债。第二，经济利益流出不确定性的说明。第三，或有负债预计产生的财务影响，以及获得补偿的可能性。或有资产作为一种潜在资产，不符合资产确认的条件，因而不予确认。企业通常不应当披露或有资产，但或有资产很可能会给企业带来经济利益的，应当披露其形成的原因、预计产生的财务影响等。

或有事项，尤其是或有负债，可能会对公司未来的生产经营产生重大不确定性，甚至有可能危及企业的生存。分析时应特别注意对外担保、未决诉讼等对公司可能产生重大不利影响的事项，并据此分析和判断公司所面临的风险。

八、资产负债表日后事项

资产负债表日后事项是指从报告年度次年的 1 月 1 日至董事会批准财务报告可以对外公布的日期间发生的需要调整或说明的事项。分析时，应关注每项重要的资产负债表日后非调整事项的性质、内容，及其对财务状况和经营成果的影响；关注资产负债表日后，企业利润分配方案中拟分配的及经审议批准宣告发放的股利或利润。

九、关联方关系及其交易

企业无论是否发生关联方交易，均应当在附注中披露与该企业之间存在直接控制关系的母公司和子公司有关的信息。企业与关联方发生关联方交易的，应当在附注中披露该关联方关系的性质、交易类型及交易要素。关联方关系的性质，是指关联方与该企业的关系，即关联方是该企业的子公司、合营企业、联营企业等。交易类型通常包括购买或销售商品与其他资产、提供或接受劳务、担保、提供资金（贷款或股权投资）、租赁、代理、研究与开发项目的转移、许可协议、代表企业或由企业代表另一方进行债务结算等。交易要素至少应当包括：交易的金额；未结算项目的金额、条款和条件，以及有关提供或取得担保的信息；未结算应收项目坏账准备金额；定价政策。

财务报告使用者可以通过对来自关联企业的营业收入和利润总额的分析，判断企业的盈利能力在多大程度上依赖于关联交易，从而判断企业的营业收入和利润来源是否稳定，是否存在利用关联交易操纵利润和粉饰财务报表的情况。可以采用将来自关联方的收入和利润从公司利润表中剔除的方法判断企业利润来源的稳定性和未来成长性。如果企业的营业收入和利润主要来源于关联企业，应该特别关注关联交易的定价政策是否遵循市场定价原则。

综上所述，由于财务报表主表主要以固定的表格形式披露会计信息，很多有价值的信息不能包含在主表内，财务报告附注是对基本财务报表的重要补充。此外，在会计信息系统加工处理数据直至形成财务报表的过程中，包含了很多假设、判断和估计，对于同一会计事项，可能还有不同的会计处理方法可供选择，这就造成哪怕是在同样的情况下，不同的报表编制人可能会生成不同的会计信息。这就需要在财务报告分析过程中关注编制财务报表时所采用假设、判断、估计和方法的选择。因此认真阅读报表附注是十分重要的，详细阅读和分析附注内容有助于评价公司的财务状况和经营成果。

【本章小结】

财务报告分析是一个判断的过程，目的是通过对企业现有或过去的财务状况及经营成果的分析，对其未来的状况及经营业绩进行最佳预测。财务报告分析方法主要有比率分析法、比较分析法、趋势分析法和综合分析法。比率分析主要涉及企业盈利能力、资产营运能力、偿债能力和发展能力等相关数据的分析。趋势分析法主要有财务报表趋势分析法和财务比率趋势分析法。财务综合分析法主要有杜邦分析法和财务综合评分法。认真阅读和分析财务报告附注内容有助于评价公司的财务状况和经营成果。

【关键名词】

财务报告分析	比率分析法	比较分析法
趋势分析法	综合分析法净资产收益率	总资产报酬率资本保值增值率
主营业务利润率	盈余现金保障倍数	成本费用利润率
总资产周转率	流动资产周转率	应收账款周转率
存货周转率	不良资产比率	资产负债率
利息保障倍数	流动比率	速动比率
现金流动负债率	销售（营业）增长率	资本积累率
三年资本平均增长率	三年销售平均增长率和技术	投入比率
每股账面价值	每股收益	市盈率
每股经营现金净流量	杜邦分析法	财务综合评分法

【思考题】

1. 财务报告分析能够发挥什么作用？

2. 财务报告分析方法主要有哪几类？

3. 对于同一个企业而言，是否有可能出现流动比率较高而速动比率较低的情况？如果可能，其原因是什么？

4. 杜邦分析法涉及哪些财务比率?这些比率之间的内在关系是什么?

5. 财务综合评分法中的逆向指标是什么？请举两例说明逆向指标的情况及处理方法。

【练习题】

练习一

区分以下两种情况，考虑下列经济业务的发生对 A 公司流动比率产生何种影响?

（1）购买设备一台，款项以银行存款支付；

（2）从银行取得一笔长期借款；

（3）偿还短期借款；

（4）进行短期有价证券投资；

情况一：目前的流动比率为 1.8。

情况二：目前的流动比率为 0.95。

练习二

B 企业资产负债表和利润表如下。

B 企业资产负债表

2022 年 12 月 31 日   单位：万元

资　产	年初数	年末数	负债及所有者权益	年初数	年末数
流动资产：			流动负债：		
货币资金	20	32	短期借款	181	228
交易性金融资产	0	3	应付账款	78	82
应收账款	390	402	应交税费	31	33
存货	395	470	其他应付款	72	98
流动资产合计	805	907	流动负债合计	362	441
固定资产			长期借款	75	82
固定资产原价	758	831	负债合计	437	523
减：累计折旧	88	96	所有者权益：		
固定资产净值	670	735	实收资本	800	800
无形及递延资产			资本公积	137	172
无形资产	40	38	盈余公积	49	71
递延资产	5	4	未分配利润	97	118
无形及递延资产合计	45	42	所有者权益合计	1 083	1 161
资产总计	1 520	1 684	负债和所有者权益总计	1 520	1 684

B 企业利润表

2022 年度 单位：万元

项 目	本年累计	上年累计
一、营业收入	1 091	895
减：营业成本	692	525
税金及附加	28	20
销售费用	17	14
管理费用	38	32
财务费用	41	38
加：投资收益	81	41
二、营业利润	356	307
营业外收入	23	3
减：营业外支出	2	1
三、利润总额	377	309
减：所得税	124	102
四、净利润	253	207

要求：根据上述资料计算 B 公司 2022 年度的下列财务比率：

（1）速动比率；

（2）资产负债率；

（3）应收账款周转率；

（4）存货周转率；

（5）流动资产周转率；

（6）总资产周转率；

（7）净资产收益率；

（8）销售利润率；

（9）总资产报酬率；

（10）成本费用利润率。

练习三

利用练习二中的报表资料编制 B 企业 2021 年与 2022 年的共同比资产负债表及共同比利润表，并将两个年度的共同比报表进行对比分析，从而对 B 企业的财务状况变动作出评价。

练习四

已知 B 公司流动比率年初与年末分别为 2 和 2.1，速动比率分别为 1.1 和 0.9，流动负债年初与年末分别为 100 万元和 150 万元。年销售成本为 420 万元。求该公司的存货周转率。

练习五

利用表 12-4 与表 12-5 所提供的甲企业 2022 年资料绘制杜邦分析图，并结合表 12-8 所提供的有关比率的行业平均水平资料，采用杜邦分析法对该企业的财务状况进行分析与评价，进而为企业管理当局提出各项建议。

即测即练   扩展阅读

自学自测 扫描此码

参 考 文 献

[1] 财政部会计司编写组. 企业会计准则讲解[M]. 北京：人民出版社，2008.

[2] 财政部会计资格评价中心. 初级会计实务[M]. 北京：经济科学出版社，2023.

[3] 财政部会计资格评价中心. 中级会计实务[M]. 北京：经济科学出版社，2018.

[4] 曹伟. 论会计学科的理论整合及会计学的边界[J]. 当代财经，2015(01).

[5] 曹军. 财务报表分析[M]. 北京：高等教育出版社，2021.

[6] 陈信元. 会计学[M]. 上海：上海财经大学出版社，2021

[7] 戴德明，林钢，赵西卜. 财务会计学[M]. 北京：中国人民大学出版社，2021.

[8] 葛家澍，唐予华. 关于会计定义的探讨[J]. 会计研究，1983(04).

[9] 葛家澍. 会计学导论[M]. 上海：立信会计出版社，1988.

[10] 葛家澍. 财务会计的本质、特点及其边界[J]. 会计研究，2003(03).

[11] 葛家澍. 资产概念的本质、定义与特征[J]. 经济学动态，2005(05).

[12] 葛家澍. 正确认识财务报表的计量.会计研究，2010(08).

[13] 郭道扬. 中国会计史稿（上册）[M]. 北京：中国财政经济出版社，1982.

[14] 郭道扬. 会计史教程（第一卷）[M]. 北京：中国财政经济出版社，1999.

[15] 郭道扬. 论中国会计改革三十年[J]. 会计研究，2008(11).

[16] 黄中生. 会计收益质量的分析及其评价[J]. 东北财经大学学报，2005(02).

[17] 蒋尧明. 会计信息"失真"与会计学的本质[J]. 财经研究，2003(06).

[18] 李勇，左连凯，刘亭立. 资产负债观与收入费用观比较研究:美国的经验与启示[J]. 会计研究，2005(12).

[19] 刘峰，潘琰，林斌. 会计学基础[M]. 北京：高等教育出版社，2023.

[20] 刘永泽，陈立军. 中级财务会计[M]. 大连：东北财经大学出版社，2016.

[21] 刘志远等. 管理会计[M]. 北京：北京大学出版社，2008.

[22] 卢亚君，赵瑞. 财务报表分析[M]. 北京：科学出版社，2018.

[23] 毛新述，戴德明. 会计制度变迁与盈余稳健性：一项理论分析[J]. 会计研究，2008(09).

[24] [美]R.G. 布郎 K.S.约翰斯顿著，林志军等译.巴其阿勒会计论[M]. 上海：立信会计出版社，1988.

[25] 牟伟明. 中级财务会计[M]. 天津：南京大学出版社，2017.

[26] 企业会计准则编审委员会. 企业会计准则应用指南[M]. 上海：立信会计出版社，2023.

[27] 钱爱民，张新民. 经营性资产：概念界定与质量评价[J]. 会计研究，2009(08).

[28] 全国税务师职业资格考试教材编写组. 财务与会计[M]. 北京：中国税务出版社，2023.

[29] 孙丽影，杜兴强. 公允价值信息披露的管制安排[J]. 会计研究，2008(11).

[30] 唐国平. 会计学基础[M]. 北京：高等教育出版社，2007

[31] 王志红，周晓苏. 会计学[M]. 北京：清华大学出版社，2019.

[32] 张先治. 构建中国财务分析体系的思考[J]. 会计研究，2001(06).

[33] 张先治. 财务分析理论发展与定位研究[J]. 财经问题研究，2007(04).

[34] 张新民. 从报表看企业——数字背后的秘密[M]. 北京：中国人民大学出版社，2021.

[35]　张新民，粟立钟. 财务报表分析：理论内涵与学科定位[J]. 财务研究，2015(01).

[36]　张新民，钱爱民. 财务报表分析[M]. 北京：中国人民大学出版社，2020.

[37]　郑安平. 关于会计目标定位的思考[J]. 会计研究，2020(03).

[38]　支晓强，童盼. 公允价值计量的逻辑基础和价值基础[J]. 会计研究，2010(01).

[39]　中国注册会计师协会. 会计[M]. 北京：中国财政经济出版社，2023.

[40]　中华人民共和国财政部. 企业会计准则[M]. 北京：经济科学出版社，2006.

[41]　周中胜，窦家春. 公允价值运用与计量属性体系构建[J]. 会计研究，2011(11).

[42]　周晓苏. 会计学[M]. 大连：大连出版社，2017.

附　　录

附录1　会计科目表[①]

流动资产类	长期资产类	流动负债类	所有者权益类
库存现金	债权投资	短期借款	实收资本（或股本）
银行存款	债权投资减值准备	应付票据	资本公积
其他货币资金	其他债权投资	应付账款	盈余公积
交易性金融资产	长期股权投资	预收账款	本年利润
应收票据	其他权益工具投资	应付职工薪酬	利润分配
应收账款	长期股权投资减值准备	应交税费	库存股
预付账款	投资性房地产	应付利息	其他权益工具
应收股利	长期应收款	应付股利	其他综合收益
应收利息	未实现融资收益	其他应付款	
其他应收款	固定资产	递延收益	损益类
坏账准备	累计折旧	合同负债	主营业务收入
材料采购	固定资产减值准备		其他业务收入
在途物资	在建工程	长期负债类	公允价值变动损益
原材料	工程物资	长期借款	投资收益
材料成本差异	固定资产清理	应付债券	营业外收入
库存商品	无形资产	长期应付款	主营业务成本
发出商品	无形资产减值准备	未确认融资费用	其他业务成本
委托加工物资	累计摊销	专项应付款	税金及附加
存货跌价准备	商誉	递延所得税负债	销售费用
使用权资产	长期待摊费用	预计负债	管理费用
合同资产	递延所得税资产		财务费用
持有待售资产		成本类	资产减值损失
		生产成本	信用减值损失
	损失资产类	制造费用	其他收益
	待处理财产损益	劳务成本	资产处置损益
		研发支出	营业外支出
			所得税费用
			以前年度损益调整

[①] 参考中华人民共和国财政部发布 企业会计准则编审委员会编《企业会计准则——应用指南》，立信会计出版社，2006年；《企业会计准则——应用指南》，2018年，本书编者整理。

附录2　　货币时间价值表

复利终值系数表

复利现值系数表

年金终值系数表

年金现值系数表

教师服务

感谢您选用清华大学出版社的教材！为了更好地服务教学，我们为授课教师提供本书的教学辅助资源，以及本学科重点教材信息。请您扫码获取。

》教辅获取

本书教辅资源，授课教师扫码获取

》样书赠送

会计学类重点教材，教师扫码获取样书

 清华大学出版社

E-mail: tupfuwu@163.com
电话：010-83470332 / 83470142
地址：北京市海淀区双清路学研大厦 B 座 509

网址：http://www.tup.com.cn/
传真：8610-83470107
邮编：100084